化学数字化实验的理论与实践

HUAXUE SHUZIHUA SHIYAN DE
LILUN YU SHIJIAN

马宏佳 ◎ 主编

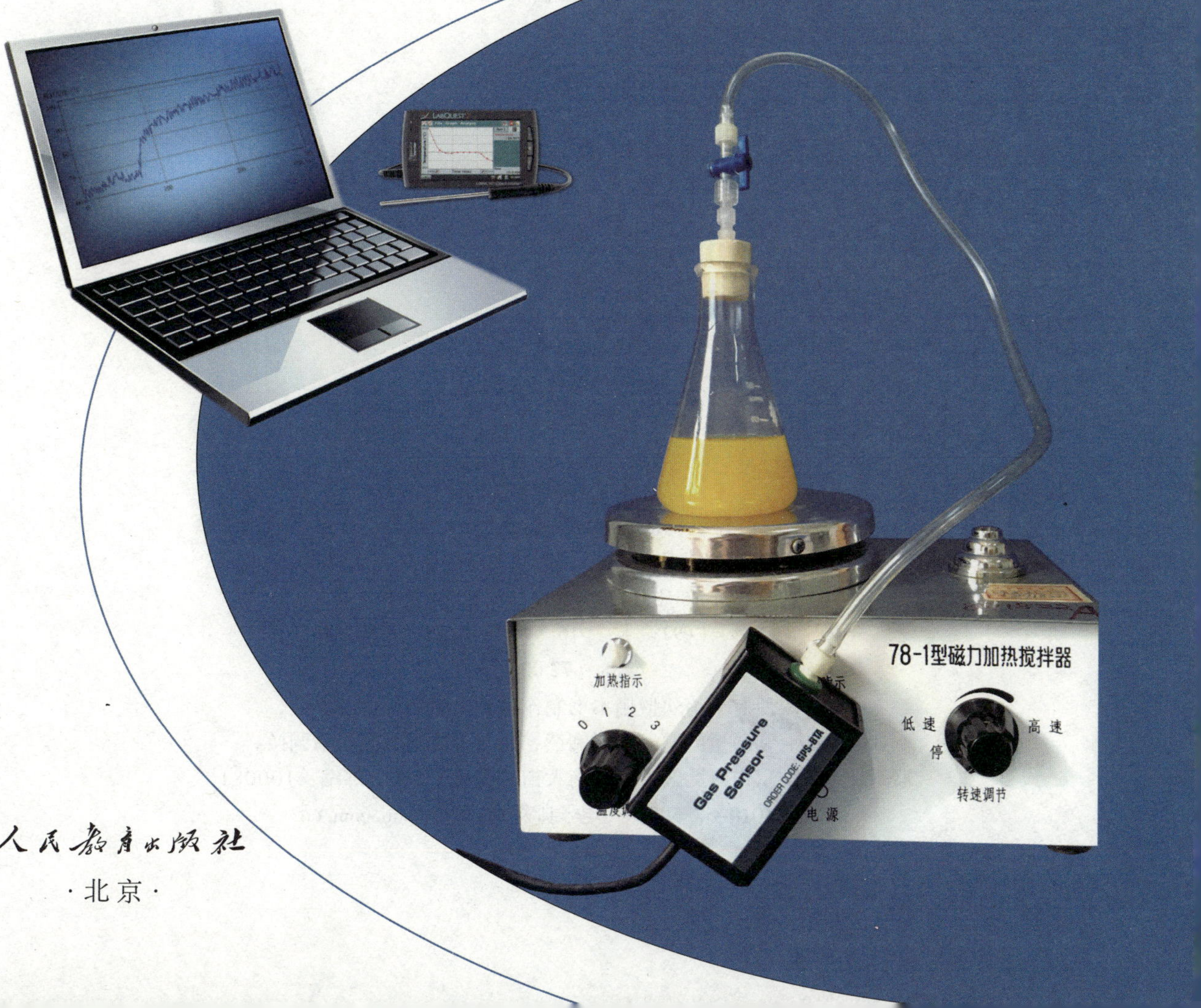

人民教育出版社
·北京·

图书在版编目（CIP）数据

化学数字化实验的理论与实践 / 马宏佳主编 . —北京：
人民教育出版社，2016.10
ISBN 978-7-107-31409-4

Ⅰ. ①化… Ⅱ. ①马… Ⅲ. ①化学实验—教学研究—中学 Ⅳ. ① G633.82

中国版本图书馆 CIP 数据核字（2017）第 037531 号

人民教育出版社出版发行
网址：http://www.pep.com.cn
北京恒艺博缘印务有限公司印装　全国新华书店经销
2016 年 10 月第 1 版　2017 年 4 月第 1 次印刷
开本：787 毫米 × 1 092 毫米　1/16　印张：24.25　字数：543 千字
定价：72.00 元

著作权所有·请勿擅用本书制作各类出版物·违者必究
如发现印、装质量问题，影响阅读，请与本社出版部联系调换。
联系地址：北京市海淀区中关村南大街17号院1号楼　邮编：100081
电话：010-58759215　电子邮箱：yzzlfk@pep.com.cn

主编：马宏佳

作者：马宏佳　张婷　葛春洋　韦存容

责任编辑：周业虹

审　　阅：王　晶　吴海建

书籍设计：于　艳

绘　　图：郭　威　张傲冰

前　言

我们生活在一个快速发展的信息时代。教育要现代化、信息化是国家决策者和广大师生的共识。那么，化学教育现代化和信息化方向何在？路径何在？就在我们思考这些问题时，我们接触到了数字化实验。开展数字化实验是化学教育信息化和现代化的重要途径之一。

数字化实验是用传感器、数据采集器、计算机及相应软件来进行的实验。数字化实验用传感器感知实验中各种物理量的变化，其感知能力大大超越人的自然感知；用计算机及相应软件记录和处理实验中的各种物理量，其运算速度和准确程度大大超越人的能力极限；数字化实验是对真实实验现象的观察、记录和分析处理，是基于真实实验的；数字化实验仪器价格适中，一般中学能够承受。基于此，由我牵头的南京师范大学化学数字化实验研究团队于2007年开始了数字化实验应用的研究。

经过一段时间的摸索与实践，我们认识到，要让数字化实验真正发挥提高化学实验教学现代化水平的作用，就必须让广大中学教师参与到研究中来，让数字化实验与我们的课堂教学、传统实验有机结合起来。为此，我们做了三件事：一是利用数字化实验对中学化学开展认知性、技术性和教育性研究；二是开展教师数字化实验培训；三是组织全国化学数字化实验创新设计和教学应用比赛。目前看，我们的努力已经初见成效。

《化学数字化实验的理论与实践》这本书就是我们上述努力的物化成果。该书有以下一些特点：

（1）对国际、国内数字化实验的起源及发展进行了全景性呈现和梳理。这有助于读者了解数字化实验的由来、研究的先驱、发展中里程碑式的事件，从而全面认识数字化实验。

（2）对国际、国内数字化实验研究的范式和特点进行了对比性分析。这有助于读者发现国内外数字化实验在研究思路、研究重点和研究方法上的差异，以及已经形成的研究成果，从而获得研究范式上的借鉴和研究起点的提升。

（3）给出了近80例可靠的数字化实验案例。获得可操作的、适用于化学教学的数字化实验案例，一直是一线中学教师的强烈愿望，也是数字化实验真正进入学校、进入课堂发挥作用的关键条件。本书中提供的所有案例，均通过笔者研究团队的实验验证。案例的选择考虑到了与教学内容的一致性和紧密联系，案例呈现包括实验目的、实验原理、仪器与药品、实验过程、结果与分析、参考文献等，并提供实验装置图，方便教师根据各自的教学需要选择使用。这些实验案例，有些适合演示实验，有些适合学生实验，有些适合课外实验，教师们还可以结合自身的经验对案例进一步拓展和优化，形成新的研究成果。

在这本书完稿的时候，我要感谢亲爱的同学们，徐惠、朱鹏飞、杜静、杨飞、陈俏、崔晓芬、冯雪琦、赵倩、刘颖、葛春洋、徐康、宋佳音、陈功、倪晶晶、张婷、林康立、赵悦、韦存容、刘和平、卢博迪、叶静、干洋庆、李晓敏、李惠、张敏、齐楠、汪丹丹、王学坦等，是你们勤奋钻研、刻苦智慧地研究数字化实验，充实了研究生学习的岁月，成就了今天的收获！

感谢我的同事张俊松副教授、杨民富副教授。感谢南京师范大学化学与材料科学学院领导、"威尼尔"中国总代理江凤公司领导对数字化实验研究推广的大力支持！

感谢中国教育学会化学教学专业委员会理事长、人民教育出版社化学室主任王晶编审的大力支持！她带动了化学教师将数字化实验引入课堂。

更要感谢我尊敬的前辈，中国教育学会化学教学专业委员会原理事长、人民教育出版社原社长张健如先生细读全书，提出宝贵意见，并亲自为本书作序。

感谢人民教育出版社编辑周业虹特级教师，她的细致认真和真知灼见，为本书增色许多。

囿于笔者的视野和水平，本书一定还存在不足和不妥之处，真诚地欢迎大家批评指正！

马宏佳
2016年6月于南京师范大学随园

序

　　20世纪90年代，在浙江平阳召开的中国教育学会化学教学专业委员会工作会议上，初识马宏佳老师，她当时是作为江苏省教育学会化学教学专业委员会的代表参会的，风华正茂，是学会工作的积极分子。没想到她已在中学教学12年，后又调入南京师范大学任教，是一位大学教师。她不仅有中学教学的实践经验，而且在大学工作期间，勤学钻研，已晋升为教授，后仍攻读并获博士学位。她长期从事化学课程和教学论的研究，在科学教育及教学策略、化学教学实验等方面有较深入的研究，并形成一定特色。

　　特别要提出的是，马宏佳教授长期关注化学教学实验的改革，在研究、总结、推广化学数字化实验方面做了大量工作。她不仅亲自参与化学数字化实验的研究，指导研究生实验，还从文献中收集、研究有关数字化实验材料，作为她主编的《化学教与学》期刊的专辑，出版了《化学数字化实验研究10年文献集锦（2003—2012）》。她牵头与中国教育学会化学教学专业委员会合作，利用南京师范大学化学与材料科学学院的数字化实验平台，连续举办了多次全国性"威尼尔"（Vernier）杯化学数字化实验创新设计的观摩展示与研讨活动，进一步研究、总结、宣传和推广化学数字化实验。马宏佳教授主编的《化学数字化实验的理论与实践》，就是她率领的团队长期研究化学数字化实验的成果，相信将会对我国进行的化学实验教学改革和发展起到有力的推动作用。

　　《国家中长期教育改革和发展规划纲要（2010—2020年）》在谈到加快教育信息化进程时指出，"信息技术对教育发展具有革命性影响，必须高度重视。"化学数字化实验就是利用传感器、数据采集器、计算机及相应软件进行的实验，是信息技术应用于化学教学领域的重要课题之一。传统化学实验是基于人体感官（如眼、耳、鼻、手等）通过看、听、嗅、摸进行的实验。化学数字化实验是基于信息技术，利用计算机分析传感器采集的信息，以数值、表格或图表等形式输出的实验。这种新的实验技术，利用仪器代替人体感官，客观地记录实验数据并做精确分析，可以避免因感觉的差异引起实验现象感知的偏差，可以感知一些人体无法感知或不便感知的实验现象，达到化学反应过程的实证化、动态化、定量化，反映了科学发展从宏观到微观、静态到动态、定性到定量的趋势，为优化化学教学和探索化学教学疑难问题提供了一条新途径。这种崭新的实验教学模式，符合联合国教科文组织倡导的"新内容、新实验、新方法进课堂"的精神。

  我退休后，参与化学教学改革的一些学术研讨活动，见证了我国化学数字化实验缘起与发展的一些过程。2000年8月，在"全国高中化学优质课观摩展示与研讨会"上，有的教师在课堂教学中引入图形计算器及其探头等信息技术进行实验，引起参会教师极大的兴趣。2003年4月，"全国高等师范化学教学论学科建设研讨会"上，又有利用手持技术实验的成果出现，引起到会教师和研究生的广泛关注。后来，在以2011年"全国威尼尔杯化学数字化实验创新设计大赛"为开始的几次活动以及有关期刊、著作等文献中，陆续看到许多化学数字化实验研究成果展示和发表。正如马宏佳教授在评述中提到的，我国化学数字化实验启动比美国晚一些，但发展速度还是大于美国等其他国家。

  为了促进化学数字化实验的改革与发展，马宏佳教授主编了《化学数字化实验的理论与实践》，其特点主要是：

  1. 强调了化学数字化实验的重要性。编者站在加快信息化进程的高度，促进教学手段现代化，构建化学数字化实验平台，从化学数字化实验的缘起与发展的趋势，强调了化学数字化实验对深化实验改革的重要性，具有前瞻性。

  2. 揭示了化学数字化实验的特点。化学数字化实验基于信息技术，利用仪器代替人体感官，客观、实时记录实验数据并精确分析，达到化学实验的微观化、动态化、定量化。

  3. 展现了化学数字化实验的教育功能。化学数字化实验应用信息技术，拓宽了化学实验的教育功能，不仅提高了教师应用信息技术的水平，而且更新了教学观念，改进了实验方法，提高了教学效果。鼓励学生利用信息技术进行数字化实验，不仅可以激发学生学习化学的兴趣，促使其主动学习、自主学习，还可以增强其运用信息技术分析、解决问题的能力，培养严谨、探究、创新的科学精神以及较高的学科素养。

  4. 提供了进行化学数字化实验的案例，具有实用性。编者除提供数字化实验室建设的资讯外，特别精选了初中、高中化学近80个案例，供教师参考，使教师进行化学数字化实验具有可操作性。这种用案例解读信息技术应用于化学实验的理念,是理论与实践结合的最优范例。

诚然,化学数字化实验有很多独特之处,但也不能简单地替代传统化学实验,要相辅相成,相得益彰,发挥各自的优势,以达到较好的教学效果。

我与马宏佳教授从初识到共事,逐渐熟知,成了忘年之交。现在,她要求为《化学数字化实验的理论与实践》作序,我乐意写篇序,为老朋友做这篇命题作文,不仅可增长知识,扩大视野,而且可表达我对总结和推广化学数字化实验、为加快信息化进程作出贡献的同行们的敬意!

张健如
2016年夏于北京知春路太月园

目 录

理论篇

第1章 化学数字化实验缘起与发展　2

1.1 数字化实验的缘起与界定　2
  1.1.1 数字化实验的缘起　2
  1.1.2 数字化实验的界定　3

1.2 数字化实验的构成与特点　5
  1.2.1 数字化实验的构成　5
  1.2.2 数字化实验的特点　6

1.3 国外化学数字化实验的发展　9
  1.3.1 学术团体是数字化实验研究推广的重要平台　10
  1.3.2 相关企业厂商在数字化实验研究推广中有重要作用　11
  1.3.3 科学教育研究者和一线教师是数字化实验发展的生力军　12
  拓展阅读：数字化实验先驱——Robert Tinker的故事　16

1.4 国内化学数字化实验的发展　18
  1.4.1 国内数字化实验发展概况　18
  1.4.2 "威尼尔"杯赛推动国内数字化实验快速发展　23
    1.4.2.1 作者分析　23
    1.4.2.2 使用传感器种类的分析　26
    1.4.2.3 作品内容及发表情况分析　28
  拓展阅读："威尼尔"杯赛极大推动我国化学数字化实验发展　32

1.5 化学数字化实验发展总体评述　35

第2章 化学数字化实验研究维度与范式　37

2.1 国外数字化实验的研究　37
  2.1.1 国外数字化实验的研究维度　37
    2.1.1.1 关于教学应用的研究　37
    2.1.1.2 关于对学生影响的研究　41
    2.1.1.3 关于实验开发的研究　44
    2.1.1.4 关于教学模式的研究　49
    2.1.1.5 关于教师培训的研究　52

2.1.2 国外数字化实验的研究范式　　55
　　　　2.1.2.1 重实证研究设计和实施　　55
　　　　2.1.2.2 重量化分析和证据　　57
　　　　2.1.2.3 重文献基础　　58
2.2 国内化学数字化实验研究　　59
　　2.2.1 国内化学数字化实验研究的文献分析　　59
　　　　2.2.1.1 研究方法维度　　59
　　　　2.2.1.2 研究内容维度　　65
　　2.2.2 国内化学数字化实验研究的案例分析　　73
　　　　2.2.2.1 认知性研究　　73
　　　　2.2.2.2 技术性研究　　79
　　　　2.2.2.3 教育性研究　　84

第3章 化学数字化实验教学应用意义与价值　　95

3.1 化学数字化实验教学应用能促进学生发展　　95
　　3.1.1 化学数字化实验教学应用有利于培养学生的跨学科素养　　95
　　3.1.2 化学数字化实验教学应用有利于培养学生的化学学科素养　　99
3.2 化学数字化实验教学应用能促进教师发展　　103
　　3.2.1 化学数字化实验教学应用有利于深化教师的学科认知　　103
　　3.2.2 化学数字化实验教学应用有利于创建新型师生关系　　105
　　3.2.3 化学数字化实验教学应用有利于优化实验教学　　107

实践篇

第4章 数字化实验室建设　　114

4.1 化学数字化实验室基本构成　　114
　　4.1.1 化学数字化实验室一般概念和功能定位　　114
　　4.1.2 化学数字化实验室基本设施与仪器设备　　114
　　4.1.3 化学数字化实验室需要注意的问题　　117
4.2 传感器种类与功能　　118
　　4.2.1 不锈钢温度传感器　　118

- 4.2.2 热电偶温度传感器 … 119
- 4.2.3 其他温度传感器 … 120
- 4.2.4 浑浊度传感器 … 121
- 4.2.5 滴数传感器 … 122
- 4.2.6 相对湿度传感器 … 123
- 4.2.7 电压传感器 … 124
- 4.2.8 电导率传感器 … 124
- 4.2.9 色度计 … 126
- 4.2.10 二氧化碳传感器 … 127
- 4.2.11 溶解二氧化碳传感器 … 128
- 4.2.12 溶解氧传感器 … 129
- 4.2.13 电流传感器 … 130
- 4.2.14 气体压强传感器 … 131
- 4.2.15 氧气传感器 … 132
- 4.2.16 氧化还原电势传感器 … 133
- 4.2.17 pH传感器 … 133

4.3 数据采集器与软件 … 134
- 4.3.1 软件总体介绍 … 134
- 4.3.2 软件的简单应用 … 137

第5章 数字化实验案例　149

5.1 与初中化学相关的数字化实验案例 … 149
- 5.1.1 空气 … 149
  - 实验1 运用数字化实验测定室内空气与人体呼出气体的成分 … 149
  - 实验2 不同物质在密闭容器中燃烧时耗氧量的探究 … 152
  - 实验3 运用数字化实验测定空气中氧气的含量 … 155
- 5.1.2 二氧化碳 … 157
  - 实验1 运用二氧化碳传感器研究碳酸钙与稀盐酸、稀硫酸的反应 … 157
  - 实验2 二氧化碳灭火原理探究 … 159
  - 实验3 探究二氧化碳的温室效应 … 161
  - 实验4 地铁内二氧化碳含量的研究 … 162
  - 实验5 探究石灰水中通入二氧化碳后电导率的变化 … 164
  - 实验6 利用数字化仪器进行二氧化碳的喷泉实验设计 … 166

　　　　实验7 利用数字化仪器测定两种方法收集到的二氧化碳

　　　　　　的纯度 169

　　5.1.3 水和溶液 172

　　　　实验1 运用数字化实验探究催化剂对过氧化氢分解反应速率

　　　　　　的影响 172

　　　　实验2 测定不同物质溶解于水时溶液的温度变化 175

　　　　实验3 利用传感器探究物质的溶解性 178

　　　　实验4 利用溶解氧传感器进行溶解氧的探究 182

　　5.1.4 金属及其化合物 184

　　　　实验1 明矾净水实验的探究 184

　　　　实验2 运用氯离子传感器探究复分解反应发生的条件 186

　　5.1.5 酸和碱 189

　　　　实验 亚硫酸与饱和氢氧化钙溶液反应的探究 189

　　5.1.6 生活化学 191

　　　　实验1 运用数字化实验了解酒精灯火焰的温度 191

　　　　实验2 数字化实验研究竹炭、活性炭对甲醛等气体的

　　　　　　吸附能力 193

5.2 与高中化学相关的数字化实验案例 199

　　5.2.1 金属及其化合物 199

　　　　实验1 探究过氧化钠的性质 199

　　　　实验2 碳酸钠与碳酸氢钠溶解过程热效应的比较 201

　　　　实验3 数字化实验比较碳酸钠和碳酸氢钠的热稳定性 204

　　　　实验4 碳酸钠、碳酸氢钠与酸反应的差异 206

　　　　实验5 气体摩尔体积的测定 209

　　　　实验6 酸与铁丝反应的化学振荡现象研究 212

　　　　实验7 碳酸氢钠溶液受热会分解吗 216

　　　　实验8 基于传感技术对镁、铝的氢氧化物沉淀反应习题科学

　　　　　　性的研究 219

　　5.2.2 非金属及其化合物 225

　　　　实验1 探究次氯酸光照分解 225

　　　　实验2 浓硫酸的吸水性 227

　　　　实验3 氨气的喷泉实验 229

　　　　实验4 检测浓硝酸与木炭反应产物中的二氧化碳 231

　　　　实验5 SO_2通入$Ba(NO_3)_2$溶液中反应原理的实验研究 233

　　5.2.3 化学反应速率与化学平衡 240

实验1 比较镁与不同浓度盐酸的反应速率　　240

　　实验2 数字化实验探究化学反应的限度　　241

　　实验3 探究浓度对化学反应速率的影响　　244

　　实验4 利用数字化仪器研究硫代硫酸钠与硫酸反应速率的

　　　　　影响因素　　246

　　实验5 比较镁与等体积、等物质的量浓度的盐酸、醋酸的

　　　　　反应速率　　248

　　实验6 压强对化学平衡的影响研究　　250

　　实验7 探究醋酸的电离平衡移动　　252

　　实验8 探究温度对氯化铵水解的影响　　255

　　实验9 碳酸钠水解过程中pH与温度关系的探究　　258

　　实验10 Fe^{3+}在水溶液中的水解平衡和配位平衡　　260

　　实验11 醋酸电离度和电离常数的测定　　265

　　实验12 运用数字化仪器测定甲基橙的电离常数　　267

5.2.4 化学反应与能量　　270

　　实验1 化学反应中的能量变化　　270

　　实验2 利用传感器探究"暖宝宝"的发热原理　　273

　　实验3 基于数字化仪器的中和反应反应热测定实验研究　　275

5.2.5 电解质溶液　　279

　　实验1 电解质和非电解质　　279

　　实验2 离子反应概念的构建　　281

　　实验3 离子反应中离子数量关系的讨论　　283

　　实验4 数字化实验选择氢氧化铁胶体渗析实验用的半透膜　　286

　　实验5 利用数字化仪器比较强酸和弱酸的pH及电导率　　288

　　实验6 酸碱中和滴定　　290

　　实验7 滴定法测定二元酸的相对分子质量　　293

　　实验8 用氯化钙溶液鉴别碳酸钠溶液与碳酸氢钠溶液　　295

　　实验9 探讨氢氧化钠溶液在硫酸、硫酸铜并存时的反应

　　　　　顺序　　302

　　实验10 探讨碳酸钠在氯化钙、盐酸并存时的反应顺序　　305

5.2.6 电化学与氧化还原反应　　307

　　实验1 利用电压传感器探究水果电池　　307

　　实验2 实验探究钢铁的吸氧腐蚀　　312

　　实验3 铜锌原电池中氯离子的迁移实验　　314

　　实验4 数字化实验探究盐桥对原电池工作效率的影响　　318

实验5 测定阿伏加德罗常数N_A ··· 322
　　实验6 氧化还原电势传感器测定样品中亚硫酸钠的质量分数 ··· 325

5.2.7 有机化合物 ··· 328
　　实验1 探究甲烷与氯气的取代反应 ··· 328
　　实验2 探究苯酚与饱和溴水反应的类型 ··· 330
　　实验3 探究乙酸乙酯水解反应的实质 ··· 332
　　实验4 利用温度传感器研究分子间作用力 ··· 334
　　实验5 运用数字化仪器测定尿素的摩尔质量 ··· 337
　　实验6 利用色度传感器探究蔗糖的还原性 ··· 340

5.2.8 生活化学 ··· 342
　　实验1 利用色度计测量水样中的化学需氧量 ··· 342
　　实验2 比色法测定抗贫血药物中铁元素的含量 ··· 346
　　实验3 食品中维生素C含量的测定 ··· 349
　　实验4 抗酸药的中和效力 ··· 353
　　实验5 数字化实验探究维生素C泡腾片中$NaHCO_3$的含量 ··· 355
　　实验6 探究蔬菜叶中叶绿素的含量以及提取叶绿素的最佳实验条件 ··· 357
　　实验7 利用数字化仪器探究护发素 ··· 362
　　实验8 利用传感器技术测定水样中亚硝酸盐含量的实验探究 ··· 364
　　实验9 数字化实验测定阿司匹林肠溶片中有效成分的含量 ··· 367

理论篇

第 1 章 化学数字化实验缘起与发展

1.1 数字化实验的缘起与界定

人类社会在经历了石器时代、铁器时代、蒸汽时代、电气时代后，如今已毋庸置疑地阔步迈进了信息时代。信息时代以计算机和网络技术的应用为显著特征，人们学习、生活、工作的方式正在发生着前所未有的变化：利用数据库获取信息，在网上购物，用QQ、微信、云盘等交流，进行大数据分析，等等。理科教育、化学教育如何与时代的发展同步？如何将信息技术运用到教学实验中去？其途径之一是运用数字化实验。

数字化实验是利用传感器、数据采集器和计算机及相应软件进行的实验。

1.1.1 数字化实验的缘起

数字化实验起源于计算机技术和传感器技术的发展。信息技术的核心是信息的采集、传输和处理。进入20世纪后，随着计算机技术和网络技术的发展，信息的传输和处理能力迅速提高，因而产生了对信息采集能力的迫切需求，发达国家开始大力发展传感器技术，并将其视为涉及国家安全、经济发展和科技进步的关键技术之一。如果说计算机是人类大脑的扩展，那么传感器就是人类五官的延伸。在20世纪80年代，美国称世界已进入传感器时代，日本、英国、法国、德国、俄罗斯等发达国家都将传感器技术列为国家重点开发的关键技术之一，并首先将其应用于国防和科学研究中。

20世纪70年代，研究科学教育的学者也关注到了计算机和传感器在教学中的应用。美国学者Robert Tinker是数字化实验的首创者和命名人。他的团队发明了世界上第一个教学用温度传感器，并在1978年做成了第一个运用传感器的教学实验——萘的冷却曲线实验。该曲线实验采用Robert Tinker团队改造的、能够使用模拟输入的KIM-1计算机,用热电偶来测量试管中被加热后的萘在冷却过程中不同时刻的温度,并在计算机上实时显示出温度变化曲线。随着实验的进行,学生能够同时看见温度的变化图像和具体的实验现象,在温度曲线平台期的开始阶段,可以看到试管中固体以可爱的雪花般的粒子状态出现,到平台后期则完全凝固。

冷却曲线实验展示出传感器和计算机软、硬件结合具有的强大教育潜力。Robert Tinker的团队在许多场合演示这个新奇的实验。1970年末,该实验在美国物理教师协会(American Association of Physics Teachers,简称AAPT)年会等会议上演示,引起了与会者的极大兴趣。冷却曲线实验的成功,开辟了数字化实验研究的新纪元。

1980年,更多的美国科学教育界的有识人士意识到,基于传感器、数据采集器和计算机及相应软件的数字化实验在科学教育中获得广泛和深入的运用,会对提高科学教育的现代化水平发挥至关重要的作用。于是,人们开始研究和开发适合教育应用的传感器、计算机软件和教学实验。时至今日,数字化实验研究、开发和应用已有30余年,并正在蓬勃发展。

1.1.2 数字化实验的界定

将传感器、数据采集器、计算机及相应软件应用于教学的数字化实验有两种主要的设计思路:一种为MBL(Microcomputer-Based Laboratories),即基于计算机的实验,另一种称作SBL(Simulation-Based Laboratories),即计算机模拟实验。MBL运用传感器进行真实实验的数据采集,在计算机上用软件进行数据呈现和分析,并输出结果。而使用SBL时不需要操作实物,直接在计算机上模拟实验条件得到结果。因此两者虽然都使用计算机进行数据采集和分析,但SBL中学生操作的是虚拟的实验物品。本书讨论的数字化实验界定与MBL一致,指利用传感器、数据采集器和计算机及相应软件进行的实验。

数字化实验诞生的年代，也是国际科学教育改革特别强调探究学习的时代。数字化实验从诞生起，就被赋予了培养学生探究和创造意识的功能。创造和首先使用MBL这一词汇的美国学者Robert Tinker在回顾自己的工作时说到："1980年，当我为教学中实时数据采集类实验取名为Microcomputer-Based Laboratories时，我希望它不仅是体现实时数据采集和呈现技术的进步，还是一种用于学生科学探究和发现的、开放式的教育方式。不过，Microcomputer这个词中强调的微型计算机是刻着时代烙印的，在当时用以区别体积庞大的计算机。今天的计算机，功能强大、体积微小已成常态，早已不再需要前缀"micro"。因此，MBL的名字已经过时。在西方，人们越来越多地使用"probeware"这个Marcia Linn发明的名词来指代数字化实验。

本书中，将数字化实验定义为：利用传感器、数据采集器和计算机及相应软件进行的实验。数字化实验的基础工作模式即将传感器、数据采集器和计算机依次相连（如图1-1），采集真实实验过程中各种物理量（如pH、温度、压强、电导率等）的数据并记录、分析和呈现，以获得实验结论的过程（如图1-2）。

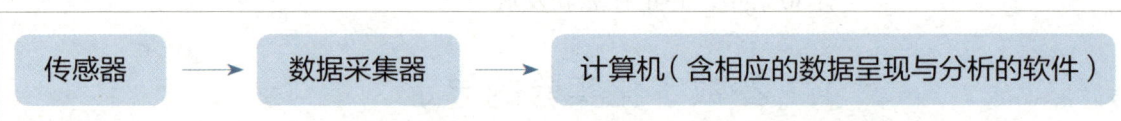

图1-1 数字化实验的基础工作模式示意图

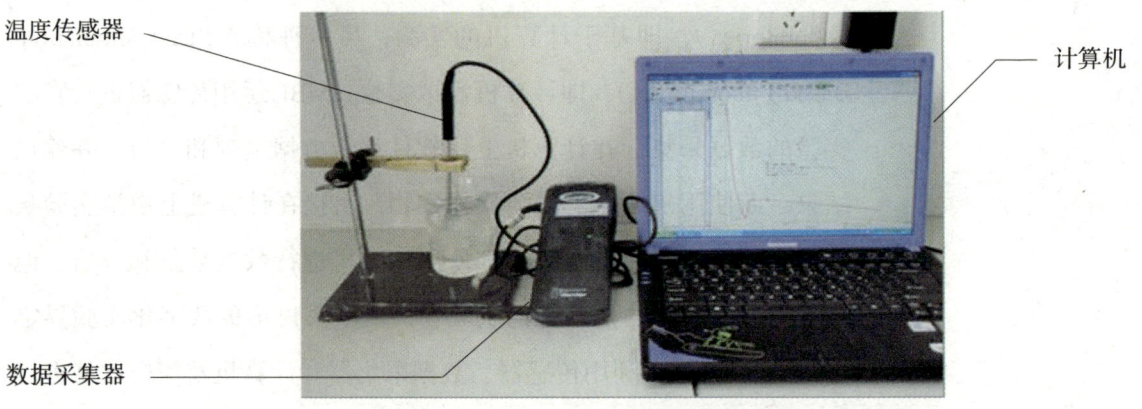

图1-2 利用计算机的数字化实验的现场

目前已有仪器公司开发出集数据采集器和计算机软件的功能于一体的产品，如LabQuest（如图1-3），并且无线传感器也已经陆续诞生，这样就更加方便学生在室外或现场进行实验操作。

在国外，关于数字化实验相关的术语还有data logging、data logger、Calculator Based Labs（CBL）等。

2003年华南师范大学的钱扬义教授在国内率先引入了数字化实验，并称之为"手持技术"和"掌上实验室"等[1]。还有研究者用传感器实验指代数字化实验。物理学科中也有DIS（Digital Information System）实验（数字化实验系统）的提法，虽然称谓不同，但指向是一致的。根据其构成和特点分析，我们认为数字化实验并不一定是"手持实验"和"掌上实验室"，便携和可以户外使用只是数字化实验的特点之一；数字化实验也不是只需要传感器，数据采集、分析等也是数字化实验的重要特点。借鉴国外所用的MBL（基于计算机的实验）和物理的DIS（数字化信息系统），我们认为现阶段用数字化实验这一名称指代"利用传感器、数据采集器和计算机及相应软件进行的实验"是合适的。

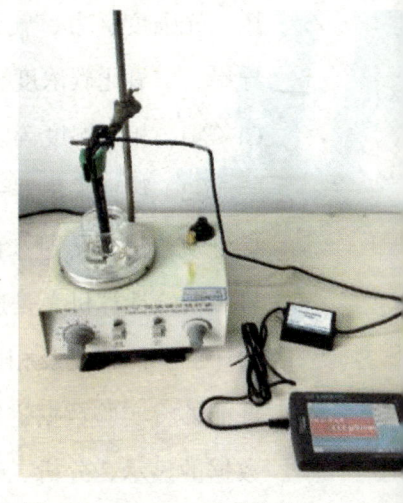

图1-3　LabQuest的数字化实验的现场

1.2　数字化实验的构成与特点

1.2.1　数字化实验的构成

数字化实验系统包括三个主要部分：

（1）传感器——数字化实验的感知元件。国家标准GB 7665—87对传感器（transducer或sensor）下的定义是："能感受规定的被测量并按照一定的规律转换成可用信号的器件或装置，通常由敏感元件和转换元件组成。"传感器有转换方式、响应时效、精度、量程四个基本参数。传感器的作用是"感"与"传"，"感"是将感触到的物理量转换成数据采集器能够识别和分析的电信号，"传"是将电信号传递给数据采集器和计算机。它能感触到的相关信息包括电流、电

---

[1] 钱扬义.在掌上实验室探究酒精灯火焰温度得出不同的结论[J].化学教育，2003（01）：39-41.

压、光强度、力、气压、磁场强度、音量、距离、pH、溶解氧、电导率、二氧化碳浓度、溶液色度、离子浓度（Ca^{2+}、K^+、NH_4^+、NO_3^-、Cl^-等）、相对湿度等。

（2）数据采集器——数字化实验的转换元件。它完成指令发送、接受从传感器传过来的电信号，收集、存储数据，再转换成数字信号传输给计算机，是连接传感器和计算机的桥梁。

（3）计算机及相应软件——数字化实验的处理元件。专门的软件能够将实验数据进行记录与分析处理，并通过计算机完成对实验数据的显示、分析、存储以及传输，实现信息技术与学科教学的整合。目前，比较好的数字化实验软件包含实验数据的查看、实验过程的回放、实验结果整理与分析等功能，并可对实验曲线进行线性拟合、二次多项式拟合、常用对数拟合等，为实验者找出数据间的规律提供了极大的方便。

相比于传统的实验，数字化实验最大的特色就是借助传感器和信息处理终端进行实验数据的实时采集与分析。正是这种替代人工采集数据的模式，给化学实验带来了巨大的变化。

1.2.2 数字化实验的特点

数字化实验有如下三个主要特点。

（1）数据采集的智能化

数据采集的智能化主要表现在"数字化感知"和"实时性记录"两个方面。

所谓"数字化感知"是指数字化实验能以数字形式感知和记录化学实验中的各种变化，如温度、气压、pH、溶解氧、电导率、CO_2浓度、色度、Ca^{2+}及NO_3^-的浓度变化等，其感知能力远高于人类的感官，实现了人类感官的延伸，使我们视原先之不可见、听原先之不能闻、触原先之不宜碰……从而使化学实验超越主要观察颜色变化、沉淀生成、热量吸放、光亮程度等的传统模式，进入数字化、信息化感知模式。比如，原先用酸碱指示剂进行中和滴定实验，酸溶液和碱溶液都需要是无色的，反应时也不能有沉淀产生，否则无法观察指示剂的颜色变化。若用pH传感器记录中和滴定中溶液pH的变化，则进行中和滴定时完全不受溶液颜色和澄清度的限制。化学实验现象的数字化感知和记录极大地丰富了数据采集的种类，使得实验信息获取的深度和广度有了质的变化。

所谓"实时性记录"是指数字化实验能实时地同步记录并呈现化学实验中各种量的变化。数据记录的时间可以从 $\frac{1}{20\,800}$ s 到 1 000 s，数据的记录和呈现几乎同时实现。比如，用传统实验方法绘制中和滴定曲线需要先记录各点滴入酸溶液或碱溶液的体积，再计算出各点的pH，据此绘制滴定曲线。但用数字化实验，人们可以在滴定的同时看到计算机上记录的酸溶液或碱溶液的体积、pH和滴定曲线的生成。这种实时性记录在化学科研中早已屡见不鲜，但在实验教学中却还鲜有应用，无疑这也会带来化学实验教学新的变化。

（2）定量研究的便捷化

定量研究的便捷化特点主要体现在"记录数据的准确性"和"处理数据的高效性"两个方面。

所谓"记录数据的准确性"是指数字化实验中记录的数据准确、可靠。数字化实验的数据、图像、仪表三大类表征形态，均能提供大量的数据，对揭示物质间的定量关系提供精确、可靠的数据，使定量实验更便捷。实验数据误差符合中学对实验数据准确度和精确度的要求。数字化实验中，记录什么数据、按什么时间间隔记录、数据的精确度标准等，都可以事先设定并由计算机自动执行，从而避免了人工记录可能产生的主观误差和客观失误。

所谓"处理数据的高效性"是指数字化实验中获得的数据可以通过软件提供的各种算法进行高效的处理。例如，可以对实验曲线进行线性拟合、二次多项式拟合、常用对数拟合，可以计算切线值、导数、代数和、极值等。利用这些数学关系，研究者可以便捷地计算瞬时速率、平均速率、反应级数、平衡常数等化学量，能让师生随时获得探究活动的结果并进行储存和分享[1]。从而使一些原理简

---

[1] 杨飞.数字化实验的表征与教学研究[D].南京：南京师范大学.2011：4,71-72.

单、操作复杂的定量实验变得简便易行，使一些相对复杂的原理性研究可以开展。

（3）实验现象的直观化

实验现象的直观化特点主要体现在"数据直观"和"现场直观"两个方面。

所谓"数据直观"是指数字化实验的数据采集灵敏度高、呈现性强。利用数字化实验较高的灵敏性和精度，可以检测反应过程中许多实验现象或物理参数的微弱变化；通过设定不同的采集速率，或利用回看功能，可以使人们像观看电影中的慢镜头一样来研究瞬间反应中的细微变化，像快镜头一样来浓缩历时较长的化学变化过程。人们还可以根据需要查看任一时刻、任一时间或某个过程的实验数据。如利用温度传感器可以测量反应过程中 0.01 ℃ 的微弱温度变化，用色度传感器可以探究影响淀粉和碘显色的因素等。

所谓"现场直观"是指数字化实验可以离开实验室或教室，到研究现场去进行。许多品牌的新一代数据采集器已经将数据采集器和处理软件、屏幕显示集成在一起，可以便捷地开展一些需要在室外实时测定的实验。例如，池塘水化学需氧量的测量，常规实验是先采取水样回到实验室，再用高锰酸钾法进行滴定，若采用化学需氧量传感器，那么实验者站在池塘边上就可以进行该实验。由此，数字化实验可以很好地突破常规实验的空间限制，实现现场实时测定。

我们还可以用实时性、准确性、直观性、便携性等来归纳数字化实验的特点。数字化实验的数据采集是与实验进程同步的，所采集和记录的数据不会产生人为的误差，其数据和图像具体直观，其装置重量轻、体积小、方便携带。

1.3 国外化学数字化实验的发展

数字化实验从诞生起,就是技术与教育结合的产物,其发展需要资金、合作和人们坚持不懈的努力。数字化实验的先驱Robert Tinker说:资金和合作是研究的关键。数字化实验研究需要高水平的软件和硬件专家、有经验的教育专家和课程专家,而且需要技术高超的制造和测试,需要大量经费。1983年,Robert Tinker获得美国国家科学基金(NSF)支持研究MBL项目。20世纪80年代,美国率先开始了基于传感器的数字化实验研究。

在欧洲的一些国家,包括英国、荷兰、德国、意大利,数字化实验独立发展起来。欧洲数字化实验研究基本是高校主导型的,通常由物理系主导。如荷兰阿姆斯特丹大学的物理学家Ton Ellermiejer自20世纪80年代一直致力于发展和推广数字化实验,并首先在大学的物理教学中应用。20世纪80年代,为了推动跨大西洋研究,北大西洋公约组织(NATO)资助各领域的科学家召开研讨会,将技术强化科学教育作为其支持的研究领域之一,其结果是1988年在意大利帕维亚大学召开了由Ron Thornton等人组织的数字化实验会议。1991年在阿姆斯特丹大学举行了第二次研讨会,由Ton Ellermiejer和Robert Tinker组织,合作并完成了数字化实验专著《数字化实验:教育研究与标准》[1]。紧随美国和欧洲的数字化实验研究,数字化实验在以色列、澳大利亚、日本、新加坡等发达国家也迅速开展了研究和推广,目前在柬埔寨、泰国等东南亚国家也有一定的应用。

数字化实验在国外的发展推力主要来自三个方面:学术团体、数字化实验仪器厂商、科学教育研究者及教学一线教师。

---

[1] Tinker, R. F. (Ed.). Microcomputer-based labs: educational research and standards[M]. Berlin: Springer-Verlag, 1996.

1.3.1 学术团体是数字化实验研究推广的重要平台

学术团体是数字化实验研究推广的重要平台。基于学术团体的学术性和群众性,学术团体通常持续关注某一领域的研究,并拥有大量的会员,因此形成强大的研究和实践推广能力。如美国科学教师协会(National Science Teacher Association,简称NSTA)、美国物理教师协会等学术团体长期致力于科学教育改革,NSTA在其每年一次的年会上,从1992年开始就有数字化实验培训的工作坊(workshop)、数字化实验公司的仪器展示和介绍,持续几十年。近年来,威尼尔(Vernier Software & Technology)公司和PASCO公司的展台占据了全美科学教师年会展台的中心位置,其数字化实验工作坊更是从年会前一天延续至最后一天,吸引大批教师参加培训。类似的学术团体通过会议、报告、会员通讯、专业杂志发表文章等各种学术活动,不断提升教师们对数字化实验在理科教学中作用的认识,提高了教师们的数字化实验能力,有力地推动了数字化实验的发展。

图1-4 NSTA年会数字化实验仪器展台

图1-5 NSTA年会数字化实验工作坊

1.3.2 相关企业厂商在数字化实验研究推广中有重要作用

数字化实验仪器厂商在数字化实验发展中也起了至关重要的作用。这种作用形成了企业和教育的互动。当更多的学校使用数字化实验仪器后，数字化实验仪器厂商自然获得更多的利益，并愿意用更多的资金投入来推动数字化实验的发展。美国最著名的数字化实验仪器公司是威尼尔公司和PASCO公司。这两家公司的创办者都熟悉和关注科学教育，它们的发展历程就是数字化实验发展中企业和教育互动的一种诠释。

威尼尔公司由威尼尔夫妇（David Vernier 和 Christine Vernier）创建于1981年。威尼尔曾担任过8年高中物理教师，他发现将日常演示和高创意的互动实验结合时，非常有助于吸引学生投入学习。于是他从自编教学用的计算机程序开始，到最终成立威尼尔公司，完全致力于数字化实验仪器的研发、生产和销售。目前威尼尔公司的数字化实验产品在美国许多中学使用，并已销售到世界120多个国家。笔者之一曾于2014年9月访问了总部位于美国波特兰的威尼尔公司，正巧碰上威尼尔公司庆祝其数据采集器全球销售100万台。该公司持续关注教师的需求，跟进技术的发展，其新一代的数据采集系统LabQuest2已经融合了地理定位技术、蓝牙技术、二维码技术等，实验数据通过无线网即可传输给手机、iPad、计算机等装有Vernier Graphical Analysis软件的设备终端。这种新型的数据采集和分享模式与学生在日常生活中的QQ、微信等信息交流模式一致，有利于提高学生的学习兴趣，有效协调了学生与实验、学生与学生、学生与教师之间的关系。

威尼尔公司不仅生产各类便捷的数字产品，如数据采集器、传感器和软件等，还致力于开发科学实验课程，帮助教师更好地传授科学知识，为学生收集、分析实验数据创造了一种新的方式。公司的网站Vernier Software & Technology提供了大量的科学实验案例，为人们学习和研究数字化实验提供了一个较好的平台。同时，公司每年在美国各地举办的教师培训也对数字化实验技能在理科教师中的普及起到了很大的推动作用。

PASCO公司由PaulA. Stokstad创立。Stokstad说，PASCO开始于他大学的宿舍里、成长于他家的车库里，最终成为总部在加州的全球知名数字化实验研发公司。"做科学""探究学习"的基因在PASCO的DNA中，PASCO以为全世界科学教育提供技术革新支持的方法为己任。

PASCO是世界上第一个出售教学用传感器的公司。PASCO认为基于传感器的探究可以发展学生的科学素养，给学生提供很好的"做科学"的工具，使得学生可以像科学家那样思考。目前PASCO可以提供数据采集器、传感器和软件、科学实验课程材料，等等，产品销往世界100多个国家。PASCO公司的彩屏触摸式传感器系统，其数据采集器安装有SPARK科学学习系统，以探究式教学模式引导学生开展基于传感器技术的科学实验活动，并且鼓励学生合作学习。利用该系统，PASCO研究团队开发了多种形式的课程，如包含60多个探究式实验的SPARKlabs，针对化学和生物知识学习的加利福尼亚SPARKlabs等[1]。

PASCO也非常重视教师的培训和产品后续服务，其网站上有详细的培训视频，公司定期组织免费的教师数字化实验工作坊，帮助教师掌握和使用数字化实验仪器及软件。

这些企业和教育的互动，在带来企业发展的同时，推动了数字化实验的发展，企业参与成为数字化实验发展的重要力量。

1.3.3 科学教育研究者和一线教师是数字化实验发展的生力军

科学教育研究者和一线教师是推动数字化实验发展的生力军。

---

[1] 孙丹儿.国外科学教育中传感器技术教学研究及启示.远程教育杂志，2012(5): 50-55.

基于数字化实验的实时性、准确性、直观性、便捷性等优点，科学教育研究者和一线教师很自然地关注其发展和应用。

相对而言，科学教育研究者更关注数字化实验的教学作用，而一线教师则将更多注意力放在数字化实验的设计和使用上。

塔夫茨大学数学和科学教学中心的Thornton教授一直致力于科学教育研究，在25年前就建议将基于计算机技术的MBL融入到物理教学中。Thornton教授通过研究发现，采取活动参与形式，以计算机技术为支撑的交互式学习环境能够满足学生多方位学习科学知识的需要。这些研究为数字化实验的教学作用提供了肯定的例证。

加利福尼亚大学（伯克利分校）教育学院的Friedler及其同事探究了在问题解决的学习模式下，运用MBL能否提升学生的科学推理能力。研究者将110名8年级的学生分为两组（一组侧重于观察能力的培养，一组侧重于假设能力的培养）进行了Subject-Matter测试（由Songer和Lin设计，用于评价学生对于影响加热和冷却过程的因素的理解）。研究发现，在MBL的环境下，学生的预测能力和假设能力都得到了明显的提升。同时，研究者指出MBL能够将学生的短时记忆集中于所得的实验数据而不是算术运算，能够动态地呈现实验现象和数据图像间的关系，从而减轻学生的记忆负担[1]。

马里兰大学的Redish及其同事以本校学生为研究对象，用1小时MBL的活动参与替代传统计算为主的课堂，对学生理解相关物理概念做了对比研究。学生的开放式问卷结果表明，大学学生采取传统的背诵式教学方式后在理解和应用概念方面表现较好，但仍然有提升的空间；在精心设计的多项选择测试题中，MBL教学比传统方法体现出了更大的优势[2]。

---

[1] Yeal Friedler., Rifi Nachmias. and Marcia C. Linn.. Learning scientific reasoning skills in microcomputer-based laboratories[J]. journal of research in science teaching, 1990(27): 173-191.

[2] Redish, E. F., Saul, J. M. and Steinberg R. N.. On the effectiveness of active-engagement microcomputer-based laboratories[J]. Am. J. Phys., 1997(65): 45-54.

相比于物理学科，化学数字化实验在国外教育领域中的发展较晚。美国密歇根大学的Nakhleh和Krajcik较先建议将MBL技术应用于化学学习中，通过对选取的15名高中学生（11年级）样本研究发现，使用手持技术能够促使学生对于酸、碱、pH概念产生更深刻的理解[1]。

2004年由美国国家科学基金会（NSF）资助的研究项目通过实施一系列的活动和跟踪，证明通过传感器和计算机数据采集技术与科学实验的整合，可以提高学生对科学的兴趣以及将来从事相关职业的能力[2]。

美国康科德联盟（The Concord Consortium）是一个致力于教育技术研究的非盈利组织，由数字化实验的先驱Robert Think创立。在2015年美国国家科学教学研究会上，他们展出了七项最新的教育技术研究成果。其联盟成员Metcall和Tinker对于数字化实验是否适应于中学科学教育做了可行性分析，研究从经费、教师职业发展和教学设计三个方面进行了探讨。根据很多中小学较少使用技术手段教学的现状，并考虑教育公平性、教师支持和仪器设备条件，该研究采用"掌上电脑"（handheld computer）进行数据采集，采用低成本的传感器，用给予技术指导软件（CCLabBook）和在线教师专业培训的方法开展数字化实验的实证研究。研究发现，教师能使用数字化实验在课堂上顺利地进行教学，教学促进了学生的学习，尤其是帮助学生理解微观概念[3]。

笔者在2011—2016年，每年去看一些美国中学课堂的数字化实验。我们看到，中学实验室中，计算机、电子天平、数字化实验仪器基本属于常规配置，师生们熟练地进行各种数字化实验，

---

[1] Nakhleh M. B. and Krajcik J. S.. The influence of level of information as presented by different technologies on students' understanding of acid, base, and pH concepts[J]. J. Res. Sci. Teach., 1994(31): 1077-1096.

[2] 华洋. 将传感器应用于高中生物学教学的探索与实践[D]. 北京：北京师范大学，2011：7.

[3] Shari J. Metcalf. and Robert. F. Tinker. Probeware and Handhelds in Elementary and Middle School Science[J]. Journal of Science Education and Technology, 2004(13): 43-49.

如，用数字化实验测定草酸合铁酸钾 $\{K_3[Fe(C_2O_4)_3]\cdot 3H_2O\}$ 中 K^+ 与 Fe^{3+} 的物质的量之比。让已知浓度的草酸合铁酸钾溶液通过离子交换树脂，钾离子被氢离子替换，再用氢氧化钠溶液进行滴定，用氢离子传感器测定实验过程中氢离子浓度的变化，从而求出该络合物中 K^+ 与 Fe^{3+} 的物质的量之比。又如，用数字化实验测定一定质量薯片中含有的热量。将薯片点燃并利用其燃烧放出的热去加热一定质量的水，用温度传感器测量水温的持续变化，得到最高温度，并据此计算水所吸收的热量，也即薯片放出的热量。再如，用数字化实验测定叶绿素、胡萝卜素等对可见光中不同波长的光的吸收，等等。

许多教师还将设计的数字化实验用文章、报告、书籍的方式呈现，供更多的教师参考和借鉴。如《通过探究研究化学》(*Investigating Chemistry through Inquiry*)就是介绍一本数字化实验案例的书。该书的作者 Donald L. Volz 和 Ray Smola 是两名长期从事化学教学的教师，他们喜欢使用数字化实验开展探究式教学。这本书包含了25个基于探究的化学数字化实验，适用于高中生，其主题包括热化学、酸和碱、化学计算、化学动力学、溶液的性质等。如使用温度传感器和气压传感器的蒸汽压和蒸发热的研究，使用温度和气压两种传感器的酵母菌的糖发酵研究，使用不锈钢温度传感器、pH传感器和电导率传感器的长期水质监测研究，等等。每个实验包括一个初步的活动、教师需要的背景信息、研究的问题，以及与这些研究问题对应的样本数据。

从国外数字化实验的发展看，对数字化实验教学意义和价值的肯定和广泛持续的教学应用是数字化实验发展的生命力所在。

拓展阅读

数字化实验先驱——Robert Tinker 的故事[1]

一、罗伯特·廷克（Robert Tinker）与约翰·金（John King）相遇

Robert Tinker 是数字化实验的首创者和命名人。1965年，Robert Tinker 进入美国麻省理工学院跟随 John King 教授攻读物理和教学相结合的博士学位。John King 是20世纪美国物理教育界的领导者之一，也是优秀的实验物理学家和专注的教育家，他最早将传感器引入物理教育。他的梦想是设计一个装着传感器的鞋盒大小的盒子，学生能用盒子里的传感器测量几乎所有的东西。在很多方面，数字化实验是 King 教育思想的直接延续。

图1-6　Robert Tinker

Robert Tinker 与其导师的教育思想有深刻的内在一致性。在攻读博士学位之前，Robert Tinker 曾经在美国的史迪尔门学院任教两年，这段教学经历唤醒了他对教育的终身兴趣，同时让他得到了如何提高科学教育水平的启示。Robert Tinker 在教学时发现，当时的教学材料并不能满足学生需要，因此，他就用自己的观察和亲自动手实验来辅助教学。他认为，学得最明白的课是那种用好的仪器设备让学生亲手实践的课。这种学习能够对复杂现象迅速地形成直观理解。一旦好的直觉到位了，物理学那些抽象的、以公式来表示的处理方法就容易理解了。正是由于这样的教学经历，Robert Tinker 追随着他的导师 John King 的教育思想，逐步把数字化实验变成现实。

Robert Tinker 数字化实验的灵感来自"发酵葡萄汁泡泡计数实验"。这是在1970年以前，微型计算机还没出现时，Bill Walton 指导的"计算机和实验室计算（CLAC）"项目中开发的一个实验活动：使用一台计算器、一台 x-y 绘图仪和一台光检测器来检测、计量发酵葡萄汁中产生的泡泡数，只要酵母在繁殖，泡泡的总量随时间推移所形成的图像是呈指数趋势上升的，绘图仪可即时显示出泡泡数目随时间上升的变化图像，从而提高学习者对关键运算思想的直觉。这个实验让 Robert Tinker 意识到，数值方法和交互式的图像可以支持直觉运算，可以帮助学生对复杂现象形成直观理解，同时，计算器、绘图仪和光检测器的配合使用也使 Robert Tinker 印象深刻。

---

[1] 李惠，马宏佳.数字化实验的历史及启示[J].化学教与学，2016（2）：2-6.

二、计算机使用及模拟信号与数字信号的转换

1976年,在美国国家科学基金会(NSF)的支持下,Robert Tinker和Hilton Abbott开始了一个名为"计算机和实验室数学(CALM)"的项目。该项目的理想是建构一个计算机控制的环境来教学生逻辑和编程。例如,构建一个铁路模型,其转辙器和机车发动机变速器都由计算机程序控制。该项目为数字化实验的开发奠定了计算机控制的基础。

研究中,Robert Tinker发现,当时的实验室测量主要以模拟信号为主,如温度、光照水平和电压等均为模拟信号,这种模拟信号如何以数字信号的形式输入到计算机中,成为一个大问题。模拟信号并不适合计算机的数字世界。Robert Tinker的朋友Greg Edward,是一个物理学家,也是NSF的项目专员,他对未来科技有着清晰的视野。他使Robert Tinker相信模拟-数字转换器将使计算机成为完美的实验室仪器。于是,Robert Tinker和他的团队开展了艰苦的创造性的努力,通过编程和改造计算机硬件,终于解决了数字信号与模拟信号的转换和输入及输出问题。Robert Tinker在KIM-1计算机上加入了模拟-数字转换器,一个名叫MOSK科技的小公司把它做成了单片KIM-1计算机,以245美元一台的价格出售,并被摩托罗拉等公司购买。计算机的使用和模拟信号与数字信号的转换为数字化实验提供了技术保障的基础。

三、冷却曲线实验——第一个教学应用的数字化实验

"发酵葡萄汁泡泡计数实验"尽管很有启发性,但对教育没有太多直接影响,因为制作含酒精的葡萄汁与学校教学内容几乎没有联系。模数转换器的加入,使数字化实验的测量范围扩大到温度、光、电压等物理量。在这个基础上,1978年,Robert Tinker开发出了第一个具有教学应用的数字化实验——冷却曲线实验。

冷却曲线实验采用Robert Tinker改造的能够使用模拟输入的KIM-1计算机,用热电偶来测量试管中的卫生球(萘)在冷却过程中不同时刻的温度,产生的模拟信号输入至计算机,并以模拟信号的方式输出到示波器上,从而实时显示出温度变化。

以前做这个实验,学生通常需要长时间实验并记录不同时刻的温度,然后将数据绘制成曲线。他们通常不能理解图形的特征和正在冷却的物质性质之间的关系;经常不能理解在固液转换期间观察到的温度曲线平台的物理意义,丢失了对实验应该进行的关键性的观察。使用Robert Tinker的数字化实验时,因为探针很小,反应灵敏,因此所需样品量很少,实验能在几分钟内完成,学生有充足的时间在没有相变的情况下完成冷却曲线,然后再同有相变情况下的冷却曲线相比。随着实验的进行,学生能够看见温度的变化图像。他们看见在平台期的开始阶段,固体以可爱的雪花状的粒子状态出现,平台后期完全凝固。当实验正在进行时,他们能够推测温度恒定的原因。如果他们幸运的话,也能观察到过冷现象。教师甚至提供了第二个传感器来测量周围水的温度,学生因此能够确认卫生球的温度保持恒定,但水变得更冷了,说明卫生球正在从水中提取热量。

冷却曲线实验是第一个成功的具有教学应用的数字化实验，该实验展示出传感器和计算机软、硬件结合具有的强大教育潜力。该实验在美国物理教师协会（AAPT）年会等会议上多次演示，引起了与会者的极大兴趣，为数字化实验研究注入了极大的活力。

四、Robert Tinker 为数字化实验命名

到 1980 年，以教育为目的的实时数据采集的实验系统需要一个名字。Robert Tinker 认为这个名字不仅要反映该技术，而且还需要表达出这是一个开放式的教育方法，从而把它与自动化实验室或用传感器进行操练和实践区别开来。他决定将其命名为以微型计算机为基础的实验（Microcomputer-Based Laboratories），简称 MBL。

随着计算机技术的不断进步，Robert Tinker 和他的同事不断改进数字化实验，开发了多种传感器及配套的硬件和软件。Robert Tinker 是当之无愧的数字化实验的先驱。

1.4 国内化学数字化实验的发展

我国数字化实验的发展是随着信息化技术的发展和基础教育课程改革而推进的，期间受到发达国家数字化实验发展的积极影响。以下从国内数字化实验的发展概况和典型事件两个角度阐述。

1.4.1 国内数字化实验发展概况

我国的数字化实验起步晚于西方发达国家，但发展很快。其发展历程可以从课程文件和教材、数字化实验室建设、相关专著出版及文献发表来分析。

（1）课程文件和教材分析

从课程文件和教材角度看，2003 年我国教育部公布的《普通高中物理课程标准（实验）》率先提出：信息技术要进入物理实验室，即重视将信息技术应用到物理实验室，加快中学物理实验软件的开发和应用，诸如通过计算机实时测量、处理实验数据，分析实验结果等[1]。该文件还首次提出"了解常见传感器及其应用，体会传感

---

[1] 中华人民共和国教育部.普通高中物理课程标准[M].北京：人民教育出版社，2003：64.

器的应用给人们带来的方便"的要求，同时在选修模块中将其作为一个独立的二级主题供学生学习。随后，2004年公布的《上海市中学化学课程标准（试行稿）》要求中学化学教学"推行在化学实验中使用图形计算器或掌上电脑（掌上实验室）和传感器技术，并应用于课堂教学之中，特别是应用于研究性学习之中"，"在化学实验教学中，采用模拟实验，提高实验教学效果；引入数字化传感器技术，革新中学化学实验的内容，拓展实验方法，节省实验时间。"[1] 2006年教育部发布的《中小学理科实验室装备规范》中将"计算机数据采集系统（Digital Information System，简称DIS）"列入仪器装备的标准中。2005年，人民教育出版社出版的高中化学教材选修6《实验化学》中，编入了"利用pH传感器和数据采集器研究酸碱中和滴定过程中溶液pH的变化，绘出酸碱滴定曲线"的内容[2]。山东科学技术出版社出版的高中化学教材选修6《实验化学》中，编入了"利用pH传感器测定食醋的总酸度""利用色度计测定食物中铁元素含量"的数字化实验内容[3]。

（2）实验室建设分析

从实验室建设角度看，据现有资料，首个中学数字化实验室于2004年1月在天津市第一中学建成，为该校与教育部教学仪器研究所共同开发[4]。2007年南京市金陵中学已经建立了学生用的数字化实验室，能在其中开展"中和滴定""盐类水解"等整个教学班的数字化实验。2009年南京师范大学建成了数字化实验室，并开发了相应的培训材料[5]，对江苏省13个省辖市的化学教研员和南京、常州、镇江等市的化学骨干教师进行了数字化实验培训，推动了数字化实验的开展。数年来，经济发达地区的中学纷纷建立了数字化实

---

[1] 上海市教委.上海市中学化学课程标准（试行稿）[M].上海：上海教育出版社，2004：63.

[2] 宋心琦.普通高中课程标准实验教科书：实验化学[M].第2版，北京：人民教育出版社，2007：18.

[3] 王磊.普通高中课程标准实验教科书：实验化学[M].第2版，济南：山东科学技术出版社，2005：14.

[4] 蒋永贵，吴俊明.新课程背景下的数字化实验室及其在理科教学中的应用[J].中国电化教育.2006(11)：45-48.

[5] 杨飞.数字化实验的表征与教学研究[D].南京：南京师范大学.2011：6.

验室。2011年，西部地区，如内蒙古包头市固阳县第一中学，也建立了数字化实验室[1]。据调查，2014年，苏州市约40%的初中教师所在学校拥有数字化实验设备[2]。2012年，河南师范大学化学化工学院在本科生的"化学教学论实验"中开设了12个学时的数字化实验[3]。

（3）专著和文献分析

从出版专著的角度看，最早的两本专著均为华南师范大学的钱扬义教授所著，分别为2003年高等教育出版社出版的《手持技术在理科实验中的应用研究》[4]与2006年科学出版社出版的《手持技术在研究性学习中的应用及其心理学基础》[5]。前者侧重案例层面的研究，主要解读了手持技术的概念、组成、特点及使用方法等，并初步开发了一系列基于手持技术的中学理科实验；后者侧重认知层面的研究，从中小学学生对科学课程中的"认知难点""科学核心概念""疑难实验""变量关系""定量研究"和"综合实验探究"等角度开发若干研究性学习案例，并结合问题解决理论探讨学生运用手持技术解决定量问题的心理机制。2007年，北京师范大学王磊教授出版了《传感技术——化学实验探究手册》[6]。该著作以课程标准教材为依托，针对传感技术在中学化学实验中的应用开展了系统的研究，从能量、平衡与速率、水溶液、综合探究等维度构建了全面支持化学核心概念原理教学和定量测定的基于传感技术的实验体系。

从期刊论文发表的角度看，我国化学数字化实验发展可粗略分为三个阶段：2001—2005年的酝酿期，2006—2010年的徘徊期，

---

[1] 侯芳，杨红. 对数字化实验室的研究[J]. 中学化学教学参考，2014(4)：49-50.
[2] 罗嘉. 数字化传感技术与初中化学教学整合的现状调查[J]. 化学教与学，2015(9)：75-76.
[3] 靳建华，任改兰. 在"化学教学论实验"中开设手持技术实验的调查分析[J]. 化学教育，2014(4)：55-58.
[4] 钱扬义著. 手持技术在理科实验中的应用研究[M]. 北京：高等教育出版社，2003：9.
[5] 钱扬义. 手持技术应用于研究性学习及其心理学基础[M]. 北京：科学出版社，2006：6.
[6] 王磊，魏锐等. 传感技术—化学实验探究手册[M]. 北京：北京师范大学出版社，2007：1.

2011—2015年的快速发展期。

2015年年底,笔者分别以"数字化实验""手持技术""传感器"和"DIS"等为关键词,在CNKJ中国期刊全文数据库、万方数字化期刊和中国科技期刊数据库(重庆维普)进行检索,再对所得文献逐篇筛选,去除重复的和与数字化实验不相关的论文,共获取与化学数字化实验相关的期刊文献309篇。

表1-1 2002—2015年化学数字化实验期刊文献数目统计表

年份	2001	2002	2003	2004	2005	2006	2007	2008	2009	2010	2011	2012	2013	2014	2015
数目	2	1	3	7	6	15	14	24	24	17	29	27	43	41	56

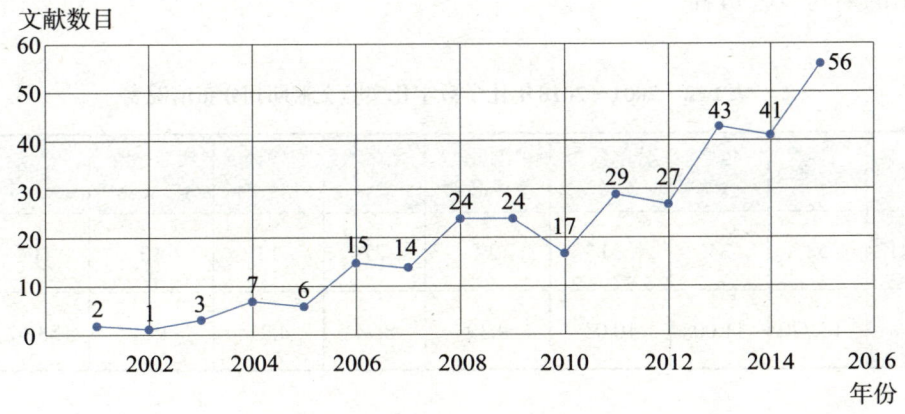

图1-7 2001—2015年数字化实验期刊文献年份分布图

根据我们的文献检索,从不同年份数字化实验文献发表的数量统计可以看出,有关数字化实验的期刊文献从2001年开始出现,整体呈现增长的趋势。2001年的两篇文献都是关于用电导率传感器改进酸碱中和滴定实验的[1, 2],但只是使用了电导率仪,并没有使用数据采集器和计算机。我们之所以将其放在统计中,是因为可以从中看到一种下意识的研究,是教学经验让研究者产生了使用传感器的直觉。第一篇真正的数字化实验研究期刊文献是钱扬义教授等发

---

[1] 阮长青,郭德军.连续电导法测定食醋中游离矿酸和有机酸含量[J].食品科学,2001(2):62-64.

[2] 俞青芬.电导滴定曲线[J].青海师专学报(自然科学),2001(6):75-76.

表在《化学教育》杂志2003年第1期上的《在掌上实验室探究酒精灯火焰温度——得出不同的结论》一文[1]。

分阶段研究数字化实验相关期刊文献，可以发现2005年以前每年发表的文献不超过10篇，这一阶段可以称为数字化实验的酝酿期。2006—2010年数字化实验文献有所增加，特别是2008年、2009年，分别达到24篇，但其后有比较明显的下落，2010年仅为17篇，2006—2010年可以称为徘徊期。2011年开始数字化实验期刊文献快速增长，2013年、2014年分别为43篇和42篇，2015年更高达56篇，如果考虑少数期刊文献上网较慢的因素，该数值还会更高些，因此2011—2015年可以称为快速发展期。

通过对文献的期刊来源统计可以发现，目前发表过化学数字化实验文献的期刊多达74种。

表1-2 2001—2015年化学数字化实验文献期刊分布情况表

期刊	化学教育	化学教学	教学仪器与实验	中学化学教学参考	化学教与学	中国电化教育	实验教学与仪器	其他	合计
文献数目	58	34	31	29	27	13	13	104	309
百分比/%	18.77	11.00	10.03	9.39	8.74	4.21	4.21	33.67	100

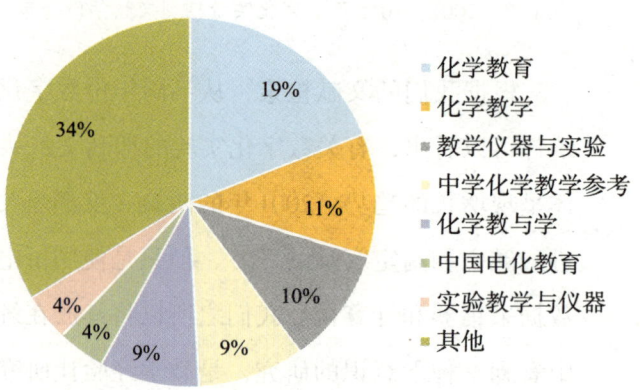

图1-8 2001—2015年化学数字化实验文献期刊分布图

---

[1] 钱扬义等.在掌上实验室探究酒精灯火焰温度——得出不同的结论[J].化学教育，2003(1)：39-41.

1.4.2 "威尼尔"杯赛推动国内数字化实验快速发展

经历2001—2005年的5年酝酿期之后，2006—2010年的5年，国内数字化实验的发展并未进入快速发展期，而是进入了徘徊期。从文章发表数量看，到2010年反而下降了。分析其原因，主要有两点：一是中学一线教师没有充分发动起来，研究大多局限在高等院校；二是缺乏对中学教师的培训，一些中学的数字化实验室和实验设备因没人会用而闲置。应该说，没有广大中学化学教师的参与，数字化实验不能进入中学课堂，就不会有强大的生命力，也不能真正发挥其优势。

基于以上认识，中国教育学会化学教学专业委员会和南京师范大学组织了一个重要的活动，即"威尼尔"（Vernier）杯数字化实验创新设计大赛（以下简称"V杯赛"）[1]。这个比赛借鉴了国外数字化实验的发展思路，得到了美国Vernier公司的支持。它面向全国中学化学教师和教学研究人员征集化学数字化实验作品，通过现场展示、专家评审，评出一、二、三等奖，一等奖的第一名由Vernier公司全额赞助赴美国两周，接受数字化实验培训，参观考察美国中学并观摩美国科学教师年会。举办者试图以这样的活动调动广大中学教师参与数字化实验研究和应用的积极性，使数字化实验走出高校的象牙塔，走进中学课堂，从而真正发挥数字化实验在教育教学中的作用。从2011年开始，"V杯赛"每年举办一次。该活动对国内数字化实验的发展起到了明显的推动作用，带来了2011—2015年数字化实验的快速发展。可以从以下几个方面来看"V杯赛"对化学数字化实验的推动作用。

1.4.2.1 作者分析

2011年第一届"V杯赛"刚开始举办时，参赛作品数量少，地域分布面窄。从其后的几届比赛看，其影响力持续上升。参赛作品越来

---

[1] 马宏佳.信息化时代的数字化实验——记全国首届"威尼尔"杯化学数字化实验创新设计大赛[J].化学教与学，2011(4)：2.

越多,说明关注数字化实验的教师人数越来越多。参赛作品的内容逐渐丰富,高质量的研究成果逐渐增多,说明研究者对数字化实验的认识和研究越来越深入。

表1-3是四届"V杯赛"获奖情况统计。

表1-3 "V杯赛"获奖作品数量统计表

	一等奖	二等奖	三等奖	总计
第一届/件	13	14	7	34
第二届/件	10	13	9	32
第三届/件	19	48	16	83
第四届/件	24	46	17	87
总计/件	66	121	49	236

对四届"V杯赛"参赛作品的第一作者所在区域进行统计,具体结果如图1-9。从各届参赛情况看,由刚开始的只有5个省、市、自治区的参赛者逐步发展到12个省、市、自治区的参赛者,说明数字化实验正在全国越来越多的地域开展起来。江苏、安徽、上海3省市的参赛作品共计215件,占总参赛作品的91%,说明这三个地区的化学数字化实验研究比较发达。江苏省每年的参赛人数基本持平,而安徽省的参赛作者第三、第四两届显著增加,这与安徽省对数字化实验重视程度高有关。安徽省教育科学研究院非常重视数字化实验的推广和研究,由省教科院转发"V杯赛"通知,并组织省级初赛和颁奖,使得安徽省成为全国数字化实验发展最快的省。

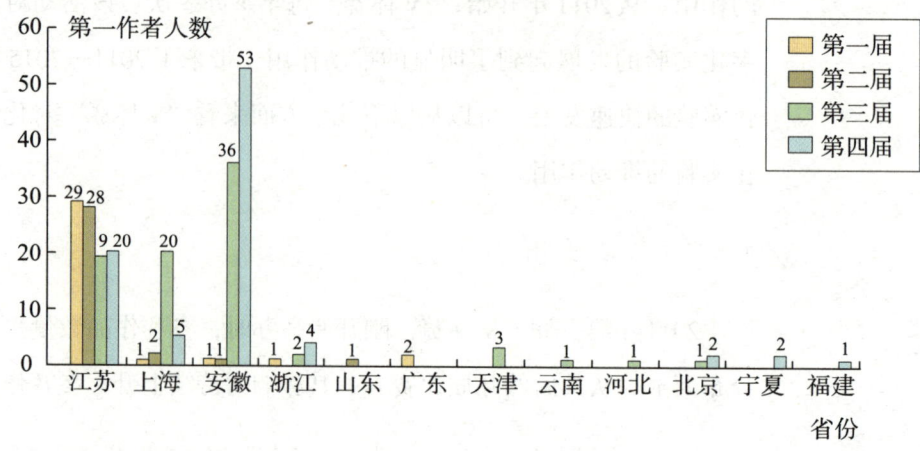

图1-9 参赛作品第一作者所在省份统计图

江苏省四届"V杯赛"的参赛作品共计96件,将这些作品按第一作者所在地进行分类,结果如图1-10。从图可知,苏南地区的参赛作品较多,苏北等地区的参赛作品较少,说明数字化实验在江苏省的发展较不平衡,经济发达的地区数字化实验发展较好。但是,江苏省正在不断推广数字化实验,从第一届基本没有苏北地区的作品参赛,到后来逐渐有泰州、宿迁、连云港、徐州等市的作品参赛,且参赛作品逐年增多,说明数字化实验逐渐在江苏全省推广,而且正在逐步进入江苏省中学化学课堂。

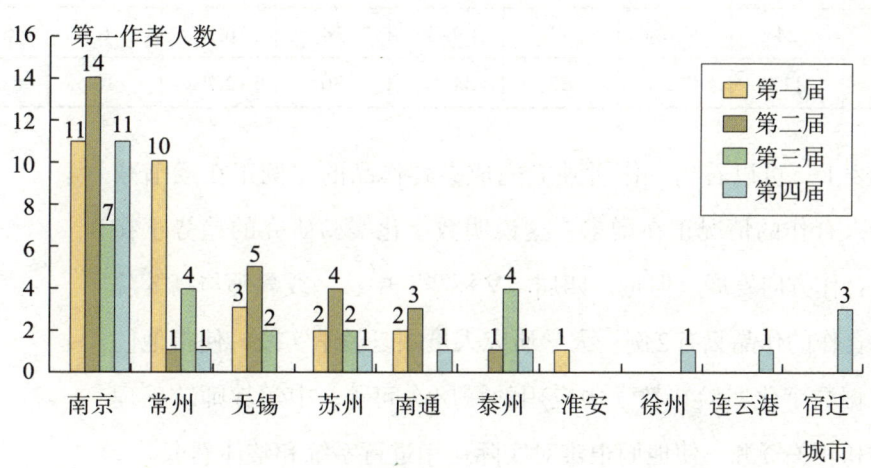

图1-10 江苏省参赛作品第一作者所在城市统计图

表1-4 第一作者所在单位统计表

	中学	高校	合计
第一届/人	26	8	34
第二届/人	20	12	32
第三届/人	82	1	83
第四届/人	72	15	87
合计/人	200	36	236

四届"V杯赛"中,中学教师的参赛作品为200件,高校研究人员的为36件,分别占参赛作品总数的84.7%和15.3%。由此可以看出,"V杯赛"的绝大多数参赛作品来自中学一线教师。在第三届"V杯赛"中,还有中学生的作品参赛。高校的参赛者基本上是化学

教育方向的研究生，暂时没有本科生参加数字化实验大赛。"V杯赛"极大地调动了一线中学教师参与数字化实验研究的热情，有力地促进了数字化实验走进课堂、走近学生，与教学过程相融合。

表1-5 作者合作情况统计表

	1人		2人		3人		3人以上		合计
	件数	百分比	件数	百分比	件数	百分比	件数	百分比	
第一届	26	76.5%	7	20.6%	1	2.9%	0	0.0%	34
第二届	23	71.9%	6	18.8%	3	9.4%	0	0.0%	32
第三届	39	47.0%	26	31.3%	12	14.5%	6	7.2%	83
第四届	24	27.6%	43	49.4%	14	16.1%	6	6.9%	87
合计	112	47.5%	82	34.7%	30	12.7%	12	5.1%	236

从表1-5可以看出，作者独立完成参赛作品的比例正在逐渐减小，多人合作的情况正在增多，这说明数字化实验研究的趋势正在向多人合作方向发展。但是，四届"V杯赛"中，一线教师与高等院校教师合作的作品只有2例。大学研究人员缺乏教学实践，使得他们难以发掘数字化实验在教学中应用的深层次问题；中学教师缺乏理论基础和相关资源，使他们很难对实际运用进行系统和整体驾驭[1]，这在一定程度上限制了数字化实验水平的发展。由大学研究人员和中学教师组成研究团队，应该是今后数字化实验研究发展的趋势。

1.4.2.2 使用传感器种类的分析

表1-6 传感器种类及使用频次统计表

	第一届	第二届	第三届	第四届	合计
pH传感器/次	9	13	32	35	89
温度传感器/次	17	6	28	20	71
压强传感器/次	5	8	16	11	40
电导率传感器/次	5	8	11	14	38
氧气传感器/次	7	1	12	14	34

---

[1]夏子辰, 郑长龙, 李艳梅. 手持技术与化学教学整合的研究概述[J]. 中学化学教学参考, 2008(10): 43-45.

续表

	第一届	第二届	第三届	第四届	合计
滴数传感器/次	1	2	5	6	14
色度计/次	2	0	6	7	15
电流传感器/次	0	2	6	3	11
二氧化碳传感器/次	2	1	3	5	11
电压传感器/次	1	1	3	3	8
浑浊度传感器/次	0	1	1	3	5
高温传感器/次	0	0	2	1	3
氯离子传感器/次	0	0	1	3	4
溶解氧传感器/次	2	0	1	1	4
铵根离子传感器/次	0	0	1	0	1
钙离子传感器/次	0	0	0	2	2
硝酸根离子传感器/次	0	0	0	0	0
一氧化碳传感器/次	0	0	0	0	0
氧化还原传感器/次	0	0	1	2	3
合计/次	51	43	129	132	355

从表1-6不难看出,"V杯赛"参赛作品使用的传感器种类越来越多样化。从第一届的10种传感器的使用到第四届的19种,从第一届共使用51次传感器到第四届共使用132次,表明参赛者对传感器的熟悉程度正在加深,能够巧妙利用越来越丰富的传感器为教学、研究服务。

从传感器使用种类来看,pH传感器、温度传感器、电导率传感器、压强传感器等是使用频次较高的传感器,这与传感器的价格、使用的难易程度以及教材的内容等因素有关。一些离子传感器,例如钙离子传感器、铵根离子传感器、氯离子传感器等,由于价格相对昂贵、使用时需要长时间校准等因素,使用的频次不高,说明传感器的技术研发方面还有很大的提升空间。

由表1-7可知,从单件作品使用传感器的种类来看,同时使用2种或2种以上传感器的作品越来越多,从最初的11件作品到之后的38件作品。多种传感器的同时使用能够更加直观地反映化学变化过程[1]。例如，在研究碳酸钠、碳酸氢钠分别与盐酸反应的性质时，同时使用温度传感器和pH传感器，可以直观地看出反应过程中溶液的酸碱度及温度的变化。这反映出教师对数字化实验掌握的程度越来越高。

表1-7 单件作品中传感器种类统计表

	1种	2种	3种	3种以上
第一届	22	7	2	2
第二届	22	9	1	1
第三届	44	30	7	2
第四届	49	31	7	0

1.4.2.3 作品内容及发表情况分析

表1-8 作品研究类型统计表

	认知性研究	技术性研究	教育性研究	总计
第一届/件	6	24	3	33
第二届/件	16	17	1	34
第三届/件	25	37	21	83
第四届/件	39	28	20	87

从表1-8可以看出，"V杯赛"的研究内容逐渐由技术性研究向认知性研究、教育性研究发展。技术性研究侧重实验的设计与创新[2]，例如，用湿度传感器演示浓硫酸的吸水性，用压强传感器研究压强对化学平衡的影响，用温度传感器、压强传感器测量气体摩尔体积等。认知性研究侧重化学原理的探究，例如，利用pH传感器研究振荡实验，利用pH传感器、温度传感器研究锌铜原电池的能量转换，利用pH传感器对氢氧化镁和氢氧化铝沉淀进行研究，等等。教育性研究侧重于研究实验在教学中的应用问题，这里笔者主要关注的是课堂教学实例、教学设计、教学片断的研究，例如，"吸氧腐蚀"教学片断、手持技术在高三复习课"溶液中的离子平衡"中的应用，等等。"V杯赛"的认知性研究和教育性研究增多，说明教师逐渐由

---

[1] 夏子辰，郑长龙，李艳梅.手持技术与化学教学整合的研究概述[J].中学化学教学参考，2008(10)：43-45.

[2] 吴俊明.中学化学实验研究导论[M].南京：江苏教育出版社，1997：41.

数字化实验案例的开发阶段向课堂教学应用阶段发展。

笔者参照《普通高中化学课程标准(实验)》中的内容标准[1]和《义务教育化学课程标准》中的主题[2]对236件参赛作品中涉及的242个实验进行了分类。

表1-9 实验研究内容统计表

主题	内容	第一届 数目	第一届 小计	第二届 数目	第二届 小计	第三届 数目	第三届 小计	第四届 数目	第四届 小计	合计	合计
九年级化学	身边的化学物质	10	13	2	3	3	7	8	11	23	34
	科学探究	0		0		2		0		2	
	物质的化学变化	2		1		0		1		4	
	物质构成的奥秘	0		0		0		1		1	
	化学与社会发展	1		0		2		1		4	
化学1	常见无机物及其应用	11	13	7	8	15	16	29	29	62	66
	化学实验基础	2		0		0		0		2	
	认识化学科学	0		1		1		0		2	
化学2	物质结构基础	0	1	0	0	0	10	1	5	1	16
	化学反应与能量	1		0		10		4		15	
化学与生活	生活与健康	0	0	1	1	1	2	2	3	4	6
	化学与环境保护	0		0		0		1		1	
	生活中的材料	0		0		1		0		1	
化学反应原理	化学反应与能量	3	11	4	20	13	42	12	32	32	105
	化学反应速率与化学平衡	3		7		7		4		21	
	溶液中的离子平衡	5		9		22		16		52	
有机化学基础	烃及其衍生物的性质与应用	1	1	0	0	3	3	5	6	9	10
	糖类、氨基酸和蛋白质	0		0		0		1		1	
实验化学	化学实验探究	0	0	1	1	3	3	1	1	5	5
合计(实验数)		39		33		83		87		242	242

从整体上看,"V杯赛"的实验主题几乎囊括中学化学的内容。从实验研究的广度上看,从第一届的只有10项研究内容到第四届的

---

[1] 中华人民共和国教育部制定.普通高中化学课程标准(实验)[M].北京:人民教育出版社,2003.

[2] 中华人民共和国教育部制定.义务教育化学课程标准(2011年)[M].北京:北京师范大学出版社,2012.

19项，"V杯赛"的研究广度在逐渐拓展。从研究的深度上看，研究内容逐渐从对难测量现象的表征到侧重于《化学反应原理》《化学1》中较难理解的概念的研究，研究深度在逐渐提高。当前使用数字化实验较多的教学内容是《化学反应原理》及《化学1》中的常见无机物及其应用。《化学反应原理》中研究溶液中离子平衡的参赛作品最多，为52个实验案例，占《化学反应原理》参赛实验总数的49.5%，占四届参赛实验总数的21.5%。溶液中离子平衡的参赛作品，主要研究的是影响弱电解质电离平衡的因素，如用温度传感器、pH传感器、色度计研究温度、酸碱性、浓度等对Fe^{3+}、醋酸、NH_4^+等电离平衡的影响。数字化实验化抽象原理为实时、直观、精确图像的特点，使其在化学反应与能量中的研究也较多，主要涉及电化学和盖斯定律的相关实验，如用氯离子传感器演示锌铜原电池中氯离子的迁移实验，用温度传感器比较单液原电池和双液原电池能量的转化率，用温度传感器验证盖斯定律等。

数字化实验在《化学1》中的应用集中于常见无机物及其应用，主要包括常见无机物的性质研究和离子反应的研究。例如，用温度传感器研究碳酸钠和碳酸氢钠溶解过程中温度的变化，用氯离子传感器研究硝酸银溶液和氯化钠溶液的反应，用二氧化碳传感器探究浓硝酸与木炭的反应，等等。

第三、第四两届"V杯赛"，不少研究者正在尝试拓宽数字化实验的使用范围，特别是在《有机化学基础》《化学与生活》两个模块上。第四届"V杯赛"收到6件有机化学方面的实验，如利用浑浊度传感器比较蛋白质的变性与盐析，利用电导率传感器表征乙酸乙酯的水解，这些实验的开发，丰富了数字化实验的内容。另外，还有研究者关注与生活相关的实际问题，并开发出很好的数字化实验，如用氧化还原传感器测定饮料中维生素C的含量，用压强传感器研究竹炭对气体的吸附能力，等等。

表1-10是对前三届"V杯赛"参赛作品发表情况的统计。从总体情况来看，"V杯赛"的所有参赛作品中有26.1%已经发表，其中一等奖作品的发表率最高，达50%，二等奖作品的发表率达24%，三

等奖没有作品发表，说明"V杯赛"评选的名次准确反映了作品的质量。单看各届"V杯赛"作品的发表情况，第一届"V杯赛"作品的发表率最高，达44.12%，随后逐届减少。这与之后几届参赛作品多、但是参赛内容不够新颖有关。笔者认为，这是因为"V杯赛"的影响在逐渐扩大，越来越多的教师开始尝试加入到数字化实验的研究中来，而新研究者刚开始的研究相对简单。但笔者相信，他们的研究水平会不断提高。另外，这也表明数字化实验已经相对成熟，开发的实验案例较为丰富，接下来再进行实验创新会比之前困难。

表1-10　三届"V杯赛"获奖作品发表情况统计表

	一等奖		二等奖		三等奖		总作品数	总发表数	百分比
	件数	发表数	件数	发表数	件数	发表数			
第一届	13	8	14	7	7	0	34	15	44.12%
第二届	10	5	13	2	9	0	32	7	21.88%
第三届	19	8	48	9	16	0	83	17	20.48%
合计	42	21	75	18	32	0	149	39	26.17%

已经发表的42件作品主要发表在《化学教学》《化学教与学》《化学教育》《教学仪器与实验》《中学化学教学参考》上，具体情况如图1-11。说明几种权威的化学教育类的杂志都比较关注数字化实验方向的来稿。

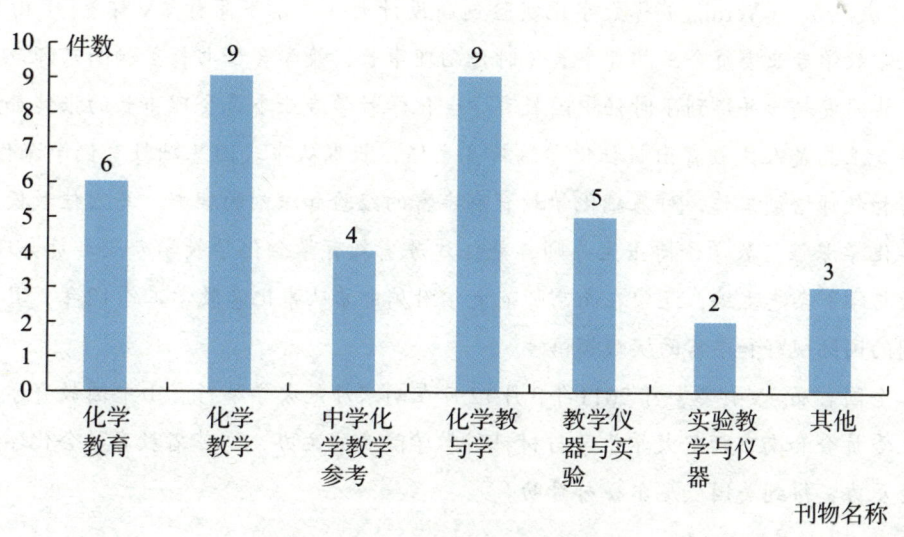

图1-11　参赛作品发表情况统计图

"V杯赛"的四届参赛者中,有很多持续研究数字化实验的教师,他们有丰富的研究成果,并有一定数量的论文发表。笔者对以第一作者身份参加"V杯赛"2次以上者进行统计,共计33人,占四届"V杯赛"第一作者总人数的22%,说明部分教师能够持续进行数字化实验的研究。另外,参赛者中有14人以第一作者身份发表关于数字化实验的文章2篇或者2篇以上。应该说"V杯赛"在推动教师进行数字化实验的研究中发挥了较大的作用。

"V杯赛"的组织者是中国教育学会化学教学专业委员会、南京师范大学和《化学教与学》杂志社,最主要的参加者是广大的中学化学教师,每届都有参赛作品的现场展示和专家提问及点评,这样的互动方式大大提高了数字化实验的研究和应用水平。北京大学严宣申教授、南京师范大学周志华教授和马宏佳教授、人民教育出版社化学室主任王晶编审和教学资源室主任陈晨编审担任了四届"V杯赛"的评委,给了选手许多中肯的意见和建议。《化学教育》《化学教学》《中学化学教学参考》等杂志的主编或副主编也数次担任评委,提高了重要的化学教学类期刊对数字化实验的关注度和支持度。

拓展阅读

"威尼尔"杯赛极大推动我国化学数字化实验发展

"威尼尔"(Vernier)杯数字化实验创新设计大赛(以下简称"V杯赛")由中国教育学会化学教学专业委员会王晶理事长(时任副理事长,兼学会秘书长)和南京师范大学马宏佳教授共同发起,并得到了时任中国教育学会化学教学专业委员会理事长的张健如先生的大力支持。王晶是人民教育出版社化学编辑室主任,长期从事我国基础教育化学课程教材研究、编写和教师培训工作,对基础化学教育有丰富的经验和深刻的理解。马宏佳教授是南京师范大学化学课程与教学论博士生导师,兼任江苏省教育学会化学教学专业委员会理事长、《化学教与学》杂志主编,还曾在南京师范大学附属中学从事化学教学工作12年,具有相关领域广阔的国际视野和丰富的实践领悟。

全国首届"V杯赛"于2011年3月12日在南京师范大学举行。由中国教育学会化学教学专业委员会和南京师范大学化学与材料科学学院共同主办,江苏省教育学会化学教学专业委员会承办,得到美国威尼尔公司赞助。

图1-12 马宏佳在"V杯赛"现场

图1-13 王晶和张健如在"V杯赛"现场

"V杯赛"参赛内容为"使用传感器、数据采集器和计算机等数字化实验系统的原创化学实验",参赛者为中学化学教师和教研人员、化学教育专业的研究生和本科生。赛程分为初赛和复赛两个阶段。初赛时参赛者将原创实验设计以论文形式投寄到大赛组委会指定网站。复赛为现场实验演示。评委根据选手的实验设计、演示效果、讲解答辩情况评奖。这样的赛程和赛制非常合理,初赛只需递交文字的实验报告,参赛门槛相对较低,有利于吸引更多参赛作品,而复赛则必须现场演示和答辩,确保了作品的科学性和真实性。

图1-14 首届"V杯赛"评委、选手

"V杯赛"自2011年起每年举行。后续各届"V杯赛"都延续了以上赛程、赛制和评委构成。

第二届和第三届复赛分别应邀在南京市金陵中学和安徽省蚌埠二中举行,第四届复赛回到南京师范大学举行。

通过"V杯赛",一批研究和应用数字化实验的中学骨干教师脱颖而出,参加数字化实验研究和应用的中学化学教师也越来越多,参赛作品从第一届的5个省、市、自治区逐届扩

图1-15 第三届"V杯赛"评委、选手

大到第四届的12个。基于中国教育学会化学教学专业委员会的影响力,安徽、湖北、浙江等省教科院或教科所的化学教研员们积极参与到数字化实验的推广中来,使得化学数字化实验应用区域和研究质量明显提高。

图1-16 参加"V杯赛"的省级化学教研员及评委

各届复赛情况和获奖作品均公布在江苏省教育学会化学教学专业委员会的网站上(www.jschemedu.com),供教师们参考。

在我们编写本书时,第五届"V杯赛"初赛作品征集正在进行,已达到105件,为历届之最。"V杯赛"确实极大地推动了我国化学数字化实验的发展。

1.5 化学数字化实验发展总体评述

数字化实验是信息技术发展和科学教育研究相结合的产物，源于美国，随后波及世界。数字化实验在理科教学中的积极作用是其发展的动力，无论美国还是中国，学术团体、相关企业和中学教师都是数字化实验研究与推广的关键因素。

中国的数字化实验启动比美国晚约25年，但发展的加速度大于美国。美国从1978年有了第一个教学用数字化实验——萘的冷却曲线实验，到1987年出版第一本有关化学数字化实验的著作，相隔9年。我国2003年发表第一个数字化实验研究成果——在掌上实验室探究酒精灯火焰温度，到2008年出版第一本化学数字化实验专著《手持技术在理科实验中应用研究》，只相隔5年。

我国的化学数字化实验，经历了2001—2005年的酝酿期、2006—2010年的徘徊期，2011—2015年的快速发展期，目前正在持续快速发展。它会有两种前途，一种契合课程标准、教材和实验室配置标准，深入课堂并稳定下来成为常态；一种是热闹之后归于平静，因为不能达成上述契合而被遗忘。若干年后再出现以上三个时期的循环。

数字化实验的诞生是历史的必然。信息技术的发展波及各行各业，不可能遗漏教育领域。而教育出于自身发展进步的需要，会很自然地拥抱信息技术。没有教育的信息化，就没有教育的现代化。所以，数字化实验从开始就是信息技术发展和教育研究互动的结果，也只有在互动的基础上，才会有未来的发展。教育创新取决于技术进步，但是，把新的技术能力转化为更好的教学和学习策略还需要教育工作者和学科专家的努力。

国外有专家认为，未来的十年或二十年，信息技术的发展会更加迅速。高速无线网络将变得强大，几乎免费使用，电脑会变得更小、更快、更灵活，传感器的发展将增加输入范围，可以更为准确和廉价地进行测量。如果我们把所有这些技术同有效的课程相结合，让教育者相信并使用它们，这些技术就可以不断提高科学教育水平。

下一代的学习者将可以获得仪器,而这些仪器现在局限在高水平的科学研究者中使用。用这些仪器,未来的学生将有能力通过教师指导的、在精细复杂水平上的探索来进行学习,这将极大地增强他们的兴趣、经验和知识的保持。

数字化实验的发展也是有困难的。国外教师与学生在使用数字化实验的过程中遇到了一定阻碍,如数字化实验设备相对较贵、有些实验准备时间长、对于实验者的认知能力要求高等。研究者还认为需要大学和中学协作研究,需要足够的经费支持,需要更多的证据来肯定数字化实验的教育教学价值,需要为教师提供实用的培训和切实的指导。

当前,数字化实验发展的困难在国内表现得更为明显。首先是认识上的问题。若对实验在化学教学中的作用都缺乏深刻的认识,更遑论认识数字化实验的价值。有调查发现,某中学建立了数字化实验室,但一学年三个年级只做过3个化学实验[1],平均每个年级只做1个实验。其次是制度上的问题。课程标准、教材、实验室配置标准等制度性文件中,目前还没有将数字化实验作为必学的内容要求。在我国现行教育体制下,没有制度保证,只靠研究者或有识之士自发的努力是不可能大面积发挥数字化实验作用的。第三是教师培训的问题。数字化实验对许多教师而言也是新技术,不通过培训和实践不能掌握。教师需要学习使用数字化实验仪器的技术,还需要学习运用数字化实验的教学策略。教师没有数字化实验的技术和相应的教学策略,当然没法将其应用于教学,没法教给学生。随着以上困难逐步得到有效的克服,数字化实验一定能在化学教育教学中发挥更大的作用。

---

[1] 侯芳,杨红. 对数字化实验室的研究[J]. 中学化学教学参考,2014(4):49-50.

第 2 章 化学数字化实验研究维度与范式

从第一章数字化实验的缘起和发展中我们了解到，数字化实验是人们优化科学教育的愿望与信息技术发展相结合的产物。如同任何教育的变革一样，人们自然要做理性的思考和实际的论证，这就是所谓的研究。数字化实验研究的核心问题是：数字化实验在科学教育中"有没有用？""如果有用，为什么？""怎样用会更好？"通过对这些核心问题的研究试图发现数字化实验优化科学教育的"证据""机制"和"模式"，研究的理论基础则是教育学、心理学和社会学等。

尽管研究初衷是一致的，但因为国内外研究传统不同，研究方法有差异，还是体现出了鲜明的特色。在本章中，我们选择化学数字化实验研究的内容和方法为视角，梳理国内外研究的维度和范式，希望对推进我国数字化实验的发展有所裨益。

2.1 国外数字化实验的研究

2.1.1 国外数字化实验的研究维度

20世纪末，数字化实验室在欧美国家的大学和中学校园内逐渐推广应用。新技术的推广激发了教育研究者和教师极大的研究兴趣，他们踊跃展开了数字化实验各个维度上的研究。下面将以具体的研究为例，从教学应用、对学生的影响、数字化实验开发、教学模式和教师培训五个研究维度进行分类叙述，探讨国外数字化实验研究的主要内容，以期让我国数字化实验的应用推广及其相关研究的展开有所借鉴。

2.1.1.1 关于教学应用的研究

数字化实验自从走进校园以来，首先令研究者关注的就是数字化实验在教学应用方面的潜力和程度。因此，大量的研究侧重于探究数字化实验在提高教学效果方面的关键影响因素、应用状况、教师和学生的意见反馈等。这些研究对数字化实验应用于教学持谨慎乐观的态度，肯定了其价值，也指出了其不足。正是这些实事求是的、重证据的研究，促进了数字化实验的推广。

美国教育部教育资源信息中心（ERIC）的 Atar H. Y. 系统研究了将数字化实验应用在化学教学中时学生遇到的挑战。该研究致力于解决两个问题：（1）在使用MBL的过程中，学生会获得哪些优势、遇到哪些困难？（2）作为一种学习工具，处于高中化学学习阶段的学生如何看待MBL？研究选取33名高中化学AP（Advanced Placement，大学预科）班的学生进行了实验、问卷、观察和访谈研究，得出的结论是：（1）MBL并不能促进所有学生的学习，它适合那些有一定图像处理能力的高年级学生，对于9年级和10年级的学生而言，因为缺少一些基本的实验技能，所以并不适用。（2）在使用MBL过程中不能进度过快，快速的数据采集过程有时会让学生感到压力，不知道究竟发生了什么，教师对于学习步伐较慢的学生要给予特殊关注。访谈中，也有学生认为亲自采集数据可以帮助他们留出时间来思考正在做的内容。（3）大多数学生不理解MBL呈现数据的方式，学生对于给出的实验图像感到困惑，同时在MBL数据采集时，学生感到没什么挑战性而觉得无聊，因此教师要扮演促使学生将注意力转移到实验探究中去的重要角色，帮助学生理解MBL产生的图像。（4）因传感器的扰动所引起的数据异常很容易让学生对所探究的科学概念有错误的理解，教师对此要予以持续关注。（5）虽然教师和大多数学生对MBL的使用抱有乐观的态度，但仅靠MBL本身无法确保学生学习的提升，如果不采取合适的科学探究方式，或许不能带来期望的结果[1]。

---

[1] Atar H. Y.. Chemistry students' challenges in using MBL's in science laboratories, Proceedings of Association for the Education of Teachers in Science [C]. AETS International Conference, Charlotte, 2002.

芬兰赫尔辛基大学教育系教授Lavonen及其同事研究发现[1]，教师的角色和他们对于MBL（数字化实验）的看法对学生使用MBL进行实际操作与探究有着重要的影响，MBL的优势明显。在荷兰却仅有7%的教师使用，因此他们希望开发一种"MBL package"（数字化实验包）来满足教师的需要。他们利用"李克特量表"设计问卷，选取一线化学教师作为研究对象，采用"探索性因子分析法"找出了教师眼中"MBL package"应具有的六大核心因素：多功能性、用户界面、数据呈现、数据采集、设置和适用性。

西班牙巴塞罗那自治大学的Pintó于2005—2006年对加泰罗尼亚地区教师使用MBL的情况作了调查研究。虽然2005年该地区所有的公办中学都配有MBL仪器，同时学校也为教师提供了相应的培训计划，但Sàez于2005年对该地区的调查显示，仅有41%的教师会使用这些仪器。因此Pintó在2005—2006年观察了10所中学的物理和化学教师在学生实验课堂中使用MBL的情况，发现中学教师使用MBL的过程中存在以下问题：学生在实验前会得到教师精心设计的实验册，其中包括详细的实验内容及正确的实验图，但不是所有学生都会将实际所得图像与理论图像作对比；学生在实验中的主要工作是下结论而不是进行探究；教师倾向于做有复杂现象的实验；比起"歪曲"的实验图像，教师更倾向于让学生重复实验以获得"平滑"的曲线，教师还经常将与标准图像不一致的地方忽略不计；课堂上以教师的教授为主，缺少学生的讨论与探究。由此Pintó总结出影响MBL使用的因素主要有：教学理念、科学课堂中教师扮演的角色和来自学校方面的一些限制。最后Pintó指出：MBL充分发挥作用的前提是教师要意识到增强学生探究学习经历的必要和如何利用MBL发展学生的各项能力[2]。

[1] Lavonen J., Aksela M., Juuti K., Meisalo V.. Designing user-friendly datalogging for chemical education through factor analysis of teacher evaluation[J]. International Journal of Science Education, 2003, 25(12): 1471-1487.

[2] Pintó R., Fernández C., Oro J., Saez M.. Teaching patterrnts in real-time experiments at secondary school[C]. Communication presented at ESERA, Sweden, 2007.

西班牙的另一位研究者Tortosa综述了MBL在中学化学实验中的应用，从以下五个方面详细介绍了MBL：定义与特点、整体的发展过程与现状、化学教育中关于MBL的重要研究项目、学生使用MBL的表现与观点、教师使用MBL的教学模式与实验案例。Tortosa认为MBL可以帮助学生理解传统仪器难以测量和模拟的概念，对于高中化学学习十分有利，对于教师来说也是一个很好的演示工具，但是目前所缺乏的是基于科学探究的实验教学材料，非常需要设计适合应用数字化实验开展科学探究的框架，并提出了他所设计的若干模型框架[1]。

在英国，莱斯特大学的Rogers提出了在设计数字化实验活动时需要考虑的四个方面：学习任务、待解决的问题、解决策略和相关软件。他认为在活动中应当首先提出明确的问题，然后利用策略寻找解决这些问题的方法，再通过软件分析找到答案，从而达成学习目标[2]。

新加坡学者Seah Whye Choo等人通过网上问卷，调查了数字化实验在科学教学中的应用情况。调查发现，在实验类型方面，数字化实验的使用途径主要为教师演示实验、教材实验和学生实验等，在探究性项目中用到的比率较少；教学方式以教师导向为主，主要用于验证性实验，学生在探究活动中很少使用；在介绍使用方法时，绝大多数教师着重介绍数字化实验仪器的功能、操作步骤和方法，而忽略学生对于数据的解释和结果的讨论，在低年级学生的教学中该现象更为明显。调查结果显示，教师并未充分挖掘数字化实验对于探究教学的价值，教师只是用于演示或让学生进行验证性实验，而很少给予学生在探究式活动中使用的机会；教学中也过于强调学生操作技能的学习，忽略了其对数据和结果进行讨论和分析能力的培养[3]。

---

[1] Tortosa M.. The use of microcomputer-based laboratories in chemistry secondary education: Present state of the art and ideas for research-based practice [J]. Chemistry Education Research and Practice, 2012, 13(3): 161-171.

[2] Rogers, L.. New data-logging tools—new investigations[J]. School Science Review, 1997, 79(287): 61-68.

[3] Choo, S. W., Tan, D. K. C., Hedberg, J. G., & Seng, K. T.. Use of dataloggers in science learning in Singapore Schools[C]. Proceedings of the 2005 conference on Towards Sustainable and Scalable Educational Innovations Informed by the Learning Sciences: Sharing Good Practices of Research, Experimentation and Innovation, 2005.

Roblyer的研究发现，数字化实验的教学效果主要与年级、学科、教学类型等因素有关，其中在科学课堂上将数字化实验用于开放性学习或探究任务中效果最佳，而运用数字化实验系统进行操作练习时效果不太理想[1]。此外，还有研究表明数字化实验的教学效果也与教学实施时间有关，如四周以下的教学实验的成功率较高，而持续一学期以上者效果反而不够明显[2]。

数字化实验教学应用的研究表明，数字化实验仪器进入学校和在教学中得到使用是不同步的，后者明显慢于前者。研究者认为数字化实验要突出探究性，而教师更多的是将其用于做验证性实验。化学课堂教学中数字化实验高效应用的关键是什么，国外研究者尚未达成共识，但比较一致的观点是：教师的教学理念和对数字化实验教学的认识会影响数字化实验的教学应用效果。数字化实验的应用不应该只是简单的、机械的用数字化仪器替换传统的仪器。要充分体现数字化实验的优点，必须对教学方法进行有效的变革。

2.1.1.2 关于对学生影响的研究

数字化实验对学生学习的影响是研究者持续关注的领域，人们非常关注其使用效果，尤其是需要有证据的结论。

美国学者研究发现，数字化实验运用于化学教学中对学生带来的影响表现在以下方面：①提高学生的认知能力。哥伦比亚大学的Sheppard在研究高中生对"酸碱滴定"及其相关化学概念与现象的认知时发现，通过小组对话与讨论，并结合利用数字化实验采集的数据及其生成的曲线，许多学生能较好地解释所得实验曲线的形状及曲线上各区域所代表的意义[3]。②提高学生的图像分析能力。Mokros和Tinker通过三个月的研究发现，虽然教学目标致力于科学知识而非图像技能，但是学生在16项图像技能方面都有了明显的提

---

[1] 杨飞.数字化实验的表征与教学研究[D].南京：南京师范大学，2011：5-6.
[2] C. Kulik, Chen Lin, J. A. Kulik.. Effectiveness of Computer-Based Instruction：An Update Analysis[J]. Computer in Human Behavior, 1991(7)：75-94.
[3] Sheppard, K.. High school students' understanding of titrations and related acid-base phenomena[J]. Chemistry Education Research and Practice, 2006, 7(1)：32-35.

高，这主要得益于MBL的四个特色：采用多种数据采集模式；能适时地用符号图形表示所发生的事件；提供真正的科学体验；将学生从繁琐的图像绘制中解脱出来[1]。Roy Barton通过比较研究发现，数字化实验对学生理解和解释图像的能力有显著影响，实时、同步呈现的图像能促进学生迅速地建立起实验与图像间的联系，并以理科的思维方式去解读图像，建立模型[2]。③提高学生的科学探究能力。Friedler研究发现，数字化实验既可作为采集、储存信息的工具，又可作为思维工具帮助学习者解决各类情境下的科学问题，它能提供强有力的学习环境，使学习者从繁杂的数据采集与处理任务中解放出来，并通过分析与理解数据而获得高水平思维技能[3]。④改善学生的学习态度。在完成使用温度传感器代替温度计测定温度的化学实验后，Boone与Edson研究了学生对传感器的态度，他发现，许多学生可能因以前未曾有使用传感器的经历而对其抱积极的态度[4]。Nicaise等人通过课堂观察、非正式访谈及学生作品等研究学生对传感器的态度时发现，因为它能提供生活般的学习情境以帮助自己获得学习上的成功，许多学生非常喜欢这种"掌上学习活动"[5]。⑤提高学生的学业成绩。美国国家教育进展评估机构（NAEP）统计了2000年美国近49 000名学生科学课程的成绩发现：经常使用数字化实验系统进行探究学习的学生，其平均成绩明显高于其他学生。

赫尔辛基大学化学系化学教育中心的研究生Aksela将使用MBL

---

[1] Mokros J. R., Tinker R. F.. The impact of Microcomputer Based Labs on children's ability to interpret graphs[J]. Journal of Research in Science Teaching, 1987, 24(4): 369-383.

[2] Roy Barton. Computer-aided graphing : a comparative study[J]. Journal of Information Technology for Teacher, 1997, 6(1): 59-72.

[3] Friedler, Y., Naehmias, R., Linn, M.. Learning scientific reasoning sills microcomputer-based laboratories[J]. Journal of Research in Science Teaching, 1990, 27(2): 173-191.

[4] Boone, W. J., Edson, J.. Ninth graders' attitudes towards selected uses of technology[J]. Journal of Science Education and Technology, 1994, 3(4): 239-247.

[5] Nicaise, M., Gibney, T., Crane, M.. Toward an understanding of authentic learning : Student Perceptions of an authentic classroom[J]. Journal of Science Education and Technology, 2000, 9(1): 79-94.

作为创造ICT（information and communication）学习环境的一部分，希望能够建立一种以学生为中心的、用计算机技术进行探究活动的学习模式，帮助学生进行有意义的学习。Aksela选取11年级的15名学生作为研究对象，使用Hegarty-Haze为MBL活动设计的开放式任务（Open-ended tasks）（图2-1）。任务1，用温度传感器研究2个中和反应、2个酯化反应的热效应。任务2，用温度传感器研究影响阿司匹林合成反应速率的因素。任务3，用温度传感器和pH传感器研究醋酸与氢氧化钠溶液的反应。任务4，不用MBL传感器而用微型实验装置完成任务3。研究者观察发现，所有学生都能成功地使用MBL完成数据采集。通过对学生的访谈发现，大多数学生认为使用MBL有趣，对他们学习化学反应有一定的帮助；也有一些学生不喜欢MBL，主要是因为太复杂、用计算机存在困难、说明不清楚等[1]。

Task 1. a study of four chemical reactions (exothermic and endothermic reactions, two acid-base and two esterification reactions), using a MBL temperature probe

Task 2. a study of aspirin synthesis (to determine which factors affect the reaction rate), by using a MBL temperature probe

Task 3. a study of the reaction of an organic acid, acetic acid and NaOH (titration), using MBL temperature and pH probes

Task 4. a microscale investigation of Task 3 *without* MBL probes

---

图2-1　开放式任务

以色列理工大学科学技术教育学院的Verner和Revzin设计了两套由计算机控制的自动化化学实验操作装置，即滴定装置和滴数装置，并使用Vernier pH传感器进行测量。研究发现，这种自动采集装置能够节省实验时间、提升结果的准确性。利用SLEI（Student Learning Environment Inventory）对使用这种装置的54位学生进行态度调查，学生认为这种实验模式所需时间少、更精确、方便和安全，很多学生对此感兴趣，同时还激励了他们学习和设计自动化实验装置[2]。

---

[1] Aksela M.. Supporting meaningful chemistry learning and higher-order thinking through computer-assisted inquiry: A design research approach[D]. University of Helsinki, 2005: 204.

[2] Verner I. M. and Revzin L. B.. Automation of manual operations in a high school chemistry laboratory: characteristics and students' perceptions[J]. The Chemical Educator, 2010(15): 1-5.

此外，澳大利亚昆士兰科技大学的David W.Russel等人研究了根据建构主义理论来设计数字化实验活动，探查学生对热力学相关概念的理解，学习过程中采用"POE"（预测—观察—解释）教学模式分析学生的学习过程。结果发现，运用适当的教学策略，可以有效促进学生对概念的理解[1]。

来自康科德教育研究组织的Robert Tinker博士和密歇根州立大学的Joseph Krajcik教授以水质为主题，设计实验组和对照组，比较基于数字化实验的探究活动和常规实验活动对于学生概念转变及相关能力的影响。研究结果表明，将传感器技术与科学探究相结合，可以使学生的探究活动变得更为灵活，更有益于学生观察技能的培养，且以小组合作的形式对探究结果共享和讨论，促使学生对概念理解得更为持久。相对于控制组，实验组学生在基本概念学习及其深度的理解方面有了明显的提高，其数据分析也更为全面，且随着时间的推移，基于数字化实验的科学探究活动对学生探究兴趣、思维和探究技能等的培养均产生了积极的影响[2]。

总体上说，国外研究肯定了数字化实验对学生的积极影响。运用数字化实验可以提高学生的作图和图像分析能力，促进学生对概念的理解，提高学生对探究活动的兴趣，培养学生探究的技能和合作能力。

2.1.1.3 关于实验开发的研究

数字化实验作为一种新的实验技术，需要设计出与教学内容紧密结合的、可以在教学中使用的具体实验。如果说教育研究者侧重探讨数字化实验的教育功能及如何利用这一工具帮助学生更好地进行科学知识的学习，那么在实验本体研究或者说实验的开发研究上，数字化实验仪器生产商和教师则扮演了更为重要的角色。数字化实验的开发，也是一个重要的研究领域。

---

[1] David W. Russel, Keith B.. The Role of the Microcomputer-Based Laboratory Display in Supporting the Construction of New Understandings in Thermal Physics [J]. Journal of Research in science teaching. 2004, 41(2): 165-185.

[2] Tinker, R., & J. Krajcik, E.. Portable technologies: Science learning in context[M]. New York: Kluwer Academic Plenum Publishers, 2001.

Nüsret Hisim是美国马里兰州沃克斯维尔高中的一名同时教物理和化学两门课程的教师,他为学生设计了同物理、化学课程相关的几个探究性实验活动,并发表在2005年的《科学教师》(Science Teacher)杂志上[1]。该研究者让学生使用电压传感器测量人们常用的电池放电期间的电压曲线,并由此让学生讨论一系列同电池相关的问题,如哪种品牌的电池性能好,一次性电池和可充电电池的比较,以及不同材质电池之间的比较等。与化学相关的实验还包括比较范德华力和氢键的实验,当从温度传感器的尖端蒸发少量液体时,传感器测量出温度变化,学生可以将曲线形状与不同化合物的相对分子质量和结构相比较,从而探究这些化合物。另外,他还提出了用探究式的竞赛来激励学生,这些竞赛包括了基于传感器的6个实验案例。

来自俄亥俄大学化学与生物化学系的研究者Frazier Nyasulu等围绕普通化学课程中影响水溶液导电性的主题,利用电导率传感器探究了影响水溶液导电性的相关因素[2],这些因素包括浓度、温度、离子所带电荷数、离子的大小和质量等。学生在实验前已经通过教师讲授知道了强酸全部电离、弱酸部分电离,但并不知道平衡常数。研究者将电离常数同特定浓度的某一溶液的电导率间建立了简单的代数关系,给学生机会去利用电导率传感器探究影响溶液导电性的因素。研究还说明当学生自己建构或发现知识时,他们愿意学习,并乐在其中,对知识的记忆和理解更加深刻了。

Jefferson社区学院的Venkat Chebolu等在教授入门和普通化学课程中,利用温度和气压传感器测量固体镁与盐酸反应产生氢气的量,引导学生将所获得的数据导入Excel表格进行处理分析,探讨生成氢气的量同发生反应的镁之间的化学计量上的关系[3]。这种方法摒弃

---

[1] Nüsret, Hisim. Technology in the Lab: Part II: Practical Suggestions for Using Probeware in the Science Classroom[J]. Science Teacher, 2005, 72(7): 38-41.

[2] Frazier Nyasulu, Kelly Stevanov, Rebecca Barlag. Exploring Fundamental Concepts in Aqueous Solution Conductivity: A General Chemistry Laboratory Exercise[J]. Journal of Chemical Education, 2010, 87(12): 1364-1366.

[3] Venkat Chebolu, Barbara C. Storandt. Stoichiometry of the Reaction of Magnesium with Hydrochloric Acid[J]. Journal of Chemical Education, 2003, 80(3): 305-306.

了过去要选择不同量的反应物来分别实验、记录、计算这些繁琐冗长的过程，一个过程就能实时、可视化地给出结果，突出了数字化实验简便、高效的优势。

更多的数字化实验的开发研究还是数字化实验仪器供应商进行的，如Vernier公司和PASCO公司等。他们在开发实验时并非只考虑仪器功能的利用，而是十分注意其与国家科学教育标准、教科书、AP（大学预科）标准、IB（国际文凭）标准等的一致性。同时，充分听取一线教师的意见和建议，基于相关标准和规定对实验内容进行重新组织。编者从大量的化学实验素材中梳理出基本的、核心的、有启迪性的知识，在保证化学知识完整性的同时，利用传感器技术对实验加以改进，从而服务于科学教育。

在Vernier公司的网站上，可以看到其开发的27本数字化实验教材。与化学学科有关的实验教材有《威尼尔化学》（*Chemistry with Vernier*）、《威尼尔高级化学》（*Advanced Chemistry with Vernier*）、《通过探究学化学》（*Investigating Chemistry through Inquiry*）等。

《威尼尔化学》适合高中和大学的学生，含有36个实验，涉及了热化学、气体定律、酸碱反应、化学平衡、电化学、电解质、物态等内容。如使用不锈钢温度传感器的吸热与放热反应实验，使用电导率传感器的电解质和非电解质溶液的性质实验，等等。书中包含了完整的学生实验材料清单，详细的、有步骤的说明以及数据表和相关问题；也包含了每个实验的教师信息部分，有用于设计实验的完整提示以及样本图和数据。

《通过探究学化学》包含了25个基于探究的化学实验，同样适用于高中生和大学生，其主题包括热化学、酸和碱、化学计算、化学动力学及溶液的性质。如使用温度传感器和气压传感器的蒸汽压和蒸发热的研究，使用温度和气压两种传感器的酵母菌的糖发酵，使用不锈钢温度传感器、pH传感器和电导率传感器的长期水质监测研究，等等。该书的作者Donald L. Volz和Ray Smola是两名长期从事化学教学的教师，他们喜欢在自己的教学中使用探究式教学。每个实验包括一个初步的活动、教师信息、研究的问题，以及与这些研究问题对应的样本数据。该书用一步步的指示、数据表和问题指导学生的活动。如果教师对于探究式教学不熟悉，每个实验的教师信息部分还有为设计、样本图和数据提供的完整的指示，帮助并引导教师开展探究式教学。随书CD光盘对于学生的活动还给出了开放性的、指导性的探究方法的介绍。

《威尼尔高级化学》面向的主要是即将升入大学的高中生，教材中的内容也是按照美国AP课程的要求来设计和编撰的。教材中包括16个物理化学实验、12个无机化学实验、8个分析化学实验和1个有机化学实验，这些实验涵盖了美国大学化学预科的主要化学原理和基础实验操作。如使用pH传感器的酸碱滴定实验，使用辐射监测仪的辐射屏蔽实验，以及使用气压传感器和温度传感器的气体摩尔体积的实验，等等。

美国初中开设科学课程，内容涵盖物理、化学、生物、地理、天文等，因此，还编有《威尼尔中学科学》（*Middle School Science with Vernier*），这本书是专为初中学生设计的。书中包含38个地球科学、生命科学和物质科学的实验，利用10种不同的传感器，其中与化学有关的科学实验的例子是使用温度传感器、pH传感器和电导率传感器的水土研究实验、使用电压探头的柠檬汁实验等。

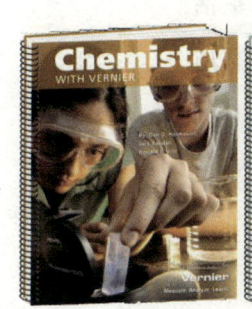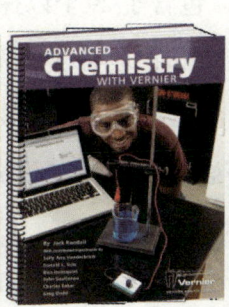

图2-2　Vernier公司的部分实验开发成果

与Vernier公司相似，PASCO公司在数字化实验开发方面也做了大量工作。他们同样开发了一系列数字化实验，如出版了《探究化学教师手册》（*Chemistry through Inquiry Teacher Guide*），该书适合高中学生，包含了25个与化学基本概念教学相关的数字化实验，如勒夏特列原理的实验中使用pH传感器测定浓度变化对化学平衡的影响，使用电压传感器的电化学电池的实验，等等。该书将问题嵌入整个活动，让学生有机会在结果采集前做出预测，实验后的多个选择题帮助准备参加考试的学生加强理解。这些特点都有助于实现讲授和实验之间的无缝连接。该书包含了每个活动的教师提示的PDF版本和丰富的资源、为每个学生版本提供的可编辑的Word文件及用电子格式包含所有信息的闪存驱动器。

《中学物理科学教师手册》(*Middle School Physical Science Teacher Guide*)适用于初中学生，包含了23个实验，如使用温度传感器观察相变，使用温度传感器和压力传感器对化学反应过程中的能量转移进行研究，使用pH传感器的酸碱中和反应，等等。

《基于探究的高级化学教师手册》(*Advanced Chemistry Through Inquiry Teacher Guide*)提供了AP课程和高级化学课程中使用的数字化实验的21个案例，其每个案例都同AP课程目标中的特定目标相符合。例如，符合AP课程目标3.9的测量维生素C的实验，以及符合AP课程目标4.1的影响化学反应速率因素的实验。

PASCO也为小学科学和大学化学开发了相应的实验书，如《小学实验入门教师手册》(*Elementary School Introductory Science Experiments Teacher Guide*)，包含了29个以探究为基础的实验室活动，涉及领域包括地球、生命和物理科学，其中，与化学学科有所关联的是4~5年级利用温度传感器测量两个物质发生化学反应时的温度变化，以及使用温度传感器测定温度对糖块溶解的影响和对抗酸药片与醋反应所耗时间的影响。

《大学化学教师手册》(*College Chemistry Instructor Guide*)设计了36个有挑战性的实验案例，覆盖了化学入门和普通化学的主要主题。这些主题包括化学成分和化学计量、热化学和热力学、原子和核结构及有机化学的内容，如使用温度传感器在水的沸点和大气压力下，确定一个未知的、具有挥发性的液体的摩尔质量的实验；使用温度传感器，通过测量溶液的冰点下降，确定一个化合物的相对分子质量；等等。

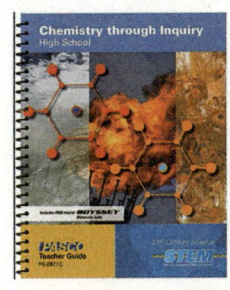

图2-3　PASCO公司部分实验开发成果

关于实验开发的研究是数字化实验发展所必备的。如果说仪器设备是数字化实验的硬件，合适的实验案例就是软件，只有硬件的计算机是无法发挥作用的，数字化实验也是如此，必须有大量与教学要求和教学内容一致的，操作合理、现象清晰、稳定性好的实验案例，特别需要有探究性设计的实验案例，才能发挥出数字化实验的育人潜力。国外数字化实验的开发研究主要是由数字化实验仪器厂商完成的，这反映了厂商与用户的依存关系。应该说，国外的厂商深刻地意识到这种依存关系，进而实现了二者的良性互动。

2.1.1.4 关于教学模式的研究

国外有研究教学模式的传统。在数字化实验的教学应用方面，国外也很重视模式研究，并取得了一些成果。

西班牙巴塞罗那自治大学的学者Tortosa认为，通过引入任务来展开教学，可以给学生提供更多的对化学有意义的思考和更高阶的思维，由此提出了预测—实验准备—观察—解释的教学模式[1]。开始时给学生一个问题情境，学生对此做出反应，来唤起他们的已有知识，在这个过程中他们对即将获得的结果做出预测，然后他们使用MBL设备来捕捉数据，最后他们要比较获得的结果和他们预测的结果以及理想模型之间的异同。Tortosa还根据这种观点设计了相应

---

[1] Tortosa M.. The use of microcomputer-based laboratories in chemistry secondary education : Present state of the art and ideas for research-based practice [J]. Chemistry Education Research and Practice, 2012, 13(3): 161-171.

的实验室材料用于支持基于数字化实验的探究式教学活动。对学生行为和表现的初步结果分析表明，通常学生可以顺利地使用第一次看到的MBL设备，学生也可以将这些设备同在该教学模式指导下开发的活动材料和指导联系起来，这时他们更重视化学概念，而不是使用的设备。

美国斯坦福大学的Heidy Maldonado等使用移动手持设备开展了开放的户外探究性学习活动[1]。（1）学生被分成四组，首先完成一份调查表，回答关于他们当前的活动所涉及的概念理解问题。在小组内，学生讨论第一天学习活动的目的：调查池塘水质，并同相邻的小溪相比较。学生组内讨论，写下假设和推理。（2）学生以合作的方式进行调查，一人采集水样，一人用SPARK传感器进行数据测量与收集，一人用LiverScribe软件来记录水质条件和环境条件，一人摄像。（3）观察所得样本的物理性质，并利用pH传感器、温度传感器及溶解氧传感器等进行数据收集，然后去另一地点进行数据采集，对池塘（静水）和小溪（流水）水质的测量数据进行比较和分析，学生对于观察到的不同点提出可能的原因。（4）回到教室写下自己的结论，对结果进行解释和反思。活动的后测表明实验确实增进了学生对主题的理解，使这种理解变得更加具体。例如，从溶解氧的实验来说，学生理解了流动的小溪中溶解氧更多的事实。同时，学生对这个活动和技术的反应非常积极，认为数字化实验是收集数据的非常好的方式，让数据收集变得更加容易，并愿意参与其中。

美国Chatham高中的教师Missy Holzer也设计了基于数字化实验的简单的开放式探究模式，用于Chatham中学九年级学生的地球科学课程[2]。学生通过一年的探究方法和科学本质的学习后，开展了短期的对气候的局部调查，利用便携的温度传感器来收集当地不

---

[1] Maldonado, H., Pea, R. D.. LET'S GO! To the Creek: Co-design of water quality inquiry using mobile science collaboratories[C]. 6th IEEE International Conference, Kaohsiung, 2010: 12-16.

[2] Holzer, M.. Data loggers help N.J. high school deliver inquiry-based science instruction[J]. Technological Horizons in Education, 2004, 31(9): 49-52.

同时段的温度,分析所得数据并探讨温度对当地微气候分布的影响。学生被要求为他们对微气候分布的看法寻求支持,他们可以快速辨认出对当地气候产生影响的可能因素。研究指出,该课程对学生学习科学的效果有着显著影响。

除了对新教学模式的开发,有研究者还比较了基于数字化实验的教学模式同传统实验教学模式的区别。希腊萨利大学的 Charilaos Tsihouridis 博士以对不同物质热传导的探究为教学主题,64名学生为实验对象,要求学生利用他们的经验,通过设计一套实验设备来证明热传导现象,然后创造、修改并使用它,最终使得实验效果最好[1]。所有的学生都使用了热传感器和适合的 ICT 系统这样的实验设备,而对照组的58名学生则使用没有任何创造性设计的传统实验装置。每个学生都经过了六个小时四个阶段的培训,教学过程中使用了建构主义的教学技术,最后一个小时用来测量学生对热转移现象认识的变化。第一阶段,问卷测查学生对热传导现象的初始想法;第二阶段,实验组的教师解释要测量的量是什么及热传感器的运转方式等,而对照组只是收到了教师对实验各个部分功能的解释;第三阶段,四、五个人一组,所有人都进行实验、测量和结果展示,实验组成功地创造实验设备部分,而对照组则简单地使用实验设备,实验后有个人访谈和开放性讨论以探查学生的想法;第四阶段,在一周后以问卷调查方式进行后测,结果发现,实验组的后测结果同前测相比,学生对概念的理解更深刻,对概念的界定更清晰,其回答相关问题的准确率明显提高,对实验的控制能力明显加强,且更愿意参与实验活动。这说明,基于数字化实验的、以建构主义教学思想为主导的教学模式对学生的科学学习有促进作用。

---

[1] Tsihouridis, C., Vavougios, D., Ioannidis, G. S.. Students designing their own experiments on heat transfer phenomena using sensors and ICT: An educational trial to consolidate related scientific concepts[J]. International Journal of Emerging Technologies in Learning, 2009, 4(13): 74-82.

上述研究列举了使用数字化实验的不同教学模式。可以看出，研究都是基于探究式的教学，或采用"预测—实验准备—观察—解释"模式，或采用小组合作的形式，或采用开放式的探究模式，或采用问题情境引入的模式，或通过与传统实验教学方式的对比，凸显了数字化实验在教学中的优势。这种教学模式的研究，为数字化实验在教学中的应用推广打开了思路，推动着教师们不断发掘数字化实验教学应用的潜能，也帮助教师更方便的将数字化实验应用于教学。

2.1.1.5 关于教师培训的研究

一系列研究表明，教师缺乏培训，不能胜任数字化实验教学是阻碍数字化实验推广的主要原因之一。随着数字化实验在教学中的应用和推广，关于MBL的教师培训也逐渐受到重视，因此关于教师培训的研究也受到了国外的数字化实验研究者的关注[1]。

Guitart和Tortosa通过开展MBL的教师培训课程，总结了一些教师培训活动中的经验[2]。该活动讨论了哪些方面可以最有效地利用MBL进行教学活动，有16名中学教师参与此课程。培训过程中，他们鼓励这些教师对自己的教学实践方法进行回顾和反思，为了在其后对课堂教学表现进行分析，他们对这些教师的课堂教学进行了录像，同时也对他们进行了访谈。教师们认为与MBL的有效使用相关的问题有：（1）使用探究式方法设计给学生的教学材料；（2）课堂管理包括计算机的合理分配，给足够的时间让学生预测和讨论结果等；（3）促进教师们进行反思的教师培训课程。这些教师强调了录像对教学反思的重要性，这样他们就可以观察自己，并讨论他们的教学实践，这给他们的提高和进步提供了重

---

[1] Sassi E., Monroy G., Testa I.. Teacher training about real-timeapproaches: Research-based guidelines and training materials[J]. Science Education, 2005, 89(1): 28-37.

[2] Guitart J., Tortosa M.. Towards an effective use of MBL through analyse of video films of an activity with conductivity sensor in a teacher training course, In I. Maciejowsja and P. Ciesla(ed.)[C]. 10th European Conference on Research in Chemistry Education. Book of abstracts, Kra'kow, Poland, 2010: 110-111.

要线索。

Selma Vonderwell等研究者开展了将数字化实验同探究式教学相结合的教师培训项目[1]。培训前招募教师，制定培训计划和教学大纲，并开发用于培训的网站。接着开展一个为期两周的培训，围绕丰富的基于课程标准的科学内容，以水质检测为主题展开。其教学内容既包括如何通过科学调查、现象观察和定性及定量数据收集与分析来进行探究式教学的内容，也包括学习使用手持设备和不同的探头来进行数据收集和分析的技术性指导。然后让教师设计一个使用手持设备的探究式教学计划，并在自己的课堂上进行实施。研究人员跟踪教师的实施过程，并将所写的教学计划放到网站中供所有培训者分享。通过培训前测以及跟踪检测的数据分析发现，在对手持设备的使用方面，教师由培训之前的不熟练到培训之后已经可以达到中等熟练程度了。教师也提到对于pH传感器、溶解氧传感器和温度传感器的培训对教师专业发展很有帮助，这些培训可以用到很多科学概念的教学中去。一些教师指出，培训中可以同其他教师进行交流，这对于他们建立工作关系网和互相学习很有帮助。关于课程实施问题和效果，数据分析表明教师培训还需要花更多时间在亲手实践和故障解决等问题上，并且所有教师都表示，通过使用手持技术学习科学概念，学生的学习动机和学习兴趣都增强了。该研究表明，为了使教师能够给学生提供丰富真实的学习经验，教师培训给予教师方法和策略的指导，对于探究式学习同手持技术的有效整合来说十分重要。

Issaou Gado等研究者采用了之前的研究者提出的三个阶段的学习周期形式[2,3]，即归纳阶段、概念发展阶段和应用阶段，并以

---

[1] Vonderwell, S., Sparrow, K., & Zachariah, S.. Using handheld computers and probeware in inquiry-based science education[J]. Journal of the Research Center for Educational Technology, 2005, 1(2): 1-11.

[2] Atkin, J. M., & Karplus, R.. Discovery or invention[J]. Science Teacher, 1962, 29(5): 45-51.

[3] Lawson, A. E., Abraham, M. R., Renner, J.W.. A theory of instruction: Using the learning cycle to teach science concepts and thinking skills[M]. NARST(The National Association for Research in Science Teaching) Monograph, 1989, No.1.

此用于职前教师使用数字化实验进行探究式教学的培训。在归纳阶段，参与者观看数字化实验的相关视频，讨论如果他们有足够的数字化实验设备，这些设备对他们的科学教学方法将产生什么样的影响，可以给学生提供什么。在概念发展阶段，通过一个六小时的密集训练，让参与者熟悉将计算机和传感器、数据采集器用于科学探究的过程。在教师演示和学生参与活动之后，让参与者设计针对吸热或放热反应的探究式教学活动，从而对他们使用数字化实验设备的能力进行表现评价。在应用阶段，参与者以小组合作形式设计他们使用温度传感器、电导率传感器和pH传感器的活动，设计适合中小学的、基于数字化实验的教学活动，该活动中关注科学内容、实验过程、数据分析和评价。指导者对其表现进行评价，参与者也对他们在过程中获得的经验和在科学教学中使用数字化实验技术的教学进行反思和建设性的分析。通过培训的前、后测发现，教师应用数字化实验的意识增强，对数字化实验的功能有所关注，转变了对使用数字化实验设备进行科学探究的结果预期，对数字化实验设备的适应程度提高，并且自我效能感也有所提高。

通过上述关于数字化实验的教师培训的研究案例可以发现，这些研究者均通过自主设计或借用已有的培训模式开展教师培训，以促进教师对传感器等数字化实验技术的使用和教学应用能力的提高。培训的形式多样，如观看视频帮助教师熟悉数字化实验设备，给课堂录像便于教师更加细致地观察课堂活动和师生表现。培训对象既包括在职教师，也包括职前教师；培训内容不仅包括数字化技术的使用指导，更普遍的做法是将数字化实验同探究式教学相结合，注重基于数字化实验的教学设计和教学实践的展开。上述研究说明了数字化实验的培训对科学教师的影响，为应用数字化实验进行教学的教师做了理论分析和实践探索。

2.1.2 国外数字化实验的研究范式

库恩在1962年发表的《科学革命的结构》一书中大量使用"范式"这一概念，按照库恩的解释，就是科学发展处于常态科学阶段的一个被公认的理论。这个理论包含着研究方法和技术，它指出什么疑难问题要加以研究，并且什么样的解决方式是可以接受的[1]。

国外数字化实验的研究继承着其科学教育研究的传统。在近三十年的发展中，形成的研究范式具有鲜明的特点，表现为较注重使用严谨而系统的方法进行实证研究设计和实施，注重对数据进行量化分析，重视结论的得出要有坚实的证据作为支撑。此外，常以大量文献为基础来设计研究过程，并支持他们的每一个研究观点。受其研究传统的影响，在关于化学数字化实验研究的早期，这种范式就已经相对成熟了。1994年，美国普渡大学化学课程与教学系的研究者Mary Nakhleh同密歇根大学的研究者Joseph Krajcik共同探索了不同技术水平所提供的信息对学生学习酸、碱和pH概念的影响，这个研究是国外早期化学数字化实验的教学研究。接下来就以该研究为主要例证，说明国外数字化实验研究范式的特点。

2.1.2.1 重实证研究设计和实施

国外数字化实验研究以实证主义为方法论指导，采用实证研究设计并展开调查研究，并强调研究方法及过程的规范性、严谨性和客观性。一般过程是：选题、研究设计、实施并收集资料、分析资料、得出结论。下面以上文提到的不同技术提供的不同水平的信息对学习酸、碱和pH概念的影响的研究为例进行说明。

首先，研究者对利用数字化实验学习化学主要概念所具有的优势有所期待，或者可以假定研究者认为数字化实验具有其优势。由

---

[1] T. S. Kuhn. The Structure of Scientific Revolutions[M]. Chicago: Univ.of Chicago Press, 1970: 5.

此研究者确定选题，选取数字化实验设备、pH计和化学指示剂这三者为学生对酸、碱和pH概念的理解提供不同水平的信息。他们根据文献，将酸和碱的相关概念通过表征系统进行分类，认为有四种互相关联的表征系统：宏观系统——物质有整体性质，如酸的pH小于7；微观系统——物质由运动的原子、分子和离子构成，如酸可以电离出氢离子；符号系统——物质和化学反应由化学反应式、图表和分子结构图来表示，如酸的化学式中包括可以释放出质子的氢原子；代数系统——物质的关系通过使用化学式和图表来进行表示和处理，如pH和氢离子浓度之间关系的计算。

接下来，研究者根据GPA（grade point average）成绩选取15名11年级的高中生作为研究对象，选取过程排除高成就和低成就的学生，并体现其种族和社会经济地位的多样性。同时根据GPA和性别等条件将他们分为三组：数字化实验设备组、pH计组和化学指示剂组，并保证三组学生的同质性。研究者为每一位学生设计了强酸和强碱、弱酸和强碱及多元酸和强碱的滴定过程，并保证其他条件对每个学生来说都是相同的，如滴定顺序、试剂的浓度、无教师指导等。实验前后为每个学生设计了前测和后测，以访谈和概念图的形式进行数据收集、分析，从而得出结论。

通过上述实证研究的设计和实施过程可以发现，研究者为了验证数字化实验在化学科学概念教学中的潜力，设置了三个研究对象同质化的组进行对比，这在很多国外的实证研究中经常出现，也是广大研究者、教育者所常用的研究设计。同时，研究者展开了除使用设备条件不同外其他研究条件尽可能一致的研究过程，从而保证了研究的严谨性、规范性和客观性。大量国外的数字化实验研究都具备这样的实证研究设计和过程，在此不一一列举。研究必须反映客观事实，这是所有研究者的共识。

2.1.2.2 重量化分析和证据

国外数字化实验研究的另一个特点是重视证据的提供及证据基础上的量化分析。在大量的相关研究中均采用了前测和后测，有的研究还提供了与主要研究阶段相隔一段时间的跟踪测量。测量的形式包括调查问卷、访谈、概念图等。量化分析则体现在对数据的处理和分析方法上，主要是把收集回来的信息转为可量化的数字，从而产生研究需要的可信度高、可复制的数据。

上述提到的研究是通过前、后测对使用不同设备组的学生进行半结构化的访谈，为了保证访谈的有效性，对四名专家进行预先访谈，以确认酸碱化学中的主要概念以及访谈问题是否覆盖了这些概念。访谈期间，研究者给学生一系列的问题让学生回答，并进行录音和录音文字转录。通过学生在前、后测访谈中对这些问题的回答，构建每个学生的前、后测概念图来分析这个访谈。研究者接着制定概念图的评分规则来对图进行评分，将每个小组的分数进行汇总分析，说明数字化实验设备组同pH计组及化学指示剂组的区别，从而得出结论。

量化的数据分析方法和证据的提供，让研究结论建立在对客观事实的量化推理上，增加了相关研究结论的可信度和有效性。量化分析是数字化的、具体的、概括化的，研究者并不参与其中，同描述性、全面的、注重个体差异的且研究者参与其中的质性分析相区别。但这种区别并不意味着相互排斥，Bryman认为利用量化研究以及质化研究之间的区别可以使这两种研究范例互补使用，获得更全面的结果[1]。就提供的案例而言，从学生的访谈记录到概念图的构建，再到依据概念图评分，生动地体现了质性研究与量化研究的协同配合，凸显了重量化分析、重证据的研究范式。

---

[1] 谢立欣. 国外教育学及语言学研究中两种研究范式的对比：量化研究和质化研究[J]. 科教导刊, 2012(25): 137-138.

2.1.2.3 重文献基础

国外关于数字化实验的研究几乎都是建立在大量的文献基础之上的。如上述研究仅对数字化实验在教学中潜力的论述就使用了5篇文献[1-5]。给完成的概念图评分也是根据Novak和Gowin提出的程序[6]来完成的。又如，研究者将化学酸碱部分的主要概念和叙述分别归入宏观、微观和符号表征系统中，以便于指代学生对概念理解的程度，这种归类是参考6篇已有文献的基础上得出的。由此可见，这种文献基础并不仅体现在对选题意义的论证上，还反映在研究者对实验方法的选择和论证上，研究者要论证自己采用的方法是可靠的，往往是尽量采用前人已证实过的方法。这种严谨规范的做法使得研究建立在已证实的基础上，让研究成果经得起推敲，很值得借鉴。

综上所述，国外数字化实验的研究从内容维度上看，主要涉及了教学应用、对学生的影响、实验开发、教学模式、教师培训等，其研究范式多采用实证研究，注重研究设计和过程，注重证据和定量分析，注重文献基础。这些研究用严谨的设计、规范的过程、确凿的数据和证据肯定了数字化实验的教学价值，也部分揭示了数字化实验应用的关键和存在的问题，值得我国数字化实验研究很好地借鉴。

---

[1] Anderson, B.. Pupils' explanations of some aspects of chemical reactions[J]. Science Education, 1986, 70(5): 549-563.

[2] Ben-Zvi, R., Eylon, B., Silberstein, J.. Theories, principles and laws[J]. Education in Chemistry, 1988: 89-92.

[3] Gabel, D. L., Samuel, K. V., Hunn, D.. Understanding the particulate nature of matter[J]. Journal of Chemical Education, 1987, 64(8): 695-697.

[4] Herron, J. D. Students' understanding of chemistry: An issue in chemical education[C]. Paper presented at the Nyholm Symposium, Royal Society of Chemistry, London, England, 1983.

[5] Yarroch, W.L. Student understanding of chemical equation balancing[J]. Journal of Research in Science Teaching, 1985, 22(5): 449-459.

[6] Novak, J. D., Gowin, D. B.. Learning how to learn[M]. Cambridge: Cambridge University Press, 1984.

2.2 国内化学数字化实验研究

借助电子文献获取的便利条件，关于国内的数字化实验研究，我们选择文献分析和案例分析两种方法加以梳理。依然是以研究的内容和方法为视角，关注研究的维度和范式。

2.2.1 国内化学数字化实验研究的文献分析

2015年的年底，笔者利用CNKJ中国期刊全文数据库、万方数字化期刊和中国科技期刊数据库（重庆维普），分别采用"数字化实验""手持技术""传感器"和"DIS"等为关键词进行检索，再对所得文献逐篇筛选，去除重复的以及与化学数字化实验不相关的论文，共获取与化学数字化实验相关的期刊文献309篇。这些文献的发表时间区间为2001—2015年，共计15年。这15年我国数字化实验从无到有，我们可以据此对我国数字化实验研究做全景式的描述。

在研读这些文献的基础上，借助NoteExpress软件，分别从化学数字化实验的研究方法、研究内容两个方面进行分析与探讨。

2.2.1.1 研究方法维度

基于国内数字化实验研究的现状和笔者所关注的问题，我们从研究方法的角度将现有文献分为理论研究和实践研究两大类。如果该文献所用的研究方法基本是论证性的、思辨的、推理的，不涉及具体数字化实验过程的，就将其归为理论研究。实践研究则包括使用实证研究方法的，如调查研究、文献研究以及涉及具体数字化实验设计、应用等的实验研究（只要涉及具体实验，就将其归入实验研究）。具体数量分布见表2-1。

表2-1 不同研究方法的文献数目统计

研究方法	理论研究	实践研究			总计
		调查研究	实验研究	文献研究	
数量/篇	79	7	218	5	309
百分比/%	25.5	2.2	70.1	1.6	100

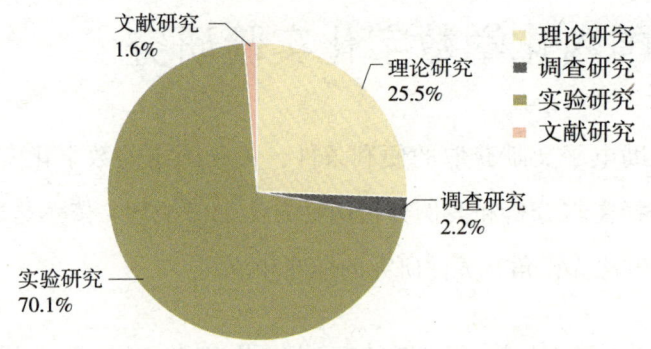

图 2-4　不同研究方法的文献数目统计

实践研究部分，调查研究主要说明某地区数字化实验的应用情况；文献研究是对有关数字化实验的文献做汇总、统计与说明；实验研究是最主要的一部分，运用数字化仪器进行实验，说明实验过程等，还有一些有关数字化实验的习题的解说或探究。

表 2-1 和图 2-4 说明，国内对化学数字化实验的研究主要采用了实验研究的方法。采用实验研究方法的文章占有最大比例，有 218 篇，这与化学学科的性质和我国参与数字化实验研究的中学教师比例较大是有密切联系的。

采用理论研究方法的 79 篇文献中，论述的问题主要有数字化实验的概念和应用、数字化实验与化学教学相结合的意义、数字化实验教学应用的教学模式、教学策略、存在的问题以及对策、数字化实验室配置和管理等。

在数字化实验的概念和应用研究方面，2006 年，蒋永贵、吴俊明撰文讨论了新课程背景下的数字化实验室及其在中学理科教学中的应用，认为：数字化实验室作为一种新型课程资源，以学生的真实实验为基础，实现了信息技术与中学理科课程的有效整合，对当前的教育变革起到了一定的引领作用。基于数字化实验室的中学理科教学在常规教学创新、传统实验改进、科学探究深入等方面具有良好效果，同时，数字化实验室应用于中学理科教学也面临着一些挑战[1]。

---

[1] 蒋永贵，吴俊明.新课程背景下的数字化实验室及其在中学理科教学中的应用[J].中国电化教育，2006（11）：45-48.

2010年，孙丹儿、张宝辉、王祖浩以国外相关研究成果为依据，提出了"应用掌上电脑支持科学探究及学生的认知发展"的主张，提倡应用掌上电脑（Handheld Computers）作为认知工具（Cognitive Tools）来支持中小学生的科学探究（Inquiry）活动及认知发展。作者对计算机认知工具的内涵及相关界定进行了分析，探讨了掌上电脑在中小学生科学探究中的应用价值，并就计算机认知工具支持中小学生科学探究活动的国际和国内相关研究做了回顾，结合案例对国内外基于掌上电脑的科学探究及学生认知发展研究特点做了分析，为国内相关研究提供了借鉴[1]。

在数字化实验的应用优势和存在问题方面，2009年，冯建飞介绍了中学化学数字化实验系统的特点，对它在化学实验教学中的应用与发展进行了理性思考[2]。2008年，魏锐、王磊撰文介绍了掌上移动实验室的构成，并结合案例讨论其在科学实验活动和科学教学中能够发挥的功能及具有的优势，以及如何体现我国基础教育新课程的要求。文章中简要介绍了借助掌上移动实验室进行实验设计的思路，对存在的问题和研究的方向作出了展望[3]。

在应用数字化实验的教学模式研究方面，2007年，邓峰、钱扬义等对运用数字化实验的教学模式做了深入研究，提出了基于手持技术的"6S"化学实验探究教学模式，探讨了基于手持技术的"激趣（Stimulate）""引导（Steer）""猜想（Suppose）""演示（Show）""探究（Seek）""总结（Summarize）"的"6S"的化学实验探究教学模式的构建与特点，并分析该模式对帮助学习者正确理解化学概念与增强探究技能的作用[4]。

2011年，彭豪发表了"基于POE策略的高中化学'四重表征'

---

[1] 孙丹儿，张宝辉，王祖浩.应用掌上电脑支持科学探究及学生的认知发展[J].现代教育技术，2010（1）：105-110.

[2] 冯建飞.数字化实验系统在中学化学教学中的应用[J].教学仪器与实验，2009（12）：13-14.

[3] 魏锐，王磊.掌上移动实验室在科学教育中的应用[J].中国现代教育装备，2008（10）：166-169.

[4] 邓峰，钱扬义等.基于手持技术的"6S"化学实验探究教学模式[J].中国电化教育，2007（11）：75-80.

概念教学研究"的成果。研究认为，化学概念教学既是化学教学的重点，又是难点，如何在概念教学中利用信息技术，通过多重表征教学使学生对概念进行科学建构并深刻理解概念的意义值得探讨。在分析"四重表征"教学理论与POE教学策略的基础上，提出了基于信息技术的"四重表征"教学设计，并以"酸、碱、盐在水溶液中的电离"为例，说明这一教学设计在概念教学中的具体应用[1]。

关于数字化实验室建设，2009年，上海市教育评估专家、上海市政府采购评标专家、高级实验师徐振才发表了题为《创建高效、实用、安全的综合理科数字化实验室》的文章，比较全面地论述了数字化实验室的建设、规范和管理[2]。

总体上看，国内数字化实验理论研究类文章水平差异较大，既有以上这些视野开阔、论证有力的文章，也有内容单薄，泛泛而谈的文章。

实践类研究文章中，调查研究和文献研究两类文章都不多，但质量相对都较高，值得关注。

调查研究类文章共有7篇，这7篇文章可以说篇篇内容翔实、视角独特、方法新颖，可以给读者方法上的启发，也对数字化实验的师生反馈、教学应用情况等给予了实然描述。

2008年4月，邓峰等发表文章说，他们通过问卷调查与收集教师反思日记的方式，调查了30名化学教师对将手持技术应用于教学的做法所持的态度，以及影响手持技术在化学教学中应用的因素，同时运用聚类分析等方法处理调查结果。调查发现教师对手持技术使用持肯定态度，且与教师的性别和教龄无关；对常规教学中运用手持技术持怀疑态度，但愿意在第二课堂和研究性学习等活动中运用。不过文章中并没有说明调查进行的时间和调查前后被调查的教师参与了哪些数字化实验[3]。同年6月，邓峰等发文说，他们使用

---

[1] 彭豪.基于POE策略的高中化学"四重表征"概念教学研究[J].化学教学，2011(10)：24-27.

[2] 徐振才.创建高效、实用、安全的综合理科数字化实验室[J].教学仪器与实验，2009(1)：54-57.

[3] 邓峰等.化学教师对手持技术在教学中应用所持态度的调查研究[J].化学教育，2008(4)：50-52.

手持技术对65名高二学生进行了选修模块《化学反应原理》中的第三章"水溶液中的离子平衡"内容的教学，然后通过问卷调查与个别访谈的方式，调查这65名学生对利用手持技术所持的态度与认识，同时运用相关分析、因子分析和方差分析等方法处理调查结果。他们发现学生对手持技术的态度总体上实现了由"好奇"到"熟悉"或"乐用"的转变，男生和学习成绩排名靠后的学生更愿意用。手持技术在培养学生思维、化学学习兴趣、元认知调控能力与图像技能方面均有一些积极的作用，且因学习者的学习水平不同而各有所侧重[1]。

2012年3~4月，薛耀锋等对上海市两个行政区所属部分中学的数字化实验教学情况进行了抽样调研，共收到有效学生问卷812份，教师问卷54份。调查分别就教师和学生关于数字化实验的学科应用、熟悉程度、动手情况、能力培养、教学态度、教学内容、教学效果等多个维度进行了深入的调研和分析，并辅以面对面深入访谈方式，描绘了上海市数字化实验教学现状的基本轮廓和特征。调查发现，上海市大部分中学已按照教育管理部门的指导意见有序而规范地开展了数字化实验教学活动，但还存在数字化实验教学内容完成率不高、教师对数字化实验系统的熟悉度较低、实验教学模式因循守旧等问题，并建议教育主管部门为一线教师提供更多的教学培训和支持措施[2]。

2013年，郁小昌报告了他以浙江省湖州市、台州市和温州市为例，选取25名教师、400名学生为对象，进行有关初中科学实验教学中数字化实验应用情况调查的结果。调查发现，在初中科学实验教学中数字化实验的应用还相当薄弱，在有效的332名调查对象中只有一名表示"对数字化实验比较熟悉"，"了解一些但不很熟悉"的只有31名，更是有225名调查对象表示"没听说过"，75名表示"听说过但不太了解"，即接近九成的初中生对数字化实验不了解。作者

---

[1] 邓峰等.化学选修班学生对手持技术所持态度与认识的调查研究[J].化学教育，2008(6): 49-52.

[2] 薛耀锋.上海市中学数字化实验教学现状抽样调查与分析[J].中国电化教育，2013(1): 88-93.

提出了建立"校校联络分享平台"和"校企合作发展平台"等关于推广数字化实验的建议[1]。

2014年6月，罗嘉利用QQ群对苏州市部分初中化学教师和教研员进行了关于数字化实验与初中化学整合情况的现状调查，共有70位教师回答了问卷。调查发现，在被调查的教师中，40%的教师所在学校有了数字化实验设备，84.3%的教师通过各种教研活动，亲身体验到数字化实验给初中化学教学带来的变化，57.1%的教师参与过数字化实验，但仅有24.3%的教师受到过数字化实验专项培训。调查的结论是：苏州地区初中数字化实验硬件基础已基本具备，教师参与数字化实验热情很高，但是进一步推进数字化实验需要更多设备投入、教师培训和实验创新。

从以上调查结果可以看到，师生对数字化实验的认识和热情是逐步提升的。数字化实验的发展存在地区差异，广东省、上海市发展较早，江苏省、浙江省也比其他省相对早些。从调查方法上看，有问卷法、访谈法、日记文本分析等。从调查对象上看，有教师、有学生、有抽样、有QQ群随机反馈。从调查结果分析看，有用相关分析、因子分析及方差分析的偏学术方法的，也有用简单百分比等偏经验方法的。调查类的文献虽然少，但信息丰富，可信度高。

文献研究类文章共有5篇，主要涉及数字化实验应用进展[2,3]、数字化实验与化学教学整合研究[4,5]，其中，林建芬等的文章《化学"四重表征"教学模式的理论建构与实践研究——从15年数字化手持技术实验研究的回顾谈起》是比较有创意的主题式文献

---

[1] 郁小昌.初中科学教学中数字化实验应用情况的调查研究——以浙江省为例[J].科教导刊，2013(9)(上旬)：251-253.

[2] 张婷等.利用NoteExpress分析国内化学数字化实验的发展[J].化学教与学，2014(3)：88-91.

[3] 张倩等.手持技术在国内化学教学中的应用研究进展[J].化学教育，2011(10)：5-8.

[4] 黄碧芸等.手持技术与化学整合的研究进展——以中国知网CNKI2003年至2010年文献为例[J].中国电话教育，2011(11)：95-101.

[5] 夏子辰等.手持技术与化学教学整合的研究概述[J].中学化学教学参考，2008(10)：43-45.

研究。

综上，国内化学数字化实验从研究方法的角度看是丰富和多元的，并且正逐渐成熟。

2.2.1.2 研究内容维度

为了突出数字化实验研究的特点，我们针对涉及具体数字化实验本体内容的文献218篇，根据内容再分为传统实验改进、创新实验设计、学科问题辨析、教学应用研究、学生影响研究五个维度加以统计和分析。

传统实验改进是指利用数字化实验改进传统实验；创新实验设计是指设计新的数字化实验；学科问题辨析是指利用数字化实验辨析化学学科问题；教学应用是指将数字化实验应用于教学；学生影响研究是指数字化实验对学生知识、能力、态度等影响的研究。以上五类研究文献统计见表2-2。

表2-2　不同研究内容的文献数目统计

研究内容	传统实验改进	创新实验设计	教学应用研究	学科问题辨析	学生影响研究	总计
数量/篇	48	56	47	56	11	218
百分比/%	22.1	25.7	21.6	25.7	5.5	100

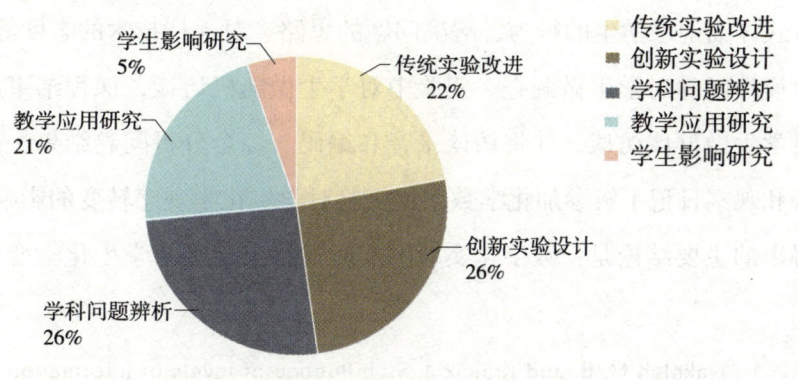

图2-5　不同研究内容的文献数目统计图

（1）关于学生影响的研究。如表2-2和图2-5所示，五种研究中，学生影响研究最少，其他四种研究相对均衡。学生影响研究需要进行教学实践，对学生进行测试，收集数据，从中发现运用数字化教学前后学生认知、学习兴趣或学习能力等的变化。这样的研究有实证和数据，具有很强的说服力，因而有重要的意义。但是从文献数目来看，研究并不多，这是当前我国数字化研究中比较薄弱的一部分。

出现这种现象的原因之一是数字化实验目前在我国还处于演示实验和课外实验状态，还没有普及为全班学生参与的学生实验，参与的学生还比较少，对大部分研究者而言，研究数字化实验对学生的影响缺乏前提。另一个原因是我国教育研究相比西方国家的研究缺乏重视实证研究的传统。正如第一章中谈到的，美国在1994年就做了数字化实验对学生化学学习影响的实证研究[1]，当时数字化实验普及率并不高，所以他们的研究对象也只有15名学生。虽然学生人数少，但并不影响研究者精心设计研究过程，仅访谈一位学生就要用50 min，其研究成果也就易被国际同行一再引用。

我国关于数字化实验对学生影响的研究文献虽然少，但仍然有高水平的文献可供借鉴。如王晶、郑长龙等进行的"手持技术促进学生化学变化和化学实验观念转变的实证研究"[2]，研究对象为长春市某中学参加数字化实验校本课程的16名高二学生，选修课持续8周，每周2课时。研究者亲自参加每次的选修课，并以观察日记的方式详细记录学生的行为、解决问题的思路、对手持技术的态度等，再设计问卷对学生做调查。实验中对学生做随机访谈，课程结束后对学生做群体访谈，并将访谈录音和编码。综合分析问卷结果、访谈和观察日记了解参加化学数字化实验对学生化学观念转变的影响。得出的主要结论是：数字化实验的实时性特点促进了学生化学变化

---

[1] Nakhleh M. B. and Krajcik J. S.. Influence of levels of information as presented by different technologies on students' understanding of acid, base, and pH concepts[J]. Journal of Research in Science Teaching, 1994(31): 1077-1096.

[2] 王晶，郑长龙等. 一个手持技术促进学生化学变化和化学实验观念转变的实证研究[J]. 化学教育，2011(3): 16-18.

观的转变；数字化实验促进了学生建立化学以实验为基础的观念。另外，王祖浩、刘建祥等关于数字化实验对学生影响的实证研究也很有借鉴价值[1, 2]。

（2）关于传统实验改进。由于数字化实验具有数字化感知和实时性记录等特点，人们可以对传统实验进行技术上的改进，目的是让实验现象更明显、更直观，或者操作更加简便等。例如"基于手持技术支持下的中和热测定实验研究"，传统方法是利用温度计测量，需要不断读取温度计示数，但温度计示数变化分辨率较低，不同实验者测量的温度也会存在误差，运用数字化仪器可以准确测量出温度变化曲线，更方便，也更准确。

从对传统实验改进的48篇期刊文献研究的问题来看，主要集中于"酸碱滴定"，有的用pH传感器来测酸碱滴定曲线；有的用电导率传感器做酸碱滴定实验，利用电导率曲线找中和点；还有的是利用温度传感器、pH传感器测中和反应的中和热。另一个集中研究的问题是"反应速率"，利用数字化实验说明影响反应速率的单个因素，或者多个影响因素同时研究，主要利用的传感器有压强传感器和温度传感器。还有一些是碳酸钠与碳酸氢钠性质差别的检验实验、金属电化腐蚀研究等。与初中教学内容有关的传统实验改进有：用压强传感器研究过氧化氢分解反应中催化剂的作用和催化剂的选择，利用氧气传感器、二氧化碳传感器比较人呼出和吸入气体的成分的差别，等等。

对48篇传统实验改进文献的作者进行分析后我们发现，作者为高校教师或高校学生的有15篇，占31.25%；为中学教师的有25篇，占53.25%；文献是由中学教师与高校教师合作或者与教育行政部门工作人员合作的有7篇，占16.67%。可以看出中学教师是对传统实验进行数字化改进的主要力量，这是因为身处教育一线的教师能够深切体会到一些传统实验的不足和数字化实验的便利，也更有利用

---

[1] 王祖浩等. 基于手持技术的高中生化学概念学习认知研究[J]. 中国电化教育，2010(6)：82-85.

[2] 刘建祥. "四重表征"化学教学模式与"手持技术"整合的案例研究——以浓度对硫代硫酸钠与硫酸反应速率的影响为例[J]. 化学教育，2013(7)：31-34.

数字化手段改进传统实验的动力,他们更知道哪里需要改,如何改更好。

（3）创新实验设计。创新实验设计主要指利用数字化实验进行实验设计的研究。内容载体既可以是学科知识,也可以是与生产生活、社会环境等有关的活动。

例如,唐增富设计的用数字化实验演示浓硫酸的吸水性实验[1],通过用湿度传感器同时分别测量盛有60 mL浓硫酸和没有盛任何试剂的两只锥形瓶中湿度随时间的变化,非常巧妙地让学生看到了前者湿度不断下降,后者湿度则几乎不变,看到了浓硫酸的吸水性。薛敬东设计的用电导率传感器测定冰醋酸稀释过程中导电性的变化实验[2],没有电导率传感器,教师只能是讲给学生听：冰醋酸不导电,稀释时冰醋酸发生电离开始导电；继续稀释,随着溶液中离子浓度的下降,导电能力又会降低。实际情况是不是这样呢？用电导率传感器可以测出冰醋酸在稀释过程中导电性从零到升高再慢慢下降的过程。符益婷等设计了利用电导率传感器探究物质溶解性的实验[3],利用测定蒸馏水中加入碳酸钙后电导率的增大探究不溶性物质碳酸钙是不是绝对不溶,利用测定饱和石灰水温度变化时电导率的变化探究低温下饱和的石灰水在高温下是否还饱和。这些实验如果没有传感器等数字化实验仪器都是不可能进行的,充分体现了数字化实验在常规教学中的巨大潜力。

创新实验研究的关注点是比较广泛的,除了以教学内容为实验设计的载体外,环境、食品、生活用品都是创新实验的素材,如用数字化实验探究暖宝宝的发热原理,运用手持技术探究84消毒液漂白性的原因及其影响因素,用溶解氧传感器、pH传感器测定河水并判断河水是否适合鱼类生长,运用二氧化碳传感器测定教室或公交车上的空气成分,用色度计测定食物中维生素C的含量,等等,都已被设计为研究性学习或课外小组活动所用的探究性数字化实验。

---

[1]唐增富.用数字化实验演示浓硫酸的吸水性[J].化学教育,2011(6):62,71.
[2]薛敬东.冰醋酸稀释过程中导电性变化的数字化体现[J].教学仪器与实验,2007(2):9-10.
[3]符益婷.利用传感器探究物质的溶解性[J].化学教与学,2011(4):80-81.

表2-3　56篇创新实验研究文献作者单位统计

作者单位	大学	中学	大学与中学合作	教育行政部门	合计
数量/篇	30	14	10	2	56
百分比/%	55.6	25	17.9	3.6	100

分析创新实验研究文献的作者可以发现，其主要来源于高校，占55.6%，加上高校和中学联合研究的17.9%，有大学教师或学生参与研究发表的创新实验类论文占73.5%。可能原因是大学里师生没有中学那样的升学压力，环境相对自由，有更多的灵活时间做自己感兴趣的创新研究，文献条件、实验条件也更好一些，因而更倾向于研究创新性实验。中学的创新实验主要是由教师带领学生做的课外探究活动，或者是校本课程的开发内容。

（4）教学应用研究。教学应用研究主要是关于运用数字化实验展开课堂教学的研究。这类研究中更多的是介绍研究者设计数字化实验并应用于教学的过程。例如，《基于手持技术的"离子反应及其发生条件"教学设计》，在文中作者运用Ca^{2+}传感器和NO_3^-传感器测定反应过程中溶液离子浓度的变化过程，让学生直观地看到离子浓度的变化，帮助学生理解离子反应。再如，《基于手持技术"空气中氧气含量测定"教学设计》《手持技术在"醋酸电离平衡"教学中的应用设计》《运用数字化实验促进初中生建构溶解概念》等文章中论述的都是有关教学应用的研究。

教学应用类文献主要关注"离子反应""中和反应""强弱电解质"等的教学。全部47篇文献中，有8篇与"离子反应"有关，主要应用的传感器是电导率传感器，将难以观察的微观离子的浓度变化用曲线表示出来，有助于学生理解离子反应的概念。与"中和反应"相关的文献有8篇，探究酸碱中和反应的实质、中和反应过程中溶液pH的变化、滴定曲线以及中和反应的热效应等，主要应用pH传感器、电导率传感器和温度传感器。此外，对"化学平衡"的关注度也比较高，包含电离平衡、水解平衡等。

从学术的角度看，虽然以上研究设计不太严谨，论证也不太到位，但还是很有价值，因为其他教师可以借鉴，甚至直接移植，用于自己的课堂教学。这类文献有点像国外学术团体小册子上的通讯、交流或小报告，正如数字化实验的先驱Robert Tinker所说：虽然学术性不那么强，但却非常有助于数字化实验的推广应用，只有教师将数字化实验应用到教学中，才有可能研究对学生产生的影响。

（5）学科问题辨析。学科问题辨析主要是利用数字化实验研究化学学科问题，如对某些已有的结论辨析真伪，或对某些以前没法研究的问题用实验论证。这类研究在我国占有相当高的比例，而在国外，此类文章极少看到。这是我国数字化实验研究的特色之一。

例如，《化学教育》杂志上最早发表的关于数字化实验的文献就是用温度传感器探究酒精灯火焰温度，质疑传统"酒精灯火焰外焰温度最高"的说法，给出"内焰温度最高"的证据[1]。该问题引起许多化学教师关注，后续有5篇文献讨论同一问题。其中，季进明用在酒精灯火焰上加热细玻璃管的方法否定了"酒精灯内焰温度最高"。另几篇文献都肯定了"内焰温度最高"的结论。凌一洲发表文章时是一名高二学生，该课题是其在唐文伟老师的指导下，利用数字化实验开展探究活动的成果。

酒精灯是中学化学实验室最常用的加热仪器，几乎每个学化学的人都知道：加热时应用酒精灯的外焰。当人们质疑酒精灯火焰到底哪一部分温度最高时，立即引起广泛注意，而由数字化实验得到的数据又是这样便捷和有说服力，充分体现出数字化实验的魅力。

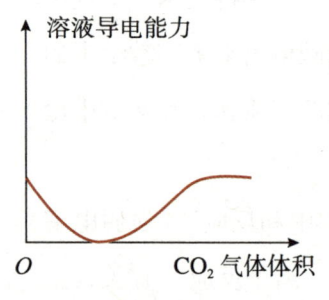

图2-6　某高考题给出的二氧化碳气体通入石灰水中导电能力的变化曲线

另一个有趣的例子是关于二氧化碳通入石灰水中溶液电导率变化问题的研究[2]。笔者发现某一高考题中认为二氧化碳通入石灰水中溶液的导电能力变化曲线应该是V字形的，如图2-6。

曲线呈V字形的理由应该是二氧化碳通入石灰水前后，溶液中导电离子的数量和所带电荷数都没有变化，只是从Ca^{2+}、OH^-转变为Ca^{2+}、HCO_3^-。我们就利用这个题目为切入点，在数字化实验的教师

---

[1] 编者注：此结论的正确性需进一步证实。
[2] 杨飞. 数字化实验的表征与教学研究[D]. 南京：南京师范大学，2011：5-6.

培训中让教师们用电导率传感器、数据采集器和计算机亲自实验,测出上述过程的电导率变化曲线。实验效果非常好,如图2-7所示。

图2-7　实测出的二氧化碳气体通入石灰水中电导率变化曲线

实验结果否定了上述高考题的答案。从化学原理上解释,是因为反应前后虽然OH^-转变为等量的HCO_3^-,但二者的导电能力是不同的。25 ℃时极稀溶液中的OH^-与HCO_3^-的摩尔电导率数据($\Lambda_m^\infty \times 10^{-2}$,$S \cdot m^2 \cdot mol^{-1}$)分别为1.98和0.448,$OH^-$的导电能力是$HCO_3^-$的4倍多,故而二氧化碳通入石灰水中溶液导电能力的变化曲线不是V字形。这个实验给培训者留下深刻的印象,相对权威的题目、原有的认知、实验的结果形成强烈的认知冲突,合乎原理和逻辑的解释让教师们意识到数字化实验教学应用的潜力。

利用数字化实验辨析学科问题的文章还有很多,如朱鹏飞等所做的"利用传感技术对吸热反应热效应的实验研究"[1],提出了"氢氧化钡晶体和氯化铵晶体这一经典吸热反应主要是反应吸热吗"的问题,研究者利用温度传感器精确测量出$Ba(OH)_2 \cdot 8H_2O$晶体脱去结晶水时的吸热量、氯化铵溶解于结晶水时的吸热量和$Ba(OH)_2$固体与NH_4Cl溶液反应时的吸热量,三者之比约为6.2∶1.7∶1。也就是说,该反应的吸热量主要来自于反应物脱水和溶解吸热,而不是反应吸热。反应物脱水和溶解吸热约为反应吸热的8倍。研究并未就此停止,用热力学常数进一步计算了各过程的焓变,为以上实验研究结果提供了理论依据。研究过程所采用的"结合教学内容提出探究课题,充分利用现代实验仪器,将现象分析、过程假设和理论计算融为一体的实验研究方法"也颇具参考价值。

乐建吉等于2009年做了"淀粉与碘混合液加热褪色机理探究"的研究[2],质疑褪色是淀粉螺旋结构受热破坏的已有认识。研究者

---

[1] 朱鹏飞等.一种有效的实验研究模式——利用传感技术对吸热反应热效应的实验研究[J].化学教育,2009(12):62-65.

[2] 乐建吉等.淀粉与碘混合液加热褪色机理探究[J].中学化学教学参考,2009(11):34-36.

认为，用温度传感器进行的一系列实验结果和理论分析都支持"加热使淀粉与碘混合液褪色的主要原因不是因为淀粉螺旋结构的破坏，而是单质碘浓度的下降"的结论。而碘浓度下降的原因在于温度上升加快了碘单质在水溶液中的歧化反应，导致单质碘浓度快速降低，低于其最低显色浓度，最终表现为蓝色褪去。加入强氧化剂，如浓HNO_3、30% H_2O_2溶液等，抑制碘的歧化反应，保持碘单质的浓度，就可让淀粉碘溶液在较高温度下依然保持蓝色。研究者认为，数字化实验系统使得温度变化的测定快速、便捷、准确，是研究成功的重要因素。

魏锐等利用数字化实验对"三氯化铁溶液显黄色，是因为Fe^{3+}水解"的说法进行了辨析[1]。他们使用温度传感器和色度计，研究不同酸度、不同温度和是否存在Cl^-时，$FeCl_3$和$Fe(NO_3)_3$溶液的颜色。研究认为，$FeCl_3$溶液的黄色并非Fe^{3+}水解造成的，而是Fe^{3+}与Cl^-配位所致，生成的$[FeCl_4(H_2O)_2]^-$为黄色。实验的设计非常精巧。色度计的使用拓展了中学化学实验研究的空间。

数字化实验领域是非常有活力的。用数字化实验进行化学学科问题的辨析和研究，充分挖掘了数字化实验教学应用的潜力，也促进了教师研究学科问题，指导学生开展探究活动。

从文献作者组成看，56篇学科问题辨析文献中，作者分布如下：

表2-4 56篇学科问题辨析类文献作者单位统计

作者单位	大学	中学	大学与中学或与教育行政部门合作	合计
数量/篇	23	23	10	56
百分比/%	41.01	41.01	17.86	100

56篇文献作者近90人，说明合作研究较多。作者的单位是中学的或大学的各有23人，中学与大学或与教育行政部门人员合作研究，发表的文献数量占17.86%。说明这类研究受到中学教师和大学研究者共同的重视。

---

[1] 魏锐等. Fe^{3+}在水溶液中的水解平衡和配位平衡[J]. 化学教育, 2008(1): 69-71.

从发表这类文献的期刊分布看,专业化学类的占绝大多数。56篇中在《化学教育》杂志发表的有14篇,占25%;在《化学教学》杂志发表的有10篇,占18%;在《化学教与学》杂志发表的有8篇,占14%。这从另一个角度说明化学学科问题研究是受到化学教育专业类期刊重视的。

2.2.2 国内化学数字化实验研究的案例分析

吴俊明撰写的《中学化学实验研究导论》中把中学化学实验研究分为系统性研究、认知性研究、技术性研究、应用性研究和发展性研究[1]。笔者认为,系统性研究是指研究中学化学实验的系统结构,数字化实验在真实实验的基础上采用了传感器技术,实验本身的系统及其本质并未发生太大的变化。发展性研究可以分别归到认知性研究和技术性研究中。应用性研究可纳入教育性研究的范畴。因此采用认知性研究、技术性研究和教育性研究来分析国内已开发的数字化实验的相关案例,可以更好地了解数字化实验的特点。

2.2.2.1 认知性研究

化学实验认知性研究是为了获得某个化学实验的原理、规律认识或者物质知识而进行的探究活动,又将其称为化学实验原理研究。中学化学实验认知性研究起始于认知矛盾,其研究过程有演绎模式和归纳模式两种。中学化学实验认知性研究的首要特点是以获得具体实验的确定的认识为直接目的,而不是满足于一般性的尝试或者高度抽象的哲理;其次,通过研究获得的认识应具有可证性,它们是否正确,要接受化学实验的检验;第三,深刻地揭示中学化学实验中有关现象的本质和内部机理,而不是停留于表面现象的描述,表现出一定的深刻性和科学水平。此外,中学化学实验认知性研究具有一定的创造性。

对于常规的中学化学实验来说,人们一般通过对实验现象的观

---

[1]吴俊明编著. 中学化学实验研究导论[M]. 南京:江苏教育出版社,1997:42-43.

察，如颜色的变化、是否有气体或沉淀产生等间接推测其发生反应的原因和有关的原理。数字化实验拥有各种不同的传感器，可以突破人体感官能力的局限。借助这些科学仪器研究，能够捕捉各种传统实验不能发现或记录的实验现象及物理量的变化，使得获得的感性材料比较客观，有助于揭示化学实验现象背后的本质[1]。

案例1：酒精灯火焰温度是外焰"最高"吗？[2]

【案例概况】

酒精灯是化学实验中经常使用的热源，其火焰分为焰心、内焰和外焰三个部分。一般认为焰心、内焰和外焰的温度依次增高，因此要用酒精灯加热的实验中，我们总会强调要用外焰加热。那如何通过实验来判断这三层火焰的温度高低呢？中学化学实验中利用火柴梗不同部位的碳化程度来判断各层火焰温度的高低，或者用铁纱网的红热程度、小木条着火时间长短等方法来判断，但这些方法只能通过定性的观察来间接地判断各部分火焰温度的高低。华南师范大学钱扬义教授等利用温度传感器进行直接接触式的火焰温度测量，通过定量的研究得出结论：焰心的平均温度为432.3 ℃，内焰的平均温度为665.5 ℃，外焰的平均温度为519.9 ℃，因此酒精灯三层火焰温度的高低顺序为：焰心<外焰<内焰[3]。

【研究过程】

由于酒精灯的火焰常有跳动，因此该实验用图2-8所示装置进行测量。高温传感器的探头从灯芯位置开始测量，通过调节灯座的高度，依次测量酒精灯各部分火焰的温度。测量的原则是：每隔50 s依次调整探头的位置（用调节灯座的高度的方法）以测量不同部位火焰的温度，测量结果取这50个数据的平均值，实验平行进行3次，每次调整的高度为0.5 cm（以直尺为标度），调整的时间为10 s，在

---

[1] 朱鹏飞.基于传感技术的中学化学认知性研究［D］.南京：南京师范大学，2010：29.

[2] 钱扬义，陈健斌等.在掌上实验室探究酒精灯火焰温度——得出不同的结论［J］.化学教育，2003(01)：39-41.

[3] 编者注：此结论的正确性需进一步证实。

10 s内提前完成调整的,够10 s后方重新计时。

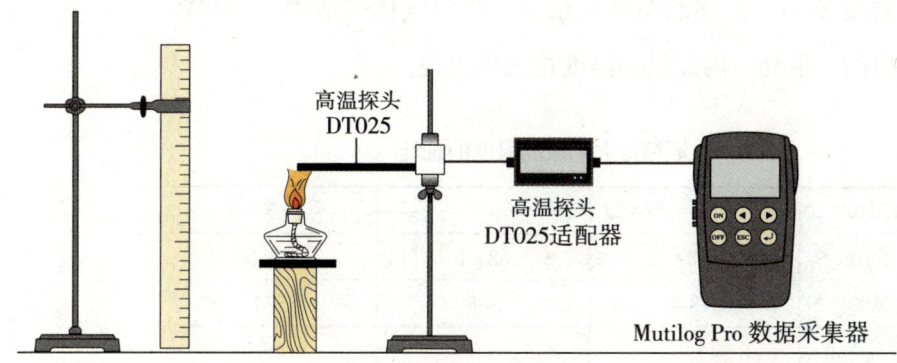

图2-8 实验装置图

利用Microsoft Excel 2000对所得数据进行统计,结果如表2-5所示。由表2-5中数据可以看出,酒精灯火焰的内焰温度最高,外焰次之,内焰最低。

表2-5 酒精灯各层火焰温度的统计

酒精灯火焰	相对灯芯的高度/cm	实验一火焰温度/℃	实验二火焰温度/℃	实验三火焰温度/℃	3次实验的火焰平均温度/℃	火焰平均温度/℃
焰心	0(灯芯) 0.5 1.0 1.5 2.0 2.5	35.7 250.0 446.9 560.9 569.9 607.3	34.3 381.9 483.4 521.5 584.3 636.1	36.7 317.2 490.7 563.6 601.8 659.1	35.6 316.4 473.7 548.7 585.3 634.2	432.3
内焰	3.0 3.5 4.0	673.7 671.6 700.7	669.9 670.1 650.5	644.7 643.6 664.9	662.8 661.8 672.1	665.5
外焰	4.5 5.0 5.5 6.0	655.6 539.5 439.1 395.5	645.0 560.0 532.0 485.1	611.3 531.1 453.5 381.1	640.6 543.5 474.9 420.6	519.9

与此同时,研究者还对火焰的最高温度进行了探究,在进行的多次平行实验中,火焰的最高温度都出现在内焰(如表2-6)。这主要是由于酒精是易挥发的燃料,最外层的酒精蒸汽与外界大气接触,燃烧时与空气的能量交换剧烈,使得外焰温度不稳定,火焰的温度

受到很大的影响。而焰心部位因空气稀薄，酒精蒸汽燃烧不充分，因此焰心温度不高。内焰酒精蒸汽稳定，与空气接触适中，燃烧较充分，发出的光最亮，因此最高温度在内焰出现。

表2-6 酒精灯火焰最高温度的统计

实验编号	1	2	3
最高温度/℃	718.6	687.1	679.9
出现时间/s	484	388	524
与灯芯距离/cm	4.0	3.0	4.0
平均值/℃	695.2		

钱扬义教授等在2006年又使用了电子斑干涉（ESPI）连续拍摄存储系统，对酒精灯火焰作了动态监测和温度场处理，实验结果再一次证明酒精灯火焰的温度高低为：内焰＞外焰＞焰心[1]。

【案例特色】

该实验使用传感器技术研究中学化学实验中的问题，在看似没有问题的地方发现研究内容，结果得到了情理之中、意料之外的结论。将温度传感器用于定量测定酒精灯各层火焰的温度，证明了外焰并不是酒精灯火焰温度最高处，让人们对于看似简单的"酒精灯燃烧"有了更深入的认识。可以说，借助现代测量技术——传感器，让一束小小的火苗照亮了更多的地方。

案例2：硫酸铜与氢氧化钠的反应过程与产物探究[2]

【案例概况】

在目前的中学化学教材中，$CuSO_4+2NaOH=Cu(OH)_2\downarrow +Na_2SO_4$是一个常见的化学方程式，这很容易让学生认为当$CuSO_4$和NaOH以物质的量比为1∶2反应时，生成的就是$Cu(OH)_2$沉淀。事实上生成的沉淀是不是$Cu(OH)_2$呢？南京师范大学的朱鹏飞等利用pH传感器

---

[1]钱扬义，陈国泉.酒精灯火焰温度是外焰"最高"吗[J].化学教育，2006（07）：52-54.

[2]朱鹏飞等.利用传感技术对硫酸铜与氢氧化钠反应的实验研究[J].中学化学教学参考，2008（09）：34-36.

对该反应进行了实时跟踪，确定 $CuSO_4$ 溶液和 NaOH 溶液按不同比例混合时所得混合物的 pH，进而推断反应的过程为：首先生成 $Cu_4(OH)_6SO_4$ 沉淀，当 $n(CuSO_4):n(NaOH)=2:3$ 时，全部生成 $Cu_4(OH)_6SO_4$ 沉淀，反应方程式为 $4CuSO_4+6NaOH=Cu_4(OH)_6SO_4\downarrow+3Na_2SO_4$；若继续加入 NaOH 溶液，$Cu_4(OH)_6SO_4$ 部分转化为 $Cu(OH)_2$ 沉淀，反应方程式为 $Cu_4(OH)_6SO_4 + 2NaOH=4Cu(OH)_2\downarrow + Na_2SO_4$，但此转化过程缓慢且不完全，即使当 $CuSO_4$ 溶液和 NaOH 溶液的体积比为 1∶2 时，沉淀仍为两者的混合物。

【研究过程】

下图 2-9 为实验装置图，将 pH 传感器、数据采集器、计算机三者相连接。向 10 mL 0.100 6 mol/L $CuSO_4$ 溶液中匀速滴入 0.100 6 mol/L NaOH 溶液，每加入 1 mL NaOH 溶液采集一个数据，当加入的 NaOH 溶液体积在 14~15 mL 时，则每隔 0.2 mL 采集一个数据，当滴入 NaOH 溶液的体积达到 30 mL 时，停止采集数据。

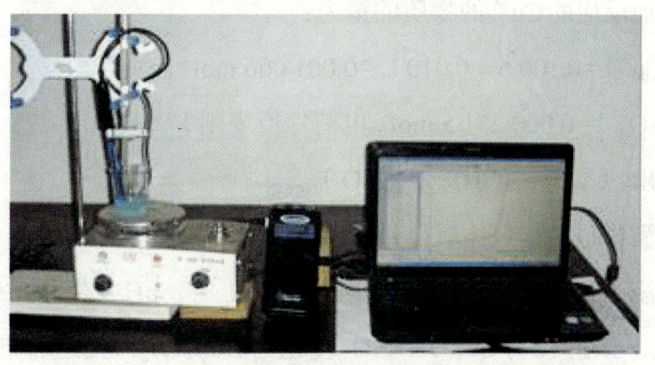

图 2-9 实验装置图

实验所得的结果如图 2-10，当滴入 NaOH 溶液的体积在 15 mL 时，$CuSO_4$ 和 NaOH 物质的量之比为 2∶3，此时 pH 传感器测得的读数分别为 6.30 和 6.12，而测定蒸馏水的 pH 为 6.32，说明 NaOH 中的 OH^- 几乎全部被束缚而进入沉淀。假设两者完全反应，按照质量守恒定律和电荷守恒规律，若取溶液的 pH 为 6.12，计算得此时溶液中物质为 $Cu_4(OH)_6SO_4$，计算过程如下：

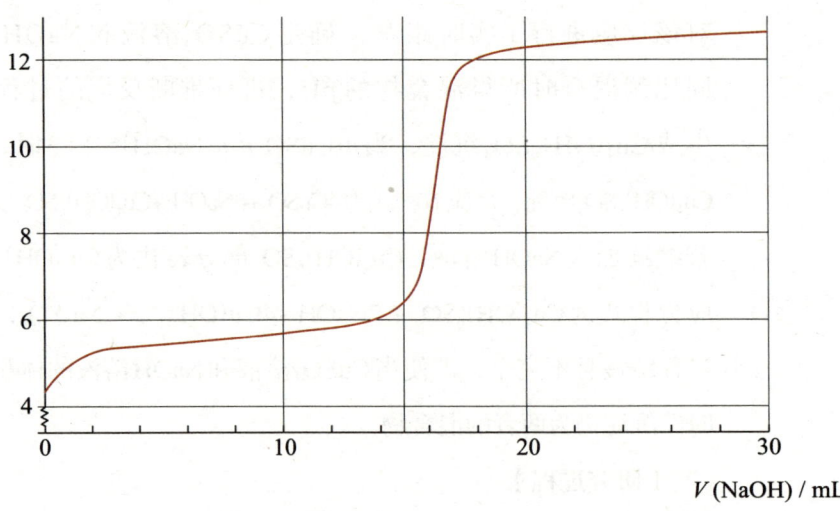

图 2-10　向 $CuSO_4$ 溶液中滴加 NaOH 溶液的 pH 变化曲线

$c(OH^-) = 10^{6.12-14}$ mol/L $= 10^{-7.88}$ mol/L $= 1.318 \times 10^{-8}$ mol/L

参加反应的 OH^- 的物质的量为：

$n(OH^-) = 0.1006$ mol/L $\times 0.015$ L $- 1.318 \times 10^{-8}$ mol/L $\times 0.025$ L $= 0.001509$ mol

参加反应的 Cu^{2+} 的物质的量为：

$n(Cu^{2+}) = 0.1006 \times 0.010$ L $= 0.001006$ mol

$n(SO_4^{2-}) = 0.0002515$ mol（电荷守恒规则）

得出：$Cu_{0.001006}(OH)_{0.001509}(SO_4)_{0.0002515}$

化简为最简整数比后得：$Cu_4(OH)_6SO_4$

当滴入 NaOH 溶液的体积在 15~17 mL 时，pH 发生从 6.30~12.25 的突跃，该过程为 $Cu_4(OH)_6SO_4$ 转化为 $Cu(OH)_2$，且这种转化需要较高的 OH^- 浓度。当滴入 20 mL NaOH 溶液时，由 pH 传感器测得的读数分别为 12.25 和 12.28，计算得到 OH^- 浓度约为 0.018 mol/L，说明溶液中还含有较多游离的 OH^-，即 $Cu_4(OH)_6SO_4$ 此时还未完全转化为 $Cu(OH)_2$，由此推出等浓度的 $CuSO_4$ 溶液和 NaOH 溶液按体积比为 1∶2 反应时生成的产物为两者的混合物。

【案例特色】

人们很容易认为 $CuSO_4$ 溶液与 NaOH 溶液混合会生成 $Cu(OH)_2$ 沉淀，根据沉淀的颜色（碱式硫酸铜是绿色，氢氧化铜是蓝色）很难判断出反应的产物，因为硫酸铜溶液随着浓度的变化其蓝色的程度也有所变化，且生成的沉淀的颜色有时是几种沉淀混合在一起的颜色。该案例利用pH传感器跟踪反应体系中的pH变化，由OH^-浓度来推断反应产物的成分，确定了不同变化阶段发生的化学反应，帮助人们揭开了实验现象背后的本质。

2.2.2.2 技术性研究

化学实验的技术性研究是人们对某些化学事物的理性认识转化为可操作性的实验方案的中介环节。研究如何应用化学知识来做实验，具有技术开发的性质，因此它又称作化学实验方案研究或化学实验开发研究。中学化学实验的技术性研究是由认识到实践、由抽象到具体、由一般到特殊的过程，要创造出适宜的人工系统与人工条件，把在认知性过程中舍弃的因素和关系一一恢复，使抽象的、关于本质的认识还原成丰富的、充实的、具体的时空表现形态。

中学化学实验技术性研究的特点主要有以下几个方面：

（1）中学化学实验的技术性研究主要属于技术活动范畴，以手段、途径和行为方式的研究为主要内容，如研究适宜的实验装置和仪器、实验试剂、实验操作、实验结果表现方式等。

（2）中学化学实验的技术性研究有很强的目标指向性。在实验方案实际形成之前，研究者头脑中已经有了研究结果的定向映象。随着研究的不断进行，这种定向映象不断充实、丰富、清晰。

（3）中学化学实验的技术性研究通常是综合性的，不但要求有足够的化学知识技能，还要有丰富的物理和其他学科知识技能，常常要求研究者要懂得如何使用各种常用材料，会进行材料的加工，以及对各种物理因素和物理过程进行控制，要求综合运用心理学、教育学等社会科学成果。

（4）中学化学实验的技术性研究应该充分地考虑到各种可能出现的偶然因素的作用。

（5）中学化学实验的技术性研究的结果具有多样性，不同的研究者常常会产生不同的实验方案，因此存在最优化选择的问题。

案例1：利用pH传感器研究中和反应过程中的突变[1]

【案例概况】

酸碱中和滴定是中学化学中介绍的唯一的滴定分析法，也是为数不多的定量实验之一，学生往往通过指示剂颜色的变化来推断溶液中发生的反应，无法"看到"溶液中离子浓度的变化，很难理解为什么指示剂的变色点不在pH=7处，却可以用来指示反应的化学计量点。北京师范大学的魏锐等根据传感技术实时采集、图形显示的突出特点，利用pH传感器监测在滴定过程中溶液pH的变化，借助计算机直接得到了中和反应曲线，方便、快捷地展示滴定过程中pH的变化。

【研究过程】

按照图2-11组装实验装置，设置采集速率为每秒1次，采集时间选择"持续"。量取10 mL 0.1 mol/L的NaOH溶液于100 mL烧杯中，用蒸馏水稀释并没过pH传感器的玻璃泡，向烧杯中放入磁子并

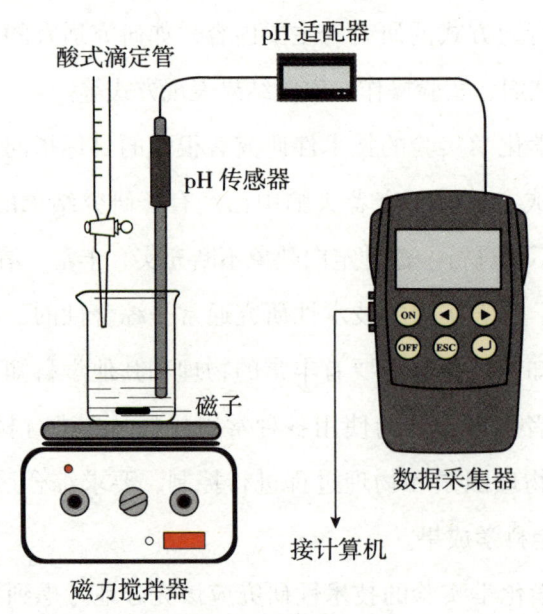

图2-11 实验装置图

---

[1]魏锐，包明等.利用pH传感器研究中和反应过程中的突变[J].化学教育，2007（04）：59-61.

滴加两滴酚酞溶液。启动磁力搅拌器，开始数据采集。待测得的数据稳定后打开酸式滴定管的活塞，向NaOH溶液中匀速滴加0.1 mol/L HCl溶液，注意观察实验现象及混合溶液的pH变化情况。待烧杯中的溶液变成无色、pH不再显著变化时停止数据采集。

研究者做了三类滴定实验，分别为强酸强碱参与的中和反应、弱酸弱碱参与的中和反应、双突变的中和反应。

图2-12为盐酸滴定氢氧化钠溶液的pH变化曲线，通过该曲线，学生可以认识到"突变"是客观存在的，将实验现象和数据曲线相结合，帮助学生理解"突变"与指示剂颜色变化的关系。

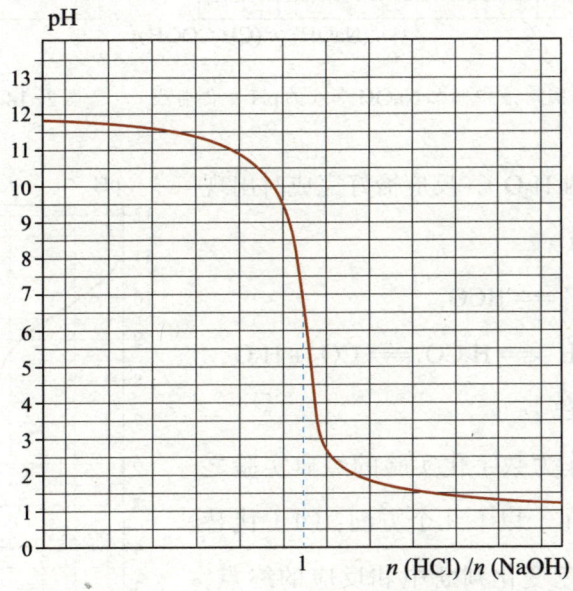

图2-12　向NaOH溶液中滴加盐酸的pH变化曲线

利用同样的方法，可以得到氢氧化钠溶液滴定醋酸的pH变化曲线（如图2-13），该曲线的突变点可以说明，强碱滴定弱酸时溶液的pH在碱性范围突变，应该选用酚酞作为指示剂。还可以得到盐酸滴定氨水的pH变化曲线（如图2-14），该图像说明了强酸滴定弱碱时溶液的pH在酸性范围突变，应选用甲基橙作为指示剂。

向碳酸钠溶液中滴加盐酸的过程，pH呈现双突变的变化趋势（如图2-15），比较产生两次突变所消耗的盐酸的体积（1∶1），可以更好地理解该反应的实质和定量关系：CO_3^{2-}与H^+反应生成HCO_3^-，恰好反应时出现第一个突变点；HCO_3^-进一步与H^+反应生成

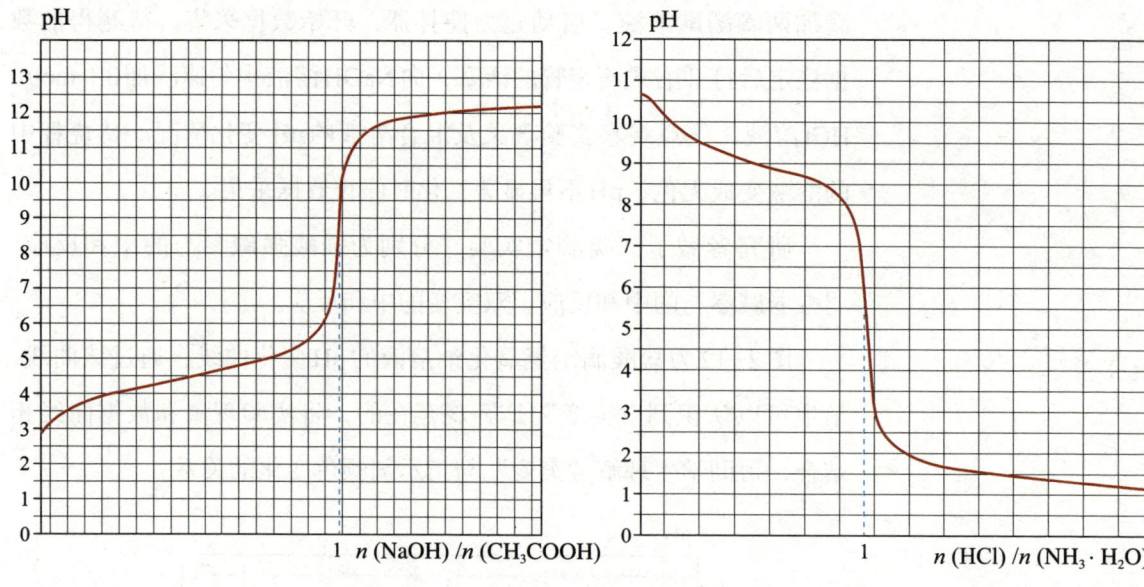

图2-13 向醋酸溶液中滴加NaOH溶液的pH变化曲线

图2-14 向氨水中滴加盐酸的pH变化曲线

H_2CO_3（CO_2和H_2O），反应恰好完成时出现第二个突跃点。

$$CO_3^{2-} + H^+ \rightleftharpoons HCO_3^-$$

$$HCO_3^- + H^+ \rightleftharpoons H_2CO_3 \rightleftharpoons CO_2 + H_2O$$

【案例特色】

该实验作为数字化实验的经典实验之一，其特色在于以下几个方面：（1）代替指示剂的颜色变化判断中和反应的终点，利用pH曲线的变化直观反映滴定过程中离子反应的过程。（2）实验演示效果好，可重复性强。（3）数据采集简单，实验数据真实准确，简化了绘制反应曲线的过程，

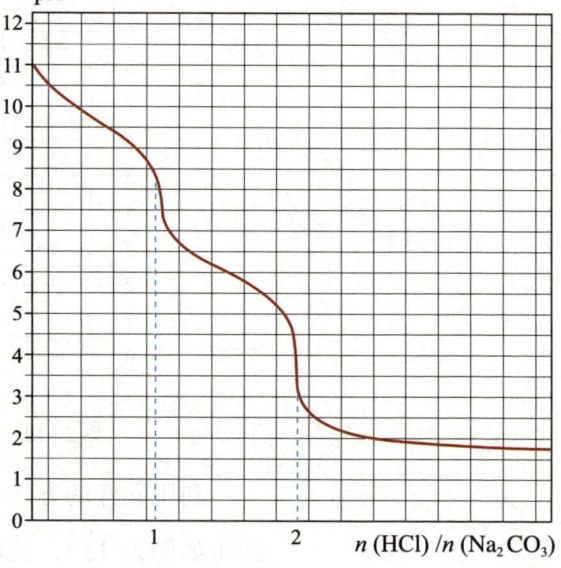

图2-15 向Na_2CO_3溶液中滴加盐酸的pH变化曲线

将学生的注意力转移到数据分析上了。还有部分学者利用电导率传感器测定中和反应过程中的电导率变化，也取得了较好的实验效果，如华南师范大学的李霞等测定用氨水分别滴定盐酸、醋酸、盐酸与醋酸的混合酸的电导率变化，帮助学生理解强、弱电解质[1]。将传

---

[1] 李霞，黄菲菲等.运用手持技术探究酸碱滴定过程中电导率的变化[J].化学教育，2011(06)：55-57.

感器技术引入化学滴定实验中,不仅帮助人们将实验现象"数据化",更让人们见识到了微观世界的神奇变化,这是传统实验所难以达到的。

案例2:用数字化实验演示浓硫酸的吸水性[1]

【案例概况】

用传统的实验来演示浓硫酸的吸水性,主要有"电子天平称重法"和"胆矾晶体变色法"。前者的示数变化不明显,后者实验消耗时间过长,因此华东师范大学附属东昌中学的唐增富老师利用相对湿度传感器进行了对比实验,分别测定了有浓硫酸和没有浓硫酸的密闭容器中空气湿度的变化,证明浓硫酸具有吸水性,可以作为气体干燥剂使用。

【研究过程】

取两只锥形瓶,一只锥形瓶中注入60 mL 98%的浓硫酸,另一只锥形瓶作为空白实验。将湿度传感器通过大小合适的橡胶塞组装成一个相对密闭的容器,连接数据采集器和计算机后,设置每秒采集2个数据,数据采集时间为180 s。开始采集数据后,轻轻摇动装有浓硫酸的锥形瓶,直至出现明显效果或设置的时间用完后结束实验。

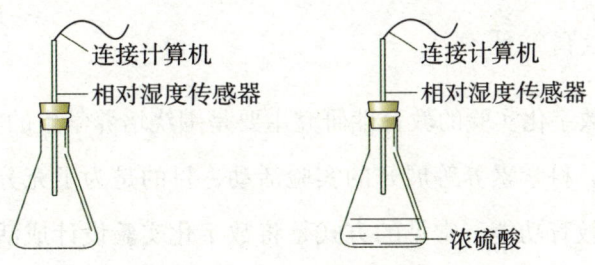

图2-16 有浓硫酸和没有浓硫酸的对比实验

通过图2-17可以直观地看到,没有浓硫酸存在的条件下,空气的湿度基本不变;有浓硫酸存在的条件下,摇动锥形瓶后空气的湿度急剧减小。实验表明,浓硫酸将空气中的大部分水吸收了,从而得出浓硫酸具有吸水性的结论。

---

[1] 唐增富.用数字化实验演示浓硫酸的吸水性[J].化学教育,2011(06):62,71.

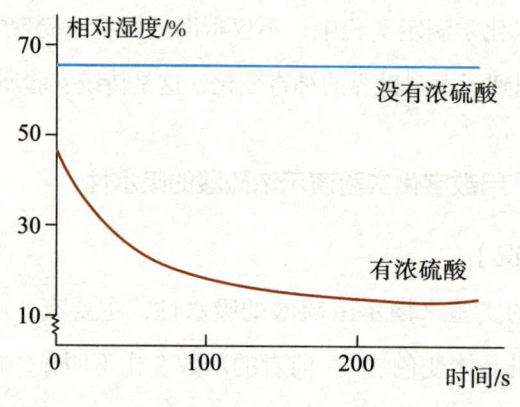

图2-17 有浓硫酸和没有浓硫酸的相对湿度对比

【案例特色】

该实验的装置和过程都十分简便且有效,利用相对湿度传感器将难以演示的浓硫酸吸水性的实验现象,转化为直观、鲜明的实验图像,既解决了"电子天平称重法"的示数变化不明显或者变化值在天平的误差范围内等问题,也克服了"胆矾晶体变色法"的实验时间过长且不直观的弊端,该实验在60 s后即有明显的现象。作为从实验的表现方式上进行的技术性研究,该案例中设计的实验方案较为成熟,教师易于操作,学生易于理解,可应用于课堂教学和探究性学习中。

2.2.2.3 教育性研究

化学数字化实验的教育性研究主要是围绕培养学生的实践能力、创新精神、科学素养等展开的实验活动,目的是为了充分发挥和挖掘实验的教育功能。常见的方式是将数字化实验设计成活动,让学生根据问题提出合理的猜想或假设,再通过数字化实验检验假设,得出结论。此外,对数字化实验教学进行研究、论证数字化实验对学生学习的影响和教学效果、设计和开展数字化实验校本课程等,也属于化学数字化实验教育性研究的范畴。

案例1：基于手持技术环境的化学课堂教学[1]

【案例概况】

我国对化学数字化实验的研究侧重于在化学研究性学习中的应用，对于将手持技术整合于化学常规教学（尤其在新课程背景下）的实践却相对罕见。国外虽然将研究重心放于科学教学领域，但在具体化学学科的应用方面涉及相对较少。基于此，华南师范大学的邓峰和钱扬义等选取了选修模块《化学反应原理》中的"弱电解质的电离"作为教学内容，探讨手持技术对学生理解冰醋酸溶于水的过程的作用，在此基础上提出了适合于常规课堂教学的数字化实验教学模式，包括激趣、引导、猜想、演示、探究和总结六个阶段。

【研究过程】

该研究选择广州市花都区新华中学高二年级某班（共65人）为教学对象，教学前学生已完成对"化学平衡"章节内容的学习，对手持技术有一定的了解。教学流程包括激趣、引导、猜想、演示、探究和总结六个环节，为1课时的教学内容。

（1）激趣阶段。教师以"往冰醋酸中不断加入蒸馏水，若2种物质刚接触时开始计时，则溶液的温度与酸碱性随时间如何变化"的问题为切入点，激发学生的探究兴趣。

（2）引导阶段。教师接着引导学生回忆并运用已有知识，如"溶解热""弱电解质"与"电离平衡"等概念以及"思考与交流"部分内容来理解分析该问题，同时提供"$pH=-\lg c(H^+)$"公式作为附加信息。

（3）猜想阶段。学生结合已有的知识或经验对冰醋酸溶于水后的预期结果进行猜想，然后教师对学生的猜想以板书或口述的形式（视教学时间而定）总结。

（4）演示阶段。教师在汇总各种猜想后，开始演示实验（实验

---

[1] 邓峰，钱扬义等.基于手持技术环境的化学课堂教学例析——冰醋酸电离过程实质的探究[J].化学教育，2009（01）：35-37.

装置如图2-18)。实验装置图被摄像头拍摄及处理后呈现于讲台屏幕的右上方(尽可能使所有学生看到实验装置),所采集的数据自动以列表的形式出现在屏幕的右下方,自动生成的实验图像("pH-时间"曲线与"温度-时间"曲线)呈现于屏幕的中心。教师先往1个500 mL的烧杯中加入少量的冰醋酸,学生读取未往烧杯中滴加蒸馏水时冰醋酸的pH与温度。待实验读数稳定后,教师缓缓地往烧杯中注入蒸馏水,同时引导学生注意观察实验数据以及两条实验曲线的形状(如图2-19),待所测定的pH与温度读数保持不变时,停止实验。

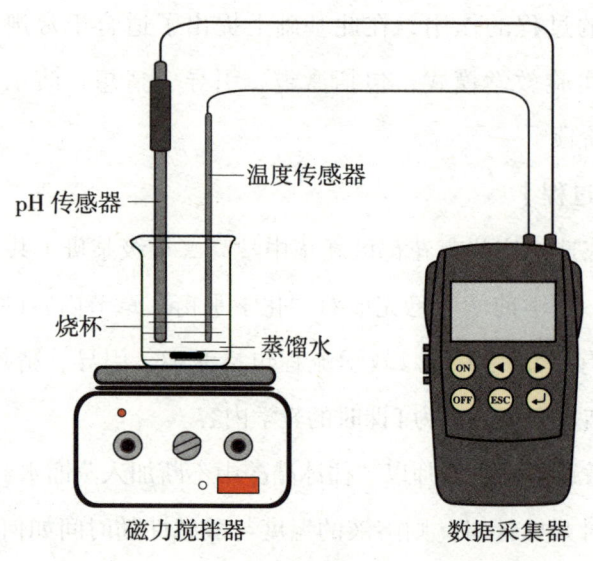

图2-18 冰醋酸稀释过程的实验装置图

(5)探索阶段。教师及时引导学生观察曲线的形状或数据的变化趋势,即随着蒸馏水的不断注入,醋酸溶液的pH和温度的变化情况。给出约5 min时间让学生自由探索与分析曲线的形状出现的原因,同时检验自己原有的猜想与实验事实是否相符,并思考原有错误猜想的可能原因。

(6)总结阶段。教师请两名学生代表(随机抽取)发言,分别解释两条曲线的变化趋势。学生甲从分子扩散吸热、水合放热的角度解释了冰醋酸的电离过程为吸热反应。学生乙将冰醋酸溶于水后不断电离出离子、溶液的体积变化两者相比较,根据$pH = -\lg c(H^+)$,判断出开始时溶液的pH会不断减小,后期pH不断增大。教师对两

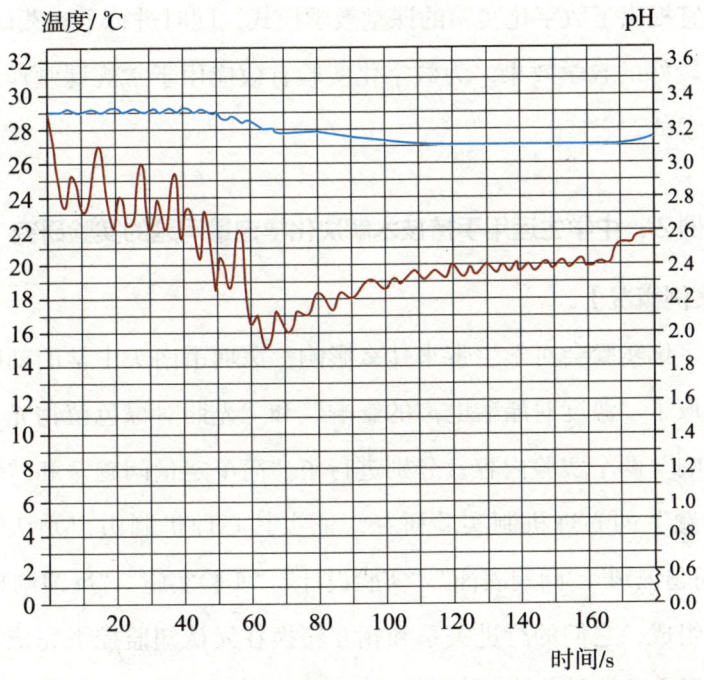

图2-19　冰醋酸稀释过程中溶液温度与pH随时间的变化曲线

位学生的回答作肯定评价,并补充"加水稀释有利于弱电解质电离"结论。

通过课堂观察和课后的学生访谈,研究者对学生上述每个阶段的学习情况进行了具体的记录与分析,发现手持技术环境下的"演示实验"能有效提高学生的观察效率与质量,较好地实现了化学新课程倡导的"重视培养学生观察能力"的理念。手持技术在化学课堂上扮演了传统实验仪器(即探究工具)的角色,其方便快捷采集数据的功能不仅节省了实验时间,更有助于学生在这部分时间内更多地参与到思考、分析、讨论与反思等更高级认知水平的学习活动中。

【案例特色】

化学实验教学系统是个复杂的教师—学生—实验系统。化学数字化实验是在真实的化学实验的基础上运用了传感器技术进行实验数据采集,所以对化学数字化实验的教学研究,仍然需要着眼于教师、学生、实验这三者的关系。该案例充分挖掘了数字化实验的特色如实验装置方便投影、实验数据采集迅速、学生观察现象明显等,因地制宜提出了数字化实验的课堂教学模式，同时进行了实践研究，取得了较好的教学效果，为数字化实验有效应用于常规课堂作出了有益的尝试。

案例2：中学生运用手持技术解决化学定量问题的实验研究[1, 2]

【案例概况】

数字化实验会对学生带来什么影响？深圳市南头中学的刘晓华老师选取了"温度对醋酸电离的影响"和"光照对绿色植物光合作用的影响"两个实验内容，分别进行了"简单定量问题"和"综合定量问题"的心理机制实验研究，证实其心理机制由"元认知监控""问题识别""问题表征""实验设计""实验实施""反馈调整"6个部分组成，它们的行进关系和相互转换在元认知监控下完成。研究者根据实验结果总结了影响中学生应用手持技术解决问题的因素，并提出了手持技术对培养化学问题解决能力的相关教学建议。

【研究过程】

（1）中学生解决"简单定量问题"心理机制的实验研究

主试者给被试者实验指导：实验要求学生运用所给的材料探究温度对于醋酸电离的影响。给出的仪器和药品有：醋酸溶液、酒精灯、锥形瓶、三角架、数据采集器、pH探头等，请学生用实验的方法找出温度对醋酸电离的影响。

被试者独立地运用所给材料进行实验设计和操作，同时进行口头报告，由佩戴在被试者身上的录音笔记录。实验结束后对被试者进行适当的访谈，并录音记录。

主试者将录音资料输入电脑，并转换成wma格式文件，用媒体播放软件播放，同时记录得到口头报告的文本，然后根据编码方案（表2-7）进行编码。

主试者对照编码再次听录音，用秒表记录每种行为类型的时间，

---

[1] 刘晓华.中学生运用手持技术解决化学定量问题的实验研究（上）[J].化学教育, 2006(05): 51-53.

[2] 刘晓华.中学生运用手持技术解决化学定量问题的实验研究（下）[J].化学教育, 2006(06): 52-53, 57.

记录并计算所占总时间的百分比（如表2-8）。

表2-7 编码方案

行为类型	具体内容
元认知监控	控制、自我指导、评价、提问
问题识别	识别问题内容、范围，判断是否是定量问题，是否可以运用手持技术
问题表征	问题的转换，需要采集何种数据等
实验设计	仪器和探头的选用，连接的方式，设置采集频率等
实验实施	操作调节仪器，观察控制实验过程
反馈调整	数据分析，结果校验

表2-8 简单定量实验的结果

被试	S1	S2	S3	S4	S5	S6	S7	S8	S9
完成时间	555 s	880 s	783 s	755 s	1 221 s	2 040 s	2 060 s	724 s	1 139 s
识别时间	9 s	15 s	10 s	12 s	17 s	10 s	30 s	12 s	20 s
	1.62%	1.7%	1.3%	1.6%	1.4%	0.5%	1.5%	1.7%	1.8%
表征时间	9 s	26 s	/	82 s	/	/	52 s	24 s	43 s
	1.62%	2.95%	/	10.9%	/	/	2.52%	3.3%	3.8%
设计时间	109 s	90 s	134 s	53 s	289 s	357 s	462 s	154 s	168 s
	19.6%	10.2%	17.1%	7.0%	23.7%	17.5%	22.4%	21.3%	14.7%
实施时间	400 s	658 s	599 s	503 s	889 s	1 435 s	1 201 s	493 s	731 s
	72.0%	74.8%	76.5%	66.6%	72.8%	70.3%	58.3%	68.1%	64.2%
反馈调整时间	5 s	9 s	6 s	13 s	9 s	109 s	234 s	10 s	52 s
	0.9%	1.0%	0.8%	1.7%	0.8%	5.3%	11.4%	1.4%	4.6%
完成结果	正确	正确	正确	正确	正确	正确	正确	正确	正确

实验证明，中学生运用手持技术解决定量化学问题的心理机制与理论构想一致，包括元认知监控、问题识别、问题表征、实验设计、实验实施、反馈调节等成分，它们之间的行进关系和相互转换在元认知监控下完成。但具体操作的环节和顺序因人而异。

（2）中学生解决"综合定量问题"心理机制的实验研究

主试者给被试者实验指导：叶绿素在光的作用下除了产生碳水化合物外，同时产生氧气。金鱼藻是一种生命力很强的绿色水底植物，它产生的氧气在水里以溶解氧的形式存在，可以通过溶解氧探头测量。现在提供了烧杯、金鱼藻若干、铁架台、磁力搅拌器、可调式台灯、光探头、溶解氧探头、数据采集器,请你自己动手探究光强度因素与金鱼藻光合作用之间的关系。

接下来的三个步骤与上述(1)中一致,被试者进行实验设计和操作、主试者将录音资料输入计算机以及再次听录音记录,得到的结果如表2-9。

表2-9 综合定量实验的结果

被试	S1	S2	S3	S4	S5	S6	S7	S8	S9
完成时间	993 s	331 s	928 s	2 424 s	1 932 s	3 567 s	2 477 s	1 351 s	2 233 s
识别时间	24 s	52 s	25 s	35 s	20 s	53 s	120 s	25 s	40 s
	2.4 s	1.6%	2.7%	1.4%	1.0%	1.5%	4.8%	1.9%	1.8%
表征时间	42 s	105 s	30 s	153 s	67 s	117 s	287 s	38 s	136 s
	4.2%	3.2%	3.2%	6.3%	3.5%	3.2%	11.6%	2.8%	6.1%
设计时间	294 s	375 s	257 s	385 s	182 s	581 s	693 s	323 s	378 s
	29.6%	11.3%	27.7%	15.9%	9.4%	16.3%	28.0%	24.0%	16.9%
实施时间	615 s	2 132 s	587 s	1 423 s	1 485 s	2 368 s	894 s	897 s	1 403 s
	61.9%	64.3%	63.3%	58.7%	76.8%	66.3%	36%	66.4%	62.8%
反馈调整时间	12 s	315 s	15 s	278 s	20 s	139 s	313 s	20 s	169 s
	1.2%	9.6%	1.6%	11.5%	1.0%	3.4%	12.6%	1.5%	7.6%
完成结果	正确	错误	正确	错误	错误	错误	正确	正确	错误

实验证明中学生运用手持技术解决定量化学问题的心理机制包括上述6个部分,结合(1)中的研究结果不难发现,"简单定量问题解决"与"综合定量问题解决"各阶段时间比大体相同(如图2-20),其中反馈调整的时间在整个过程中与表征时间差不多。这是由于手持技术本身具有实时、多种模式表达、调控方便、使用简单等优点,使操作者大大减少了数据转换得出结论的时间,因而也大大减少了做出调整行为的时间。

最后,研究者提出以下建议:手持技术非常适合于定量问题及多变量关系的研究,所以在教学中遇到这种类型的问题,可以让学生利用这一手段解决问题,从而建立起这类问题解决的原型,提高学生解决定量问题和综合问题的能力。手持技术的操作并不复杂,但确有一些使用技巧,提示、培养学生掌握这些技巧将会非常有助于问题的解决。

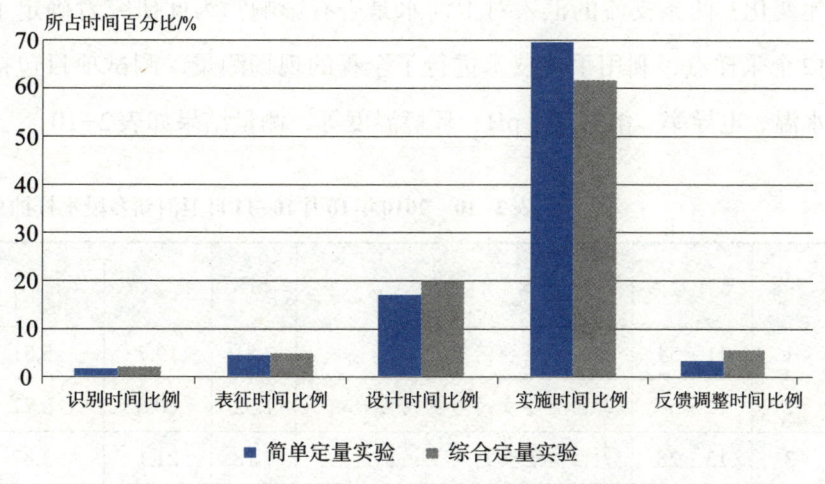

图2-20　各环节所占时间比例的平均值对比图

【案例特色】

数字化实验的数据采集和呈现方式使其对"化学定量问题"的解决有着得天独厚的优势。研究中学生在使用手持技术进行问题解决时的心理机制,有利于教师更好地了解学生的学习过程、学习方式。该案例中,研究者根据已有的理论和实践经验提出了中学生运用手持技术解决化学定量问题的心理机制,并对其进行验证。这是对数字化实验如何发挥其教育功能的一项实证性研究。

案例3:利用手持技术开发地方校本课程资源[1]

【案例概况】

新课程改革的具体目标和任务中提到:实行国家、地方、学校三级课程管理,学校在保证实施国家课程和地方课程的基础上,可开发或选用适合本校特点的课程。河南师范大学的任改兰和靳建华利用手持技术对河南省新乡段卫河水的酸碱度、电导率、溶解氧、水温等进行现场测试调查,开发了一个地方校本课程资源的案例。

---

[1]任改兰,靳建华.利用手持技术开发地方校本课程资源——河南省新乡段卫河水质调查[J].化学教育,2012(04):57-58.

【研究过程】

经过新乡市区的卫河水质究竟怎样？从市区入口到市区出口有无变化？两条支流的汇入对卫河水是否有影响？为此研究者确定了12个采样点，利用手持技术进行了全程的现场测量，测试项目包括水温、电导率、溶解氧、pH、环境温度等，测量结果如表2-10。

表2-10　2010年10月10~11日卫河新乡段水样抽查

序号	采样时间	采样点	pH	水温/℃	溶解氧/($mg·L^{-1}$)	电导率/($μS·cm^{-1}$)	环境温度/℃
1	11:54	①新乡县合河镇入口	7.81	19.7	5.51	498	22.5
2	12:58	②西孟姜女河与卫河汇合前	7.52	20.6	6.72	549	23.7
3	13:28	③西孟姜女河与卫河汇合后	7.18	21.1	3.87	722	24.3
4	13:45	④解放桥	7.03	20.9	4.93	661	25.4
5	14:03	⑤胜利桥	7.09	21.1	5.31	616	25.9
6	15:22	⑥人民胜利渠与卫河汇合前	7.10	20.0	5.56	739	25.0
7	15:46	⑦人民胜利渠与卫河汇合后	6.85	19.4	4.27	745	24.8
8	8:38	⑧牧野湖北离桥200米	7.36	18.5	7.93	717	19.2
9	9:03	⑨牧野湖北离桥100米	7.13	18.6	8.08	874	21.0
10	10:47	⑩牧野桥东北200米	7.46	18.8	4.52	913	21.5
11	11:16	⑪建设桥下	7.45	19.5	5.22	1 106	21.8
12	11:37	⑫河师大桥北200米	7.29	19.5	3.96	1 162	22.1

由表格中的数据可以看出，入口的pH、溶解氧、电导率依次为7.81、5.51 mg/L、498 μS/cm；而出口时则分别为7.29、3.96 mg/L、1 462 μS/cm，电导率增大，说明水中的离子浓度或含盐量增加了，说明水质经过市区后变差了。同样对比西孟姜女河和人民胜利渠的汇入情况，发现都存在pH下降、溶解氧降低，而电导率升高的趋势，说明两条支流的汇入对卫河水还是有影响的。

比较水温和环境温度，发现水温总是低于环境温度，这是由于水的比热容大于空气的比热容，吸收相同热量时水的温度上升得慢，冷却时水的温度下降得也较慢。正因为如此，水有利于调节气候，改善生态环境。

【案例特色】

数字化实验具有便携、实时、直观等优点，作为室外的校本课程，这种手持技术可以很好地发挥其工具支持作用。该案例以学生身边的河流为研究对象，与学生的生活联系紧密，帮助学生树立爱护环境、与自然和谐相处的意识。同时综合运用了温度、电导率、溶解氧、pH传感器，展示了手持技术与中学课程的有效整合，是中学综合实践活动的良好教材。

深圳市新安中学的高妙添老师也运用手持技术开展了研究性学习活动[1]，经历了准备、实施、总结3个阶段，其中，实施阶段包括引导型和自主型两轮递进式研究性学习。从学生的反思日记和教师的采访中发现，该研究活动受到了师生的一致认同，课题取得了较佳的效果。

综上所述，国内数字化实验的研究从方法维度上看，采用偏理论和思辨方法的研究，其精华是关于数字化实验的概念和应用及数字化实验与化学教学相结合的视野开阔、观点明确的研究。从内容维度上看，笔者主要关注了与实验有关的研究，这些研究主要涉及教学应用研究、传统实验改进、创新实验设计、学科问题辨析和学生影响研究等。其中，学科问题辨析具有我国特色，关注度高，对教师发展和学生能力培养作用大，仍有较大的研究空间。传统实验改进和创新实验设计是数字化实验研究持续产生成果的领域，其研究成果会进一步推动数字化实验的发展。对学生影响的研究相对较为薄弱，这与我国科学教育的研究传统和数字化实验普及面较小有关，是未来数字化实验研究应该重视的领域。

从科学研究的规律上说，继承和借鉴是创新的前提，有价值的研究往往是建立在对已有相关研究透彻和全面的了解之上的。无论是大规模的教育研究，还是化学实验改进这样的小研究，都需要先查阅文献，看看别人已经做了哪些，有了哪些成果或结论，还有哪些问题需要研究而没有研究，从而确定自己的研究起点和重点。本

---

[1] 高妙添. 运用"手持技术"在校本课程中实施研究性学习——新安中学数字化学习活动的组织与实施[J]. 化学教育，2009(08): 25-27.

章对国内外数字化实验研究维度和范式的梳理与分析也是希望为后来的化学数字化实验研究提供一些参考与借鉴。

　　我国数字化实验和研究虽然比西方起步晚，但我国教师人数众多，开展教学研究的内驱力和主动性远远大于西方。如果我们很好地借鉴西方的研究思路和方法，充分利用我国得天独厚的实证研究条件和已有研究成果，精心设计研究过程，充分关注研究的理论支撑，让数据说话，让证据说话，我国的数字化实验研究一定会取得令世界瞩目的成果。

第 3 章 化学数字化实验教学应用意义与价值

3.1 化学数字化实验教学应用能促进学生发展

3.1.1 化学数字化实验教学应用有利于培养学生的跨学科素养

教育是一种培养人的社会活动。教育是民族振兴和社会进步的基石。我国现阶段的教育方针是"坚持教育为社会主义现代化建设服务、为人民服务，把立德树人作为教育的根本任务，培养德智体美劳全面发展的社会主义建设者和接班人。"

本世纪初，联合国教科文组织提出：人的发展是一个扩大向个人提供可能性的过程。对于人来说，有三个可能性是主要的，那就是健康长寿、获取知识和拥有体面地生活所需的资源。发展的目的在于使人日臻完善；使他的人格丰富多彩，表达方式复杂多样；使他作为一个人，作为一个家庭和社会的成员，作为一个公民和生产者、技术发明者和有创造性的理想家，来承担各种不同的责任[1]。人在发展中需要进行几种学习：学会认知（知识），即获取理解的手段；学会做事（技能），以便能够对自己所处的环境产生影响；学会共同生活，以便与他人一道参加人的所有活动并在这些活动中进行合作；最后是学会生存，这是前三种学习成果的主要表现形式[2]。

在人的发展中，一方面需要有获得知识、掌握研究与表达思想的工具；另一方面还需要具备这样的一些能力：观察、试验和对经验与知识进行分类的能力；在讨论过程中表达自己和听取别人意见

---

[1]联合国教科文组织总部中文科译.教育——财富蕴藏其中[M].北京：教育科学出版社，2012：67.

[2]联合国教科文组织总部中文科译.教育——财富蕴藏其中[M].北京：教育科学出版社，2012：75-76.

的能力；从事系统怀疑的能力；把科学精神和诗情意境两相结合以探索世界的能力[1]。

近年来，随着世界教育改革浪潮的推进，世界各国（地区）与国际组织对教育目标的研究不断深化，相继提出了学生核心素养模型，以此描述适应现代社会的人的必备品格和关键能力，推进教育目标的贯彻与落实。其标志事件之一是1997年12月，经济合作与发展组织（Organization for Economic Cooperation and Development，简称OECD或经合组织）启动了"素养的界定与遴选：理论和概念基础"项目（Definition and Selection of Competencies：Theoretical and Conceptual Foundations，简称DeSeCo）。

"素养的界定与遴选"项目的整个研究思路就是首先确立核心素养的功能是实现个体成功的生活和健全的社会，基于此分析社会的愿景和个人的生活需求，在此基础上研制核心素养的理论要素，集合多方观点进行分类，最后形成一个具有三大类别、九项素养、彼此相互关联的核心素养体系，最终形成核心素养的概念参照框架图（见图3-1）[2]。

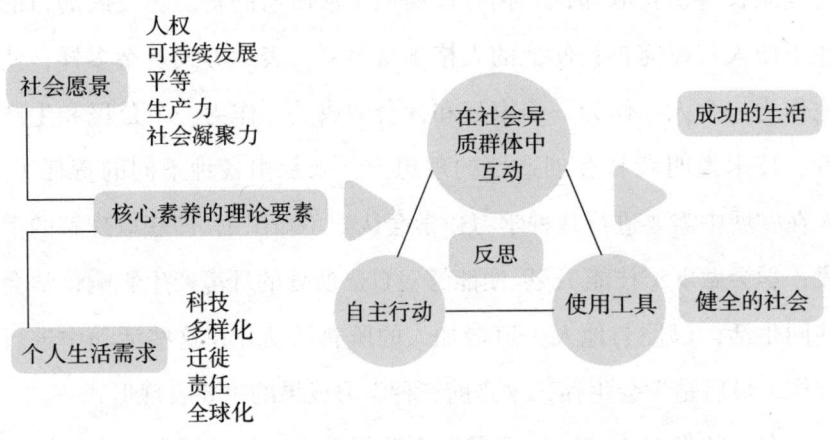

图3-1 OECD提出的核心素养概念参照框架

在此框架下，学生应该形成的核心素养被概括为三大方向：互动地使用工具、自主行动和在社会异质团体中互动，经合组织将这

---

[1] 联合国教科文组织国际教育发展委员会编著.学会生存：教育世界的今天和明天[M].北京：教育科学出版社，2009：194.

[2] 辛涛，姜宇，刘霞.我国义务教育阶段学生核心素养模型的构建[J].北京师范大学学报(社会科学版)：2013(01)：5-11.

三方面概括为人与工具、人与自己、人与社会，其具体内涵与欧盟提出的"八个核心素养"、联合国教科文组织提出的"五个学会"具有很强的一致性，它们的关系如下表所示：

表3-1 经合组织、欧盟、联合国教科文组织核心素养的内涵和比较

	人与工具	人与自己	人与社会
经合组织	互动地使用语言、符号和文本；互动地使用知识和信息；互动地使用（新）技术。	与他人建立良好的关系；团队合作；管理与解决冲突。	在复杂的大环境中行动；形成并执行个人计划或生活规划；保护及维护权利、利益、限制与需求。
欧盟	使用母语交流；使用外语交流；数学素养与基本的科学素养；数字素养。	主动意识与创业精神；学会学习。	社会与公民素养；文化意识与表达。
联合国教科文组织	学会求知。	学会发展；学会改变。	学会做事；学会共处。

经合组织的"素养界定"项目对于世界各国建立核心素养模型影响深远。随后，各个国家和地区都试图在本国、本地区的教育领域中建立核心素养结构，以此来指导本国的教育实践，细化教育目标。

核心素养是适应个人终生发展和社会发展所需的必备品格与关键能力，或者说是所有学生应具有的最关键、最必要的核心知识、能力和价值观。核心素养具有综合性、阶段性和持久性。核心素养既有学科内涵，如数学与科学素养，很多时候又是跨学科的，如数字（信息）素养、互动地使用知识与信息、创业精神等。其中，跨学科素养是传统教学中培养难度较大的，而数字化实验则在培养学生跨学科素养方面有独特的优势。

数字化实验在培养学生的跨学科素养上的优势主要有三个方面。

首先，数字化实验本身具有跨学科性质。数字化实验是化学实验与信息技术结合的产物，它利用传感器、数据采集器、计算机开展化学实验，研究化学学科问题和生产及生活中的化学现象，本身就具有相对软化的学科边界，需要学生综合运用化学、物理、计算

机等多方面知识。在选题、设计研究方案、实施研究过程、做出价值判断等过程中,学生的跨学科素养可以得到有效培养。

其次,数字化实验中关键器件传感器等的工作原理已经广泛应用于各项社会活动中。随着微电子技术的发展,曾经应用于高科技领域的传感器在我们的日常生活中已十分常见,如超市内电子称重器中用到压力传感器,健身房内用到加速度、温度、湿度、二氧化碳等传感器,测量室内甲醛含量的仪器,测量水生植物耗氧量和pH等的仪器,手机和平板电脑里内置的各类重力、GPRS、光线强度的仪器等,大量使用着各种传感器及其原理。近期备受瞩目的智能汽车、智能手表和3D眼镜等,都在进一步扩展传感器技术的应用。人们正在研究的一种智慧路灯,它结合了多种传感器,试图通过监控摄像头、交通流量的数据采集器等实时监测交通情况,通过手机等终端发布给驾驶员,从而实现智慧交通。

第三,许多生活中的问题和现象适合用数字化实验开展研究。数字化实验为人们能更方便地研究社会、生活问题提供了一种更为科学可靠的手段。如利用数字化实验探究取暖用品"暖宝宝"的主要成分和原理;研究人们日常生活用水的水质问题,包括水的酸碱度、电导率、溶解氧等,以科学数据来检视水资源的污染程度,并呼吁全社会保护水资源及环境;探究公交车内二氧化碳含量对乘客健康的影响,为市民出行选择各种公共交通工具提出建议;利用光传感器探究教室光照强度及灯管的使用对学生视力的影响;利用噪音传感器测定不同噪音源的频率;等等。

比如,某学生小组利用数字化实验研究"人呼出气体中CO_2的含量",首先做了随机调查:请大学生和研究生回答"人呼出气体中CO_2的含量(体积百分比含量,下同)是多少",并用录像保存,发现回答CO_2的含量为5%、20%、50%、80%、90%的都有。然后,研究者向一个塑料袋中呼气,再用二氧化碳传感器测量呼出气体中CO_2的含量,发现计算机上呈现的数据慢慢增大,最后稳定在3.5%。接下来,研究者数次吸入塑料袋中的气体,再呼到塑料袋中,然后再测量CO_2的含量,发现其稳定在7.1%,这说明密闭或通风不好的环

境中 CO_2 的含量会升高，因此建议不要在人多、通风不好的场所长时间停留；同时也说明人呼出的气体中还含有一定量的氧气，所以，需要急救时，可以进行口对口的人工呼吸。下一步，这个小组带着二氧化碳传感器、数据采集器和计算机上了地铁、进到地下商场，实地测量了这些场所的 CO_2 含量，发现人多人少、列车开门时和关门后，CO_2 含量都在变化，但最高值都在 0.16% 以下。西方国家一般规定室内 CO_2 含量不能高于 0.1%，我国有学者建议做三级规定：一级的 CO_2 的含量为 0.06%，二级的为 0.1%，三级的为 0.16%（24 小时平均值）。我国目前采用的国家标准室内 CO_2 含量为 0.1%（24 小时平均值），而空气中二氧化碳的含量是 0.03%。

从以上这个数字化实验活动中我们可以看到，数字化实验的便捷性、实时性、准确性提供了跨学科素养培养的物质性基础。活动中学生综合素养得到提高，他们知道了许多人对呼出气体中 CO_2 气体含量的误解，也知道了正确值是多少，还间接理解了人工呼吸原理，理解了健康生活需要远离二氧化碳含量过高的人多及通风不好的场所，甚至考虑到室内空气含量的国家标准。显然，这里涉及到社会意识、价值判断、知识运用等跨学科素养的形成。

我国《国家中长期教育改革和发展规划纲要（2010—2020年）》中指出：要深化课程与教学方法改革，全面提高学生综合素质；积极开展研究性学习、社区服务和社会实践；充分发挥现代信息技术作用；激发学生的好奇心，培养学生的兴趣爱好，营造独立思考、自由探索、勇于创新的良好环境。开展数字化实验对落实上述要求是十分有利的。

3.1.2 化学数字化实验教学应用有利于培养学生的化学学科素养

教育目标的达成，是通过各门学科教学和学校所有的活动实现的。化学课程承担着培养学生化学学科素养的任务。化学学科素养是学生核心素养的构成要素，主要由化学认知、化学能力和化学价值观构成。

数字化实验可以帮助学生发展化学认知。化学认知的发展包含化学知识积累和认识方式的丰富。我国目前的课程标准对学生的化学认知发展提出了一定的要求，例如，理解基本的化学概念和原理，认识化学现象的本质，理解化学变化的基本规律；获得有关化学实验的基础知识和基本技能，学习实验研究的方法，能设计并完成一些化学实验；等等。

已有的实践研究表明，数字化实验在深化学生认知方面发挥了重要作用。

数字化实验有强大的感知功能。各种传感器比人的感知更敏感、更广泛、更准确。比如pH传感器可以在溶液浑浊或有沉淀、有颜色时测定体系的pH，氧气传感器可以测出蜡烛熄灭时体系中的氧气含量，等等，这些使得学生对物质的性质和变化的了解更全面、更深入。

数字化实验有强大的现代化信息处理及存储功能。数据采集时间间隔短，数据可自行记录及处理，图像绘制可自动生成，所有数据资料都能及时存储，这些使得学生能更直接地观测到实验进程和实验曲线，从而更好地理解化学概念和基本原理。通过对定量数据的分析、讨论，能更清晰地厘清化学反应的实质，促进学生认知的深化。

数字化实验蕴含着信息转换思维。传感器是根据一定的物理、化学原理制成的一系列物理、化学量的感应器具，它把外界环境中的某些物理、化学量的变化以电信号的方式输出，再经数据模拟装置转化成数据或图表的形式在数据收集器上显示并储存起来[1]。数字化实验的这种特殊的信号、数据之间的转换功能，可以较大程度地延伸学习者思维的深度和广度，可以丰富和拓展学生的认知水平。

数字化实验是传统实验与信息化技术的有机结合。数字化实验不是虚拟的，传感器测得的是真实物质变化过程中的各种物理量，变化过程中的各种意外、反常都可以出现，体现了化学研究的真实性。各种物理量感知和处理的方法又是信息化的，利用计算机高效

---

[1] 钱扬义，杜永锋，李佳，肖常磊.掌上实验室（Lab in Hand）的特点及其功能[J].电化教育研究，2003(10)：60.

快捷地处理数据，给出图像，对数据或图像做统计、拟合、求导等各种处理，体现了现代化学研究的范式。学生在应用数字化实验的过程中，可以感受到化学实验科学的本质，也体验到现代的化学研究方法和思维。

数字化实验使用便捷高效。因为用计算机处理信息，大大提高了获得图像、数据或其他实验结果的速度，提高了实验效率。传感器和数据采集器还可以方便地在户外使用，方便学生研究生活中的化学现象。便捷和高效的特点可以提高学生学习化学的兴趣，感受化学世界的奇妙与和谐，关注与现代社会有关的化学问题，增强对自然和社会的责任感。

以"酸碱中和滴定"实验为例，可以看到数字化实验对学生概念学习的促进作用。这一实验既是学生化学学习中的一个典型实验，也是一个重要概念。由于这一概念内涵丰富（涉及中和反应、滴定原理、滴定曲线、滴定突跃、酸碱指示剂及其变色范围、化学计量点、滴定终点等概念），学生学习起来相对抽象，传统实验手段的教学效果不佳。有研究者发现使用数字化实验开展这一内容的教学，可使教学效果得到较大改善，更有利于学生理解反应的实质。研究结果显示，使用数字化实验仪器进行学习的实验组学生在概念的认知发展上明显高于使用传统仪器学习的对照组学生。实验组学生对概念的理解和表述更清晰、具体和准确，如实验组比对照组学生能更好地理解选择指示剂时，变色范围、突跃范围等概念之间的内在关联[1]。

数字化实验特有的便携功能，可以充分支持在户外的探究学习。有些真实情境中的实验调查，学生利用传统实验无法完成，但借助现代化的仪器设备则可顺利的实现。如借助高精确度的数字化实验对河水酸碱度、电导率、溶解氧、水温等进行现场测试调查，并得出水质检测的报告。借助数字化这一技术手段，学生可以走进大自然或社会进行考察，他们可以用获得的数据接触到更微观的世界，

---

[1] 王祖浩，孙丹儿，李法瑞，占小红.基于手持技术的高中生化学概念学习认知研究[J].中国电化教育，2010(6)：82.

根据信号的强弱程度和瞬间变化探索事物表象后面的本质规律，同时像科学家一样研究，结合不同区域的检测分析报告进行对比、汇总，得出科学的结论。这有助于学生养成一丝不苟、不断探索、理性分析问题、务实求真的科学态度和科学品质。在此过程中，需要学生之间建立相互合作、资源共享、交流讨论的团队精神，树立学生的环境保护意识及与自然和谐相处的意识，培养学生的社会可持续发展的意识。借助数字化实验，可以培养中学生用化学的眼光认识和解决日常生活中的现象和问题，有助于他们开阔视野，用科学的方法发现并思考生活中的问题。

　　化学科学探究能力，是指学生在化学学习中运用实验来探究化学物质及其变化本质与规律的一种能力[1]。由于数字化实验仪器具有携带方便、精密度高、研究量化等的优越性，故很适合应用于学生的探究活动中。如学生在开展"测定自来水中溶解氧"这一探究活动时，数字化实验为活动的开展提供了技术支持[2]。学生可以借助现代化的仪器设备定量地开展实验，利用信息技术进行自主探究。通过查阅资料、制定实验计划、观察、评估、适时调整实验等，灵活地运用各种方案来进行有效探究。在探究过程中，有时需要对不同变量数据之间的相关或因果关系作进一步的探讨，需要学生对变量的关系进行假设并设计相应的实验来验证，这一过程可以较大程度地训练学生发现与提出问题的能力、猜想与假设的能力、实验设计与调控的能力、观察与动手操作的能力、收集与处理数据的能力、归纳与解释的能力、讨论和表达与交流的能力等。在进行科学探究的过程中，学生也获得了科学的研究方法，初步学会了获取信息和加工信息的基本方法，获得了综合应用学科知识解决问题的技能，个性和特长也得到了发展。

　　[1]化学课程标准研制组.化学课程标准(实验)解读[M].武汉:湖北教育出版社,2004:212-213.
　　[2]邓峰、钱扬义.利用手持技术对学生学习溶解氧认知过程初探——信息技术在研究性学习中的应用[J].化学教育,2006(6):32-34.

3.2 化学数字化实验教学应用能促进教师发展

3.2.1 化学数字化实验教学应用有利于深化教师的学科认知

百年大计,教育为本。教育大计,教师为本。教师的专业发展是国内外都非常重视的课题。习近平总书记在2014年教师节的讲话中指出:今天的学生就是未来实现中华民族伟大复兴中国梦的主力军,广大教师就是打造这支中华民族"梦之队"的筑梦人。一个人遇到好老师是人生的幸运,一个学校拥有好老师是学校的光荣,一个民族源源不断涌现出一批又一批好老师则是民族的希望。做好老师,有四要:要有理想信念、要有道德情操、要有扎实学识、要有仁爱之心。

在谈到好教师要有扎实学识时,习近平指出:扎实的知识功底、过硬的教学能力、勤勉的教学态度、科学的教学方法是老师的基本素质,其中知识是根本基础。学生往往可以原谅老师严厉刻板,但不能原谅老师学识浅薄。"水之积也不厚,则其负大舟也无力。"知识储备不足、视野不够,教学中必然捉襟见肘,更谈不上游刃有余。

国际上对教师专业发展研究影响很大的舒尔曼(Shulman)指出:教师应该掌握如下七类知识:学科知识,一般教学法知识,课程知识,学科教学知识,学生及其发展特点知识,教育背景的知识,有关教育宗旨、目的、价值及其哲学和历史背景的知识。学科教学知识要求教师兼备学科知识和教学法知识[1]。

教师的学科知识和对待学科知识的态度是教师专业素养中最重要的部分之一。

---

[1] Shulman, L.. Knowledge and Teaching : Foundations of the New Reform [J]. Harvard Educational Review, 1987, 57(1): 1-22.

数字化实验帮助教师深化对化学学科知识的理解和掌握。数字化实验拓展了化学教师认识化学现象和规律的视野，丰富了化学研究的方法和手段，使得教师们能研究和发现过去囿于中学实验条件的限制而产生的误解，从而深化对化学学科知识的理解。

这样的例子有许多。如，以前许多老师认为，向石灰水中通入二氧化碳，溶液的电导率的变化为V形，即先变小再变大，理由是反应前后溶液中导电离子的量和所带电荷数是一样的。但用电导率传感器测定上述过程的数据和曲线都证明，电导率的变化并非V形。原因是OH^-和HCO_3^-虽然都是负一价离子，但由于结构不同，它们的导电能力是不相同的。再如，有些学生认为，在密闭体系中燃烧的蜡烛或红磷等熄灭时氧气就被消耗完了，也有一些老师这样认为。杨飞等用氧气传感器测试发现，当蜡烛熄灭时，体系中还有15.96%的氧气[1]。章永军用氧气传感器测量红磷燃烧后的气体发现，其中还有6.2%的氧气，而且，红磷燃烧后氧气的剩余量还与红磷所放的位置有关，但即使是放在最好的位置上，红磷熄灭时，氧气也还有3.4%，并不是被完全消耗的[2]。再如，盐类水解是吸热的，所以温度越高，水解程度越大。在传统中学化学实验中，由于受到实验条件的限制，盐类水解在随着温度升高时所产生的pH的细微变化很难测量，所以教师在教学过程中也只能定性地加以描述，对问题的认识仅停留在表层。对于碳酸钠、醋酸钠这类水解后溶液呈碱性的盐，人们自然会得出温度越高，水解程度越大，其水溶液碱性越强、pH越大的结论。但高建伟等用温度传感器和pH传感器测定碳酸钠、醋酸钠等溶液的pH随温度升高的变化时发现，随着温度升高，碳酸钠溶液的pH先增大后减小，醋酸钠溶液pH一直变小，都不是温度越高，pH越大。他们通过推理和计算证明，盐溶液的pH大小是由水的电离和盐类水解共同影响的。温度升高，会促进水的电离，改变水的电离平衡常数。所以，温度升高，水解程度肯定增大，但pH并不一定也增大。在当有温度变化时，单以溶液pH的大小来判断碳酸钠

---

[1] 杨飞.奇妙的传感器实验[J].中学生数理化，2011(01)：91-91.
[2] 章永军.利用传感器分析空气中氧气含量测定的误差[J].化学教与学，2011(07)：94.

等盐的水解程度是不科学的[1]。

从以上这些案例中可以看到,数字化实验激发教师进一步研究化学学科问题。研究中教师们需要回顾和研读大学教材及相关文献,设计和进行各种实验,优化了自身对学科知识的理解和掌握。在利用数字化实验开展的研究中,教师的意识和研究能力也得到增强,他们对事物观察得更仔细了,对实验现象和一般结论的思考更深入了,常常会多问几个"对不对""是不是",批判性思维能力显著增强了。数字化实验的应用促使教师始终处于学习状态,站在知识发展前沿,刻苦钻研、严谨笃学,不断充实、拓展和提高自己。

陶行知先生在其教育名篇《教学合一》中指出:做先生的,应该一面教一面学,并不是贩卖些知识来,就可以终身卖不尽的。他还说:先生如果没有进步,学生也就难有进步了,这是教学分离的流弊。好的先生不是这样,他必是一方面指导学生,一方面研究学问[2]。我们要培养学生的科学态度和科学精神,教师的状态和心态就是无言的表率。教师不断地学习和研究,就会给学生一种榜样,一种潜移默化的影响。这样的教师在教学的时候,就肯定不是照本宣科的,就会是充满探究激情的。正如陶行知先生所说:"先生既没有进步,学生也就难有进步了。"教师不研究,怎能教会学生研究?可见,数字化实验教学应用的价值还体现在科学态度和科学精神的培养上。

3.2.2 化学数字化实验教学应用有利于创建新型师生关系

教育作为培养人的社会实践活动,同样是一种交往活动。但是教育活动与物质生产活动不同,它不生产物质产品,因此属于精神关系的范畴。在教育活动中,师生交往、师师交往和生生交往等是

---

[1] 高建伟. Na_2CO_3 水解过程溶液 pH 与温度关系的探究[J].化学教学,2013(12):57-59.

[2] 陶行知.陶行知文集[M].南京:江苏教育出版社,2008:14-15.

基本的交往活动。由于教育的对象不是物，而是具有主体性的人，教育的目的是把他们培养成一定社会所需要的人，促进他们社会化，因此师生交往是最基本的交往。

在现代社会中，人与人之间的关系实现了民主化和平等化，学生的主体意识增强，学生有被尊重的需要。教师应该关爱学生，尊重是爱的前提，没有尊重的爱是不完善的爱。因此，现代师生关系应该相互尊重，学生要尊重教师，教师也要尊重学生。但是，由于教师在知识、社会经验等各方面的优势，传统上，我们的学生更多的是相信教师、服从教师，师生并非两个平等的主体。

然而，信息社会是个扁平的社会，个体的学习能力、学习机会、学习资源都较传统社会有很大的不同。学生除了在学校学习，还可以从网络上学习，遇到不懂的问题，他可以在网络上发问，成千上万的人可以看到他的问题、回答他的问题。孩子们从小接触计算机和网络，他们使用信息工具的能力可能远远强于他的老师。袁振国先生在谈到互联网时代的教育时说：互联网时代最大的特点是虚拟的、看不见摸不着的。这给人类的生活带来了新的景观，给我们考虑问题的思维方法带来了极大的便利，也带来了极大的挑战。我们的生活方式，我们的交流方式，我们的工作方式都发生了变化，我们已经习以为常了，但其实它更深刻地改变了我们的思维方式。

数字化实验让学生的信息能力优势得以发挥，改变了师生的角色定位。教师和学生一起利用数字化实验研究化学问题时，教师不再是权威，学生也不再是从属，师生会成为真正的合作者。师生之间的沟通成为平等的对话。教师发挥自己学科知识丰富的优势，学生发扬信息能力强、思维活跃的特长，共同努力，取得成功。这样一种新型的师生关系对培养学生的创新精神和激发教师的研究热情都是十分有意义的。

数字化实验让网络的空间优势得以发挥，改变了生生互动的方式。数字化实验可以让实验通过有线和无线的连接实现实验数据和实验现象的共享。不同小组的实验结果可以实时让所有小组分享，每个组的结果都可以为全体所用,可以用各组的数据开展比较、综合、误差分析等。生生之间的互动媒介不仅有文字、语言,还可以有图像、数据等,互动的目的不仅是帮助对方优化,还可能是产生一个集体的成果。

数字化实验是化学实验融入信息社会和互联网时代的钥匙。它丰富了我们对化学问题的研究方式,也提升了我们的实验能力和思维能力,让我们有一个更顺畅地引入化学实验信息化、现代化的渠道。

联合国教科文组织曾预言:"在未来的岁月里,教育技术的进步将会使那些处于有利地位而从中受益的人们获得大量的个人成就。"[1]目前来看,发达国家在教育中不断引入现代技术来保证教育的先进性,促进新型的科技发展,以满足国家不断进步的需要。对于发展中国家而言,则需要逐渐缩小与发达国家之间的差距。

国外有教育家说过:"为了使学生获得一点知识的亮光,教师应吸进整个光的海洋。"在信息时代做好老师,自己所知道的必须大大超过要教给的学生的范围,不仅要有胜任教学的专业知识,还要有广博的通用知识和宽阔的胸怀。适应信息社会和互联网时代的发展,开展数字化实验教学应用,这既是学生培养和教师专业发展的需要,也是追逐中国梦,实现民族振兴、国家富强的需要。

3.2.3 化学数字化实验教学应用有利于优化实验教学

数字化实验可以促进学生深层次学习。现代化技术的进步推动着人类不断向信息化社会迈进,信息化社会的发展需要具有信息素养的人才。于化学教学而言,在化学教学中恰如其分地运用数字化实验,将数字化实验与具体的课堂教学相结合,可以促进学习者的深层次参与,将知识吸收内化,实现自我建构。首先,数字化实验具有强大的计算功能,可以帮助学生从一些繁杂的计算中解放出来,

---

[1] 联合国教科文组织国际教育发展委员会.学会生存:教育世界的今天和明天[M].北京:教育科学出版社,2009:169.

可以使学生花更多的时间致力于思考问题和作出决定；其次，可利用其便携性的优点，开展一些基于日常生活的探究活动，培养学生进行科学探究的设计、归纳和总结的能力，并使学生得到科学思维的训练，使学生获得像科学家一样进行研究的体验；再次，数字化实验的仪器精密度高，定量化的研究方法可以培养学生严谨的科学态度，强化学生的数据处理和分析的能力，在一定程度上可以为部分今后有志于从事化学科学研究的学生打下前期的基础，使其能更顺利地投入到未来的研究中去。

数字化实验拓展了实验教学内容。相比于传统的实验，数字化实验最大的特色就是借用传感器和信息处理终端进行实验数据的实时采集与分析。数字化实验具有数据采集智能化、定量研究便捷化、实验现象直观化的特点。它能将"理想"变为"现实"，变"不可做"为"可做"。实时呈现实验过程的图像，变"不可见"为"可见"，从而加深学生的理解。而全程记录实验数据，能变"间断"为"连续"，使实验过程的变量在时间和空间上得到统一，利于发现问题的本质。数字化实验能够将科学问题转化为物理变量之间的关系，将检测的物理变量利用相关软件进行数据回放、线性拟合、微积分处理等，进而从所建立的数据模型中找出所要探究的科学答案。正是这种自动的数据采集模式，给化学实验教学带来了变革，拓展了实验教学的内容。例如，有研究者对铁的吸氧腐蚀演示实验进行了改进和补充。他们借助数字化实验，设计了3组对比实验，利用氧气传感器和压强传感器测定实验过程中氧气浓度、压强的微弱变化以及吸氧腐蚀中溶液pH的变化。研究发现，铁的电化学腐蚀是一个缓慢的氧化过程。酸性较强条件下以析氢腐蚀为主；在中性条件下发生吸氧腐蚀；在弱酸性条件下，析氢腐蚀和吸氧腐蚀是同时发生的[1]。

对传统实验加以改进，一方面可以在教学中让学生观察到明确的量化数据、清晰直观的曲线图，使之对化学反应及其进程有一个更全面、更深刻的认识，从而能更透彻地理解化学反应的基本原理

---

[1] 孙慧玲，靳莹，霍爱新.基于手持技术的金属电化学腐蚀实验改进[J].化学教学，2014(3)：52-54.

和实质；另一方面，也进一步完善并优化了化学实验教学的内容，使之更适合于开展教学。例如，借助数字化实验可以探究温度、光照、pH对84消毒液漂白性的影响情况。因为84消毒液具有漂白性，无法使用广泛pH试纸来测定pH，故选用pH传感器测量，其优点在于不仅测量的数据准确，还能观测整个漂白过程的pH变化，并得出pH变化曲线。经过分析发现，常温下，当84消毒液pH为8~13时，其氧化性随pH降低而增强，因而漂白性能较好，光照时间过长和温度过高均会降低84消毒液的漂白性能。数字化实验为化学实验教学提供了可靠的研究手段，它强大的数据处理功能、精密度高的优点使研究可以渗透到人类日常生活的各个层面，极大地丰富和拓展了化学实验教学的素材[1]。

使用化学数字化实验教学在一定程度上可以使教学内容更直观、形象，便于学生理解和掌握。如在"离子反应及其发生条件"这一基本原理的学习过程中，学生普遍感觉比较抽象，理解有一定困难。有研究者借助数据采集软件、Ca^{2+}传感器、NO_3^-传感器、计算机等对教学进行了设计，通过比较$Ca(NO_3)_2$溶液与Na_2CO_3溶液反应中Ca^{2+}浓度和NO_3^-浓度的变化，利用生成的数据曲线使学生在观察到实验现象的同时收集到了实验数据，获得更为直观的体验，进一步从本质上加深了对离子反应及其发生条件的理解[2]。

数字化实验丰富了实验研究方法。它不仅拓展了化学实验教学的内容，完善了以往实验教学中的不足，改进了传统实验中的弊端，更在方法论意义上带给广大师生一种全新的思维方式。数字化实验采用传感器、数据采集器、计算机等先进的信息化技术，改变了中学阶段主要以直觉观察进行科学学习的方式，结合现代化的信息技术手段，给学生以定量分析、科学思维的过程训练，让学生获得一种全新的科学研究方法。

在传统化学实验教学中，囿于实验仪器、技术等条件的限制，

---

[1] 任斌，吴晓红，杨文远，肖敏，马金刚.运用手持技术探究84消毒液漂白性的原因及其影响因素[J].化学教学，2015(10)：53-56.

[2] 秦蒙，马善恒，顾家山.基于手持技术的"离子反应及其发生条件"教学设计[J].中学化学教学参考，2015(5)：31.

许多原理简单但受一定实验设备限制的定量实验无法进入中学化学课程中。与电流计、电压计、电子温度计、pH计、电导率仪、分光光度计等一些传统的定量实验仪器相比，数字化实验有着明显的优越性。表3-2是对数字化实验与传统定量实验仪器进行的比照，由表不难发现，数字化实验操作简便、测量的精密度高；数据采集时间短、数据的记录及处理相对灵活，可以选择手动、半自动、全自动的方式；数字化实验的图像由设备自行完成，且大小可以调节；实验资料能自动存储于设备中，需要时可打印输出；数字化实验的设备体积小、重量轻、携带方便，可用于户外探究。

数字化实验仪器的这些优异的性能，一方面为化学实验教学内容在实施层面提供了技术上的保障，为化学实验教学及研究提供了一种新的方法；另一方面也为学生开展化学思维训练提供了现代化的技术支持，让学生感受到现代化学科学研究的过程和方法，并从中获得启示。

表3-2　数字化实验仪器与传统定量实验仪器的比较[1]

	数字化实验仪器	传统的定量实验仪器
操作方法	简单易行，不同探头的操作相似，易掌握。	相对复杂，不同仪器的操作方法不同，不易掌握。
精密度	较高，不同类型探头的精密度基本一致。	不同仪器精密度相差较大。
数据采集	时间短，理论上可达10^{-4}s。	时间长，通常大于1 s。
数据记录及处理	操作者可选择手动、半自动、全自动等方式。	通常手工记录、处理。
图像绘制	由设备自行生成，图像大小可调节。	手工完成。
资料存储	所有资料自动存储于设备内存中，可打印输出。	一般存储于纸上。
便携性	装置体积小、重量轻，使用干电池，可户外操作。	装置体积较大、重量较大，大多需用交流电，不适于户外使用。
设备的成套性	好，一个CBL可同时连接多个探头，同时测得多个物理量，便于成套配置。	差，仪器间相互独立，用途单一，成套配置有难度。

[1] 徐睿.图形计算器及其探头对中学化学实验教学的影响[J].教学仪器与实验，2004（09）：13-14.

计算机技术的飞速发展，极大地推动着科学各个领域的发展。当前的化学研究也正经历着从定性到定量、从宏观到微观、从现象到本质的递进、延伸。随着社会、科学技术的发展，化学家对物质世界的原理及本质的探索越来越深入，而计算机技术的发展给化学研究提供了复杂体系前所未有的细节性的理解，已成为现代化学学科中研究化学体系结构和化学反应机理的必要补充。化学研究的对象随着学科的发展逐渐由简单到复杂，从定性研究过渡到定量计算。计算机技术应用于化学领域已逐步发展成一个有效的定量研究化学科学的工具，改变着化学研究的格局，促进了化学与其他学科的交叉和融合。M.F.Perutz 和 J.C.Kendrew 用 X-射线衍射法研究得到了球蛋白和纤维蛋白的结构，获得 1962 年诺贝尔化学奖。Martin Karplus，Michael Levitt 和 Arieh Warshel 在1976年利用计算机编程技术成功模拟出"复杂化学系统的多尺度模型"，这项工作创造性地提出了利用多尺度的方法来研究化学反应，因为他们杰出的贡献，三人分别获得2013年的诺贝尔化学奖。J.Andrew McCammon，Bruce R .Gelin 和 Martin Karplus 利用计算机技术第一次实现了对蛋白质分子运动的"跟踪与观察"[1]。

计算机技术、信息技术为人类科学研究转向更微观和量化的世界提供了必要的技术支持和保障，极大地提高了我们从基本粒子和它们之间的相互作用出发来理解、诠释宏观世界规律的能力，推动着学科向更深层次发展。可以说，数字化实验的应用帮助学生感知了化学学科研究手段的发展和进步。

---

[1] 高毅勤.复杂化学体系的分子模拟研究——2013年诺贝尔化学奖浅析[J].大学化学，2014（2）：1-5.

实践篇

第 4 章 数字化实验室建设

4.1 化学数字化实验室基本构成

4.1.1 化学数字化实验室一般概念和功能定位

化学数字化实验室是指配备了多套化学数字化系统，并以其为主要实验手段开展数字化实验的实验室。数字化实验系统主要由传感器、数据采集器、计算机及配套软件组成。

化学数字化实验室是数字化实验教学的场所，也是学生实验活动的场所。化学数字化实验室有三种主要的功能定位：（1）教学实验室，以开展学生分组数字化实验为主。（2）课外活动实验室，以开展学生数字化实验研究性学习或兴趣小组活动为主。（3）综合实验室，兼顾开展学生分组实验和兴趣小组活动实验。

4.1.2 化学数字化实验室基本设施与仪器设备

化学数字化实验室的基本设施包括：实验桌椅、电源及插座、上下水系统及水槽、数字化实验系统（计算机、数据采集器、传感器）、网络及接口、白板及投影机等。

数字化实验室最好具有无线网络或局域网，装备电子教室系统，使教师方便地对每一位学生的实验数据或图像进行点评或让全班同学共享，也使整个教室与网络相连，成为开放的空间。

数字化实验系统的设备主要包括计算机、数据采集器、传感器。

（1）计算机

数字化实验系统中的计算机需要装入与传感器和数据采集器配套的软件，一般传感器供应商都免费提供配套软件。计算机可以是固定在实验室中的台式机，也可以是手提电脑。目前大多数数字化实验室倾向于配置台式计算机，便于管理。当学生分组实验时，由于台式机屏幕较大，也便于观察实验数据或曲线，进行相应的数据处理和文件保存等。使用台式机的另一个好处是可以使用电子教室等系统，实现数字化教学。

（2）数据采集器

数据采集器是连接传感器和计算机的数字化实验专用设备，不同品牌的数据采集器之间尚不能通用。数据采集器可以同时接插多个不同的传感器，原则上应选择不低于四通道并行的数据采集、支持USB即插即用、无须外接电源的数据采集器。也有一些品牌的数据采集器带有屏幕显示和数据储存功能，可以部分替代计算机，与传感器一起完成简单的数字化实验。这类数据采集器更适合在户外使用，如测定水质、测定土壤酸碱性等。如果用于实验室中的学生数字化实验，还是简单的数据采集器配合计算机使用更为方便。

（3）传感器

传感器产品种类繁多，性能不同，价格差异也很大。实际装备时应注重用途、品质和数量的选择。学生分组实验用传感器应选择性价比高的传感器，满足教学实验需要的最基本的、最常用的要求。电压传感器、温度传感器、pH传感器、电导率传感器等是中学化学实验最常用的传感器，也是比较耐用的传感器。氧气传感器、二氧化碳传感器等虽然用处较多，但价格较高，可适当配置。浊度计、色度计等使用也很方便，有条件的学校完全可以配置。Ca^{2+}、NH_4^+、NO_3^-等离子传感器需要浸泡在特殊溶液中保存，不宜长期放置，一般不建议配置，可以在需要时再购买。学生研究性学习、兴趣小组或教师用传感器除最基本的以外，还可根据需求选择部分满足拓展性实验要求的传感器。

建议将每组数据采集器和传感器放在一个箱子里，用时取出，用后集中放置，既可以妥善保管，又可以保持数字化实验室桌面的整洁，这样的数字化实验室就可以同时兼做多媒体教室或网络教室，实现资源的充分利用。多媒体教室通常不配置水槽，但化学数字化实验室是需要水槽的，因此，可以配置加盖板的水槽或将水槽的位置设置在实验桌的一端，使其与计算机保持一定的距离。

数字化实验室场地和安排可以有多种形式，主要为"秧田式"

和"餐桌式"两大类。

"秧田式"场地安排中,学生的实验桌排放类似教室中的课桌,分为2~3行,全部面向教师的讲台(如图4-1),这样的安排方便学生看清教师的实验指导和示范,也方便教师组织学生讨论和交流,更适合开展学生分组实验。采用"秧田式"场地安排时,最好在两边和中间都留过道,方便教师巡视和指导。

图4-1(a)"秧田式"数字化实验室

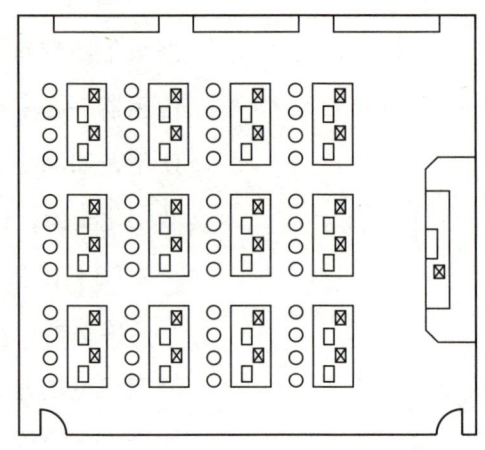

图4-1(b)"秧田式"数字化实验室示意图

"餐桌式"场地安排中,每一张实验桌周围围坐一组或两组学生做实验,部分学生并不面对讲台(如图4-2),这样的安排方便学生实验小组的交流、讨论和合作,也方便教师的巡视和指导,更适合开展学生的研究性学习或兴趣小组活动。

图4-2(a)"餐桌式"数字化实验室

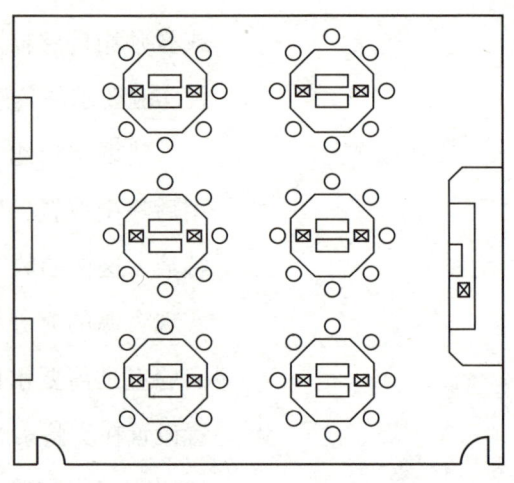

图4-2(b)"餐桌式"数字化实验室示意图

无论是"秧田式"还是"餐桌式"空间安排，都应该配备有教师实验台和相应的计算机、数据采集器和传感器。因为与传统实验相比，数字化实验入门时更需要教师的演示、学生的模仿和教师手把手的操作指导。

具体采用哪种场地安排可以结合学校实际条件和需要加以选择，也可以在上述两种经典式样的基础上整合、创新。

4.1.3 化学数字化实验室需要注意的问题

（1）使用效率

无论从现有文献调查情况还是笔者观察到的情况看，现阶段不少学校的数字化实验室的使用率是比较低的，原因之一是课程标准和教材目前还没有明确具体的数字化学生实验要求。建议各学校可以从补充实验的角度，围绕教学内容摸索几个稳定、易做的数字化学生实验，如"中和滴定"等。一旦教师和学生们将数字化实验开展起来，就会发现其优势和价值。数字化实验使用率低的另一个原因是认为其对高考或中考没有帮助，这就涉及基本的教育理念问题了。建议从培养全面发展的人的角度、从提高学生核心素养的角度提高对数字化实验本身的认识。

（2）管理规则

原有的实验室管理规则都是针对传统实验的，目前还没有一套完整的数字化实验室的管理规则。化学数字化实验室管理规则应该是在传统实验室管理规则的基础上增加一些多媒体教室管理规则和数据采集器、传感器等数字化实验仪器的保管和管理要求。与传统实验室管理比较，数字化实验室管理对管理人员的能力和水平要求更高，需要对数字化实验室的管理人员进行适当的培训，还应该鼓励实验室管理人员积极参与到教师和学生的数字化实验研究中去，不断提高自己对数字化实验的熟悉程度和管理水平，同时也需要开展数字化实验教学工作的教师协助做好管理学生和设备的工作。

4.2 传感器种类与功能

4.2.1 不锈钢温度传感器

传感器的介绍

不锈钢温度传感器（型号：TMP-BTA）是一种通用的实验室温度传感器，量程为-40~125 ℃，在0 ℃时其精度为±0.2 ℃，在100 ℃时其精度为±0.5 ℃，可以代替化学、物理、生物等科学实验时用的温度计。常用于进行溶解热、比热、化学反应热、燃料和食物的能量测定等实验。

图4-3　温度传感器

传感器的工作原理

不锈钢温度传感器的探头是一个20 kΩ NTC热敏电阻（负温度系数热敏电阻）。NTC热敏电阻随着温度的上升，电阻呈指数关系减小，这种变化关系的最好拟合方程式是Steinhart-Hart方程式。数据采集器记录一定温度下的热敏电阻的阻值R，然后使用Steinhart-Hart方程式将电阻转换成温度：

$$T = [K_0 + K_1 \times \ln(1\,000R) + K_2 \times \ln^3(1\,000R)]^{-1} - 273.15$$

其中T是温度（℃），R是测量的电阻（kΩ），$K_0 = 1.021\,19 \times 10^{-3}$，$K_1 = 2.224\,68 \times 10^{-4}$，$K_2 = 1.333\,42 \times 10^{-7}$。

使用注意事项

（1）不锈钢温度传感器使用的最高温度不能超过150 ℃。

（2）一般情况下，无需校准传感器。

（3）每次使用后用蒸馏水清洗传感器，并用纸巾擦干。

（4）不能将不锈钢温度传感器全部浸入待测溶液中，传感器的手柄是一种塑料制品，不能抵御高腐蚀的溶液。

（5）可以在甲醇、乙醇、1-丙醇、2-丁醇、1-己烷、n-十二

（烷）酸、对二氯苯、苯基酸、苯甲酸等有机溶剂中使用不锈钢温度传感器，但在 n-戊烷中不能放置 1 h 以上。

（6）不锈钢温度传感器可以放在低浓度的强碱（如 NaOH）溶液中 48 h 以上，但不能在 3 mol/L 的强碱溶液中使用。

（7）下表是在酸溶液中使用此传感器时，推荐的最长置于酸中的时间。不锈钢温度传感器在上述酸溶液中如果使用的时间超过了推荐的时间，则可能使其表面起泡或脱色，尽管不影响使用，但仍然建议不要在上述酸溶液中浸泡时间超过 48 h。

表 4-1　不锈钢温度传感器在酸中最长使用时间

试剂	时间	试剂	时间	试剂	时间
1 mol/L 盐酸	0.33 h	2 mol/L 盐酸	0.17 h	3 mol/L 盐酸	0.08 h
1 mol/L 硫酸	48 h	2 mol/L 硫酸	0.33 h	3 mol/L 硫酸	0.17 h
1 mol/L 硝酸	48 h	2 mol/L 硝酸	48 h	3 mol/L 硝酸	48 h
1 mol/L 醋酸	48 h	2 mol/L 醋酸	48 h	3 mol/L 醋酸	48 h
1 mol/L 磷酸	48 h	2 mol/L 磷酸	48 h	3 mol/L 磷酸	48 h

4.2.2　热电偶温度传感器

传感器的介绍

热电偶温度传感器（TCA-BTA）是一个用来测量高温的传感器，量程为 $-200 \sim 1\,400$ ℃，在 0 ℃时其精度为 ±2.2 ℃，在 1 400 ℃时其精度为 ±15 ℃。常用于进行以下实验：研究火焰不同位置的温度、实验室测定铜等固体的熔点、测量干冰或液态空气的温度等。

图 4-4　热电偶温度传感器

传感器的工作原理

热电偶温度传感器是将不同材质的两根金属丝的末端连接在一起构成一个闭合回路，当两个结点处的温度不同时，两个金属丝构成的闭合回路中将产生一个电动势（塞贝克电压），该电动势的方向和大小与金属丝的材料及两个结点的温度有关。因此，热电偶温度传感器的原理是通过数据采集器记录两根金属丝构成的闭合回路的电动势，再通过函数关系将电动势转换成温度，也就是末端连结点的温度。

使用注意事项

一般情况下无需校准传感器。如果要使示数更加精确，则需进行校准。

4.2.3 其他温度传感器

温度传感器除了不锈钢温度传感器、热电偶温度传感器之外，还有表面温度传感器、宽温度传感器、特长温度传感器、无线温度传感器，这些温度传感器的用途各不相同。

表面温度传感器（型号：STS-BTA）用于测量更加精确的温度，且探头像金属丝一样可以弯曲，其量程为 $-25 \sim 125$ ℃，在 0 ℃ 时其精度为 ±0.02 ℃，在 100 ℃ 时其精度为 ±0.13 ℃。可用于皮肤温度的测量、人体呼吸研究、热传递实验等，其工作原理与不锈钢温度传感器类似。

宽温度传感器（型号：WTR-BTA）具有较宽的温度范围：$-20 \sim 330$ ℃，精度为 ±0.1 ℃，可用于测量有机物的熔点和沸点、阿司匹林的合成与分析等，其工作原理与不锈钢温度传感器类似。

特长温度传感器（型号：TPL-BTA）可以用于远程、室外温度的感应或用于测量湖泊和小溪不同深度的温度，其量程为 $-50 \sim 150$ ℃，精度为 ±0.1 ℃。它有一根 30 m 长的电缆，可进行以下实验：在大楼内测量室外温度、从河岸旁或从桥上检测河流或小溪的温度。

无线温度传感器（型号：GW-TEMP）是一个通用的、可以像普通温度计一样使用的无线温度计，其量程为 $-40 \sim 125$ ℃，精度为 ±0.5 ℃。用途与不锈钢温度传感器类似，其区别在于还可以与平板电脑相连接。

4.2.4 浑浊度传感器

图 4-5　浑浊度传感器

传感器的介绍

浑浊度传感器（型号：TRB-BTA）也叫浊度计，是测量水中悬浮物多少的传感器，量程为 0~200 NTU，精度为 ±2 NTU。可用于水质调查、明矾净水效果实验等。

传感器的工作原理

浑浊度传感器主要是由红外 LED 光源、光敏二极管构成的探测器、比色瓶等构成。光敏二极管是将光信号变成电信号的半导体器件。如图所示，当红外线照进装有样本的比色瓶后，光线遇到样本中的颗粒物发生散射，在与光源呈 90° 角方向的光敏二极管探测器内测量散射了 90° 角的光线的强弱信号，并将光的强弱信号转化成电压数据，再用公式将电压数据变成浑浊度数据，这就是浑浊度传感器的工作原理。

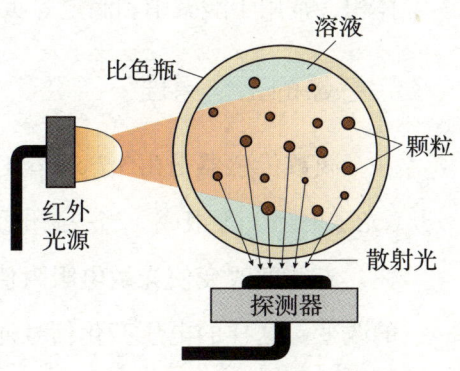

图 4-6　浑浊度传感器原理

使用注意事项

（1）水样非常干净时，需将浑浊度传感器预热 5 min，以确保有一个稳定的电压。

（2）不能晃动标准溶液，如果晃动会产生微小的气泡，对实验数据造成影响。

（3）采集数据时，比色瓶上的标准应与浑浊度传感器上的标准对准。

（4）比色瓶外部需用柔软且不含短棉绒的布擦拭。

（5）测量时，加入比色瓶的水样的水位线应与比色瓶白色表现持平。

（6）测量浑浊度时，由于水中的颗粒物会沉淀，所以在比色瓶放入传感器后立即读数。

（7）使用完毕后，需用蒸馏水冲洗比色瓶。

（8）切勿刮损比色瓶，以免影响示数。

4.2.5 滴数传感器

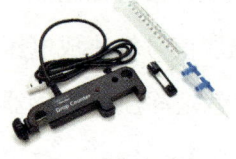

图4-7 滴数传感器

传感器的介绍

滴数传感器（型号：VDC-BTD）是用来准确、自动记录滴定的溶液体积的传感器，精确度达到6滴/s。该传感器可以与pH传感器、电导率传感器、温度传感器等结合使用，以精确地记录滴入液滴的体积，常用于酸碱中和滴定等实验。

传感器的工作原理

滴数传感器是由3.7 cm × 1.3 cm的光路槽、红外光源、探测器（光敏电阻）等组成。当一滴试剂通过光路槽时，由于红外射线被挡住，光照度改变使光敏电阻阻值改变，从而引起光敏电阻两端电压的改变。这样的电压变化信号通过传感器传到数据采集器上，数据采集器记录滴入的试剂，再通过软件中的标准刻度将试剂滴数转换成体积。每滴入1滴试剂，红色的LED灯会闪烁一次。

使用注意事项

（1）设置缓慢的滴加速率。调节滴加速率为每2秒1滴或者更慢，使溶液有时间充分混合。

（2）使用小烧杯（100 mL），使烧杯中的滴定量减少，以使溶液能够快速混合。

（3）在被滴定的溶液中加尽量少的蒸馏水，只要pH传感器的玻璃泡能够浸入溶液中即可。

（4）用滴数传感器配套的塑料注射器代替滴定管。

（5）在接近滴定终点时，可手动调低溶液的滴加速率，使溶液能够彻底混合。

4.2.6 相对湿度传感器

传感器的介绍

相对湿度传感器（型号：RH-BTA）用于测量空气的相对湿度，量程为0%～95%，精确度为0.04%，常用于测量室内的湿度，也可用于研究浓硫酸等吸水剂的吸水效果。

图4-8　相对湿度传感器

传感器的工作原理

相对湿度传感器是使用聚合电容来感应湿度的。集成电路根据相对湿度的不同产生一个输出电压，数据采集器获得电压信号，再利用软件将电压信号转化成相对湿度数据。相对湿度传感器在流动的空气中的感应时间比在静止的空气中的感应时间短。因此可通过移动传感器或使用风扇使空气流动起来，以此来缩短传感器的响应时间。

传感器会对光线有轻微的感光性，相对湿度传感器外壳的设计可以使穿过传感器开口的光线数量达到最小。温度对传感器的精确度有一定的影响，但这种影响在相对湿度较低的环境中可以忽略。如果要精确地使用此传感器，就要对不同的温度建立不同的校准刻度。

使用注意事项

（1）一般情况下，无需校准相对湿度传感器。如果要使示数更加精确，则可以进行校准。

（2）相对湿度传感器的探头切勿接触任何化学药品。

4.2.7 电压传感器

传感器的介绍

电压传感器（型号：DVP-BTA）用来测量低电压的直流和交流电路上的电压，量程为 $-6\sim+6$ V，精确度为 3.1 mV。常用于原电池实验。

图 4-9 电压传感器

传感器的工作原理

电压传感器是测量 V+ 探针（红色）和 V- 探针（黑色）之间的电势差的。电压探头是由相差输入的，测量的电压是相对黑色探头而不是电路的地线。这样就能够直接测量电路元件的相差电压而不受共同接地的限制。电压传感器不仅能测量正电势，也可以测量负电势。

电压传感器设计成像电压表的探针一样，探针只需放在电路元件的两端。输入的相差范围是 $-6\sim+6$ V。附有超电压保护电路，这样较高的相差电压也不会破坏传感器。

使用注意事项

（1）勿用相差电压传感器测量高压电或家庭交流电。

（2）一般情况下，无需校准传感器。当测量数据出现严重误差时才需要进行校准。

（3）每次使用相差电压传感器前需要将传感器归零。

4.2.8 电导率传感器

传感器的介绍

电导率传感器（型号：CON-BTA 或 CON-DIN）是测量溶液中电荷

流动难易程度的传感器，量程分为低、中、高三个等级，分别为0~200 μS/cm、0~2000 μS/cm、0~20 000 μS/cm，精度为±1%，常用于强酸和弱酸的区别、利用由离子的生成或消耗导致的电导率的变化来监测化学反应的速率、电解质溶液与非电解质溶液的区别、验证水溶液中的电导率和离子浓度之间的关系等。

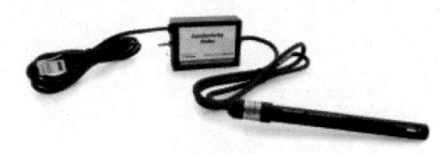

图4-10　电导率传感器

传感器工作原理

电解质溶液的电导率指相距1 m，面积为1 m² 的两个平行电极之间充满电解质溶液时的电导。电导率传感器通过测量电极之间的电压来测量溶液导电的能力。在溶液中，因离子的移动而导电，所以，溶液离子浓度越高，导电能力就越强。

电导率传感器实际上是在测量导电系数，其定义为电阻的倒数。电阻单位为欧姆 Ω，导电系数国际标准单位是西门子（siemens），由于西门子是非常大的单位，所以溶液中一般用μS为单位。

使用注意事项

（1）使用前用蒸馏水冲洗传感器顶部。

（2）测量时确认电极已完全浸没在液体中。

（3）不要把电极放入重油、甘油、乙醇等黏性的有机溶剂中，也不要把电极放入戊烷、己烷、丙酮或无机的溶剂中。

（4）使用结束，用蒸馏水冲洗，并用纸巾干燥处理，避免擦坏传感器电极的内部表面。

（5）如果传感器表面有污垢，可在放有柔性清洁剂的水中浸泡15 min，然后放在酸溶液（最好是0.1 mol/L盐酸或0.5 mol/L醋酸）中浸泡15 min，最后用蒸馏水冲洗。

（6）传感器的使用温度范围：0~80 ℃。

（7）一般情况下，无需校准传感器。

（8）使用时，电导率传感器不能和其他传感器同时连接在同一个数据采集器上。

4.2.9 色度计

传感器的介绍

色度计（型号：COL-BTA 或 COL-DIN）是通过分析溶液的颜色来测定其浓度的传感器。色度计的使用需要选择特定波长，有以下波长可供选择：430 nm、470 nm、565 nm 和 635 nm。测量范围为：0~3（吸收），精度为 ±0.035 %T，常用于维生素 C 含量的测定、含铁物质中铁元素含量的测定等。

图 4-11　色度传感器

传感器工作原理

光线从发光二极管发出，穿过含有样本溶液的比色瓶，如图 4-12 所示，部分光线被溶液吸收，之后被削弱的光线到达探测器。溶液浓度越大，光线的强度被削弱的就越多，我们定义吸收比为透过后的光强和初始光强之比，按照比尔定律，吸收比与浓度呈线性关系。要得到比尔定律曲线，需要一些标准样品（已知浓度的溶液）并使用色度计测定它们吸收比的值，作出吸收比与浓度的关系图。然后把未知浓度的溶液放在色度计中，测量吸收比。根据纵坐标确定其对应的横坐标，即浓度。另一个方法是根据比尔标准曲线的斜率计算它的浓度，如图 4-13 所示，吸光度（A）随亚硝酸溶液浓度的变化关系符合 $A=mx+b$，根据软件的拟合功能得到 $A=0.05x+0.037$。

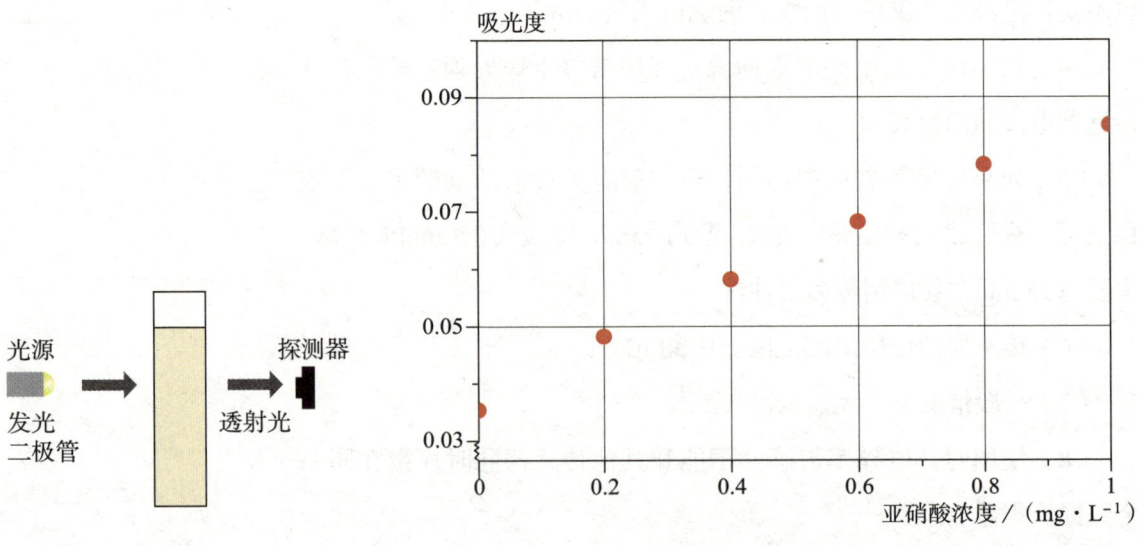

图 4-12　色度计工作原理　　　　　　　图 4-13　吸光度-浓度变化

使用注意事项

（1）实验开始之前，系统需要在设定波长上稳定5 min进行校准或数据采集。

（2）波长选择要适当。

（3）比色皿放入色度计时光滑的面对着比色槽上部的箭头。

（4）当溶液只能透过很少光线时，需要对溶液进行稀释。

（5）在同一实验中使用同一个比色皿。

4.2.10 二氧化碳传感器

传感器的介绍

图4-14 二氧化碳传感器

二氧化碳传感器（型号：CO_2-BTA 或 CO_2-DIN）是用来测量 CO_2 浓度的传感器，还可以测试在光合作用和呼吸作用过程中二氧化碳浓度的细微变化。测量范围有0~0.01和0~0.1两种，精度为±0.000 02。常用于测量教室中的二氧化碳浓度变化、盐酸和碳酸氢钠溶液的反应中所产生的二氧化碳的量的变化过程等。

传感器工作原理

二氧化碳传感器是通过检测二氧化碳分子吸收的红外线辐射数量来测量二氧化碳浓度的。传感器轴的底部含有一些金属丝，用来产生红外线辐射（IR）。在轴的顶部有检测被二氧化碳吸收后的红外检测装置。此传感器配置了支持自动识别的电路，当在使用传感器时，数据采集软件就会自动识别传感器，并使用预定义的参数来设置实验。

传感器测量4 260 nm为中心的远红外辐射吸收。取样管中的气体浓度越高，到达顶端检测装置的红外辐射就越少。由辐射升高的温度转化成一个电信号，可以由数据采集器进行放大并读取。二氧化碳气体在传感器管的8个小孔中出入，当传感器开始采集数据的时候，可以观察到红外线辐射源在闪烁。传感器大约每秒读取一次数据。

使用注意事项

（1）传感器使用前需要预热90 s。

（2）取样速率不能快于1次/s。

（3）不要将传感器浸入液体。

（4）2个或2个以上二氧化碳传感器不能同时使用。

（5）一般情况下不需要校准二氧化碳传感器。

（6）当完成数据采集之后，把橡胶分隔塞留在传感器上，把传感器存放在盒子中。

4.2.11 溶解二氧化碳传感器

传感器的介绍

溶解二氧化碳传感器（型号：CO_2 L-BTA）用于测量水样中的二氧化碳的浓度。量程为4.4～440 mg/L，精度为±0.07 mg/L，常用于水生有机物的细胞呼吸作用实验、水生植物的光合作用实验、人的呼吸作用实验。

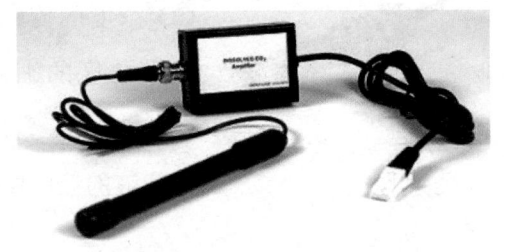

图 4-15 溶解二氧化碳传感器

传感器工作原理

溶解二氧化碳传感器是一个基于薄膜感应气体的电极。传感器通过测量感应电极和参考电极之间的电压来反映离子浓度的大小。当感应电极的离子浓度变化时，两个电极间的电压也随之变化。

根据Nernst方程，指定离子电极(ISE)的反应可以表示为：

$$E=E_0+m(\ln c)$$

这里，E 是测量的电势，E_0 是两个半反应结合的标准电势，m 是斜率，ln 是自然对数，c 是被测量离子的活度。

使用注意事项

（1）样品的pH范围：4.8～5.2。

（2）温度范围：0～50 ℃。

（3）使用前必须校准传感器。

（4）使用过程中确保电极的底部无气泡。

（5）避免搅拌过于用力，在酸化后尽快测量。

（6）不要将整个传感器浸入被测溶液。

（7）样品应该是不含油的，油会粘附在膜上影响测量结果。

4.2.12 溶解氧传感器

传感器的介绍

溶解氧传感器（型号：DO-BTA 或 DO-DIN）用于测量水溶液中溶解的氧气的浓度。量程为 0~15 mg/L，精度为 ±0.2 mg/L，可用于测量有水生动、植物的鱼缸内的溶解氧、测量水生植物的光合作用和呼吸作用引起的溶解氧浓度的变化、测量有机物在水中腐烂所消耗的氧气的量、测定水样本中溶解氧的浓度与温度之间的关系。

图 4-16　溶解氧传感器

传感器工作原理

溶解氧传感器是一个氧电极。该电极的内部组成如下图所示。在氯化钾溶液中的白金负极和银/氯化银参考正极由一个可透气体的塑料薄膜分开。

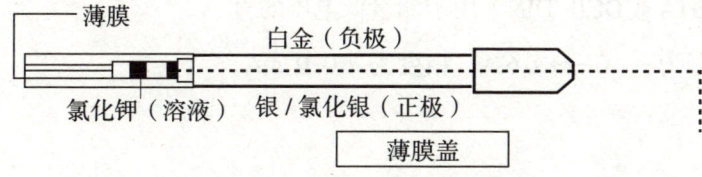

图 4-17　溶解氧传感器工作原理

白金电极两端加有固定电压，当氧气通过膜扩散到负极时，会被还原：

$$\frac{1}{2}O_2 + H_2O + 2e^- \rightarrow 2OH^-$$

在参考电极（正极）中发生反应：

$$Ag + Cl^- \rightarrow AgCl + e^-$$

相应地，电流与氧气扩散的速率成正比，而氧气扩散的速率与溶解氧的浓度成正比，这个电流又转换为一个成比例的电压，然后由数据采集器读取信号。

使用注意事项

（1）传感器的测量范围：溶解氧浓度为 0～15 mg/L。

（2）在数据采集之前，溶解氧传感器需要预热 10 min。

（3）一般情况下，无需校准传感器。

（4）电导率传感器、pH 传感器、离子选择电极和溶解氧传感器不能连接在同一个数据采集器上，且不能置于同一溶液中。但是，下列方法可以同时使用：

①如果要同时得到溶解氧和溶液电导率，可以把溶解氧传感器和电导率传感器分别连在两个数据采集器上；

②如果两个传感器连接在同一个数据采集器上，则需要先把一个传感器放入溶液中进行读数，然后从溶液中移出，再放入另一个传感器读数。

4.2.13 电流传感器

传感器的介绍

电流传感器（型号：DCP-BTA 或 DCP-DIN）用于测量低电压的直流和交流电路的电流大小。量程为 -0.6～+0.6 A，精度为 ±0.31 mA，常用于电化学实验。

传感器工作原理

电流传感器包含了一个感应器和一个信号放大器。感应器是一个在红端和黑端之间的 0.1 Ω 的电阻。当电流通过电阻时，就可以测量到一个电势差，电势差再输入信号放大器，由数据采集器接收到电压信号，电压随通过电流传感器的电流的变化而变

图 4-18 电流传感器

化（$V_{输出} = -4I + 2.5$）。它能测量任一方向的电流，如果电流以小盒上箭头的方向流动（从红端到黑端），电流显示是正的。电流传感器的测量范围为 ±0.6 A。

使用注意事项

（1）电流传感器的使用方法和电流表相似，必须串联在电路中进行测量。

（2）一般情况下无需校准传感器，当测量出现严重误差时才需要进行校准。

（3）每次使用前将传感器归零。

4.2.14 气体压强传感器

传感器的介绍

气体压强传感器（型号：GPS-BTA 或 GPS-DIN）可以用来测量气体压强的变化。量程为 0～210 kPa，精度为 ±0.05 kPa，常用于探讨压强和体积的关系（波义耳定律）、测量液体的蒸汽压、研究温度对气体压强的影响（盖-吕萨克定律）、研究温度和浓度对双氧水分解速率的影响等。

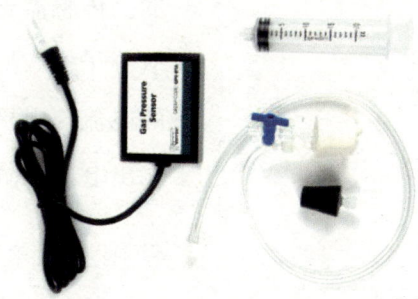

图 4-19　气体压强传感器

传感器工作原理

压强传感器的敏感部分是压力转换器。它有一块根据压强变化进行伸缩的薄膜，此传感器的设计是测量绝对压强。薄膜的一边是真空，而另一边则与大气相通。传感器产生一个输出电压，输出电压与绝对压强呈线性相关。它包含一个特别设计的电路，用来减少温度变化可能导致的误差。它还提供一个放大电路来调整压强转换器的信号，使用这个电路，气体压强传感器的输出电压与压强保持线性关系。由 0.00 V 对应的 0 kPa(0 大气压) 到 4.6 V 对应的传感器最高压强的 210 kPa (2.1 大气压)。

使用注意事项

（1）一般情况下无需校准传感器。

（2）传感器不能直接测量有毒气体的压强。

4.2.15 氧气传感器

传感器的介绍

氧气传感器（型号：O_2-BTA 或 O_2-DIN）用于测量氧气的浓度，量程为0%～27%，精度为±1%，可用于监测过氧化氢酶催化过氧化氢分解过程中的氧气浓度、监测金属，如铁的氧化等。

图4-20　氧气传感器

传感器的工作原理

氧气传感器是使用一个原电池来测量 0%～27%范围的氧气浓度的。传感器含有浸在电解质溶液中的一个铅正极和一个金负极。当氧分子进入原电池时，它们会在金负极处被还原。电极反应所产生的电流与电极之间的氧气浓度成正比。此电流经过电阻而产生一个输出电压。输出电压通过数据采集器处理并读取。

使用注意事项

（1）气体的扩散是一个缓慢的过程，所以读取数据有一定时间的延迟。

（2）在可控的环境中采集数据时，使用传感器要同时携带250 mL气体采样瓶。

（3）不要把传感器浸入任何液体中。

（4）对于大多数实验来说，无需校准传感器。要进行更精确的实验时，传感器可以在氧气浓度为0%～20.9%进行校准。

（5）在不使用氧气传感器时，须将它垂直放置。

4.2.16 氧化还原电势传感器

传感器的介绍

氧化还原电势传感器（型号：ORP-BTA 或 ORP-DIN）用于测量一种溶液充当氧化试剂或还原试剂的能力，量程为 $-450\sim1100$ mV，精度为 0.5 mV，常用于测量游泳池内氯气的氧化能力等。

图 4-21　氧化还原电势传感器

传感器的工作原理

电极有两个组件：一个是测量电极，是金属铂浸在一个发生氧化还原反应的溶液中，另一个是参考电极，密封的银/氯化银凝胶用作标准电极。

此传感器能够测量 $-450\sim1\,100$ mV 范围内的氧化还原电势，读数趋向正数区域的表明所测量的溶液是强氧化试剂，反之，读数接近负数区域的表明其是强还原试剂。

使用注意事项

（1）一般情况下，无需校准传感器。如果要使读数更精确，可以进行校准。

（2）切勿将传感器完全浸没在溶液中。

4.2.17 pH 传感器

传感器的介绍

pH 传感器（型号：pH-BTA 或 pH-DIN）可以代替所有传统的 pH 计进行实验，量程为 0~14，精度为 0.005，常用于研究家庭常见的酸和碱、酸碱滴定、河流和湖的水质分析等。

图 4-22　pH 传感器

传感器的工作原理

在传感器内部的pH放大器是一个能通过数据采集器监测的有标准pH电极的电路。在 pH=7的缓冲溶液中，它将产生1.75 V的电压。pH每增加1，电压增加0.25 V。pH每减少1，电压降低0.25 V。

它在玻璃感应电极头上延长出一个冻胶体，冻胶填充的参考电极是密封的，所以它无需重充。

使用注意事项

（1）传感器使用时的温度范围：5~80 ℃。

（2）一般情况下，无需校准pH传感器。如果要使示数更精确，可以进行校准。

（3）使用前，用蒸馏水清洗传感器头部。

（4）不要将传感器置于含有高氯酸盐（或酯）、银离子或硫离子的溶液中。

（5）不要将传感器置于含有氢氟酸的溶液或浓度高于1.0 mol/L 的酸或碱的溶液中。

（6）测量结束，用蒸馏水冲洗传感器头部，并用纸巾擦干水滴，将传感器套上盖子，并盖在存储瓶上。

（7）存储瓶内的标准缓冲液应定期更换。

4.3 数据采集器与软件

4.3.1 软件总体介绍

软件主界面

数字化实验系统是与传感器配套的软件，用来对实验数据进行保存、处理和分析。数字化实验软件主界面主要由下列几个模块构成：标题栏、主菜单栏、工具栏、表格显示区、图像显示区（图4-23）。

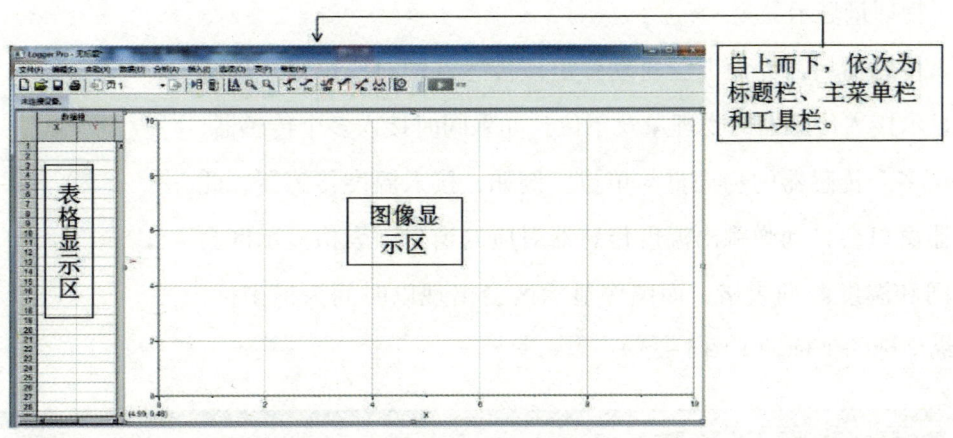

图 4-23　主界面*

其中工具栏常用按钮对应功能如下：

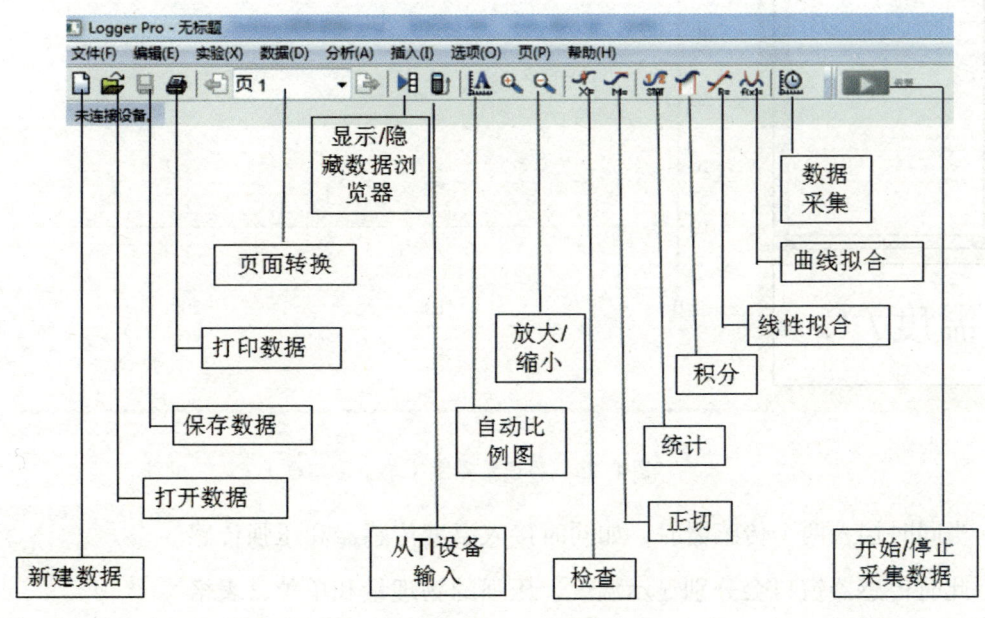

图 4-24　工具栏常用按钮对应功能

软件的基本功能

数字化实验软件一般由三大功能模块组成：物理量显示、数据记录、组合图线分析。

---

*本图像保持了与计算机输出图像的一致性。全书同。

（1）物理量显示

接入传感器后，界面上会自动弹出该传感器的对应窗口。传感器窗口显示接入传感器的物理量及单位。如果同时接入多个传感器，则会显示多个传感器的物理量与单位。例如，接入温度传感器，此时传感器窗口会自动弹跳出温度传感器对应的窗口，表格显示区会出现时间和温度两列表格，而图像显示区会出现以时间为横坐标、温度为纵坐标的坐标轴（图4-25）。

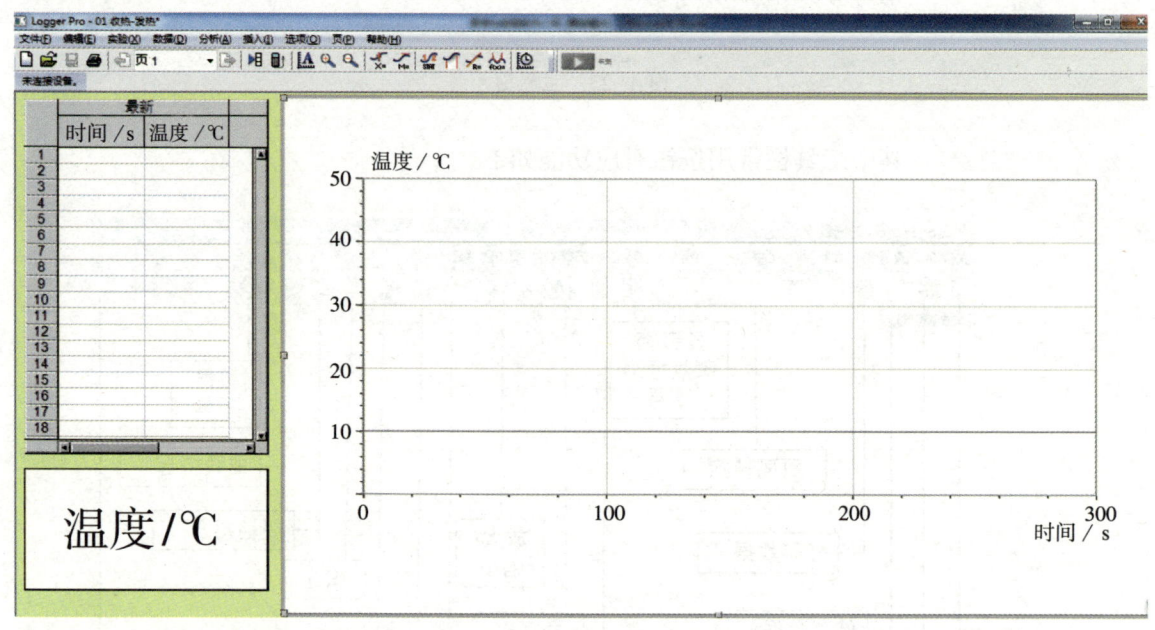

图4-25　物理量显示（单个传感器）

当同时接入两个传感器时，如同时接入温度传感器和压强传感器，此时传感器窗口会分别显示温度、压强的物理量和单位，表格显示区出现压强、温度两列表格，而图像显示区则会出现以温度为横坐标、压强为纵坐标的坐标轴（图4-26）。

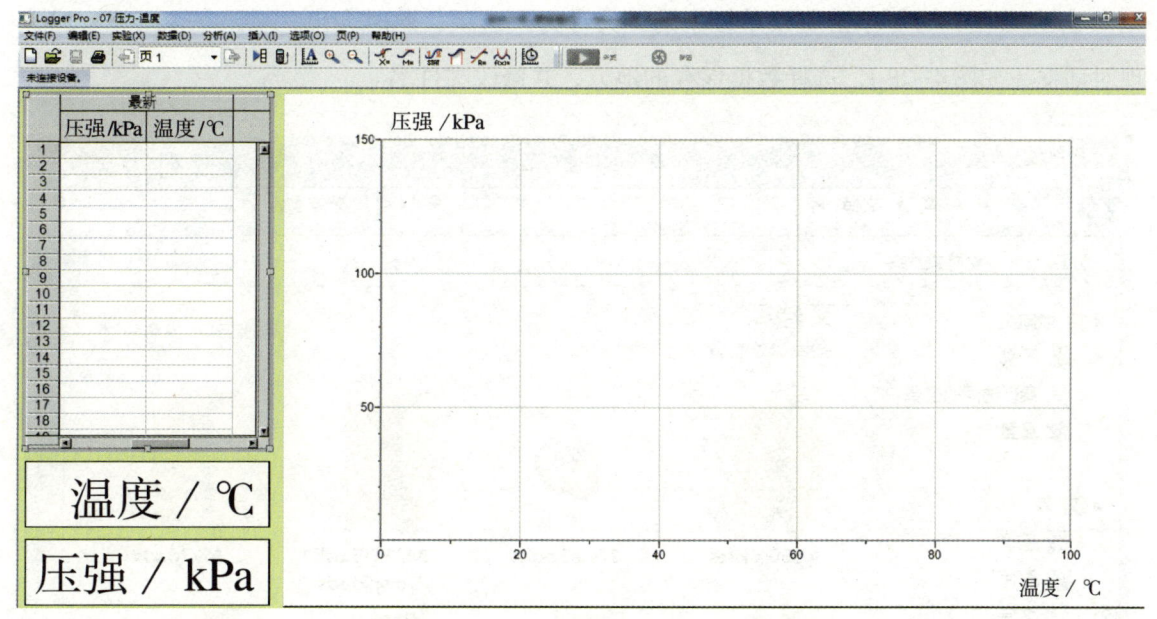

图 4-26 物理量显示（多个传感器）

为了满足复杂实验中同时采集多个物理量的要求，数据采集器可同时接入 4 个相同或不同类型的传感器。软件可以并行显示各传感器的工作状态，记录和处理各传感器采集到的实验数据。

（2）数据记录

当接入某一传感器后，表格显示区内的表格中将显示该传感器所测量的物理量及单位，并自动建立起记录数据的列表。

（3）图像分析

图像显示区不仅仅可以显示某一条曲线，还可以对其进行进一步的分析和处理，如多种拟合、求导、积分等。另外，根据实验的要求，还可以将多个数据、曲线合并到一张图中进行数据的比较和分析。

4.3.2 软件的简单应用

数据的新建与保存

新建数据：双击打开 Logger Pro 软件（如图 4-27），即可得到新的数据库。

图 4-27 Logger Pro 软件

保存数据：(1) 单击主菜单栏中的"另存为"选项，此时会出现对话框（如图4-28），选择数据保存的地方，并修改文件名。

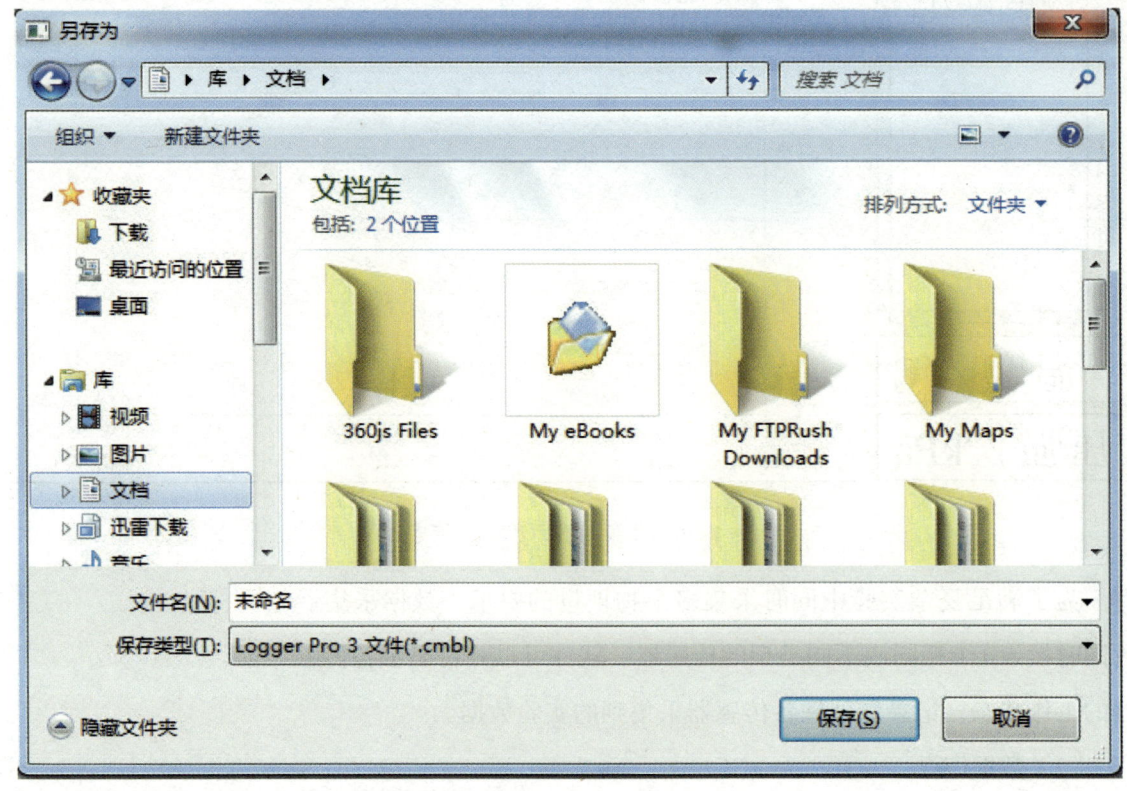

图4-28　保存数据

(2) 还有一种数据的保存方式，即直接单击"工具栏"中的"保存数据"按钮，此保存方式会覆盖原有的数据。若进行多组实验时，最好选择"另存为"方式保存数据。

与 Word 和 Excel 兼容

实验后的图像和数据可以与Word、Excel兼容。具体操作方法如下：

(1) 图片：左击鼠标选中图片，右击鼠标选择复制，然后粘贴到word中。

(2) 数据：左击鼠标选中表格中的 x、y 栏，右击鼠标选择复制，然后直接粘贴到Excel中。

图像显示

（1）改变坐标轴比例

图中的数据是由电流传感器采集到的单液原电池电流随时间变化的图像（图4-29）。该数据组其实包含200 s的数据，现在显示在图上只有50 s。要显示所有数据，可以手动改变坐标轴的比例。在图上点一下，然后在 y 坐标轴上方的 "2.0" 上点一下，一个编辑框会出现。输入 "1.2" 后按 "输入/回车" 键，y 坐标轴的比例已改成 0～1.2 V。要改变 x 坐标轴的范围，只需在 x 坐标轴右边的 "50" 字上点一下，输入 "200"，x 坐标轴会改成显示 0～200 s 的数据（图4-30）。

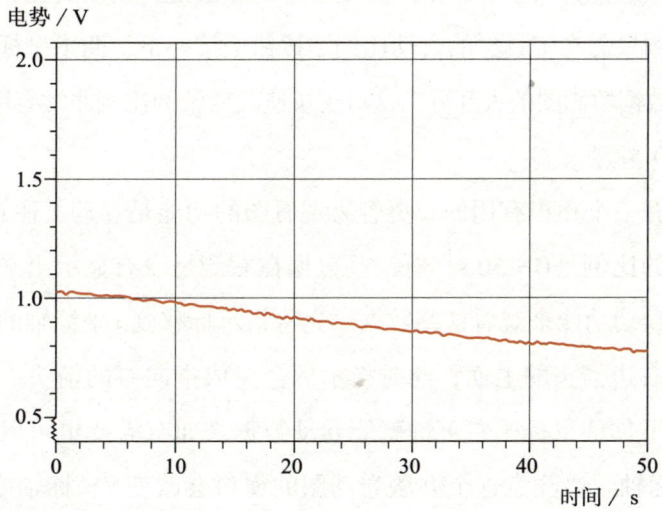

图4-29 单液原电池电势随时间变化（初始图）

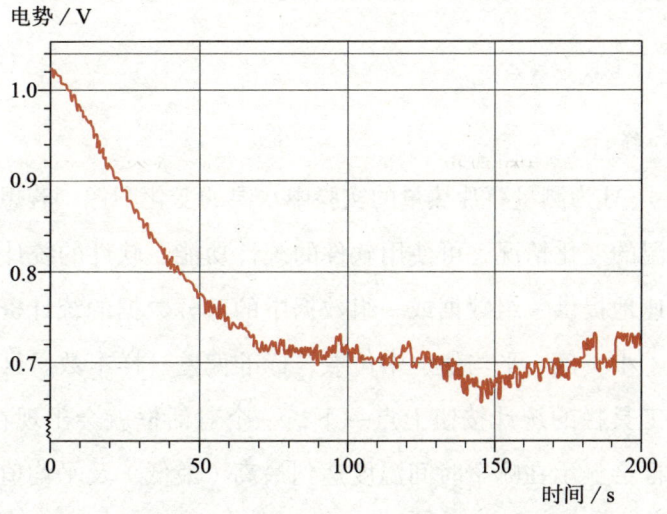

图4-30 单液原电池电势随时间变化（改变坐标轴比例）

（2）拉长坐标轴

软件中还带有轴拉长功能。先将指示标移至 x 坐标轴上面，指示标会变成一条在两头有箭头的蛇形曲线。点击并沿坐标轴左右拖动一下，零的位置不变，但其余的坐标轴会跟随着延长或缩短，将坐标轴延长至所有 200 s 的数据都显示出来。

同样也可以将 y 坐标轴延长。将指示标移至 y 坐标轴上面并观察到指示标变形。它会变成一条两头有箭头的蛇形曲线。点击并沿坐标轴上下拖动一下，将坐标轴拉长至波纹的顶部，即接近图的顶部。

（3）自动比例

如果想让曲线填满整个图，最容易的办法是自动设置比例。自动设置比例只需在工具栏的自动比例图按钮上按一下，两个坐标轴都会改成将数据填满图的大部分。这对于快速改变轴的比例非常有用。

（4）卷动

还有一个相当有用的、更容易观看图的功能是卷动。注意之前 x 坐标轴的比例是 0～50 s，有一些数据在右侧是没有显示出来的，可以通过卷动功能来观看这些数据。先将指示标移到 x 坐标轴的轴标附近指向右边箭头的上面，此时指示标会变成指向右的箭头。按下并保持按下你的鼠标（左）键就能卷动数据。如有需要也可以上下卷动 y 坐标轴。要注意这个办法卷动图的窗口会改变 x 坐标轴或 y 坐标轴的最高值和最低值，和前一个方法只改变 x 坐标轴或 y 坐标轴的最高值而保持最低值不变不一样。

统计、正切、积分

（1）统计

图 4-31 为测量薯片热量的实验中水温的变化图像。若想快速地知道水温的变化情况，可使用软件的统计功能。软件的统计功能是一个快速地提供一组数据或一组数据中的部分数据的统计资料，包括最大（小）值、平均值、中位数、标准偏差、样本数。具体操作为：在工具栏的统计按钮上点一下，一个对话框就会出现在图上，该对话框会显示在哪个时间温度达到最高（最低）及平均值、中位数、标准偏差。如有需要，还可以拖动对话框到新的位置。该对话

框中包括了数据组的有关统计资料。

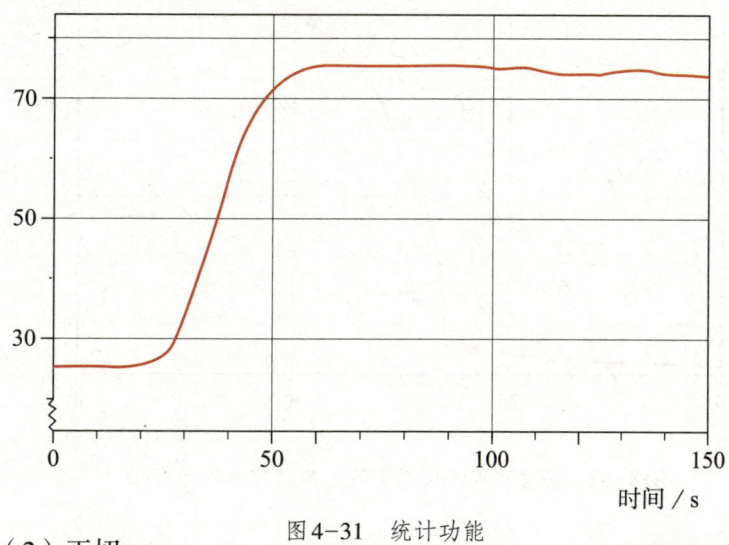

图 4-31　统计功能

（2）正切

若想知道在测量薯片热量的实验中，水在什么时候升温最快，可通过软件的正切功能获得。在某一时间点的斜率即正切。在工具栏上点一下正切按钮，将鼠标在图中移动。在图的左上角的浮动框会显示出在指示标所在时间数据点上正切线的斜率，如 26 s 的斜率为 0.715 ℃ /s。

（3）积分

软件能够看到在某一区间内的积分。在工具栏上点一下积分按钮，即可得到积分的值。

计算功能

LoggerPro 软件自带很多计算功能，如导数、二阶导数、指数幂、自然对数、常用对数、旋转运动……以求导为例（图 4-32 为高锰酸钾溶液滴定亚硫酸钠溶液的曲线），利用软件自带工具对电势求导，方法如下：（1）点击"数据"中的"新计算栏"选项。（2）在弹出的对话框中，点击"函数"按钮，选择其中的"导数"选项。（3）点击"变量栏"按钮，选择"电势"选项（见图 4-33），即可对电势进行求导（图 4-34）。

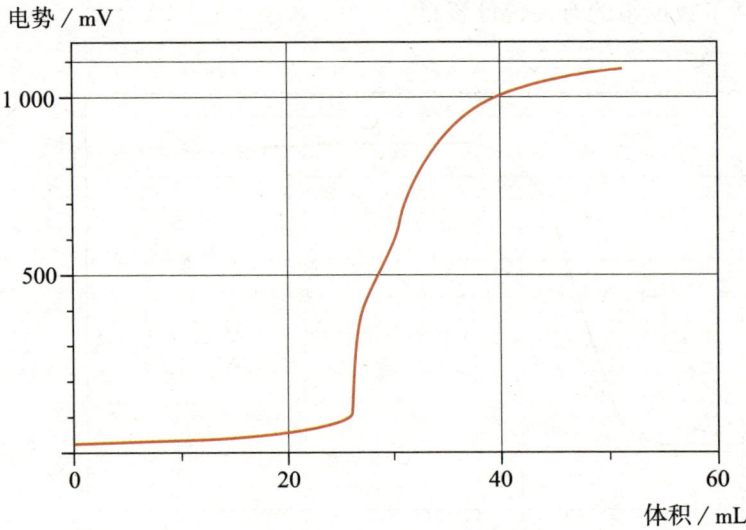

图 4-32 高锰酸钾溶液滴定亚硫酸钠溶液的曲线

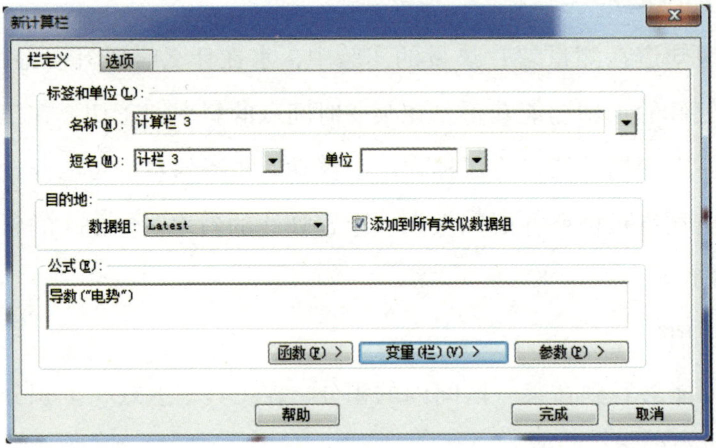

图 4-33 软件自动求导图

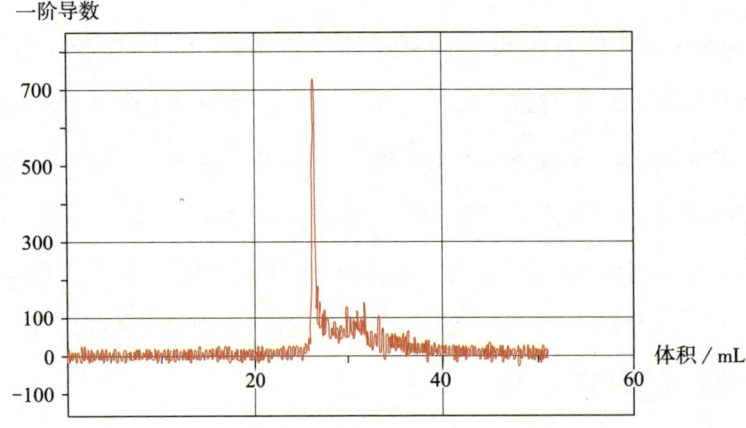

图 4-34 滴定电势求导曲线

数据拟合

（1）线性拟合

图4-35为试剂瓶内25个发芽的豆所产生的二氧化碳体积分数的图像。因为图像显示的是二氧化碳体积分数的增加呈线性关系，所以可用一条直线来拟合这组数据。线性拟合的方式有两种，一种是通过线性拟合按钮进行拟合，还有一种是通过曲线拟合中函数的选择进行拟合。在通过线性拟合按钮进行拟合的方式中，首先要点击工具栏中的线性拟合按钮，注意软件会自动为整组数据拟合一个直线函数。线性拟合的结果即斜率、截距和相关系数会显示在新出现的"助手框"内，发芽豆所产生的CO_2体积分数随时间的变化关系是CO_2体积分数（$\times 10^{-6}$）=193.3 t + 869.5。

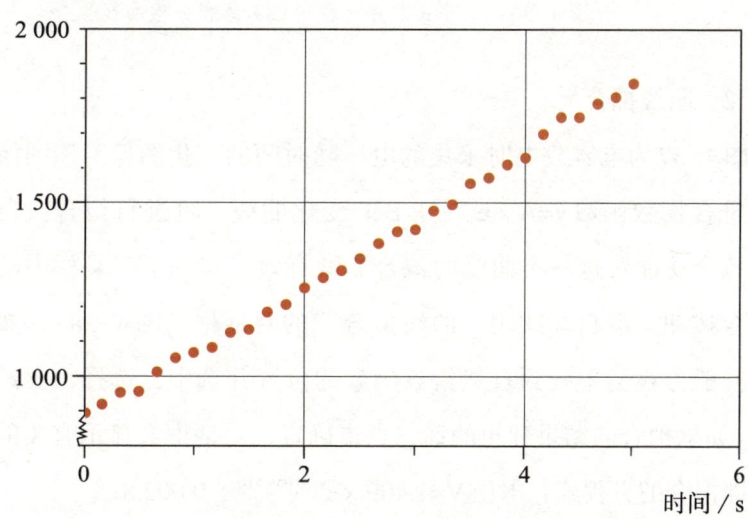

图4-35　发芽豆发芽过程中CO_2体积分数的变化

另一种方法是通过曲线拟合中函数的选择进行拟合（图4-36），具体操作方式参见曲线拟合。

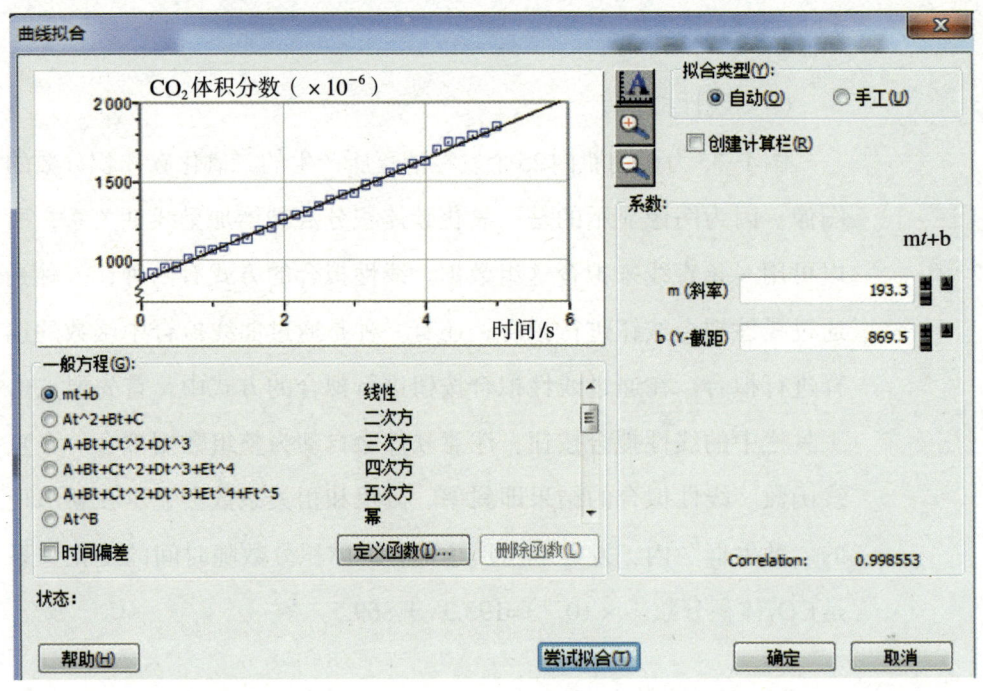

图 4-36　发芽豆发芽过程中 CO_2 体积分数曲线拟合

（2）曲线拟合

图 4-37 为电容放电时采集的电压随时间的变化图像。该图像的曲线符合指数函数 $y=A \times e^{(-Ct)} + B$ 的变化曲线，可进行拟合。自动曲线拟合功能对这一类曲线的拟合非常有效。点一下工具栏中的曲线拟合按钮，会自动跳出"曲线拟合"的对话框（图 4-38），然后下拉一般方程清单找到自然指数函数的位置并选中，选择"尝试拟合"。如果拟合的结果理想的话，点击确定，对话框会显示有关的系数，即拟合的方程式：电压 $V=1.409 \times e^{(-0.054\,51t)} + 0.002\,8$。

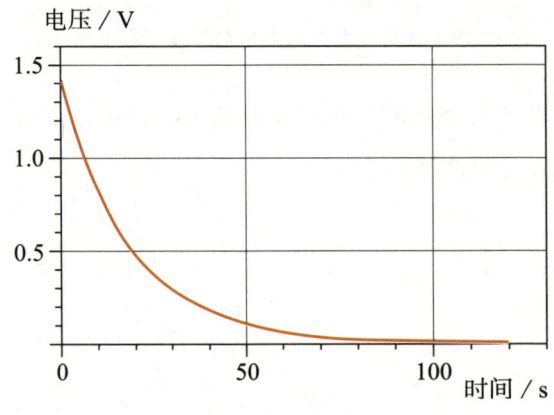

图 4-37　电容放电

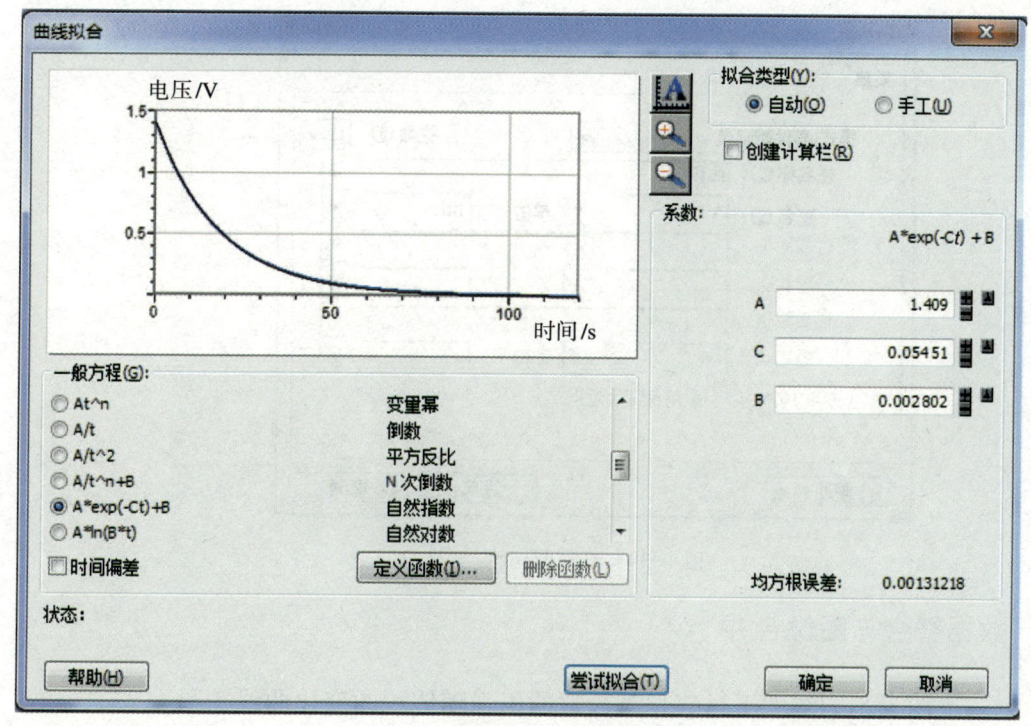

图 4-38　曲线拟合

事件配记录

一般只连接一个传感器时，系统默认得到的曲线是基于时间的曲线，而有些实验可能要得到基于体积的曲线。以酸碱中和滴定实验为例，使用pH传感器进行实验，需要测得pH随加入碱体积变化的图像，而直接连接传感器进行滴定得到的是时间-pH的图像，因此要修改数据采集的模式，将基于时间模式改为事件配记录模式。设置数据采集模式，双击"Logger Pro"软件，点击主菜单栏中的实验选项，设置其中的数据采集选项（图4-39），将数据采集的模式改为"事件配记录"，再将栏名称改为"体积"，短名改为"V"，单位"U"改为"mL"。这样采集到的图像是体积-pH图像。

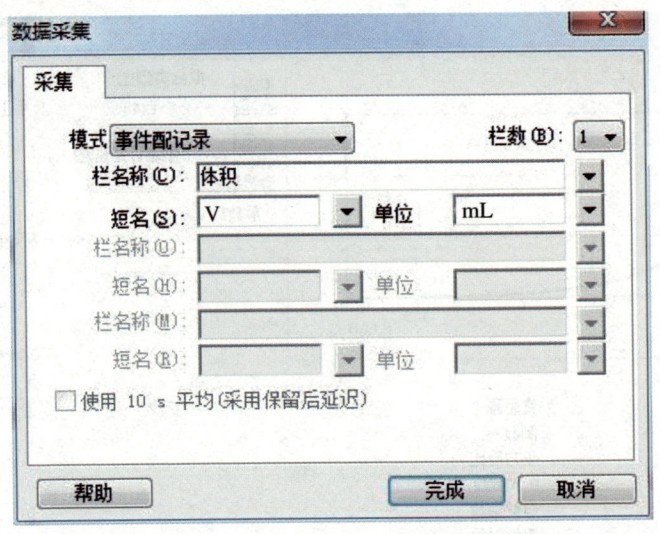

图 4-39 事件配记录

数据整合与图像合并

下图为不同浓度下过氧化氢分解的压强随体积的变化曲线（图 4-40），软件可以支持将两张图像合为一张。具体操作是：在主菜单栏中选择"数据"选项中的"新数据组"，将需要合并的数据复制粘贴在数据表中。然后，在主菜单栏中"选项"菜单中的"图选项"菜单中点击"轴选项"，更改"y 轴栏"中的"数据组 2"，选中其中的"y 轴"，就能在一幅图像中展示两组实验的压强随时间的变化图像（图 4-41）。

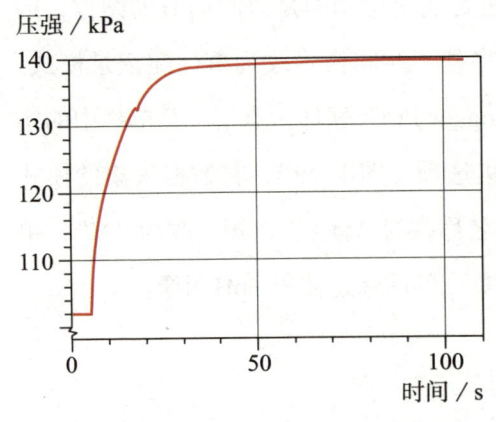 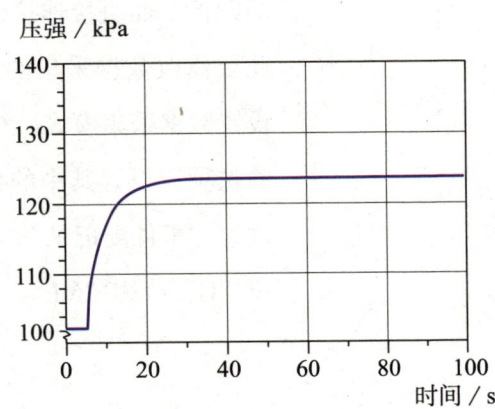

图 4-40 待整合的曲线

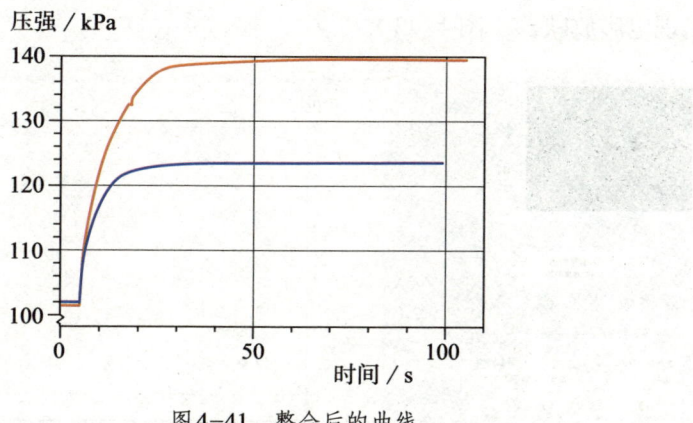

图4-41 整合后的曲线

文本注释的加入

对于合并在一张图像中的曲线，如何让人一眼看出两条曲线分别代表了什么呢？可通过添加文本注释的方法来进行区分。在主菜单栏中选择"插入"中的"文本注释"选项，此时在图像中会出现文本注释框。移动指示标到文本注释框上，待指示标由"箭头"变成"手型"，即可拖动文本注释框至适当的位置，再输入文本即可。对不同浓度的过氧化氢溶液的分解曲线进行文本注释，结果见图4-42。

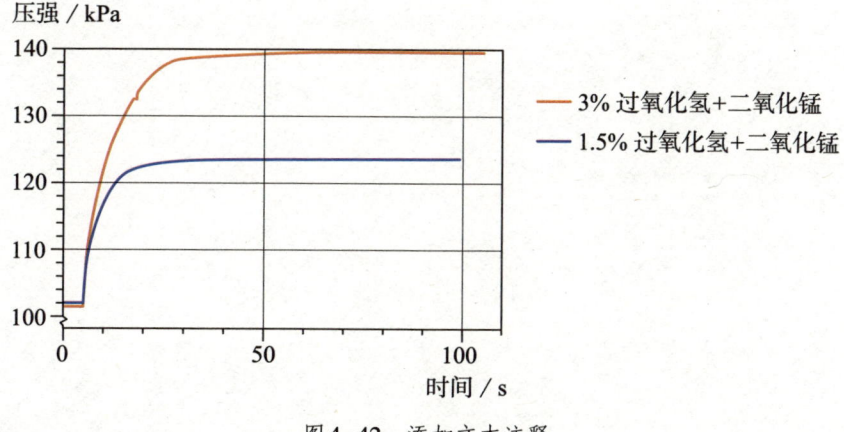

图4-42 添加文本注释

电影录像

软件可以输入实验录像。这可以将实验录像与数据同步，当重放实验时就能够同时观看数据和录像，是一个很有效的工具。具体步骤为：点击"插入"菜单中的电影选项，电影就会出现在软件的窗口，拖动鼠标可以重整电影框的大小和位置。同时，窗口中也会出现电影放映器（图4-43）。

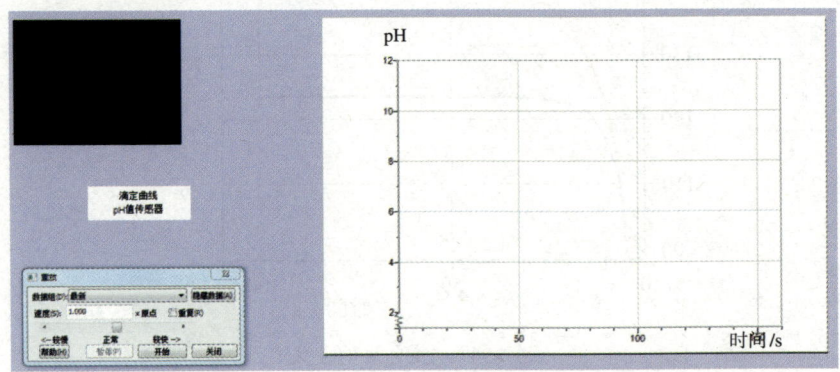

图4-43　电影录制

第 5 章　数字化实验案例

5.1 与初中化学相关的数字化实验案例

5.1.1 空气

实验 1　运用数字化实验测定室内空气与人体呼出气体的成分

【教学建议】

关于人们吸入的空气与呼出的气体有什么不同，传统实验方法只能对其做出定性分析或者粗略的定量分析。本实验则利用数字化仪器，较为准确地测定了呼出气体中气体成分的含量。教师可在传统实验的基础上增加本实验，帮助学生从量的角度理解人体吸入气体与呼出气体成分的差别。

教师可以这样引入：呼吸对于人类来说是生命延续的关键，那么大家知道我们呼出的气体和吸入的气体在成分上究竟有哪些差别吗？各气体成分的含量是多少呢？今天我们就利用几种传感器来测定室内空气与人体呼出气体的成分。

【实验目的】

使用传感器探究人体吸入的气体与呼出的气体的成分的差别。

【实验原理】

空气主要由氮气、氧气组成，还含有二氧化碳、水蒸气等。人体吸入的气体和呼出的气体在成分上存在差异。

【实验仪器和药品】

数据采集器、二氧化碳传感器、湿度传感器、氧气传感器、计算机及相应配套软件、塑料保鲜袋。

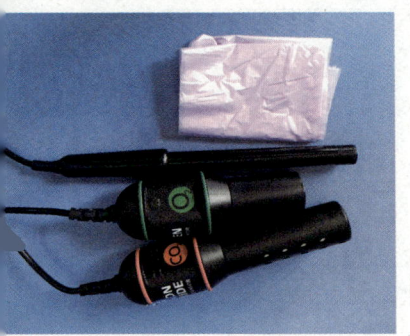

图5-1 实验装置与用品图

【实验过程】

（1）对氧气传感器进行校准。点击"实验""校准"，选择"氧气传感器"，点击"现在校准"。按下氧气传感器调零按钮，在读数1中输入"0"并保存。松开调零按钮，在读数2中输入"21"并保持。

（2）取一塑料保鲜袋。先把塑料保鲜袋内的空气尽量排尽，然后将二氧化碳传感器、湿度传感器和氧气传感器一起放入其中，开始采集数据。大约30 s后，向塑料保鲜袋中吹入气体，直到袋子鼓起，扎紧袋口，继续采集数据到曲线变化基本稳定为止。

【结果与分析】

（1）水蒸气

由于没有直接测量水蒸气体积分数的传感器，本实验中采取测量相对湿度的方法来测定水蒸气的含量。湿度传感器需要一定的响应时间，应读取相对稳定时的值。本实验中可读取100~200 s之间的值。

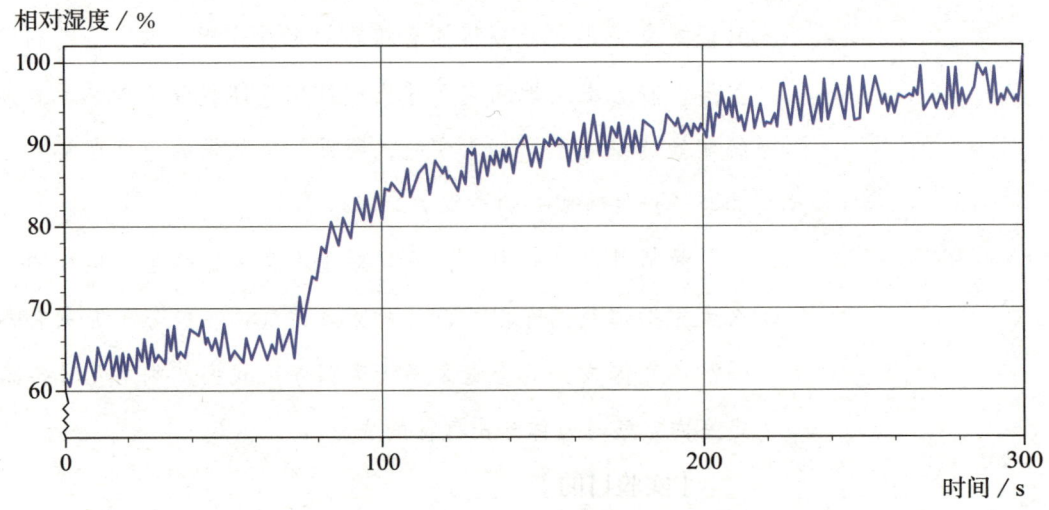

图5-2 相对湿度的变化

（2）氧气

氧气传感器很灵敏，响应较快。随着气体的吹入，曲线立即开始快速下降并基本保持不变。而在停止吹入气体并扎住袋口后，曲线略有上升（见图5-3）。曲线上升的原因可能是：呼出的气体温度和湿度都较高，随着水蒸气的凝结，水蒸气的体积分数有所减小，导致氧气体积分数略有增大。

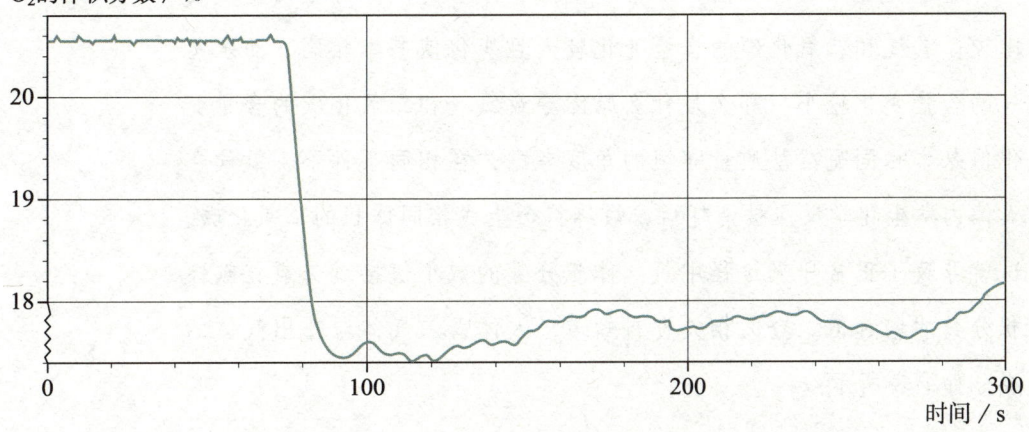

图5-3 氧气体积分数的变化

在该次测量中，室内空气中氧气的体积分数为20.57%。用塑料保鲜袋收集的正常呼出的气体中，氧气的体积分数为17.48%，两者相差3.09%，这说明氧气的含量在正常呼出的气体中有了较为明显的减少。

（3）二氧化碳

二氧化碳传感器是利用二氧化碳对红外线的吸收来进行测量的，对二氧化碳浓度的变化响应较缓慢。因此，在停止吹入气体后，二氧化碳的体积分数曲线变化相对氧气的曲线来说，要延迟一段时间才基本保持不变。室内空气中二氧化碳的体积分数为0.35%。用塑料保鲜袋收集的正常呼出的气体，二氧化碳的体积分数为4.2%（见图5-4，其中稳定值为4.2%），两者相差3.85%，即二氧化碳在正常呼出的气体中的含量与空气相比有了非常显著的增加。

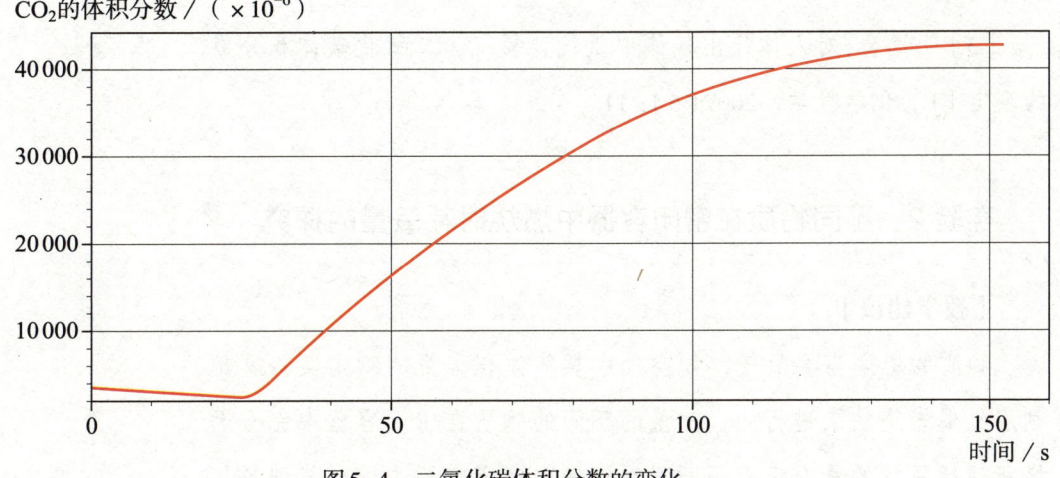

图5-4 二氧化碳体积分数的变化

通过表5-1可以看出，正常呼吸方式呼出的气体与室内空气相比较，氧气和二氧化碳的含量变化较大且变化值基本相同，而水蒸气的含量变化较小。那么是什么原因导致氧气和二氧化碳的含量变化值基本相同呢？从质量守恒的角度考虑，在相同条件下，氧气在人体内发生化学反应被消耗后，最终将会生成相同体积的二氧化碳。这就导致了正常呼吸过程中氧气体积分数的减小值接近二氧化碳体积分数的增加值。查阅相关资料知道，人体吸入气体与呼出气体的成分如下表所示：

表5-1　人体吸入与呼出气体各成分含量变化表

气体成分	吸入气/%	呼出气/%	肺泡气/%
O_2	20.96	16.40	14.30
CO_2	0.04	4.10	5.60
N_2	79.00	79.50	80.10
合计	100.00	100.00	100.00

结合实验数据分析，由于人为因素和仪器误差，本实验的测量结果可接受。

【参考文献】

[1] 任峰，夏建华.运用手持技术测定室内空气与人体呼出气体的成分[J].化学教学，2013(8)：45-46.

[2] 平占斌.人体呼出气体成分实验[J].发明与创新（中学时代），2011(6)：17.

[3] 明远会.对人体呼出气体中氮气、氧气、二氧化碳体积分数的测定[J].化学教学，2007(6)：11.

实验2　不同物质在密闭容器中燃烧时耗氧量的探究

【教学建议】

物质的燃烧需要氧气，如空气中氧气体积含量的测定实验就是利用红磷燃烧法来进行的。过量的不同的物质在密闭容器中完全燃烧所消耗氧气的量有没有不同呢？红磷在密闭容器中燃烧能把氧气完全耗尽吗？我们借助氧气传感器来对这一问题进行探究。

教师可以这样引入：法国科学家拉瓦锡用燃烧法测定了空气中氧气的含量，那么能不能用蜡烛燃烧来进行该实验呢？使用过量的不同物质进行燃烧得到的氧气的含量一样吗？下面让我们来一起进行研究。

【实验目的】

使用氧气传感器探究不同物质在密闭容器中燃烧时的耗氧量。

【实验原理】

过量的不同的物质在密闭容器中燃烧所消耗氧气的量是不同的，物质燃烧需要的氧气达到一定浓度时反应才能发生。

【实验仪器和药品】

氧气传感器、数据采集器、计算机及相应配套软件、集气瓶、燃烧匙。

红磷、铁丝、蜡烛。

【实验过程】

（1）如图5-5所示，采用氧气传感器来实时测定容器内氧气的含量变化，并通过计算机绘出实时的变化曲线。

（2）在燃烧匙中装入一小段过量的蜡烛，打开数据采集器，将蜡烛点燃后立即塞紧橡胶塞，待蜡烛熄灭后，停止采集数据。

（3）用同样的方法再测量过量的红磷在密闭容器中燃烧的耗氧量。

【结果与分析】

（1）蜡烛在密闭容器中燃烧的耗氧量的测定

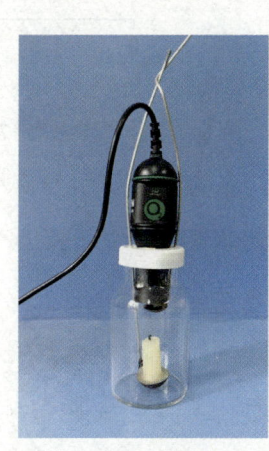

图5-5 实验装置图

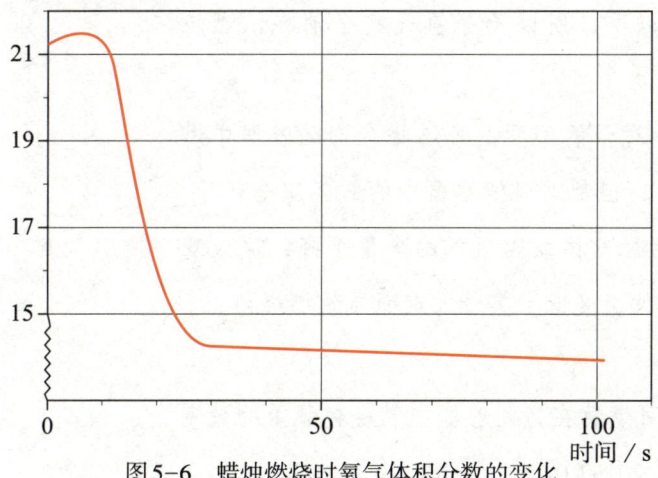

图5-6 蜡烛燃烧时氧气体积分数的变化

通过实验曲线可知，过量的蜡烛在密闭容器中燃烧确实不能将容器中的氧气完全耗尽，密闭容器中氧气含量下降到13.93%时，蜡烛就完全熄灭了。这是为什么呢？

蜡烛燃烧会产生CO_2，CO_2的密度大于空气的密度，它会慢慢下沉。当CO_2接触到蜡烛火焰时就会使蜡烛熄灭，而不再继续消耗氧气。

（2）红磷在密闭容器中燃烧时耗氧量的测定

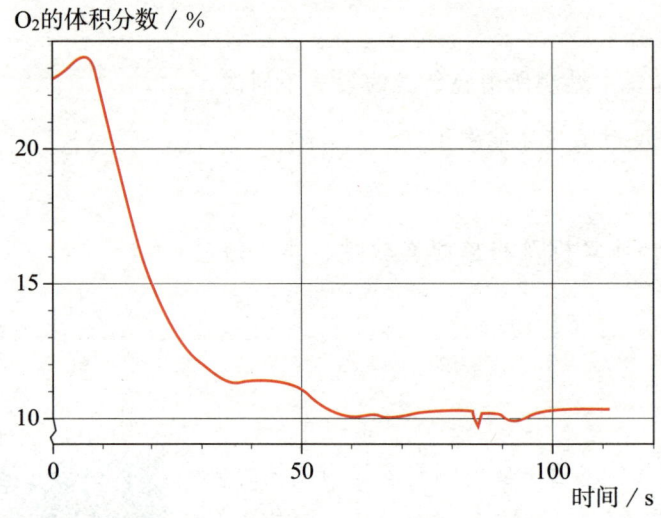

图5-7 红磷燃烧时氧气体积分数的变化

实验时显示的曲线表明，过量的红磷在密闭容器中燃烧也只能使氧气的含量下降至10.30%，无法将容器内的氧气完全耗尽，这是为什么呢？

红磷的着火点是260℃，在密闭容器中，随着红磷燃烧的进行，氧气的含量逐渐减少，反应变慢，放出的热量减少，最终使温度会降低到红磷的着火点以下，所以不等氧气完全消耗，燃烧就可能停止。

通过以上实验我们发现，过量的不同的可燃物在密闭容器中燃烧时消耗的氧气的量是不同的，但都难以把容器中的氧气完全耗尽。燃烧一段时间后就会因生成阻燃气体或因氧气的含量下降，反应变慢，放热减少，最终使可燃物的温度低于其着火点而导致燃烧停止。

【参考文献】

严西平，陈学东，钱蕙. 可燃物在密闭容器中燃烧耗氧量的数字化探究［J］. 教学仪器与实验，2015（04）：34-36.

实验3 运用数字化实验测定空气中氧气的含量

【教学建议】

测定空气中氧气的含量,一般先使过量的红磷在集气瓶中燃烧,再测量燃烧后进入集气瓶中的水的量,最终将其换算成氧气在空气中的含量,这种方法比较粗略。在教学中教师可在传统实验的基础上增加本实验,两者配合使用。在教材实验的基础上帮助学生得到更精确的结果,有利于学生从量的角度更深刻地理解该实验。

教师可以用这样的方法创设教学情境:法国科学家拉瓦锡用定量的方法研究了空气的成分,我们可以仿照他的方法来测定空气中氧气的含量。在集气瓶中燃烧过量的红磷,火焰熄灭并冷却至室温后,打开止水夹,有水进入到集气瓶中。水进入集气瓶的原因是什么?红磷燃烧消耗氧气,集气瓶中气压减小并小于外界大气压,于是大气压将水压入集气瓶中。那么如果我们能监测到集气瓶中气压的变化,就能更精确地得到空气中氧气的含量。下面就让我们用压强传感器来尝试一下吧。

【实验目的】

运用压强传感器测定空气中氧气的含量。

【实验原理】

根据克拉伯龙方程 $pV=nRT$,将物质的量 n 用 $\dfrac{m}{M}$ 表示即可得到 $pV=\dfrac{mRT}{M}$。也就是说,在体积和温度相同时,压强和气体质量成正比,应用到此实验中:$\dfrac{p_1}{p_2}=\dfrac{m_1}{m_2}$($p_1$ 为红磷燃烧前空气压强,p_2 为红磷燃烧后试管内压强,m_1 为红磷燃烧前试管内气体质量,m_2 为红磷燃烧后试管内剩余气体质量),空气中氧气体积百分含量为:
$w=\dfrac{p_1-p_2}{p_1}\times 100\%$。

【实验仪器和药品】

压强传感器、数据采集器、计算机及相应配套软件、酒精灯、燃烧匙、双孔塞、集气瓶。

红磷。

【实验过程】

（1）如图5-8所示连接好实验装置，将燃烧匙和氧气传感器固定在橡胶塞上，将橡胶塞塞紧集气瓶，检查装置气密性。

（2）打开数据采集器，开始采集数据。

（3）将过量红磷平铺在燃烧匙上，点燃酒精灯，加热燃烧匙将红磷点燃。

（4）将装有燃烧匙和压强传感器的橡胶塞迅速塞紧集气瓶。

（5）待压强不再变化时，停止数据收集。

【结果与分析】

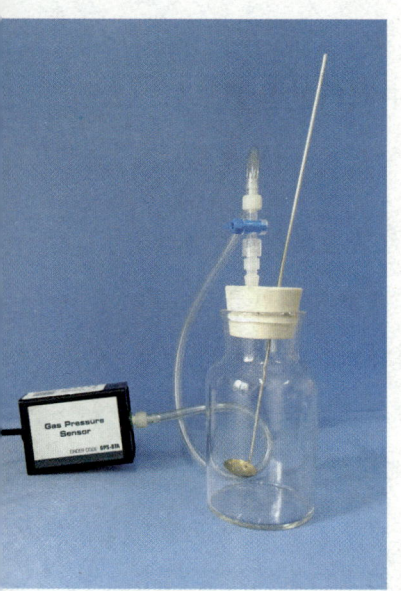

图5-8 实验装置图

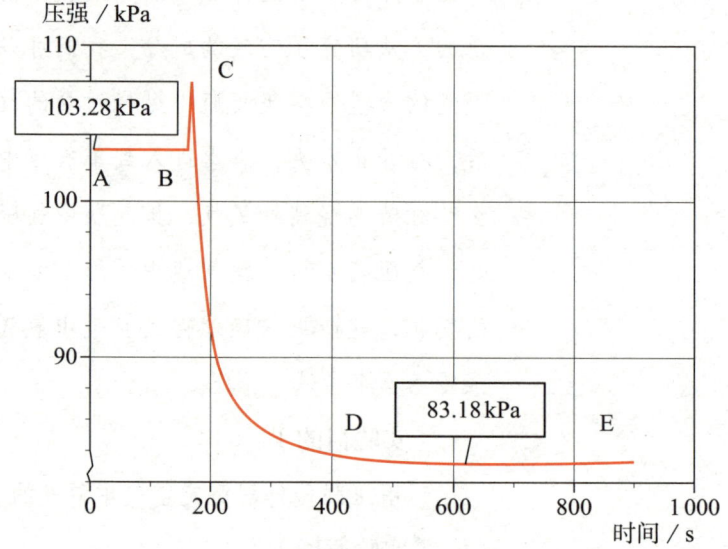

图5-9 瓶内压强变化

AB段为点燃红磷前空气的压强；BC段为点燃红磷后放热，试管内气体膨胀压强增大的过程；CD段为红磷燃烧消耗氧气，试管内压强减小的过程；DE段为燃烧后试管内温度恢复至常温，压强减小并趋于平稳的过程。

$$w = \frac{p_1 - p_2}{p_1} \times 100\% = \frac{103.28 \text{ kPa} - 83.18 \text{ kPa}}{103.28 \text{ kPa}} = 19.46\%。$$

通常情况下燃烧的红磷熄灭时，还会有少量氧气存在，故实验测量结果达不到21%，本实验测定结果基本合理。

【实验注意事项】

（1）数据要在点燃红磷前开始采集，以获取点燃前空气的压强。

（2）为保证装置的气密性，可在橡胶塞的边缘涂少量凡士林密封。

（3）点燃红磷并将橡胶塞塞紧集气瓶后，注意轻压橡胶塞，以免红磷放热使空气膨胀将橡胶塞顶起，造成误差。

【参考文献】

［1］赵悦.中学化学定量实验应用的案例研究［D］.南京：南京师范大学，2015：24-25.

［2］李凯，鲍正荣.基于手持技术测定空气中氧气含量［J］.中小学实验与装备，2012（1）：22-23.

［3］章永军.利用传感器分析空气中氧气含量测定的误差［J］.化学教与学，2011（7）：91.

5.1.2 二氧化碳

实验1 运用二氧化碳传感器研究碳酸钙与稀盐酸、稀硫酸的反应

【教学建议】

实验室制取二氧化碳通常是选择大理石和稀盐酸反应，而不使用稀硫酸。教师们在课堂中讲到这个问题时通常以"会生成微溶物阻碍反应进行"来解释，那么在反应过程中硫酸钙的阻碍程度如何？如果改用碳酸钙粉末与稀硫酸反应是否可以制得二氧化碳呢？本实验利用二氧化碳传感器，将不同反应物发生反应时生成二氧化碳的浓度变化趋势很好地呈现出来，让学生很容易理解上述问题。

教师可以采用这样的方式引入课题：实验室制取二氧化碳一般使用大理石和稀盐酸，可以选择稀硫酸吗？学生可能觉得稀盐酸与稀硫酸性质相似，所以认为可以。那么实际情况到底如何呢？让我们利用二氧化碳传感器来测定不同的反应物生成二氧化碳气体的情况。

【实验目的】

运用CO_2传感器研究$CaCO_3$分别与稀盐酸、稀硫酸的反应。

【实验原理】

实验室使用大理石和稀盐酸制取二氧化碳，不选择稀硫酸的原

因是大理石与稀硫酸反应生成微溶的 $CaSO_4$，会阻碍反应的进一步进行。

【实验仪器和药品】

二氧化碳传感器及配套反应容器、计算机及相应配套软件、100 mL 容量瓶、量筒（10 mL、100 mL）。

$CaCO_3$ 粉末（分析纯）、大理石、0.2 mol/L 稀盐酸、0.1 mol/L 稀硫酸。

【实验过程】

（1）如图 5-10 连接装置，将数据采集器、二氧化碳传感器与计算机相连接。

（2）称量一定质量的 $CaCO_3$ 粉末或大理石，将其置于 CO_2 传感器的配套反应容器中。

（3）用量筒量取 10 mL 0.2 mol/L 稀盐酸或 10 mL 0.1 mol/L 稀硫酸（此时两溶液提供的 H^+ 的物质的量是相同的）。

（4）将稀盐酸或稀硫酸注入反应器中，迅速插入二氧化碳传感器，同时开始测定二氧化碳体积分数随时间的变化。

图 5-10 实验装置图

【结果与分析】

用稀盐酸和稀硫酸分别与 $CaCO_3$ 粉末或大理石作用，测出二氧化碳含量随时间变化的曲线如下图所示：

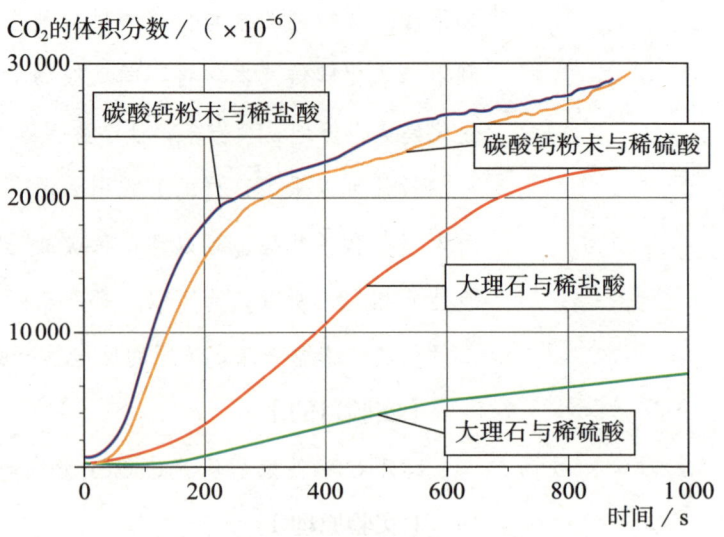

图 5-11 大理石、碳酸钙粉末与酸的反应

由图5-11可知，这四个反应中大理石与稀硫酸的反应产生的CO_2体积最少。$CaCO_3$粉末与稀硫酸反应放出的CO_2气体的体积接近稀盐酸与$CaCO_3$粉末或大理石反应放出的CO_2气体的体积。实验充分说明用稀硫酸与大理石制备CO_2气体是不可行的，生成的微溶物$CaSO_4$附着在大理石表面，会阻碍反应进一步的进行；但若用$CaCO_3$粉末与稀硫酸反应，则可以得到CO_2气体。

【参考文献】

陈俏.运用CO_2传感器研究$CaCO_3$与盐酸和硫酸的反应[J].化学教与学，2012(3)：93

实验2　二氧化碳灭火原理探究

【教学建议】

"阶梯蜡烛熄灭"实验是用来说明二氧化碳的密度比空气的大、它不能燃烧、也不支持燃烧的相关性质的。但是学生只看到蜡烛熄灭的现象，并根据现象进行相关推测，缺少数据支撑。利用氧气传感器测定二氧化碳倒入烧杯的过程中处于不同高度的氧气的浓度变化，可帮助学生更清晰地感知二氧化碳灭火的过程，从而更好地理解二氧化碳灭火的原理。

教师可以这样引入：首先演示"阶梯蜡烛实验"，学生观察到下层蜡烛先熄灭，并且得出二氧化碳的密度比空气的大，它本身不燃烧且不支持燃烧的结论。但是在倾倒二氧化碳气体进入烧杯的过程中，氧气的体积分数是怎么变化的呢？让我们一起利用氧气传感器来寻找答案吧！

【实验目的】

利用氧气传感器探究二氧化碳灭火的原理。

【实验原理】

二氧化碳的密度比空气的大，它本身不燃烧，也不支持燃烧，倾倒CO_2会使得下层空气中的氧气含量减少。

【实验仪器和药品】

氧气传感器、计算机及相应配套软件、大试管、注射器、橡胶塞、导管。

1 mol/L盐酸、碳酸钙粉末。

【实验过程】

（1）如图5-12所示，在大烧杯的不同高度分别放置2个氧气传感器，并将其与数据采集器、计算机相连接，通入CO_2的导管固定在大烧杯杯口。

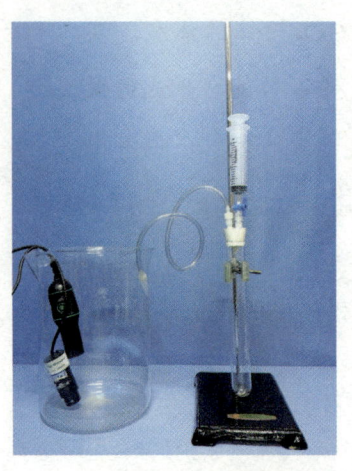

图5-12　实验装置图

（2）在试管中装入适量的碳酸钙粉末，并在注射器中注入10 mL左右的1 mol/L的盐酸。开始采集数据，一段时间后，将盐酸注入大试管中，关闭活塞，用两个氧气传感器分别测量烧杯内不同高度的氧气含量变化，待数据趋于平稳后停止采集数据。

【结果与分析】

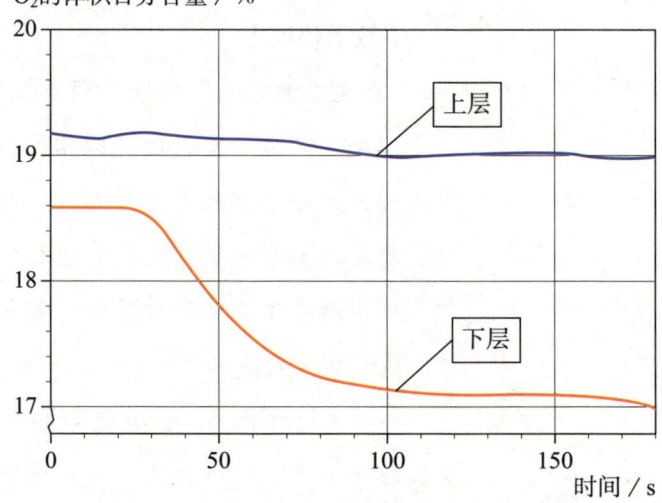

图5-13　不同高度的氧气体积百分含量变化

从图中不难发现，当在烧杯杯口处通入CO_2后，烧杯下层的O_2的含量立即减小，而上层的O_2的含量基本保持不变，这说明CO_2的密度大于空气的密度、氧气的密度。所以，CO_2能够灭火主要是由于CO_2不支持燃烧，且密度比O_2的大，通入CO_2气体后O_2的含量逐渐减小，最终O_2浓度不能支持蜡烛燃烧。

【参考文献】

[1]陈徽，钱扬义，王玉兰等.一个培养学生信息处理能力的案例——将手持技术融入二氧化碳灭火实验的探究[J].化学教育，2008，29(2)：56-57.

[2] 张志辉. DIS数字实验探究蜡烛燃烧现象[J]. 化学教育, 2014, 35(9): 73-74.

实验3 探究二氧化碳的温室效应

【教学建议】

在讲到二氧化碳对生活和环境的影响这一内容时，一般教师都会给学生介绍由于二氧化碳含量增多而产生的温室效应。但是学生对CO_2产生的温室效应没有数字化的感受。本实验借助数字化仪器定量测定CO_2的含量对温度的影响，帮助学生更深入地了解温室效应，从而更好地引导学生树立减少温室气体排放的环境保护意识。

【实验目的】

利用温度传感器探究CO_2的温室效应。

【实验原理】

空气成分有N_2、O_2以及少量稀有气体、水蒸气、CO_2等，它们会不同程度地吸收太阳光辐射的能量而导致环境升温，造成温室效应。CO_2是造成温室效应的主要气体。

【实验仪器和药品】

数据采集器、温度传感器、计算机及相应配套软件、锥形瓶、试剂瓶。

大理石、稀盐酸。

【实验过程】

（1）用250 mL的干燥锥形瓶收集1瓶CO_2气体，并用带有小孔的橡胶塞塞好。在收集好气体的锥形瓶橡胶塞边缘和小孔处涂抹凡士林，以防漏气。

（2）另取一相同规格的干燥锥形瓶，用带有小孔的橡胶塞塞好。同样在橡胶塞边缘和小孔处涂上凡士林，用作对照实验。

（3）将两个锥形瓶放在阳光下，分别将两根温度传感器穿过橡胶塞中间的小孔插入锥形瓶中。如图5-14连接好装置，然后进行数据采集。

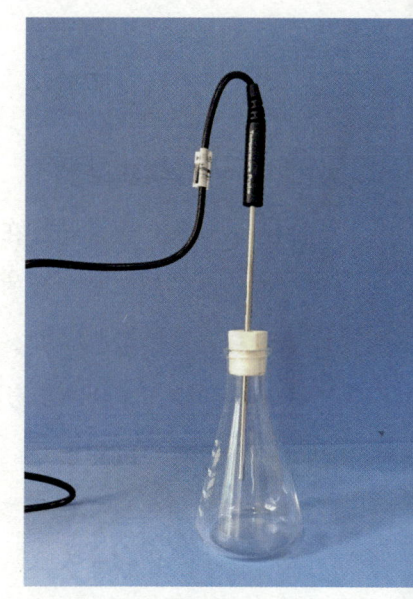

图5-14 实验装置图

【结果与分析】

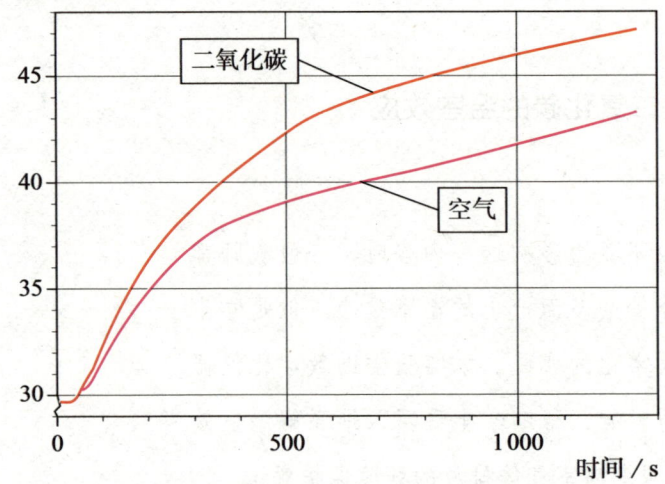

图5-15 盛有空气和二氧化碳的锥形瓶中温度的变化

分析得到的曲线可以知道，集满二氧化碳和装满空气的锥形瓶在阳光的照射下温度会逐渐升高，但集满二氧化碳的锥形瓶中温度上升得更高，说明二氧化碳的保温效果比空气的强，也印证了二氧化碳能产生温室效应。

【参考文献】

江世忠，谭显华，邓峰等.利用手持技术探究甲烷的温室效应[J].化学教育，2006，27(12)：40-41.

实验4　地铁内二氧化碳含量的研究

【教学建议】

二氧化碳是学生在初中学习过程中认识的重要气体之一。学生虽然已经了解二氧化碳的性质，但二氧化碳对自己生活的影响，学生们没有具体的数据认知。借助数字化仪器能帮助学生了解二氧化碳在实际生活中产生的一些影响，培养学生的学习兴趣，满足学生的好奇心。

【实验目的】

使用二氧化碳传感器探究地铁内二氧化碳的含量。

【实验原理】

二氧化碳是无色的气体，高浓度时略带酸味，空气中二氧化碳约占总体积的0.03%，密度为1.524 g/L，能溶于水。地铁由于位于地下，乘客人数多，座位密集，空气流通情况往往较差，二氧化碳浓度会有一定的变化。

【实验仪器和药品】

二氧化碳传感器、数据采集器、计算机及相应配套软件。

【实验过程】

（1）如图5-16，用数据线连接计算机、数据采集器、二氧化碳传感器。

（2）打开实验软件系统，系统自动识别所接入的传感器，设置数据采集时间为20 min，取样速率为4 s一个样本。

（3）待CO_2的数据稳定后，点击按钮开始采集地铁外的CO_2含量数据，一段时间后进入地铁内进行测量，600 s后停止数据采集，保存实验数据。

【结果与分析】

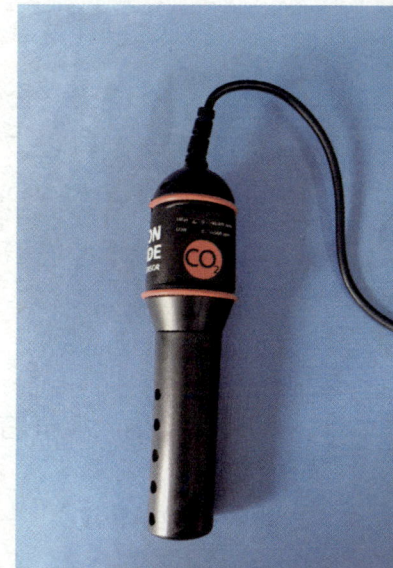

图5-16 实验装置图

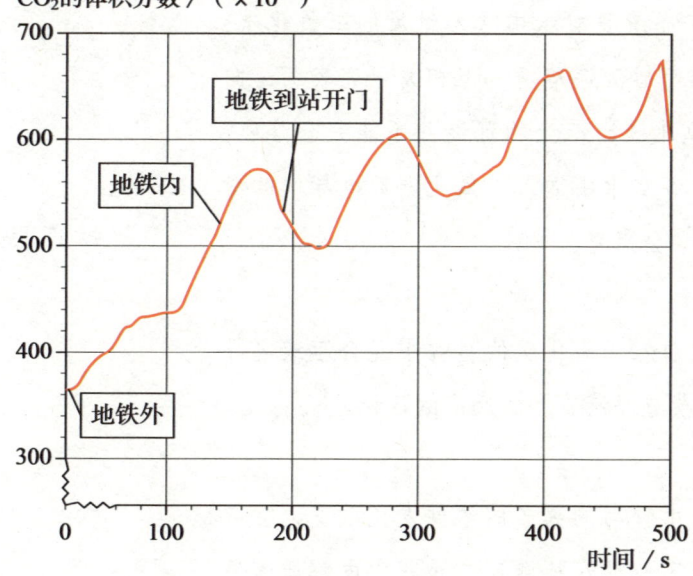

图5-17 地铁内CO_2体积分数的变化

从图5-17可知，地铁内的CO_2含量呈波浪状缓慢上升。由于地铁处于地下，通风效果不好，且乘客人数多，使得地铁内的空气被反复呼吸，O_2含量减少，CO_2含量持续增加。每当地铁到站开门后，有新鲜空气进入地铁中，使得地铁内CO_2的含量呈下降趋势。地铁内的二氧化碳含量的平均值为0.054 6%，最大值为0.067 5%。国家对于空调车内二氧化碳含量控制标准规定为体积分数小于或等于0.15 %。因此，地铁内的CO_2含量符合国家标准。

【参考文献】

[1] 汪伟，赵春辉. 多媒体教室二氧化碳含量的测定实验研究——利用手持技术的化学研究性学习案例[J]. 通化师范学院学报，2011，32(12)：79-80.

[2] 钟映雪，钱扬义. 广州公交车厢内二氧化碳含量的研究——利用手持技术进行"社会问题"的研究性学习[J]. 化学教育，2006，27(1)：37-39.

实验5　探究石灰水中通入二氧化碳后电导率的变化

【教学建议】

二氧化碳与澄清石灰水的反应是检验二氧化碳的特征反应，初中学生对此十分熟悉。对于在澄清石灰水中通入过量的二氧化碳，一般教师认为是先产生沉淀，而后沉淀溶解。但相关研究表明，向澄清石灰水中通入过量的二氧化碳，产生的沉淀并不能完全溶解。本实验利用数字化仪器，探究石灰水中通入二氧化碳后电导率的变化，帮助学生拓宽学习思路，学会探究。

【实验目的】

通过测定向澄清石灰水中通入二氧化碳的过程中混合溶液电导率的变化情况，加深对二氧化碳与澄清石灰水反应的认识。

【实验原理】

在反应过程中，溶液中自由移动的离子的浓度发生改变，会导致溶液的导电能力发生变化。因此通过检测反应过程中电解质溶液电导率的变化情况，可以判断离子浓度的变化，从而研究电解质在水溶液中的反应。

澄清石灰水中$Ca(OH)_2$以Ca^{2+}和OH^-的形式存在，当向其中吹入CO_2时，发生如下反应：

$$CO_2 + Ca^{2+} + 2OH^- = CaCO_3\downarrow + H_2O$$

由于在反应过程中生成了难溶的$CaCO_3$和难电离的H_2O，因此，随着CO_2的通入，溶液中的离子浓度逐渐降低，电导率逐渐减小。当$Ca(OH)_2$和CO_2恰好完全反应时，溶液中离子浓度降到最低，溶液的电导率也降到最低值。继续通入CO_2，CO_2可与$CaCO_3$沉淀发生反应：

$$CaCO_3 + CO_2 + H_2O = Ca^{2+} + 2HCO_3^-$$

溶液中的离子浓度随之增大，电导率也增大。

【实验仪器和药品】

电导率传感器、数据采集器、计算机及相应配套软件、大试管、吸管。

饱和石灰水、蒸馏水。

【实验过程】

（1）如图5-18，将数据采集器、电导率传感器、计算机三者连接。选择电导率的量程为0~2 000 μS/cm。

（2）双击实验系统软件，在"实验"中选择"数据采集"，选择采集模式为"基于时间"；取样速率为每秒2个样本；限定时间为5 min。

（3）取约2 mL饱和澄清石灰水加入大试管中，用蒸馏水按1∶2（体积比）将饱和澄清石灰水稀释，插入电导率传感器和吸管，点击"开始"，缓慢吹入二氧化碳5 min。

【结果与分析】

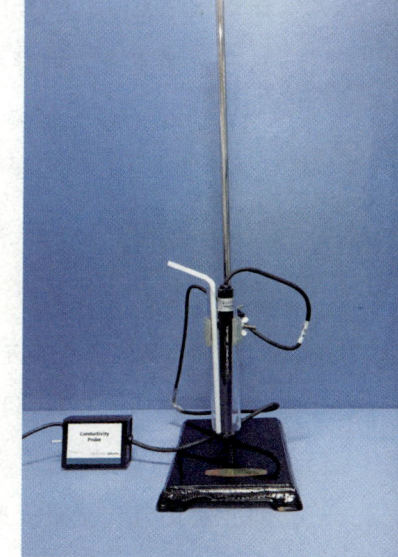

图5-18 实验装置图

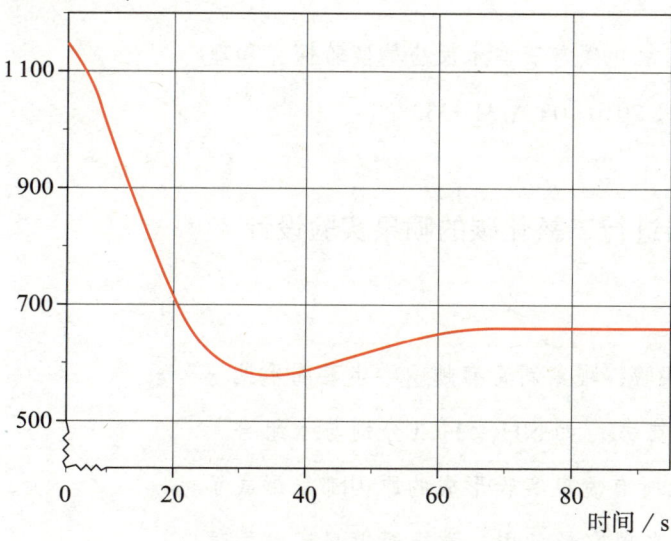

图5-19 石灰水中吹入二氧化碳后体系的电导率变化

实验结果如图5-19所示，向澄清石灰水中吹入二氧化碳后，溶液逐渐变浑浊，溶液的电导率迅速减小，达到最低值（电导率约为578 μS/cm）后缓慢上升，溶液的浑浊程度减弱。持续通入二氧化碳，溶液的电导率逐渐上升直至稳定，且稳定值（电导率约为660 μS/cm）远低于溶液初始电导率值。其原因是向石灰水中吹入二氧化碳后，反应生成了难溶的$CaCO_3$。因此，随着CO_2吹入量的增加，溶液的离子浓度逐渐降低，电导率逐渐减小。当$Ca(OH)_2$和CO_2恰好完全反应时，溶液中离子浓度降到最低，溶液的电导率也降到最低值。继续吹入CO_2，CO_2可与$CaCO_3$沉淀发生反应生成Ca^{2+}和HCO_3^-，离子浓度变大，电导率也增大。而由于$CaCO_3$无法完全溶解，且OH^-的导电能力要强于HCO_3^-，所以反应的最终稳定值要小于初始值。

反应刚开始时溶液的电导率高于反应结束时溶液的电导率，即曲线的起点一定要高于曲线的终点，但溶液电导率的最低点不可能为0。因为反应起点溶液中存在的离子为Ca^{2+}和OH^-，反应终点溶液中存在Ca^{2+}和HCO_3^-，而不论沉淀溶解是否完全，反应终点溶液Ca^{2+}和HCO_3^-的浓度总是小于反应起点溶液中Ca^{2+}和OH^-的浓度，当生成的沉淀量最大时，溶液中仍存在少量可自由移动的离子，即$CaCO_3$和H_2O的沉淀溶解平衡与电离平衡一直存在。

【参考文献】

马宏佳，杜静，朱鹏飞. 二氧化碳与石灰水反应的实验探究和理论分析［J］. 中学化学教学参考，2010（03）：31-33.

实验6 利用数字化仪器进行二氧化碳的喷泉实验设计

【教学建议】

喷泉实验是中学里经典的实验，现象新奇有趣，学生喜闻乐见。实验中，喷泉的引发虽有多种方式，如NH_3、HCl分别与水组合，CO_2与$NaOH$溶液组合等，但所有喷泉实验形成的原因都是形成了装置内与装置外的压强差。而在现实教学中，学生对喷泉实验的理解仅限于直观现象的认识,不能数据化地感受反应中压强的变化,即使采用压强计,也存在着装置复杂、学生不易观察和液面的读数需要转化为压强等缺陷。本实验采用 NaOH 溶液吸收 CO_2 来完成喷泉实验,同时利用传感技术对实验进行了改进,帮助学生加深对喷泉实验原理的理解。

【实验目的】

利用压强传感器研究喷泉实验前后装置内压强的变化。

【实验原理】

二氧化碳与氢氧化钠溶液反应,使烧瓶内压强小于外界大气压强,形成气压差,从而使水流入烧瓶中形成喷泉。

【实验仪器和药品】

数据采集器、压强传感器、计算机及相应配套软件、圆底烧瓶、烧杯、铁架台、导管及止水夹。

2 mol/L NaOH 溶液、0.2 mol/L NaOH 溶液、10%盐酸、大理石、酚酞溶液、蒸馏水。

【实验过程】

(1)用10%的盐酸和大理石反应制取 CO_2。取 250 mL 圆底烧瓶,采用向上排空气法收集一瓶 CO_2,用燃着的火柴检验 CO_2 是否充满圆底烧瓶。如果 CO_2 充满烧瓶,燃着的火柴接近瓶口时,火柴会熄灭。

(2)如图 5-20 所示组装实验装置,将压强传感器与数据采集器及计算机相连接。取约 30 mL 0.2 mol/L NaOH 溶液于烧杯中,并滴入几滴酚酞溶液,溶液变成红色。

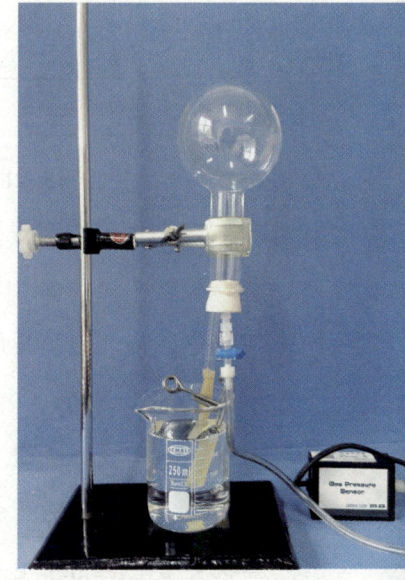

图 5-20 实验装置图

(3)待确定 CO_2 已收集完毕后,点击"采集"按钮,然后向集满 CO_2 的圆底烧瓶中迅速倒入 15 mL 2 mol/L 的 NaOH 溶液,塞上双孔塞,其中一孔连接压强传感器,另一个孔插入导管,连接小烧杯中的红色溶液,观察瓶内压强的变化。

(4)待瓶内压强降低至比较平缓后,倒置圆底烧瓶,打开止水夹,观察喷泉情况。

【结果与分析】

图 5-21 是反应前与反应后和形成喷泉时的压强变化图。刚开始,

CO_2未与氢氧化钠溶液反应时,瓶内压强和大气压强相同;当CO_2与氢氧化钠溶液反应后,瓶内压强开始降低,但降低速率不快(可通过振荡使其加快反应速率,从而加快压强变化。图5-21显示的为未振荡时压强变化情况,当压强降低至比较平缓时,打开止水夹,可发现形成红色喷泉,而此时压强迅速上升,接近大气压。

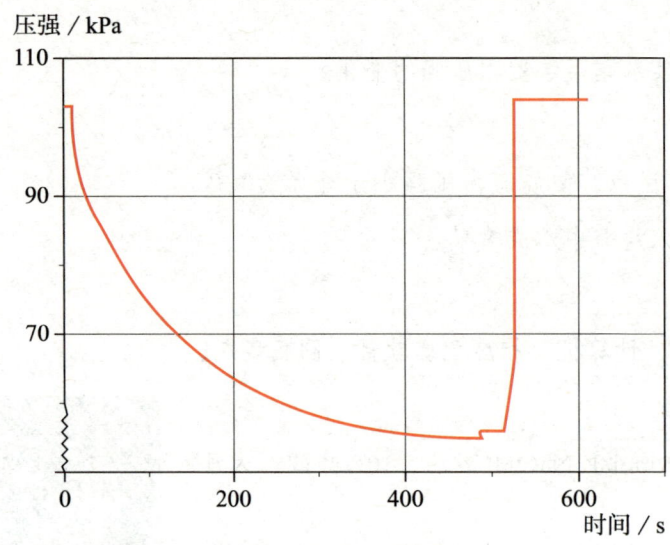

图5-21 二氧化碳喷泉实验的压强变化曲线

二氧化碳的喷泉实验不同于氨气的喷泉实验。氨气极易溶于水,用胶头滴管加入几滴水后,立刻形成喷泉;而二氧化碳的喷泉实验中,应加入足量的氢氧化钠溶液,充分振荡圆底烧瓶2~3 min后,打开止水夹,形成明显的喷泉。在被吸收的NaOH溶液中加入酚酞后形成红色喷泉,有助于学生观察现象。当打开止水夹形成喷泉后,由于瓶内压强迅速上升,水的重力会促使它流入连有传感器的导管。但由于喷泉现象出现得比较迅速,而且双孔塞与压强传感器之间还有一段比较长的导管,故只要及时进行操作,水并不会流入传感器中。

【参考文献】

朱鹏飞,马宏佳,常颖萃.利用传感技术进行二氧化碳的喷泉实验设计[J].教学仪器与实验,2009(6):19-20.

实验7 利用数字化仪器测定两种方法收集到的二氧化碳的纯度

【教学建议】

对于二氧化碳气体的收集方法，教学中一般只提到向上排空气法。至于为什么没有采用排水法，教师一般解释为：根据二氧化碳的性质，它可溶于水生成碳酸，因此通常不采用排水集气法，而采用排空气集气法。但是，已经有研究者通过实验得出结论，使用排水法收集制得的二氧化碳气体也是可行的。

制取气体的目的是将该气体用于后续的实验中，因此我们希望收集到的气体尽量纯净。本研究使用数字化实验仪器，对上述两种方法收集到的二氧化碳的纯度进行测定，以探究二氧化碳气体在实验室中的最佳收集方法。

【实验目的】

探究二氧化碳是否可以用排水集气法收集；比较用不同的方法收集二氧化碳的速率和所收集的二氧化碳的纯度。

【实验原理】

虽然CO_2溶于水，但是它的溶解度不大并且溶解速率较低，且收集气体时速率快，在它没有溶于水或者与水反应之前便已经排出到水外，被收集到集气瓶中了。即使CO_2与水反应，反应产物也是一种不稳定的产物——碳酸，碳酸又会分解转变为CO_2气体。因此，可以使用排水法收集CO_2。

【实验仪器和药品】

压强传感器、计算机及相应配套软件、锥形瓶、双孔塞、玻璃导管、橡胶管、玻璃片、水槽、注射器。

1 mol/L稀盐酸、碳酸钙粉末、饱和碳酸氢钠溶液、5 mol/L氢氧化钠溶液。

【实验过程】

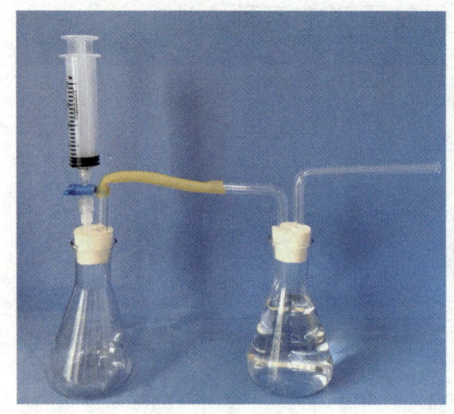 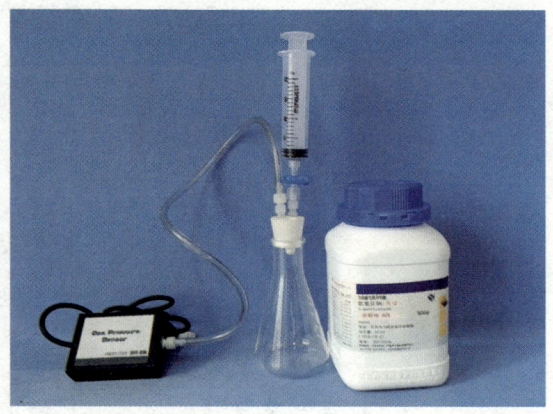

图 5-22　实验装置图

（1）在两个锥形瓶中分别加入碳酸钙粉末和饱和碳酸氢钠溶液。

（2）按照图 5-22（左图）所示，连接实验装置，并检查装置的气密性。

（3）将橡胶塞塞紧，向注射器中加入稀盐酸。

（4）向下推动注射器活塞，让稀盐酸与碳酸钙粉末发生化学反应，并用如下三种方法各收集一锥形瓶 CO_2 气体。

方法一：当 CO_2 发生装置开始产生 CO_2 气体 15 s 后（目的是排净装置中的空气，下同），用排水法收集 CO_2 气体备用；

方法二：当 CO_2 发生装置开始产生 CO_2 气体 15 s 后，用向上排空气法收集 CO_2 气体；

方法三：当 CO_2 发生装置开始产生 CO_2 气体 15 s 后，用向上排空气法收集，并且在收集的过程中将一点燃的火柴棒放在锥形瓶瓶口，待火柴棒熄灭（视为 CO_2 收集满）立即盖上玻璃片备用。

（5）将盛有 20 mL 5 mol/L 的氢氧化钠溶液的注射器与压强传感器密封连接（图 5-22 右图），再缓慢将针头插入已经收集好 CO_2 气体的锥形瓶中。

（6）将注射器中的氢氧化钠溶液注入锥形瓶中，同时在计算机显示器上观察瓶内气压变化情况。

【结果与分析】

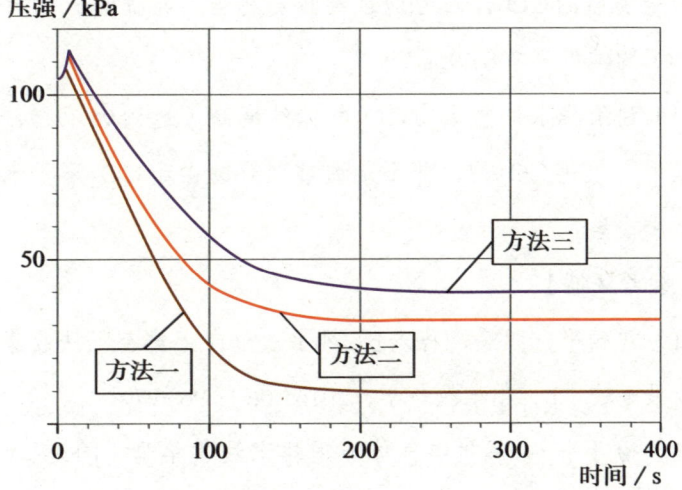

图5-23 不同方法收集的CO_2与5 mol/L NaOH溶液反应的压强变化

初始气体压强大约为104.2 kPa。

方法一中,使用排水法收集的三组CO_2气体,平均用时a_0=93 s,被5 mol/L氢氧化钠溶液吸收后,瓶内气压分别降低至约9.6 kPa、9.2 kPa、9.2 kPa,取平均值9.3 kPa,CO_2的纯度为$(1-\frac{9.3}{104.2})\times 100\%=91.1\%$。

同理得方法二收集的CO_2的纯度为$(1-\frac{31.8}{104.2})\times 100\%=69.5\%$。

方法三收集的CO_2的纯度为$(1-\frac{39.7}{104.2})\times 100\%=61.9\%$。

表5-2 不同方法收集的CO_2的纯度统计表

		方法一	方法二	方法三
CO_2被吸收后的压强	实验1 / kpa	9.6	30.0	40.1
	实验2 / kpa	9.2	32.8	39.4
	实验3 / kpa	9.2	32.7	39.7
	平均值 / kpa	9.3	31.8	39.7
CO_2纯度 / %		91.1	69.5	61.9

由以上数据可以分析得出以下结论:

(1)在相同的时间内,通过排水法收集的CO_2气体要比向上排空气法收集的纯度高。

（2）在中学化学实验中，常用的火柴棒验满方法并不能证明收集到的是满瓶的CO_2，因为通过实验发现当火柴棒熄灭的时候锥形瓶中CO_2的纯度只有61.9%。

（3）利用排水法收集的CO_2气体纯度高（达到91.1%），该方法是可以用于收集CO_2的，并不是通常理解的由于CO_2溶于水而不能用排水法收集。

【参考文献】

［1］刘和平，熊晨，马宏佳.排水法与向上排空气法收集二氧化碳的效果比较［J］.化学教与学，2015(06)：96-97.

［2］杨开平.二氧化碳气体能用排水法收集吗［J］.实验教学与仪器，2013(5)：38-39.

［3］毛明.关于二氧化碳的两种实验室收集方法的教学研究［J］.化学教学，2013(5)：58-60.

［4］郁学梅.实验室二氧化碳气体的收集及检测方法再研究［J］.化学教学，2014(7)：65-66.

5.1.3 水和溶液

实验1　运用数字化实验探究催化剂对过氧化氢分解反应速率的影响

【教学建议】

用过氧化氢溶液制取氧气时，通常用二氧化锰作催化剂。为了说明二氧化锰的催化作用，教师通常引导学生粗略观察加入二氧化锰前后气泡的产生速率；而使用压强传感器测定体系内气压的变化，可以让学生清晰地看到压强变化的数值，帮助学生定量地认识加入催化剂对化学反应速率的影响。

【实验目的】

探究催化剂对过氧化氢分解制取氧气的作用；了解催化剂的概念和作用。

【实验原理】

在过氧化氢分解的过程中二氧化锰起到催化剂的作用，加入二氧化锰后，过氧化氢分解产生氧气的速率明显加快。

【实验仪器】

数据采集器、计算机及相应配套软件、压强传感器、试管、橡胶塞、20 mL 注射器、铁架台（带铁夹）、纸槽、天平、称量纸、药匙。

6% H_2O_2 溶液、MnO_2 粉末。

【实验过程】

（1）如图 5-24 所示，组装实验装置。

（2）点击实验系统软件，系统显示当前压强值。观察压强示数是否稳定。如果示数有所下降，则说明装置漏气。

（3）先用 6% 的 H_2O_2 溶液作空白实验，监测体系中氧气的生成速率。用注射器抽取 3 mL 6% 的 H_2O_2 溶液，并插入连有试管和压强传感器的双孔橡胶塞，向试管中加入这 3 mL 6% 的 H_2O_2 溶液。

（4）点击"采集"按钮，开始采集数据，一段时间后停止采集。

（5）加入 0.2 g MnO_2 于洁净的试管中，用注射器抽取 3 mL 6% 的 H_2O_2 溶液并注入试管中。采集数据，待示数平稳后停止采集。

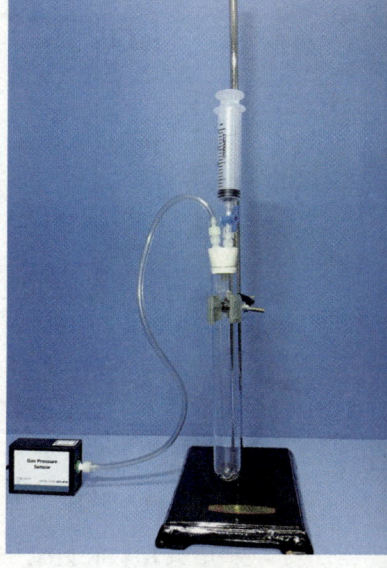

图 5-24　实验装置图

【结果与分析】

（1）室温下不加催化剂。如图 5-25 是做空白实验时绘制的压强随时间变化曲线，点击"采集"时压强为 105.35 kPa，迅速注入 3 mL 6% H_2O_2 溶液后体系的压强缓慢增加，压强变化不明显，说明 H_2O_2 溶液在不加催化剂的情况下分解很慢。但体系的压强还是在缓慢增加的。试管壁上附着一些小气泡也验证了这一点。这可能由于试管壁的粗糙表面或有杂质促使 H_2O_2 溶液在缓慢分解，也说明压强传感器的灵敏度非常高。根据此曲线的分布规律选择"线性拟合"工具，得到拟合图线，图线方程为 $y=0.003\,312x+105.4$，拟合曲线与原曲线完全吻合，可推断此"压强-时间"曲线符合线性关系。斜率为 0.003 312 而不是 0，说明体系的压强还是在缓慢增加的。

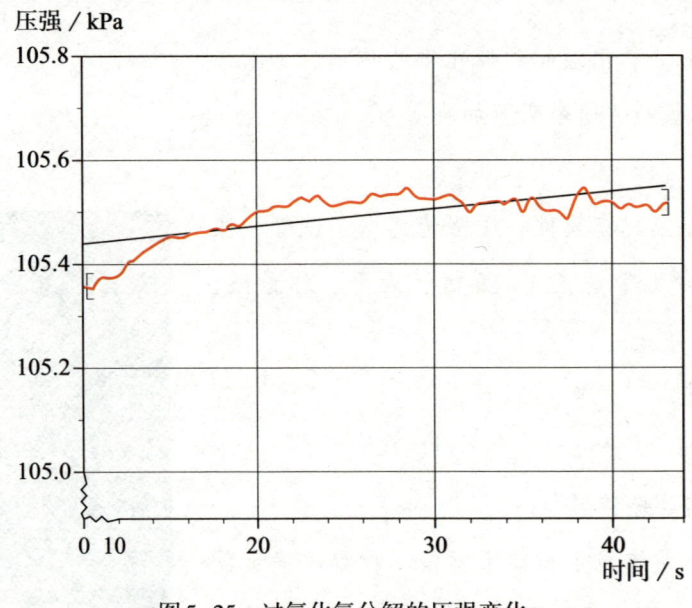

图 5-25 过氧化氢分解的压强变化

（2）室温下加催化剂。如图 5-26 是加入 0.2 g MnO_2 粉末时绘制的"压强-时间"曲线，注入 3 mL 6% 的 H_2O_2 溶液后体系的压强迅速升到 104.86 kPa，这说明 H_2O_2 溶液在催化剂的存在下迅速分解。同时可观察到试管内 H_2O_2 溶液产生大量气泡。触摸试管壁有发热的现象，说明有热量放出。根据此曲线的分布规律选择"线性拟合"工具，得到拟合图线，图线方程为 $y=0.008\,671x+102.7$，斜率明显大于不加二氧化锰催化的过氧化氢溶液分解的曲线斜率，说明加入二氧化锰后过氧化氢的分解速率明显增大。

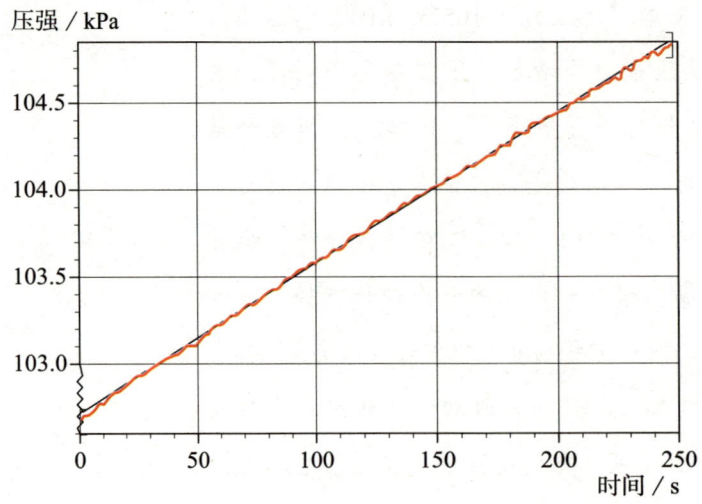

图 5-26 二氧化锰催化过氧化氢分解的压强变化

【参考文献】

沈燕萍. DIS探究催化剂对过氧化氢分解反应速率的影响[J]. 化学教与学, 2013(7): 88-90.

实验2　测定不同物质溶解于水时溶液的温度变化

【教学建议】

在教学中，为了让学生了解物质溶解于水时的吸热或放热现象，教师一般是让学生通过测定氯化钠、硝酸铵、氢氧化钠等物质溶解前后液体的温度变化来感受热量变化，通常只是测定物质溶解前和溶解后的两个温度值，学生无法看到温度的变化过程。本实验利用数字化仪器，呈现出物质溶解过程中温度的变化过程，给学生直观的感受，加深学生对物质溶解过程中热量变化的认识。

教师可以创设这样的情境："摇摇冰"是一种即用即冷的饮料，吸食时将饮料罐隔离层中的化学物质和水混合后摇动即能制冷。这是为什么呢？学生可能会猜测是物质与水反应吸收热量使得温度降低。除了化学反应伴随着热量变化，物质溶于水时也会伴随着热量变化。"摇摇冰"正是利用了这一原理。为了更好地了解物质溶解在水中的吸热、放热情况，我们利用温度传感器来测定不同物质溶解于水时溶液的温度变化。

【实验目的】

利用温度传感器测定不同物质溶解于水时溶液的温度变化。

【实验原理】

物质溶解于水时常引起溶液温度的变化。不同物质引起的温度变化不同，温度可能升高，可能降低，也可能无明显变化。所产生的温度变化受到诸多因素的影响。

【实验仪器和药品】

温度传感器、数据采集器、计算机及相应配套软件、烧杯。

NH_4NO_3固体、NaOH固体、NaCl固体、蒸馏水。

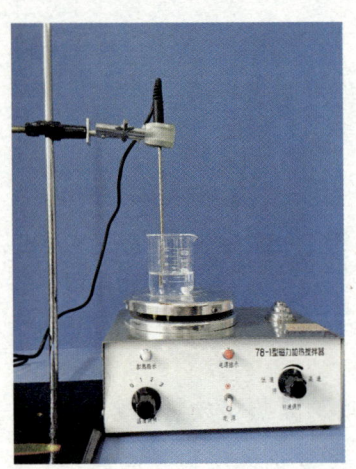

图 5-27 实验装置图

【实验过程】

（1）在 3 个小烧杯中各加入 50 mL 水，开动磁力搅拌器。

（2）分别称取 2.5 g、5 g、7.5 g NH_4NO_3 固体。

（3）如图 5-27 所示，启动数据采集器，约 10 s 后分别将样品加入装有温度传感器的烧杯中，数据采集器将自动采集温度变化的数据。

（4）将 NH_4NO_3 固体分别换成 NaOH 固体、NaCl 固体，重复上述实验。

【结果与分析】

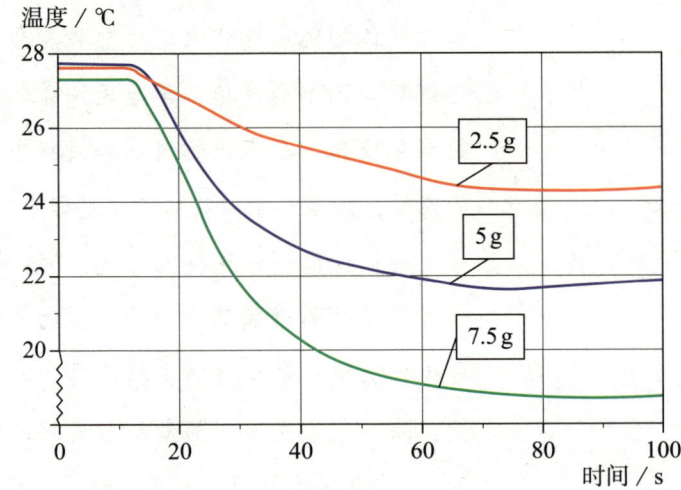

图 5-28　不同质量的 NH_4NO_3 固体溶解在水中时溶液温度的变化情况

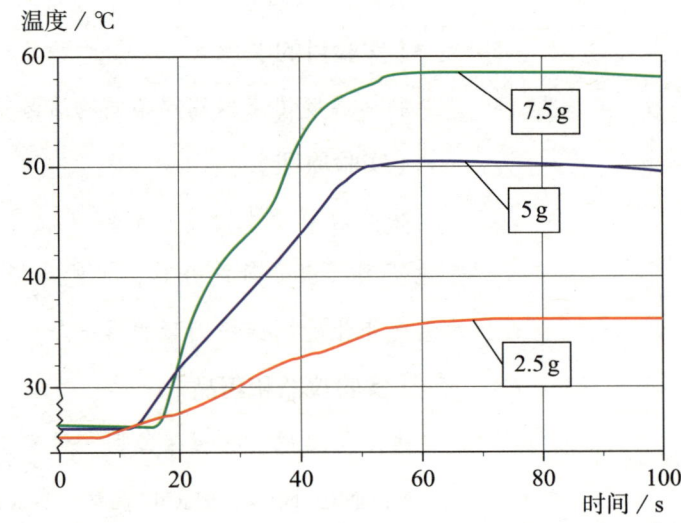

图 5-29　不同质量的 NaOH 固体溶解在水中时溶液温度的变化情况

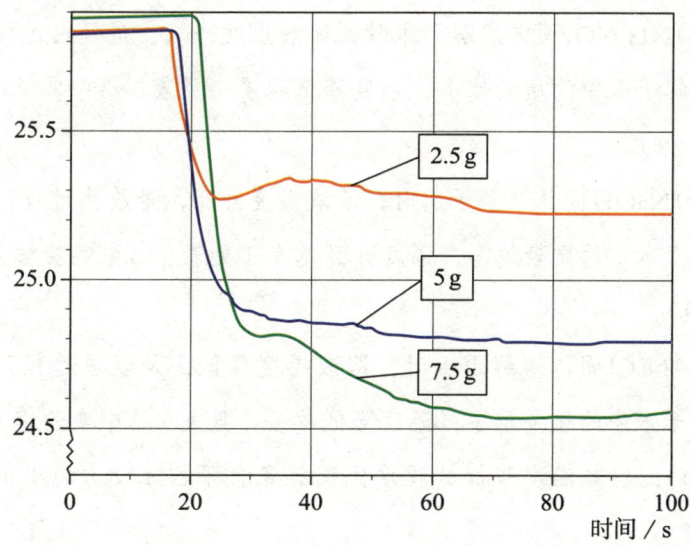

图 5-30　不同质量的 NaCl 固体溶解在水中时溶液温度的变化情况

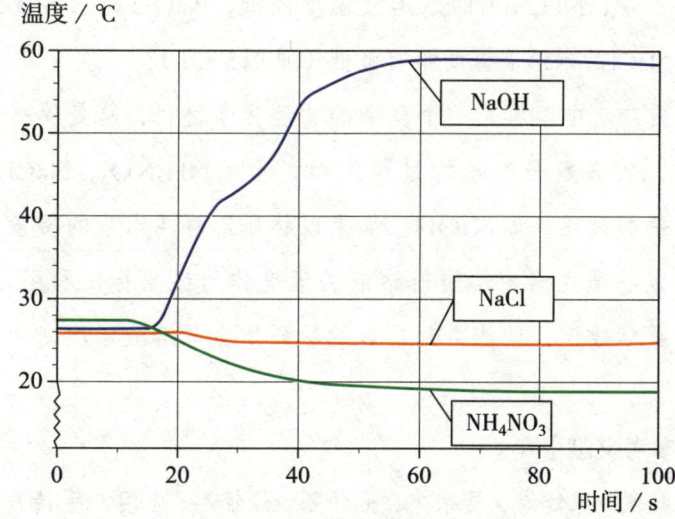

图 5-31　7.5 g NH_4NO_3、NaOH、NaCl 三种固体分别溶解在水中时溶液温度的变化情况

表 5-3　实验结果

实验编号	1			2			3		
试剂（固体）	NH_4NO_3			NaOH			NaCl		
质量/g	2.5	5	7.5	2.5	5	7.5	2.5	5	7.5
起始温度/℃	27.50	27.60	27.22	25.40	26.20	26.30	25.80	25.80	25.90
极值温度/℃	24.50	22.22	19.13	35.10	46.90	54.40	25.20	24.80	24.60
温度变化	−3.00	−5.38	−8.09	+9.50	+20.70	+28.10	−0.60	−1.00	−1.30

实验结果表明：

（1）NH_4NO_3固体溶解于水时，溶液温度降低，是吸热过程，而且其溶解于水中的质量越多，温度降低越多（见表5-3中实验编号1和图5-28）。

（2）NaOH固体溶解于水时，溶液温度升高，是放热过程，而且其溶解于水中的质量越多，温度升高越多（见表5-3中实验编号2和图5-29）。

（3）NaCl固体溶解于水时，溶液温度降低，是吸热过程，而且其溶解于水中的质量越多，温度降低越多（见表5-3中实验编号3和图5-30），但其温度降低的程度比同等条件下NH_4NO_3的小（见图5-31）。

（4）等质量的NH_4NO_3、NaCl和NaOH三种固体分别溶解在等质量的水中，NH_4NO_3的水溶液温度降低，NaOH的水溶液温度升高，而NaCl的水溶液温度稍有降低（见图5-31）。

物质在水中溶解是一个复杂的物理化学过程，总是伴随着能量的变化，大多数是吸热的过程，如实验中NH_4NO_3、NaCl，有的则是放热的过程，如NaOH。如果以物质溶解在水中的质量作为横坐标，以物质在水中溶解时溶液的温度作为纵坐标，利用Excel软件进行数学建模，就能得到溶解的物质质量与溶液温度变化关系的曲线图。

【参考文献】

钱扬义，陈健斌，吴宗志，王任跃，徐锦洪.应用"手持技术"测定不同物质溶解于水时溶液的温度变化——现代高科技与学科实验教学的整合研究［J］.中学化学教学参考，2004（4）：25-26.

实验3 利用传感器探究物质的溶解性

【教学建议】

有关溶液的知识理论性较强，概念比较抽象，学生在学习时有困难，所以可以借助实验帮助学生理解。但其中与物质溶解性相关的实验较难设计，即使是实际教学中应用的实验，有的现象也很不明显。为此，利用数字化仪器设计了三个相关实验来解决初中教学遇到的实际问题。

【实验目的】

利用电导率传感器探究不溶性物质在水中的溶解。

【实验原理】

电导率是表示溶液导电能力的物理量，其大小与离子本身和离子的浓度有关。一般情况下，溶液中所含离子浓度越高，电导率越大。

【实验仪器和药品】

电导率传感器、数据采集器、计算机及相应配套软件、磁力搅拌器、烧杯。

氢氧化钙固体、碳酸钙粉末、蒸馏水。

【实验过程】

1. 碳酸钙能溶于水吗？

（1）测量蒸馏水的电导率。向一烧杯中加入 45 mL 蒸馏水，测出水的电导率。

（2）将碳酸钙粉末加入到蒸馏水中，充分搅拌，测定溶液的电导率。

2. 溶液饱和了吗？

（1）配制氢氧化钙的不饱和溶液。

（2）将氢氧化钙不饱和溶液置于磁力搅拌器上，边搅拌边放入校准过的电导率传感器，再逐渐加入适量的氢氧化钙固体，观察电导率变化。

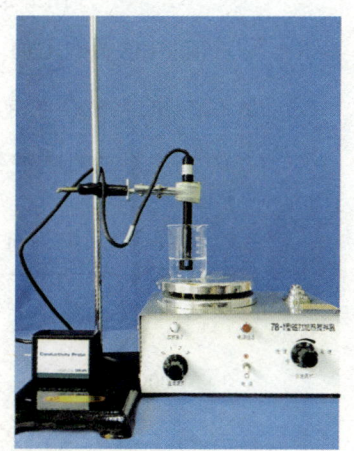

图 5-32　实验装置图

3. 氢氧化钙的溶解度随温度的升高而减小吗？

（1）配制氢氧化钙的饱和溶液。

（2）测定该溶液的电导率随温度升高的变化情况。将盛有悬浊液的小烧杯置于磁力搅拌器上，搅拌加热。放入电导率传感器，同时放入温度传感器，每隔 1 s 采集一个数据，测得电导率随温度变化的曲线图。

【结果与分析】

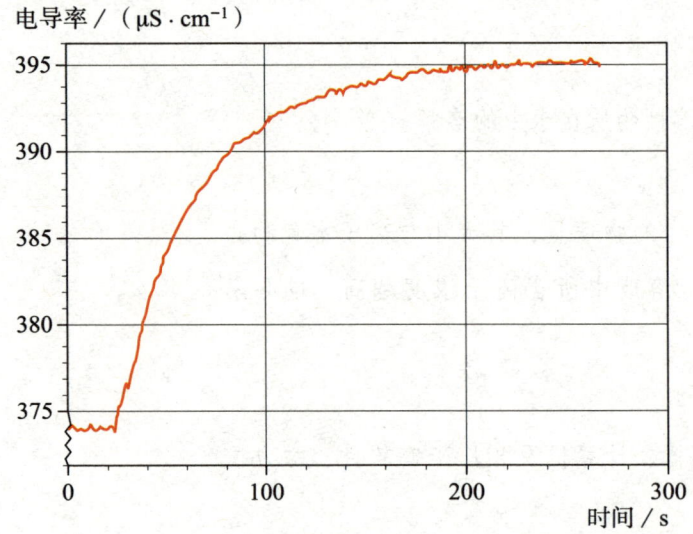

图5-33 CaCO$_3$溶于水电导率的变化曲线

图5-33为CaCO$_3$溶于水电导率的变化曲线。相同温度下,碳酸钙饱和溶液的电导率比蒸馏水的大,说明在溶液中存在Ca^{2+}和CO$_3^{2-}$,从而证明碳酸钙并不是完全不溶于水的。

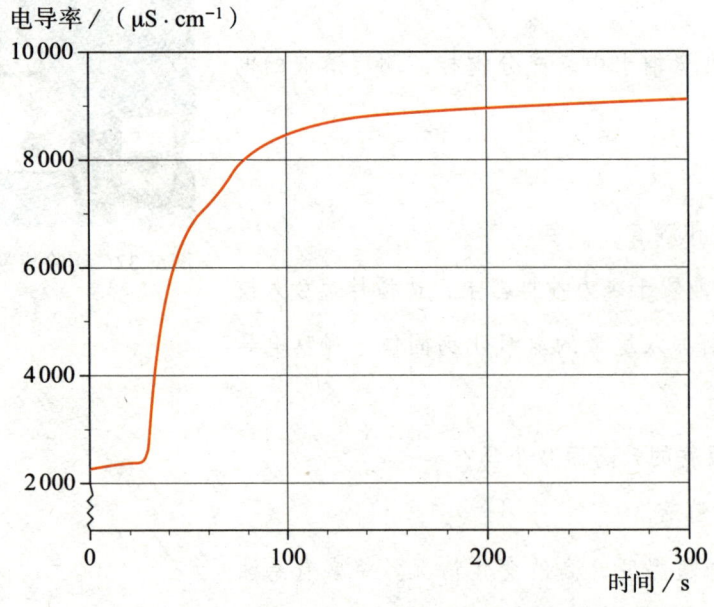

图5-34 Ca(OH)$_2$固体溶解在其不饱和溶液中电导率的变化曲线

图5-34为Ca(OH)$_2$固体溶解在其不饱和溶液中电导率的变化曲线。从图像上观察得出,氢氧化钙溶液的电导率随时间不断增大,说明溶液中离子浓度在变大,溶质在继续溶解,此时的氢氧化钙溶

液还没有饱和。电导率增大到一定程度又趋于平缓，溶质不再溶解，此时的溶液已经饱和。

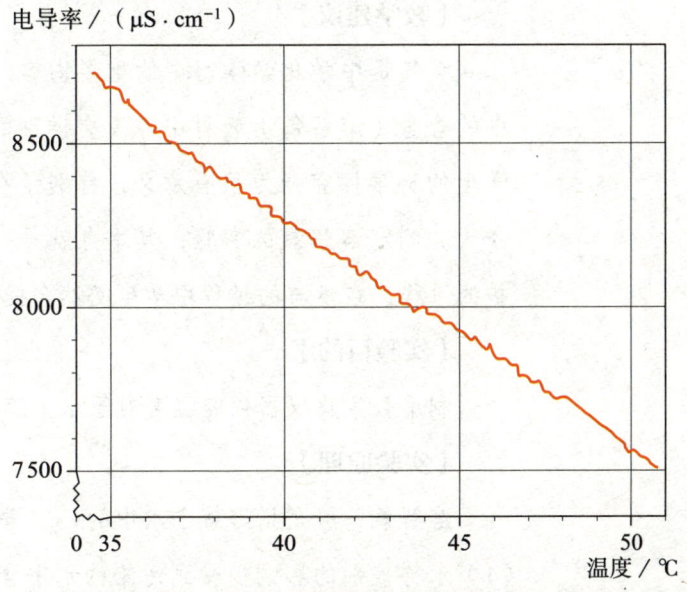

图5-35　饱和石灰水随温度的升高电导率的变化曲线

图5-35为饱和石灰水的电导率随温度变化曲线。从图像的趋势看，温度升高，氢氧化钙饱和溶液的电导率减小，说明溶液中离子浓度减小，溶解的氢氧化钙质量减少。电导率随温度的变化情况能定性反映氢氧化钙溶解度随温度的变化情况。

如何解释电导率随温度的变化呢？这是因为温度升高，溶液中的离子黏度降低，离子运动速率加快，在水溶液中离子水化作用减弱等原因，导电能力增强，电导率增大。因此虽然溶液电导率受很多因素影响，但电导率随温度的变化趋势仍旧可定性地反映出溶解度随温度变化的趋势。

【参考文献】

符益婷, 金惠文. 利用传感器探究物质的溶解性 [J]. 化学教与学, 2011 (4): 80-81.

实验4 利用溶解氧传感器进行溶解氧的探究

【教学建议】

氧气是中学化学学习中的重要内容，但是关于游离的氧气在水中的含量（溶解氧）教材中并没有详细的介绍。测定溶解氧对发展学生的科学探究能力很有意义，特别是在环境保护呼声越来越高的今天。测定溶解氧的实验，其本身就是一个深入了解和接触环境保护的过程，在参与的过程中学生必然会提高自身的科学意识。

【实验目的】

利用数字化仪器探究温度对于水中溶解的氧气含量的影响。

【实验原理】

溶解氧一般是指溶解于水中的O_2。影响溶解氧的因素主要包含：（1）水样差别的影响：受到污染的水中含有大量的有机物或无机物，有的物质会和氧气反应，水体受污染的程度越大，溶解氧就应该越少。（2）水温的影响：水温越高，水中溶解的氧气就越容易逸出，因此溶解氧就越少。

【实验仪器和药品】

数据采集器、溶解氧传感器、温度传感器、计算机及相应配套软件、烧杯。

河水水样、喷泉水水样、自来水水样。

【实验过程】

1. 测定河水、喷泉水以及实验室中自来水的溶解氧含量

将数据采集器的采样频率设置为1个/s，根据实验的需要，采样时间设为180 s。将溶解氧传感器插入不同的水样中测定溶解氧曲线。

2. 不同温度下实验室自来水的溶解氧含量

（1）取约50 mL自来水于小烧杯中，置于磁力搅拌器上。

（2）将温度传感器和溶解氧传感器同时置于小烧杯中，如图5-36，示数稳定后开始采集数据。

（3）开启磁力搅拌器上加热按钮，使水温不断升高，测定随温度变化自来水中溶解氧的含量变化。

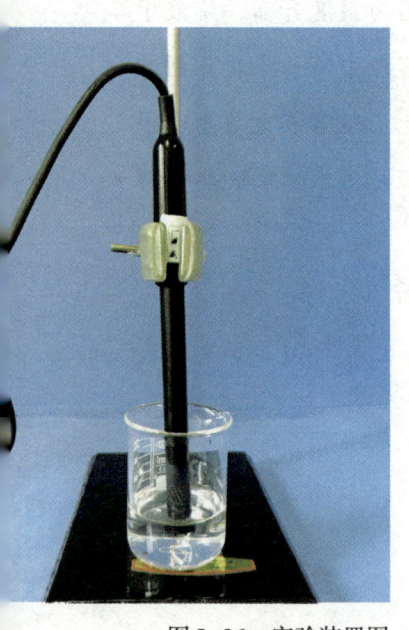

图5-36 实验装置图

【结果与分析】

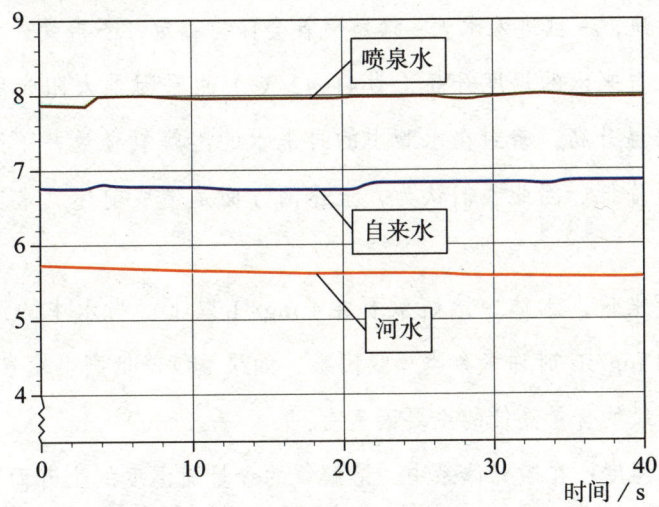

图5-37　不同种类的水中溶解氧的含量

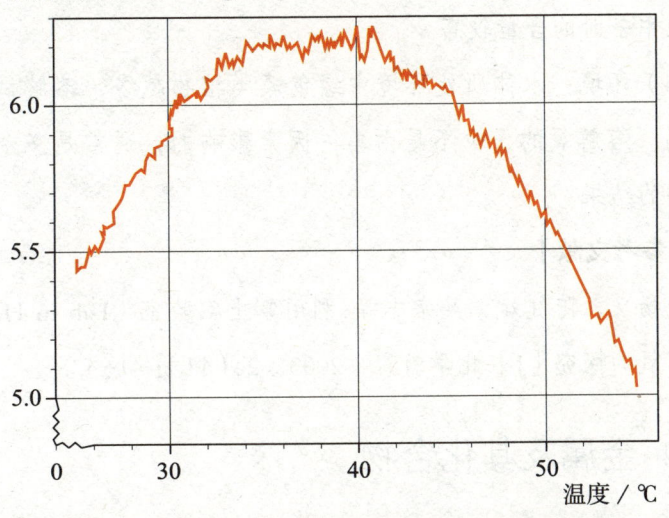

图5-38　自来水中溶解氧含量随温度变化的情况

由实验测得的曲线可知，自来水、河水、喷泉水这三种水中，喷泉水中溶解氧的含量最高。实验室中自来水的溶解氧随着温度的升高先增大，增大到一定值后开始减小。

溶解氧的含量多少不仅受温度这个因素的影响，还受到多方面因素的影响。一方面，绿色植物的光合作用在晚上几乎停止，因此早晨的空气中氧气的含量最低；中午的太阳光线最强，光合作用也就最强，因此空气中氧气的含量最高。空气中氧气的含量直接影响水中溶解氧的量，空气中氧气的含量高，水体中溶解氧含量就越高，反之则越小。另一方面，自来水是密封在水管中的，与外界大气接触的地方只有水厂的贮水池，一旦进入水管，溶解氧就会保持稳定，不再受外界条件的影响。自来水的温度升高（为41~42 ℃）的原因是太阳光照射水管，使水温升高，密封在水管中的自来水的溶解氧含量并不因此温度升高而降低。因此我们认为，上述两方面是造成前述反常现象的原因。

一般来说，水体中溶解氧要在4 mg/L以上。当水中的溶解氧低于3~4 mg/L时许多鱼类呼吸困难，如果继续降低则会窒息死亡。影响溶解氧的含量高低的主要因素有：

（1）温度：在敞开体系中，溶解氧的含量随温度的上升而下降。

（2）水质：受污染越严重，溶解氧的含量就越低。

（3）气候：在有绿藻的水体中，冬天或早晨溶解氧的含量较低，夏天或中午时的含量较高。

（4）环境：水体所处环境中绿色藻类植物越多，溶解氧的含量就越高。溶解氧的多少不是由单一因素影响的，通常是多个因素共同影响的结果。

【参考文献】

钱扬义，陈健斌，吴宗志等.利用掌上实验室（Lab in Hand）进行溶解氧的探究［J］.化学教育，2003，24（11）：41-43.

5.1.4 金属及其化合物

实验1 明矾净水实验的探究

【教学建议】

关于明矾净水的实验，在教学中通常是让学生观察加入明矾前后水的澄清程度来判断明矾的净水效果，主观性较强。本实验借助浑浊度传感器，将水的澄清程度转化为数字，让学生体会到加入明矾前后水的澄清度的变化过程。本实验可作为演示实验在课堂上使用。

教师可以这样引入：水是生命之源，纯水是无色、无味、清澈透明的液体。但天然水里面含有很多杂质，不溶性杂质使其浑浊。用什么方法可将天然水进行初步净化呢？我们一般要加一些净水剂将不溶性的杂质沉降除去，明矾就是一种常见的净水剂。今天我们就利用浑浊度传感器来认识一下明矾的净水作用。

【实验目的】

运用浑浊度传感器研究明矾净水过程中浑浊度的变化，了解明矾的净水作用。

【实验原理】

水中的悬浮颗粒对光能产生折射，引起水的浑浊，所以水中的悬浮颗粒越多，水就越浑浊。明矾中的铝离子水解可以形成胶体，吸附浑浊的水中的杂质，从而使水澄清。

红外线照射样本比色瓶。由于水中的颗粒使光线向各个方向折射。由光度二极管组成的探测器与光源成 90° 角。折射的光线被测量到后变成电压数据，然后转化成浑浊度数据。这种浑浊度传感器也叫浊度计，标准单位为 NTU。此传感器用于测量水的清澈程度，这是水质的一个重要指标。高浑浊度说明水浑浊，低浑浊度代表水清澈。

【实验仪器和药品】

浑浊度传感器、计算机及相应配套软件、烧杯、玻璃棒、量筒。稀氢氧化钠溶液、稀盐酸、饱和明矾溶液。

【实验过程】

（1）调节悬浊液的 pH 至 10.5 左右，量取 15 mL 浊液倒入比色瓶中。

（2）在比色瓶中滴加 2 滴饱和明矾溶液，旋上盖子，上下颠倒几次后放进浑浊度传感器的槽中。

（3）测量净水 6 min 前后悬浊液的浑浊度变化情况。

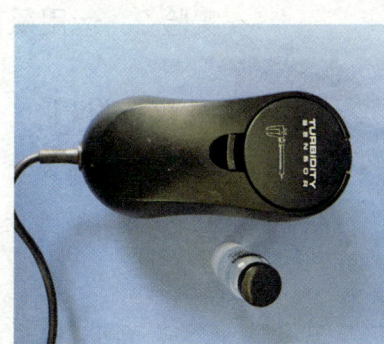

图 5-39　实验装置与用品图

【结果与分析】

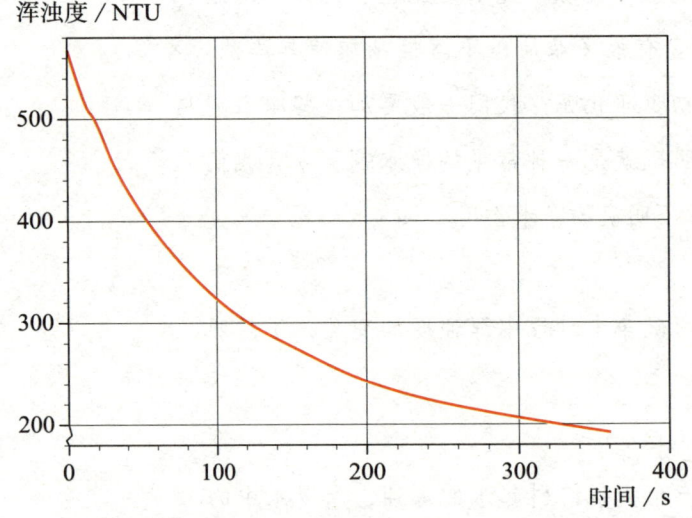

图 5-40　净水 6 min 前后悬浊液的浑浊度变化

加入明矾后浊液的浑浊度随着时间不断下降，说明浊液逐渐变澄清。使用浑浊度传感器，可以帮助学生通过感受数字的变化从而感知浑浊度的变化，从定量的角度帮助学生理解明矾的净水作用。

【参考文献】

杨飞，马宏佳.明矾净水实验的探究［J］.化学教学，2010（6）：12-13.

实验 2　运用氯离子传感器探究复分解反应发生的条件

【教学建议】

复分解反应发生的条件是两种化合物互相交换成分，生成物中要有沉淀或气体或水生成，即反应向离子浓度减小的方向进行。在目前的教学中，实际反应的离子是由已知的结论反向推导而成，即哪两种离子可以生成沉淀、气体或水，如 NaCl 溶液与 $AgNO_3$ 溶液反应，学生看到产生了白色沉淀，再根据已有知识——AgCl 不溶于水，而 $NaNO_3$ 易溶于水，从而得出结论：实际反应的离子是 Ag^+ 与 Cl^-。以上方法学生不能看到溶液中相关离子浓度的改变，对微观粒子的变化仍然停留在主观想象阶段，直接影响学生从微粒的角度看化学变化。

鉴于此，本实验利用氯离子传感器分别测定硝酸银溶液和氯化钠溶液、硝酸钾溶液和氯化钠溶液混合的过程中氯离子浓度的变化，从而进行复分解反应发生条件的教学。

【实验目的】

让学生观察到离子浓度的变化，深刻理解硝酸银溶液与氯化钠溶液反应的实质。

【实验原理】

复分解反应发生的条件是两种化合物互相交换成分，生成物中要有沉淀或气体或水生成，即向离子浓度减小的方向进行。如，$AgNO_3+NaCl=AgCl\downarrow+NaNO_3$，反应过程中生成了白色沉淀，因而氯离子浓度应该减小。

【实验仪器和药品】

氯离子传感器、数据采集器、计算机及相应配套软件、100 mL烧杯、磁力搅拌器、胶头滴管。

0.01 mol/L 氯化钠溶液、1 mol/L 硝酸银溶液、1 mol/L 硝酸钾溶液。

【实验过程】

（1）将氯离子传感器在高浓度标准液（1 000 mg/L）中浸泡半小时以上，激活氯离子传感器。

（2）打开实验软件，依次点击"实验""校准""现在校准"，待电压稳定后，输入读数1"1 000 mg/L"，点击保存。将氯离子传感器从高浓度标准液中取出，用蒸馏水冲洗干净，并用纸巾轻轻擦拭干。再将其浸入低浓度（10 mg/L）标准液中，在读数2中输入"10 mg/L"，保持。

（3）校准完成后，将氯离子传感器用蒸馏水冲洗干净，并用纸巾轻轻擦拭干。

（4）将氯离子传感器浸入盛有约 40 mL 0.01 mol/L 的氯化钠溶液中，如图5-41，数据稳定后开始采集数据。

（5）每隔10 s用胶头滴管滴加硝酸银溶液，滴加8滴硝酸银溶液

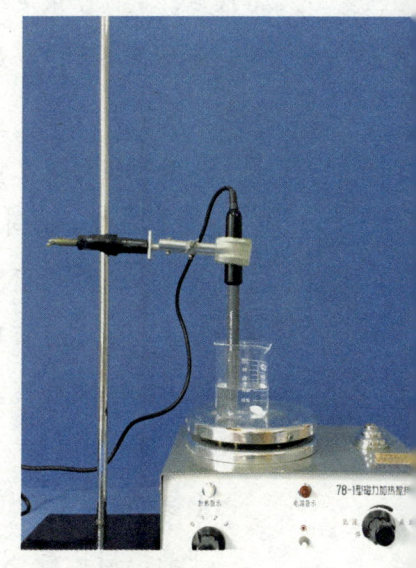

图5-41　实验装置图

后停止采集数据。

（6）重复以上步骤测定硝酸钾溶液、蒸馏水分别与氯化钠溶液混合过程中氯离子的浓度变化。

【结果分析】

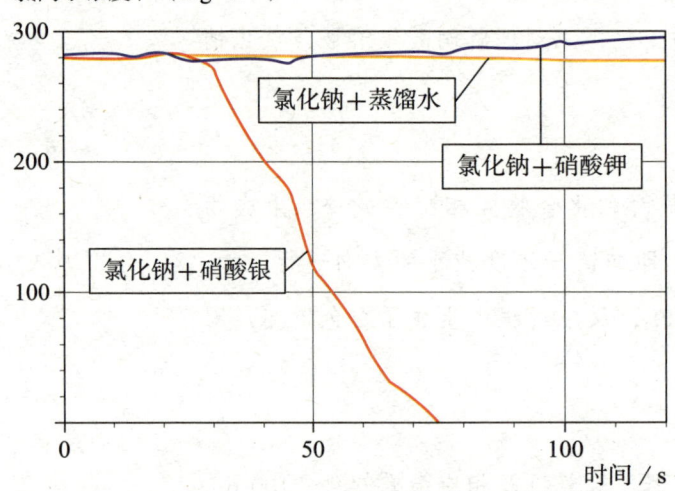

图5-42　氯化钠溶液中滴加不同液体时氯离子浓度变化

由图5-42可知，在氯化钠溶液中滴入蒸馏水，溶液中氯离子浓度基本保持不变，说明稀释作用可忽略。在氯化钠溶液中滴入硝酸钾溶液，溶液中氯离子浓度基本保持不变，说明硝酸根离子与钠离子、钾离子与氯离子没有发生反应。而在氯化钠溶液中滴加硝酸银溶液后，氯离子浓度迅速下降，说明氯离子转移到溶液这一体系之外，即与银离子结合形成了氯化银沉淀，充分说明氯离子与银离子参加了反应。

本实验借助数字化仪器，在观察到复分解反应出现的宏观现象（产生白色沉淀）的同时，观察到反应过程中相关离子浓度（Cl^-）的变化情况，让学生很容易理解哪些离子真正参加了反应，进而从微观的角度理解复分解反应发生的条件，最终可初步帮助学生形成正确的微粒观和变化观。另外该实验操作简单、快捷，可作为课堂演示实验使用。

【参考文献】

王晶，郑长龙.义务教育教科书·化学（九年级下册）[M].北京：人民教育出版社，2012：74-75.

5.1.5 酸和碱

实验　亚硫酸与饱和氢氧化钙溶液反应的探究

【教学建议】

教材中关于酸与碱的中和反应的内容通常涉及酸雨的危害和防治知识。为帮助学生理解防治酸雨的原理，可利用数字化仪器直观地观察到酸和碱在反应过程中的pH变化，帮助学生理解防治酸雨的原理，以更好地理解酸和碱的反应。

【实验目的】

使用传感器探究亚硫酸与氢氧化钙反应过程中pH的变化。

【实验原理】

亚硫酸存在一级电离和二级电离，在与氢氧化钙反应过程中的pH变化过程也分为两个阶段。二者反应的pH变化为改良酸性土壤的方法和试剂用量提供了参考。

【实验仪器和药品】

集气瓶、燃烧匙、注射器、100 mL烧杯、酒精灯、50 mL量筒、药匙、电子天平、pH传感器、磁力搅拌器、计算机及相应配套软件。

蒸馏水、饱和氢氧化钙溶液、硫粉、10%过氧化氢溶液、二氧化锰。

【实验过程】

（1）在注射器中缓缓加入50 mL饱和氢氧化钙溶液，将磁力搅拌器、pH传感器、注射器、烧杯等仪器进行连接，如图5-43，调节高度使它们固定在合适的位置上。

（2）取0.05 g硫粉，在盛有氧气的集气瓶中点燃，将50 mL蒸馏水倒入燃烧后的集气瓶中，充分振荡。

（3）集气瓶中取20 mL溶有SO_2的水溶液，转移至100 mL的烧杯中，逐滴加入饱和氢氧化钙溶液，碱液滴速控制在1滴/s左右，观察现象。

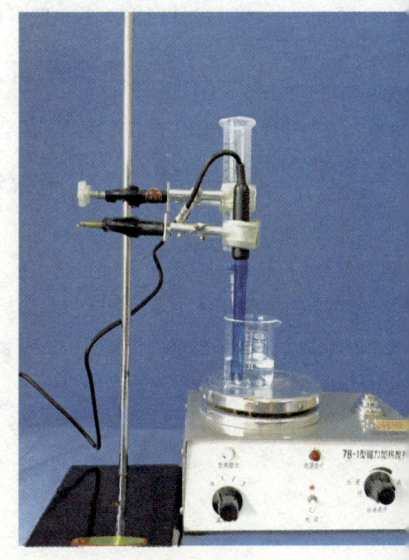

图5-43　实验装置图

【结果与分析】

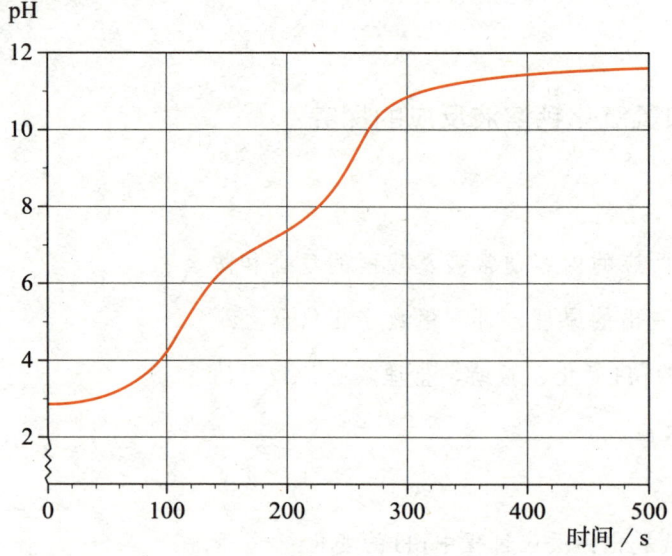

图5-44 饱和氢氧化钙溶液与亚硫酸反应过程中pH的变化

饱和氢氧化钙溶液滴加到溶有SO_2的水溶液中，pH变化会出现两个突跃，当pH=4~5时，出现第一个突跃；当pH=8~9时，出现第二个突跃；当pH=11.30左右时，溶液中开始出现浑浊；pH=11.60左右时，溶液中浑浊现象明显。原因可能是与亚硫酸的一级电离和二级电离有关，即可能发生如下反应：

$2H_2SO_3+Ca(OH)_2=Ca(HSO_3)_2+2H_2O$

$Ca(HSO_3)_2+Ca(OH)_2=2CaSO_3\downarrow +2H_2O$

对上述图像分析，不难猜测，当pH=7时很有可能只是生成了$Ca(HSO_3)_2$，也只有当pH=12左右时，才能认为产生了$CaSO_3$。这个分析可以合理地解释为什么当溶液pH=7时，没有生成难溶性的$CaSO_3$。

【参考文献】

薛磊，罗嘉，毛明等.运用数字传感仪检测"模拟酸雨形成及防治实验"的研究[J].化学教与学，2013(10)：86-88.

5.1.6 生活化学

实验1　运用数字化实验了解酒精灯火焰的温度[1]

【教学建议】

关于酒精灯的使用方法，一般是介绍酒精灯的灯焰结构和各层温度高低，以及在使用酒精灯加热的实验中，要用外焰加热的知识。但对于酒精灯各层的具体温度，则一般不作为学习的内容，这样容易导致学生头脑中的印象模糊，同时没有数据支撑，也让人难以信服。为让学生更直观地了解酒精灯各层火焰温度及使用外焰加热的原因，教师在讲授该部分内容时增加本实验，既能让学生更清晰地了解酒精灯火焰各部分的具体温度，又能使学生对使用外焰加热的原因更清楚。

教师可以这样引入：加热是常见的化学反应条件，实验室常使用酒精灯来加热，加热时要用外焰，这是为什么呢？同学们可能会说：因为外焰温度较高。外焰的温度高到什么程度？与其他部分火焰的温度差别有多大？让我们用高温传感器来测定一下酒精灯火焰的外焰、内焰、焰心的温度吧。

【实验目的】

使用高温传感器探究酒精灯火焰，即外焰、内焰、焰心的温度。

【实验原理】

酒精灯的火焰可以分为外焰、内焰和焰心3部分。焰心是我们观察到的比较暗的部分，内焰是最明亮的部分，呈黄色，外焰颜色比内焰淡，而且常飘忽不定。一般认为酒精灯的火焰温度在400～500 ℃，最高可达800 ℃，并且焰心、内焰和外焰的温度依次升高。

【实验仪器和药品】

数据采集器、高温传感器、计算机及相应配套软件、钢尺、铁架台（带铁夹）、升降台、酒精灯。

---

[1] 编者注：此结论的正确性需进一步证实。

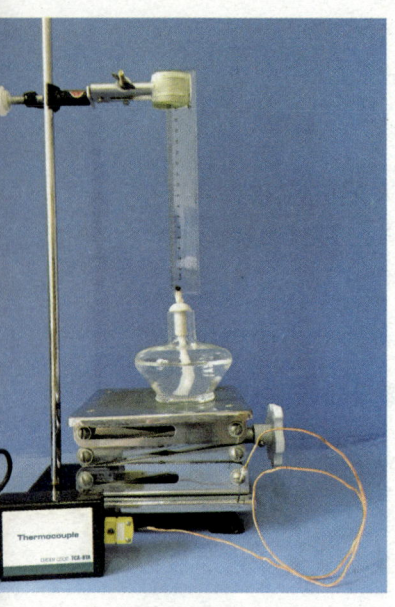

图 5-45 实验装置图

【实验过程】

（1）如图 5-45 组装实验装置，连接计算机、数据采集器、高温传感器。

（2）打开实验软件系统，系统自动识别所接入的传感器，并显示当前温度值，点击"实验"，选择"数据采集"，在数据采集模式中选择"事件配记录"模式。

（3）通过调节升降台来改变酒精灯所处的高度，使酒精灯的灯芯与高温传感器探针顶端相贴。点燃酒精灯，待火焰稳定后，采集温度数据。

（4）调节升降台，测定火焰不同位置的温度，每一个火焰位置测定三个数据。

（5）将测得的数据做成曲线，观察不同位置火焰温度高低。

（6）数据测量结束后进行数据处理。

【结果与分析】

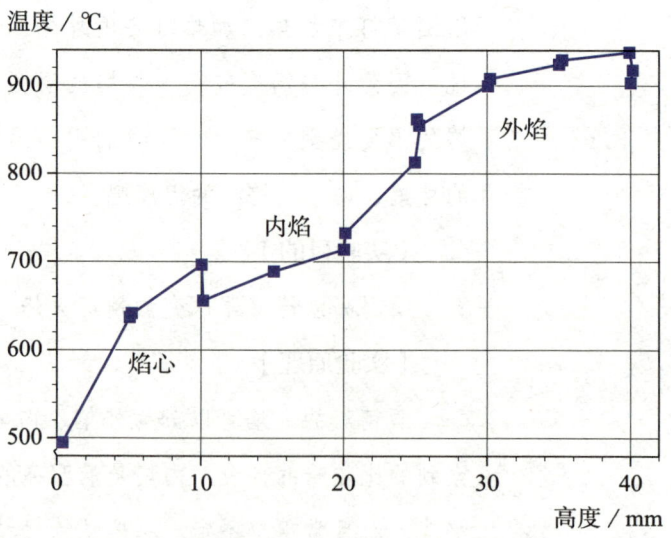

图 5-46 距灯芯不同高度火焰的温度

表 5-4 酒精灯各层火焰温度

火焰	温度范围/℃
外焰	853.0 ~ 938.2
内焰	654.2 ~ 811.0
焰心	496.2 ~ 694.6

根据实验测得的各层火焰的温度以及测定的曲线可以观察到，随着与酒精灯灯芯的距离的增加，酒精灯火焰的温度呈现上升趋势，可以说明酒精灯的焰心、内焰、外焰的温度呈现上升趋势。外焰的温度最高，因此一般用外焰加热。

【参考文献】

[1] 严西平，钱蕙.初中化学数字化实验的探索[J].化学教学，2013(12)：48-50.

[2] 江军.DIS探究酒精灯火焰的温度[J].化学教育，2009，30(11)：61-62.

[3] 钱扬义，陈健斌，吴宗志等.在掌上实验室探究酒精灯火焰温度——得出不同的结论[J].化学教育，2003，24(1)：39-41.

[4] 季进明.酒精灯内焰和外焰温度高低的再探究[J].化学教育，2013，34(3)：66-67.

实验2 数字化实验研究竹炭、活性炭对甲醛等气体的吸附能力

【教学建议】

人民教育出版社出版的九年级化学教材中提到木炭的吸附作用，"木炭具有疏松多孔的结构，因此它具有很强的吸附能力……也可以用它来吸附有异味的物质。"实际上，目前使用较多的用于吸附气体的物质是竹炭和活性炭，竹炭是竹子（而不是木材）高温烧制的炭，主要化学成分与木炭相同，活性炭是经过处理的竹炭、木炭。人们常用竹炭、活性炭吸收家庭装修或新购汽车中的甲醛等有害气体。市售的竹炭、活性炭种类繁多，它们对甲醛的吸附能力如何？对其他气体的吸附能力又如何？

【实验目的】

利用压强传感器探究竹炭、活性炭对甲醛、NH_3、SO_2、O_2、H_2的吸附能力。

【实验原理】

炭具有疏松多孔的结构，因此它具有很强的吸附能力，可以用它来吸附有异味的物质，但不同种类的炭对不同气体的吸附效果不同。

【实验仪器和药品】

压强传感器、数据采集器、计算机及相应配套软件、橡胶塞、注射器、100 mL 烧杯、试管、胶头滴管、药匙、研钵、电子天平。

浓氨水、10% 过氧化氢溶液、0.5 mol/L 氯化铁溶液、6 mol/L 盐酸、无水亚硫酸钠固体、镁粉、1 mol/L 盐酸、36%~38% 的福尔马林溶液、JZ 竹炭、LJR 竹炭、MSL 活性炭。

【实验过程】

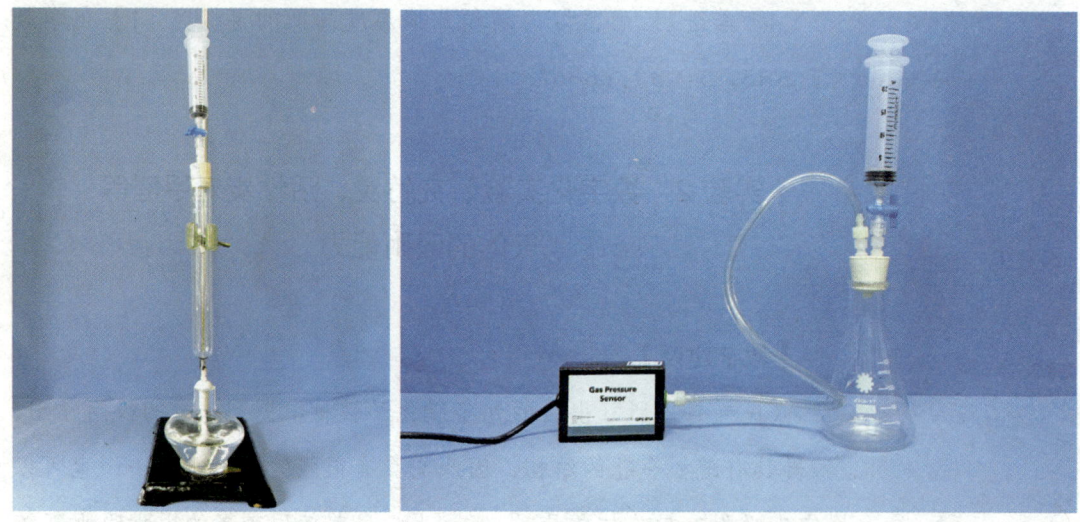

图 5-47　实验装置图

（1）气体制备

甲醛气体是通过在试管中加热福尔马林溶液制备的，其余气体是在注射器中直接制备的。

甲醛的制备：将 2 mL 36%~38% 的福尔马林溶液倒入试管中，塞上带孔的橡胶塞，置于酒精灯上加热后即产生甲醛气体（图 5-47 左图）。刚开始时的气体不收集，以排除试管中的空气。一段时间后在单孔橡胶塞中插上带有旋塞的注射器，用注射器收集约 15 mL 甲醛气体，拔出注射器，关闭注射器的旋塞，停止加热。冷却一段时间后将注射器旋塞打开，推动注射器活塞至 10 mL 刻度处，关闭旋塞，此时 10 mL 甲醛气体制备完成。

NH_3、O_2、SO_2 气体的制备：国外曾有人尝试利用注射器在微波炉中进行气体的制备实验，该实验有仪器小巧、用药量小、操作简便等优点。笔者根据微波微型实验进行改进，略改变药品用量，使用水浴代替微波炉加热制备气体。方法如下：将制备气体所用的原料直接置于带有旋塞的注射器中，塞上涂有凡士林的活塞，将活塞推至注射器底部以排除空气，关闭注射器的旋塞。水浴加热至注射器内生成的气体达到 15 mL，取出注射器冷却至室温。打开旋塞，轻轻按压活塞将注射器内剩余液体排出，并将活塞推至 10 mL 刻度处，再关闭旋塞即可。中学常见的气体如 NH_3、O_2、SO_2 等均可以用该方法制备。表 5-5 药品用量表中所示为实验效果较好的药品用量。

表 5-5　药品用量表

气体	原料
NH_3	浓氨水 10 滴
O_2	10% H_2O_2 溶液 10 滴，0.5 mol/L $FeCl_3$ 溶液 1 滴
SO_2	0.2 g 无水 Na_2SO_3 固体，6 mol/L 盐酸 10 滴

H_2 的制备：笔者经过多次尝试，发现用镁粉和 1 mol/L 盐酸制备比较简便。具体方法如下：用电子天平称取 0.05 g 左右的镁粉置于注射器底部，塞上活塞并推至接近注射器底部，拉动活塞吸取约 1 mL 1 mol/L 的盐酸，迅速关闭旋塞。待产生的 H_2 达到 15 mL 时，打开注射器旋塞，轻轻按压活塞将其中剩余液体、镁粉排出，并将活塞推至 10 mL 刻度处，再塞上橡胶塞即可。

（2）竹炭、活性炭吸附能力实验

称取 2 g JZ 竹炭倒入锥形瓶中，并使竹炭平铺在锥形瓶瓶底。如图 5-47 右侧所示组装实验装置，将压强传感器、数据采集器、计算机及相应的设备连接。点击"开始"按钮，5 s 后迅速将 10 mL 甲醛注入锥形瓶中，用胶带固定活塞（防止瓶内压强大使活塞上移），每秒采集 1 个数据，900 s 后停止采集。同样方法测定竹炭对 NH_3、O_2、SO_2、H_2 的吸附能力，每种气体测定三次。

LJR 竹炭、MSL 活性炭对不同气体的吸附能力实验同上。

【结果与分析】

（1）几种竹炭对甲醛的吸附

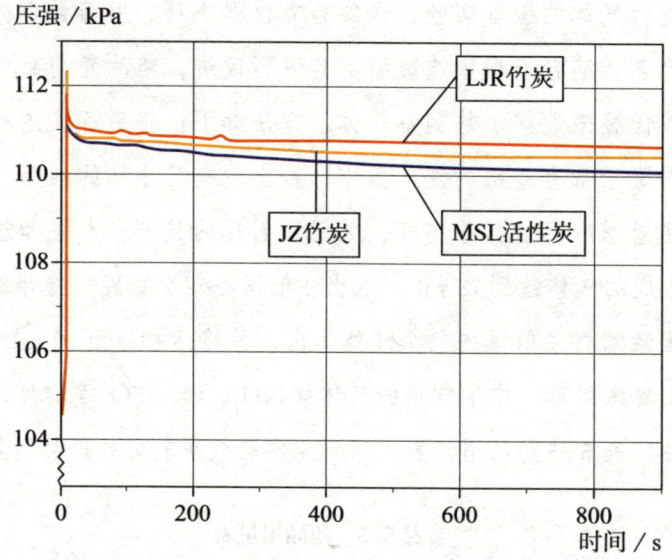

图5-48　竹炭、活性炭吸附甲醛压强随时间的变化

图5-48从上往下的曲线分别为LJR竹炭、JZ竹炭、MSL活性炭吸附10 mL甲醛时压强随时间变化的图像。由图像可知，LJR竹炭对甲醛的吸附能力最弱，MSL活性炭对甲醛的吸附能力最强。但是几种竹炭对甲醛的吸附能力相对来说都比较低。表5-6为竹炭、活性炭吸附甲醛前后的压强变化及吸附率，其中初始压强p_1为注入气体前瓶内的压强，平衡压强p_2为900 s实验结束时的压强。实验时室内的温度为16.5 ℃，即289.65 K。用水测得锥形瓶的容积为164 mL，导管的容积为3 mL，试管的容积为77 mL。

表5-6　竹炭、活性炭对甲醛的吸附能力统计表

竹炭种类	初始压强 p_1/kPa	平衡压强 p_2/kPa	甲醛物质的量 $n_1 \times 10^{-3}$/mol	空气物质的量 $n_2 \times 10^{-3}$/mol	吸附后气体物质的量 $n_3 \times 10^{-3}$/mol	吸附气体物质的量 $n_4 \times 10^{-3}$/mol	吸附率 η
JZ竹炭	104.68	110.37	0.434 6	7.259	7.653	0.040 6	9.34%
LJR竹炭	104.73	110.70	0.434 9	7.262	7.676	0.020 9	4.80%
MSL活性炭	104.56	110.07	0.434 2	7.251	7.633	0.052 1	12.00%

以JZ竹炭吸附甲醛的数据为例，根据克拉伯龙方程 $pV=nRT$，计算该竹炭对甲醛的吸附率。

10 mL甲醛气体的物质的量：

$$n_1 = \frac{p_1 V}{RT} = \frac{104.68 \text{ kPa} \times 10 \times 10^{-3} \text{ L}}{8.314\ 5 \text{ J} \cdot \text{mol}^{-1} \cdot \text{K}^{-1} \times 289.65 \text{ K}} = 0.434\ 6 \times 10^{-3} \text{ mol}$$

锥形瓶和导管内空气的物质的量：

$$n_2 = \frac{p_2 V}{RT} = \frac{104.68 \text{ kPa} \times 167 \times 10^{-3} \text{ L}}{8.314\ 5 \text{ J} \cdot \text{mol}^{-1} \cdot \text{K}^{-1} \times 289.65 \text{ K}} = 7.259 \times 10^{-3} \text{ mol}$$

JZ竹炭吸附气体后锥形瓶内气体的总物质的量：

$$n_3 = \frac{p_2 V}{RT} = \frac{110.37 \text{ kPa} \times 167 \times 10^{-3} \text{ L}}{8.314\ 5 \text{ J} \cdot \text{mol}^{-1} \cdot \text{K}^{-1} \times 289.65 \text{ K}} = 7.653 \times 10^{-3} \text{ mol}$$

被JZ竹炭吸附的甲醛的物质的量为 $n_4 = n_1 + n_2 - n_3 = 0.040\ 6 \times 10^{-3}$ mol，JZ竹炭对甲醛的吸附率 $\eta = \dfrac{n_4}{n_1} \times 100\% = 9.34\%$。

其他组数据可在Excel中用同样方法处理。当然，该种计算方法是假设竹炭、活性炭吸附的气体均是注入的甲醛气体，忽略了竹炭、活性炭对锥形瓶内空气的吸附作用，存在一定的误差。

（2）JZ竹炭对不同气体的吸附

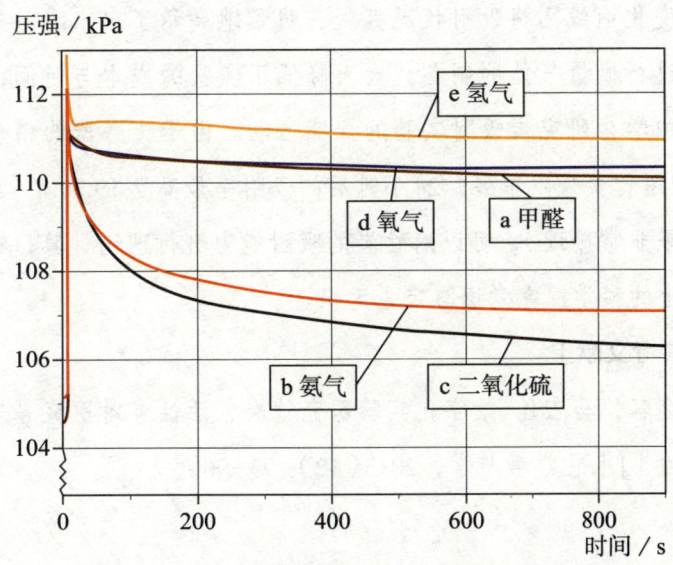

图5-49　JZ竹炭吸附不同气体压强随时间的变化

图5-49为JZ竹炭吸附不同气体时压强随时间变化的图像。其中a、b、c、d、e分别为JZ竹炭吸附甲醛、NH_3、SO_2、O_2、H_2的压强

随时间的变化曲线。LJR竹炭、MSL活性炭吸附不同气体的压强随时间变化图像与图5-49基本相同。表5-7为竹炭、活性炭对不同气体吸附能力的统计表。

表5-7 竹炭、活性炭对不同气体的吸附能力统计表

	甲醛	NH_3	SO_2	O_2	H_2
JZ竹炭	9.34%	74.37%	91.49%	16.58%	8.51%
LJR竹炭	4.80%	76.82%	85.66%	10.43%	5.52%
MSL活性炭	12.00%	74.63%	100%	10.24%	8.61%

从上述实验不难发现，竹炭对于SO_2、NH_3等由极性分子组成的气体的吸附能力好，对于O_2、H_2等由非极性分子组成的气体的吸附能力较弱，对于甲醛的吸附能力也相对较弱。通过改性处理后的活性炭对甲醛的吸附能力会有提高。竹炭吸附气体不是简单的物理吸附，同时还存在着化学吸附。

本实验利用压强传感器研究竹炭对甲醛等气体的吸附作用，通过压强变化曲线图将吸附状况直观、明了地展示了出来。另外使用注射器进行微量气体的制备，大大降低了实验的成本与时间，适合作为初中学生研究炭吸附实验的探究活动。由于传感器的精确性高（文献中用竹炭吸附甲醛，24小时后的吸附率最高达19.39%，与本实验的结果非常接近），可以对竹炭的吸附能力进行理论计算，有利于培养学生的科学探究意识与定量意识。

【参考文献】

韦存容，马宏佳.数字化实验研究竹炭、活性炭对甲醛等气体的吸附能力[J].化学教与学，2015（12）：93-96.

5.2 与高中化学相关的数字化实验案例

5.2.1 金属及其化合物

实验1 探究过氧化钠的性质

【教学建议】

在金属氧化物部分，探究过氧化钠与二氧化碳的反应时，传统的实验有两种，一种是直接向包裹过氧化钠粉末的棉花上吹气，看到棉花燃烧现象，说明二氧化碳可与过氧化钠反应。但这种实验存在的问题是人体呼出的气体中既有二氧化碳又有水蒸气，不能完全说明是二氧化碳和过氧化钠发生了反应。另一种实验是收集二氧化碳气体，将包裹过氧化钠粉末的棉花投入集气瓶中，看到棉花燃烧现象，说明二氧化碳可与过氧化钠反应，且产物中有氧气。在这两个实验的基础上，如果能将反应过程中二氧化碳和氧气的量以具体数据的形式向学生展现出来，学生能更直观地看到数的变化，于是产生更深刻的印象。因此，可以采用二氧化碳传感器和氧气传感器展开实验探究。

教师可以这样引入：首先给学生表演"滴水生火"的小魔术，然后进行"吹气生火"实验，进而引入过氧化钠的化学性质。对"滴水生火"魔术的原理分析后，学生会自然产生联想，"吹气生火"实验是由于吹的气体中的水蒸气的作用，还是CO_2的作用（放出热量达到棉花着火点，并且反应中生成氧气）？进而引发学生设计实验研究CO_2与过氧化钠反应的欲望，从而引入数字化实验。

【实验目的】

使用氧气传感器、二氧化碳传感器探究二氧化碳与过氧化钠的反应。

【实验原理】

过氧化钠与二氧化碳反应所得产物为氧气，化学方程式为：

$2Na_2O_2+2CO_2=2Na_2CO_3+O_2$。由于反应中消耗了$CO_2$，生成了$O_2$，故可以通过氧气传感器、二氧化碳传感器测量反应前后体系的CO_2、O_2含量的变化，进而说明过氧化钠与CO_2能发生反应。

【实验仪器和药品】

二氧化碳传感器、氧气传感器、数据采集器、计算机及相应配套软件和配套反应瓶。

过氧化钠。

【实验过程】

（1）如图5-50所示，将氧气传感器、二氧化碳传感器、数据采集器、计算机相连，并将氧气传感器、二氧化碳传感器放置于相配套的塑料瓶中。

（2）在两个塑料瓶中分别放入约1.0 g的过氧化钠粉末，插上传感器，点击"采集"按钮进行数据采集。

图5-50　实验装置图

【结果与分析】

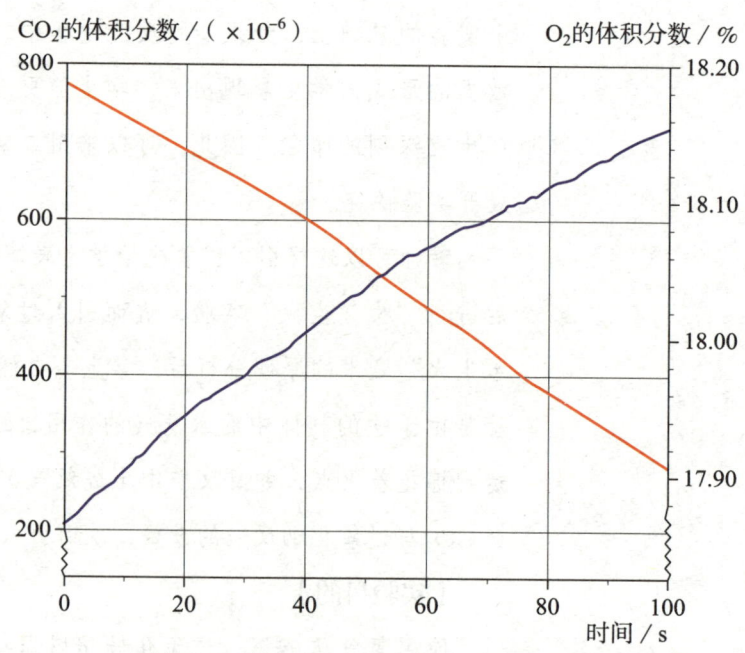

图5-51　氧气与二氧化碳体积分数变化曲线

从图5-51中不难发现，加入Na_2O_2后，塑料瓶内的O_2的体积分数显著升高，而CO_2的体积分数显著降低，说明二氧化碳与过氧化钠反应了，并且产物有氧气。

【参考文献】

宋心琦.普通高中课程标准实验教科书：化学1［M］.北京：人民教育出版社，2012：65.

实验2　碳酸钠与碳酸氢钠溶解过程热效应的比较

【教学建议】

碳酸钠和碳酸氢钠是高中化学学习中重要的钠的化合物，两者组成相似，学生容易混淆，教师授课时一般也是将这两种化合物采用对比方法进行研究。实际上二者在性质方面存在差异，主要表现在溶解热、热稳定性、酸碱性、与酸反应速率、与酸反应的过程等。传统实验对这些都是通过测定某些特定的点的数据来说明问题，应用数字化仪器，教师可将两者不同的反应的变化过程呈现出来，便于学生进行比较学习。

教师可以这样引入：碳酸钠和碳酸氢钠用途广泛，碳酸钠常用于制玻璃、造纸、制皂，碳酸氢钠则是发酵粉的主要成分，也可以用于泡沫灭火器的生产和苏打水的生产。碳酸氢钠和碳酸钠一字之差，用途却大相径庭，用途的差异决定于物质性质的差异，怎样的性质差异使得二者的用途差异这么大呢？学生根据已有的知识不难推断出，两种盐都是钠盐，应均可以溶解于水；分别为碳酸盐和碳酸氢盐，应均能与盐酸反应。教师由此引入对碳酸钠和碳酸氢钠的溶解性、与酸反应以及稳定性等方面性质的探究。下面我们就通过实验来认识二者的性质。

【实验目的】

使用温度传感器探究碳酸钠与碳酸氢钠溶解过程热效应的差别。

【实验原理】

溶解过程分为两部分：其一，溶质的分子或离子受到水分子的作用，向水中扩散的过程，在这个过程中，溶质分子或离子要克服分子或离子之间的引力，需要从外界吸收热量，这是一个物理过程；其二，溶质分子或离子和水分子结合成水合分子或水合离子的过程，这一过程放出热量，是一个化学过程。物质溶解时表现出来的热效应，取决于溶质微粒扩散过程所吸收的热量和水合过程所放出的热量的相对大小。通常，放热表现为体系温度升高，吸热表现为体系温度降低。

【实验仪器和药品】

温度传感器、数据采集器、计算机及相应配套软件、磁力搅拌器、100 mL烧杯。

碳酸钠固体、碳酸氢钠固体、蒸馏水。

【实验过程】

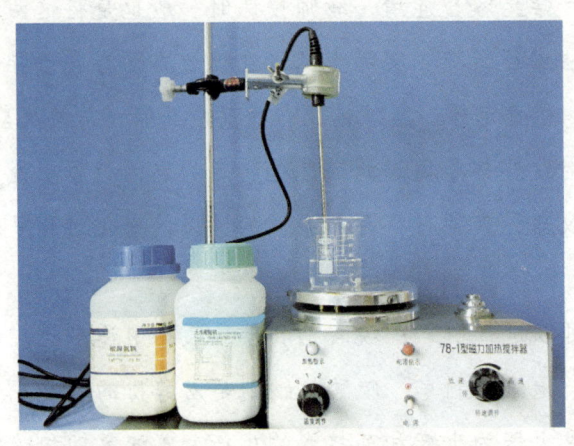

图5-52 溶解过程热效应比较的装置图

（1）如图5-52所示，将数据采集器、温度传感器、计算机三者连接。

（2）双击实验系统软件，在"实验"中选择"数据采集"，选择采集模式为"基于时间"；取样速率为每秒2个样本；限定时间为5 min。

（3）取50 mL蒸馏水于烧杯中，置于磁力搅拌器上，加入2.0 g碳酸钠粉末。点击"数据采集"按钮，利用温度传感器测定其温度变化曲线。

（4）用上述方法再分别测量4.0 g碳酸钠粉末、2.0 g碳酸氢钠粉末、4.0 g碳酸氢钠粉末溶于50 mL蒸馏水中的温度变化曲线。

【结果与分析】

通过将不同质量的碳酸钠和碳酸氢钠粉末分别溶于水，使用温度传感器分别测得碳酸钠和碳酸氢钠粉末溶解过程中的温度变化曲线。

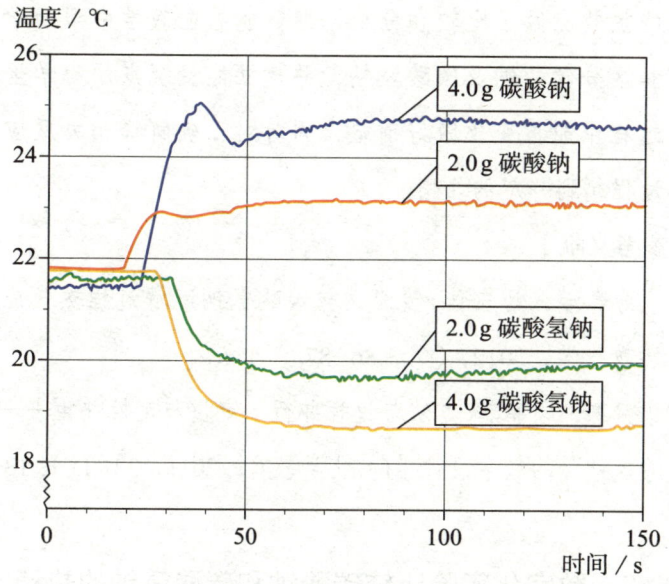

图5-53 碳酸钠、碳酸氢钠溶解过程温度的变化

将图5-53中实验数据进行整理,得出碳酸钠和碳酸氢钠溶解过程温度变化的数值,并得到表5-8。

表5-8 碳酸钠和碳酸氢钠溶解过程温度变化记录

编号	1	2	3	4
试剂	碳酸钠	碳酸钠	碳酸氢钠	碳酸氢钠
质量/g	2.0	4.0	2.0	4.0
起始温度/℃	21.8	21.5	21.7	21.8
最高(最低)温度/℃	23.2	24.6	19.6	18.7
温度变化/℃	+1.4	+3.1	-2.1	-3.1

分析表5-8可以得出以下结论:(1)2.0 g碳酸钠溶解于水,溶液温度升高了1.3 ℃。4.0 g碳酸钠溶解于水,溶液温度升高了3.1 ℃。2.0 g碳酸氢钠溶解于水,溶液温度降低了1.4 ℃。4.0 g碳酸氢钠溶解于水,溶液温度降低了3.1 ℃。(2)影响溶液温度变化的其他因素可能还有:搅拌速率、溶解时间、室温等。

数字化实验能够在定性和定量的不同研究中起到使研究过程可视化的作用,进而使用理论知识对其现象做出解释和比较,让我们的理论更具有说服力和直观性。本研究从横向和纵向对两种物质溶解过程的热效应做了比较和分析，期待能够在教学中帮助学生更好地认识和区分碳酸钠及碳酸氢钠，并建立能量观点，为学生理解化学反应过程中能量变化做好铺垫，同时对正确解释相关反应的吸热和放热过程起到一定的作用。

【参考文献】

［1］葛春洋，马宏佳.碳酸钠与碳酸氢钠溶解过程热效应的比较［J］.化学教与学，2012，（9）：86-87.

［2］徐惠，顾菲菲.方法与过程并行 定量与定性并重——"碳酸钠与碳酸氢钠"的教学设计［J］.化学教育，2011，32（11）：18-21.

实验3 数字化实验比较碳酸钠和碳酸氢钠的热稳定性

【教学建议】

传统实验一般通过观察澄清石灰水的浑浊与否来说明碳酸钠和碳酸氢钠的差别，但由于实验室中的碳酸钠有时不纯，加热后的产物也会使澄清石灰水变浑浊，导致学生无法鉴别。测定反应前后溶液的pH变化则现象明显，更具说服力。

【实验目的】

利用pH传感器研究碳酸钠和碳酸氢钠的热稳定性的差别。

【实验原理】

碳酸钠的热稳定性强，受热不易分解，而碳酸氢钠的热稳定性差，加热即可分解：$2NaHCO_3 \xrightleftharpoons{\triangle} Na_2CO_3+H_2O+CO_2\uparrow$，产生的二氧化碳气体可用澄清的石灰水来进行检验：$Ca(OH)_2+CO_2 = CaCO_3\downarrow +H_2O$，从而使澄清石灰水的碱性减弱，这样我们就可以利用pH传感器进行检测。

【实验仪器和药品】

pH传感器、计算机及相应配套软件、试管、铁架台、酒精灯、导气管、单孔橡胶塞、烧杯。

碳酸钠固体、碳酸氢钠固体、酚酞溶液、石灰水。

【实验过程】

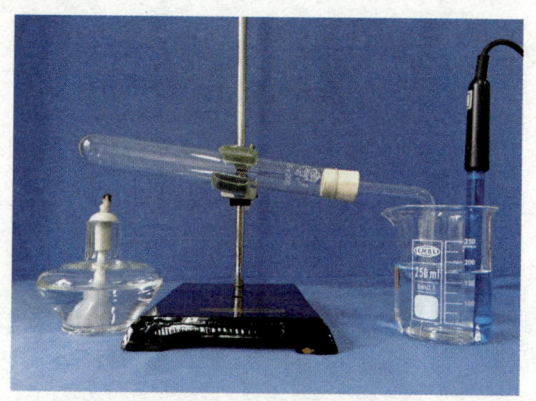

图5-54　实验装置图

（1）按图5-54所示组装好仪器，在试管内放入碳酸氢钠5～6 g，塞紧带导气管的橡胶塞。

（2）在烧杯中注入澄清石灰水约40 mL，并滴入酚酞溶液，连接pH传感器，打开实验系统软件。

（3）等数据变化稳定时单击"采集"，则开始自动记录pH数据。

（4）点燃酒精灯，给试管内试剂加热，观察现象。

（5）实验完毕，重复以上步骤，再做碳酸钠固体的加热实验。

【结果与分析】

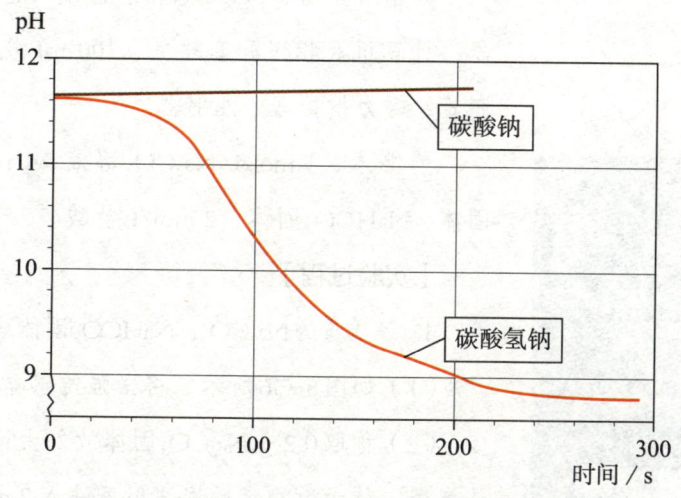

图5-55　加热碳酸钠和碳酸氢钠过程中石灰水pH变化

由图5-55及实验可知，滴入酚酞后澄清石灰水变红色，说明石灰水为碱性，pH大于7。当加热碳酸氢钠之后，有气泡产生，红色逐渐变浅，说明碱性逐渐减弱，pH的曲线下降；有白色沉淀产生，说明产生的气泡为二氧化碳气体。加热碳酸钠则无此现象，说明碳酸钠的热稳定性比碳酸氢钠的强。

【参考文献】

罗仁达.用数字实验比较碳酸钠和碳酸氢钠的热稳定性[J].实验教学与仪器，2013，30(5)：34-35.

实验4　碳酸钠、碳酸氢钠与酸反应的差异

【教学建议】

碳酸钠和碳酸氢钠这两种物质在性质上表现出很大的相似性，如水溶液都呈碱性，都能与盐酸反应放出二氧化碳气体等。对其性质上的不同之处，传统的处理方法是借助语言进行定性描述，而利用数字化实验则可以对原有的实验进行深入挖掘，从定量方面深入认识碳酸钠、碳酸氢钠的性质，特别是与酸反应的差异。

【实验目的】

利用数字化仪器比较碳酸钠、碳酸氢钠与酸反应的差异。

【实验仪器和药品】

数据采集器、pH传感器、温度传感器、压强传感器、滴数传感器、计算机及相应配套软件、100 mL烧杯、铁架台、大试管、胶头滴管、磁力搅拌器、注射器。

蒸馏水、1 mol/L Na_2CO_3 溶液、1 mol/L $NaHCO_3$ 溶液、Na_2CO_3 固体、$NaHCO_3$ 固体、2 mol/L 盐酸。

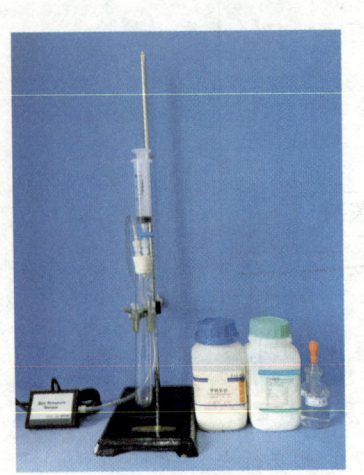

图5-56　实验装置图

【实验过程】

1. 等质量的 Na_2CO_3、$NaHCO_3$ 固体分别与盐酸反应的速率的比较

（1）如图5-56所示，将压强传感器、数据采集器与计算机相连。

（2）称取0.2 g Na_2CO_3 固体放入大试管，盖紧橡胶塞后打开压强传感器，待示数稳定后用注射器注入2 mL 2 mol/L 盐酸（注意保证装置的气密性良好）。

（3）重复上述步骤，测定向0.2 g $NaHCO_3$ 固体中注入2 mL 2 mol/L 盐酸时大试管内压强的变化（注意取0.2 g固体即可，以免产生太多

气体使橡胶塞弹起，造成实验失败和危险）。

2. 等质量的 Na_2CO_3、$NaHCO_3$ 固体分别与盐酸反应后溶液 pH 的比较

（1）如图 5-57 所示组装实验装置，将 pH 传感器、滴数传感器、数据采集器与计算机三者相连接。

（2）称取 2 g Na_2CO_3 固体放入 100 mL 烧杯中，加入 40 mL 蒸馏水，打开磁力搅拌器。

（3）待 Na_2CO_3 固体完全溶解后，打开滴数传感器下方旋塞并开始采集数据。当 pH 不再随盐酸的加入而有显著变化时停止采集数据。

（4）重复上述步骤，测定向 2 g $NaHCO_3$ 固体和 40 mL 蒸馏水配成的 $NaHCO_3$ 溶液中滴加盐酸时 pH 的变化曲线。

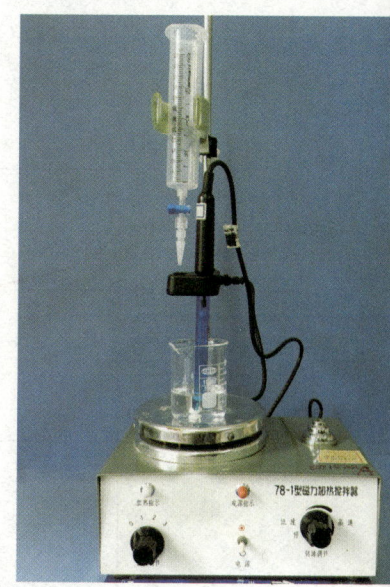

图 5-57 实验装置图

【结果与分析】

1. 等质量的 Na_2CO_3、$NaHCO_3$ 固体分别与盐酸反应速率的比较

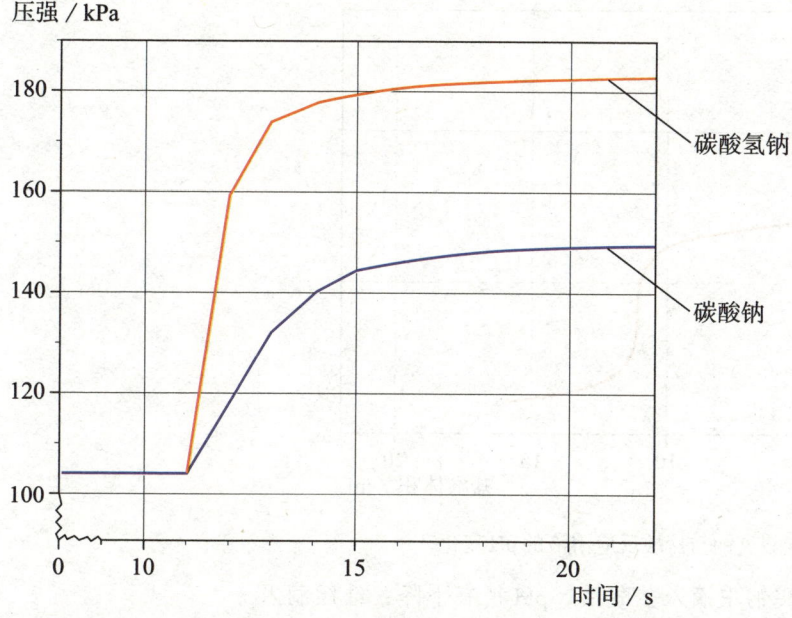

图 5-58 等质量的碳酸钠、碳酸氢钠分别与盐酸反应压强变化

由图 5-58 可知，碳酸氢钠与盐酸反应时压强曲线的斜率大，压强变化也大，这说明等质量的碳酸钠、碳酸氢钠分别与过量的等体积、等浓度的盐酸反应，碳酸氢钠与盐酸反应的速率更快、产生气体更多。

2. 等质量的 Na_2CO_3、$NaHCO_3$ 固体分别与盐酸反应后溶液pH的比较

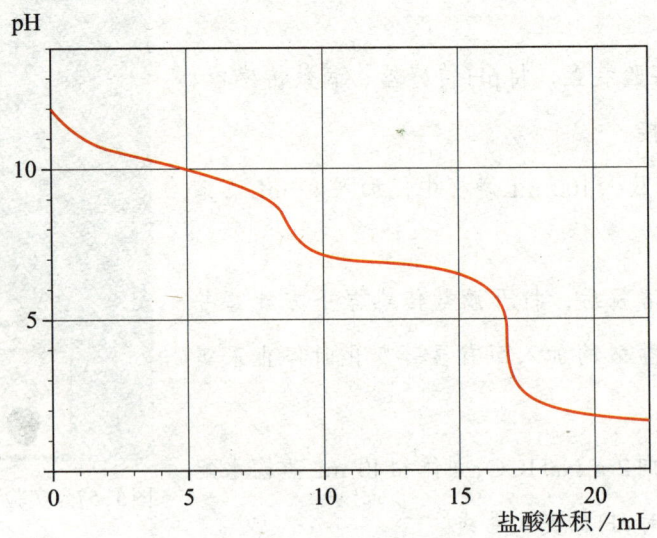

图5-59 碳酸钠与盐酸反应溶液的pH变化

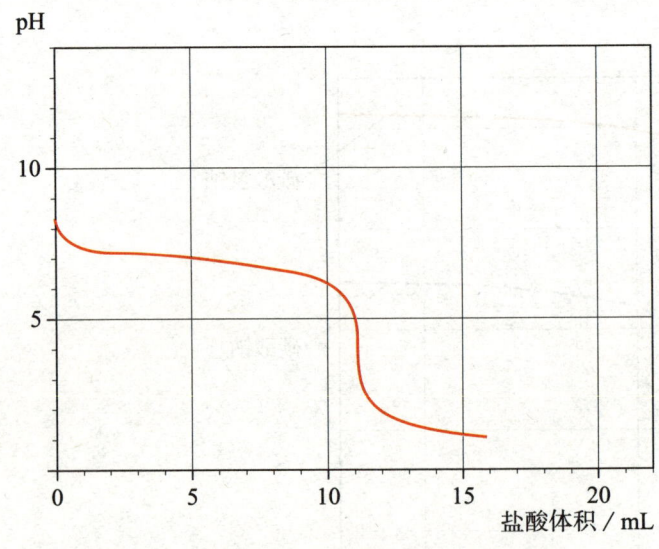

图5-60 碳酸氢钠与盐酸反应溶液的pH变化

由图5-59可知，碳酸钠中滴入盐酸后，pH稍有下降，继续滴入盐酸，pH变化趋于平缓，出现第一个平台，直至pH达到9（第一个平台结束）以后又有明显下降，此时伴随极少量气泡产生。随着盐酸的持续滴入，pH降到约7.5时变化再次趋于平缓，出现第二个平台，且此阶段有大量气泡产生。待pH缓慢下降到6左右（第二个平台结束），溶液内几乎无气泡产生，pH下降速率明显加快。待溶液

呈现强酸性时，随着盐酸的滴入，pH没有明显变化。另外，通过观察，第一个平台和第二个平台消耗的盐酸体积基本相同，都约为9 mL。这说明两个阶段消耗的氢离子物质的量是相等的。

由图5-60可知，该浓度下的$NaHCO_3$溶液呈现弱碱性（pH约为8.4）。滴入盐酸后，溶液立即有气泡产生，pH稍有下降并逐渐趋于平缓，出现平台。随着盐酸的持续滴入，溶液中有大量气泡产生。待pH缓慢下降到6左右（平台结束），溶液内几乎无气泡产生，pH下降速率明显加快。待溶液呈现强酸性时，随着盐酸的滴加，pH没有明显变化。

因此，得出以下结论：（1）Na_2CO_3溶液的碱性比$NaHCO_3$的强，Na_2CO_3溶液水解呈现较强的碱性，$NaHCO_3$水解呈现较弱的碱性。（2）CO_3^{2-}与H^+反应过程分为两个阶段，即$CO_3^{2-}+H^+ =\!\!= HCO_3^-$、$HCO_3^-+H^+ =\!\!= H_2O+CO_2\uparrow$。

【参考文献】

［1］赵倩.基于手持技术的中学化学习题科学性研究［D］.南京：南京师范大学，2012.

［2］曾珍，鲍正荣.利用"手持技术"比较碳酸钠和碳酸氢钠与稀盐酸反应的速率［J］.中小学实验与装备，2012（03）：58-59.

实验5　气体摩尔体积的测定

【教学建议】

气体摩尔体积是中学化学计算中的重要物理量，它是气体体积与质量、粒子数目、物质的量浓度等物理量联系的桥梁。气体摩尔体积的测定在教学中一般不做实验，而是直接进行介绍。为了帮助学生深入理解气体摩尔体积的概念，在教学中可以设计并进行实验，测定气体摩尔体积，培养学生定性与定量相结合的研究意识。

【实验目的】

利用压强传感器测定镁与硫酸反应后体系内的压强变化，学习推算氢气在标准状况下的摩尔体积。

【实验原理】

本实验利用镁与稀硫酸生成氢气的反应（$Mg + H_2SO_4 =\!=\!= MgSO_4 + H_2\uparrow$），测定氢气在某温度下产生的压强，进而推算氢气在标准状况下的摩尔体积。气体在标准状况下的摩尔体积 $V_m = V$(标准状况，下称stp)$/n$。本实验中氢气的物质的量与参加反应的金属镁的物质的量相等，所以只需测量所消耗镁的质量即可换算得出氢气的物质的量。$\dfrac{p(\text{stp})V(\text{stp})}{T(\text{stp})} = \dfrac{p(t)V(t)}{T(t)}$，故一定量的气体在标准状况下的体积 $V(\text{stp}) = \dfrac{p(t)V(t)T(\text{stp})}{p(\text{stp})T(t)}$。若将生成的氢气密闭于一固定容积的容器中，则上式中仅需测定体系温度 $T(t)$ 和该温度下氢气产生的压强 $p(t)$，即可轻松求算出 $V(\text{stp})$，进而算出标准状况下的气体摩尔体积。

【实验仪器和药品】

压强传感器、温度传感器、计算机及相应配套软件、电子天平、大烧杯、10 mL 量筒、125 mL 锥形瓶、注射器。

镁条、0.5 mol/L 稀硫酸。

【实验过程】

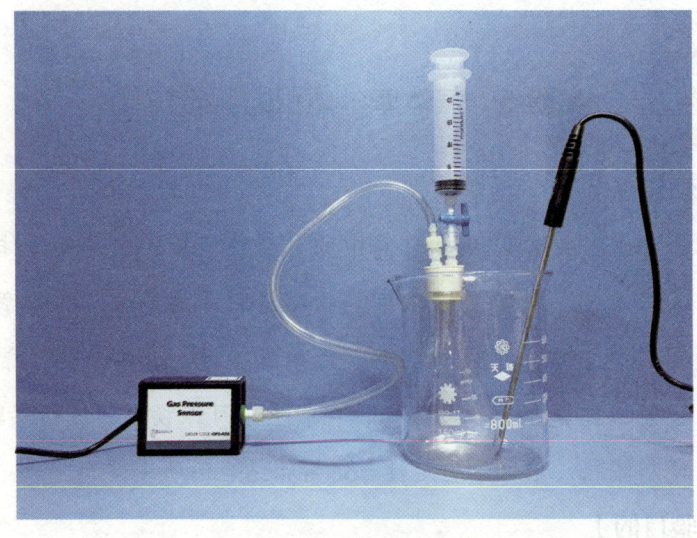

图 5-61　实验装置图

（1）如图 5-61 所示，将数据采集器、压强传感器、温度传感器和计算机相连。打开实验系统软件。

（2）取2~3 cm长的镁条，打磨光亮后称量其质量并记录，精确到0.001 g，然后将该镁条置于干燥的125 mL锥形瓶中。

（3）准备一个大烧杯，烧杯里盛有室温下的水。水的深度要没过锥形瓶中的气体。

（4）用注射器吸取4 mL 0.5 mol/L稀硫酸，按如图5-61所示连入装置中，并将锥形瓶浸没于水浴中。

（6）20 s后，打开双向阀，将注射器中的硫酸推入锥形瓶，迅速关闭双向阀。按下屏幕上"采集"按钮，计算机开始采集反应体系中的压强与温度数据。小心地摇动锥形瓶，加速镁与硫酸的反应。摇动锥形瓶时，注意保持锥形瓶一直浸没于水浴中，直到镁条反应完毕。

（7）待气体压强不再增加，停止采集数据。

（8）漂洗、清洁并干燥锥形瓶两次。取一片新的镁条放进锥形瓶。重复试验三次。

【结果与分析】

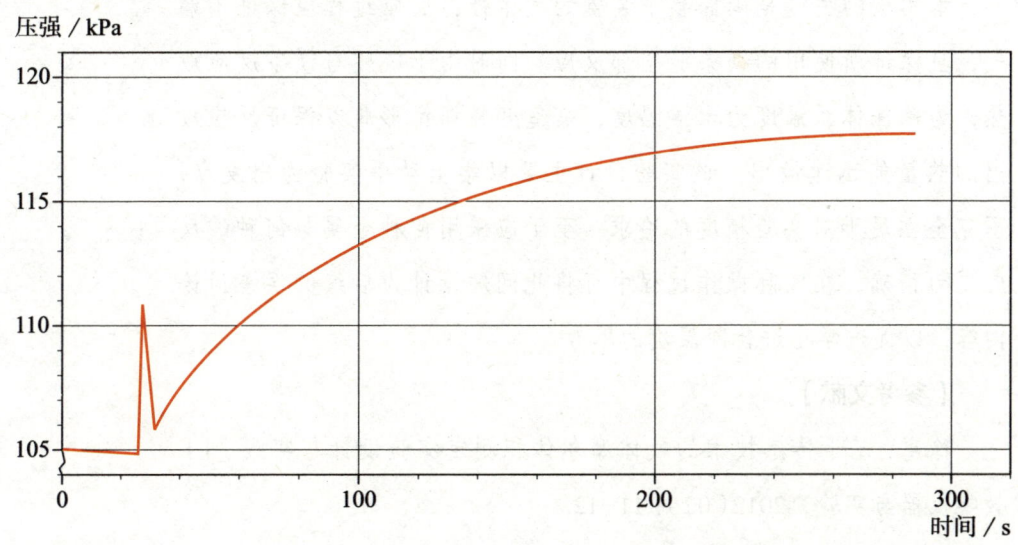

图5-62 镁与稀硫酸反应时的压强变化

图5-62为镁和硫酸生成氢气的压强变化图。根据图像中的数据，整理得到表5-9。

表 5-9　实验数据记录表

	1	2	3
镁条的质量 /g	0.013	0.013	0.013
锥形瓶的容积 /mL	106.5	106.5	106.5
最大的压强 /kPa	117.77	118.02	117.13
初始的压强 /kPa	106.14	106.12	105.35
压强差 Δp /kPa	11.63	11.9	11.78
温度 /K	290.5	290.35	292.2
V_m/L·mol^{-1}	21.22	21.71	21.40
V_m（平均）/L·mol^{-1}	21.44		

标准状况下的气体摩尔体积（V_m）的计算过程为：

由 $V(\text{stp}) = \dfrac{p(\text{t})V(\text{t})T(\text{stp})}{p(\text{stp})T(\text{t})}$ 得：

$$V_m = \frac{V(\text{stp})}{n} = \frac{1.1497 \times 10^{-2}\,\text{L}}{\dfrac{0.013}{24}\,\text{mol}} = 21.22\,\text{L/mol}$$

本实验的关键是确保整个装置的气密性，反应过程应保证不漏气，且保证所使用的镁条能全部反应。同时由于硫酸与镁条反应放热，为确保体系温度为水浴温度，需适度轻摇锥形瓶以保证反应放出的热量能迅速散出。该实验设计主要以学生动手实验为出发点，不完全立足于对实验精度的追求。至于应采用何种金属与何种酸反应更为精确，在实际操作过程中可将此问题设计为后续的误差讨论内容，以促进学生进行深层次的思考。

【参考文献】

徐惠. 基于传感技术的气体摩尔体积测定实验设计与实践 [J]. 教学仪器与实验，2012（02）：11-12.

实验 6　酸与铁丝反应的化学振荡现象研究

【教学建议】

振荡反应是一种新奇有趣的化学反应，在研究性学习中设置振荡实验有利于培养学生兴趣，让学生了解到化学的奇妙之处。一般来说，铁丝与酸反应有两种常见情况，一是生成氢气，二是铁被钝化，阻止反应的继续进行，进而不产生氢气。在特定的条件下，酸与铁丝的反应中可观察到产生氢气与铁被钝化交替出现的振荡现象。引导学生对此进行研究，可以让学生对熟知的反应重新认识，同时培养探究意识。

【实验目的】

对酸与铁丝反应的化学振荡现象进行实验研究，初步分析影响该振荡过程的因素，并对可能的机理做出相应分析。

【实验原理】

所谓化学振荡，是在化学反应过程中的反应物、中间体或生成物随时间周期性重复的过程。

酸与铁丝的振荡体系中封闭反应环应为：

（1）$Fe + 2H^+ \rightarrow Fe^{2+} + H_2\uparrow$；

（2）$2Fe^{2+} + H_2O_2 + H_2O \rightarrow Fe_2O_3 + 4H^+$；

（3）$Fe_2O_3 + 6H^+ \rightarrow 2Fe^{3+} + 3H_2O$；

（4）$2Fe^{3+} + H_2 \rightarrow 2Fe^{2+} + 2H^+$。

（1）→（2）→（3）→（4）→（1）……若上述猜想正确，则该循环中Fe^{2+}、Fe_2O_3、Fe^{3+}为三个可见稳定态。

【实验仪器和药品】

pH传感器、氧气传感器、数据采集器、计算机及相应配套软件、100 mL烧杯、培养皿、钳子。

铁丝（直径不限）、1.0 mol/L磷酸溶液、30%过氧化氢溶液、10%盐酸、0.1 mol/L KSCN溶液、蒸馏水。

【实验过程】

1. 化学振荡现象实验步骤

（1）先用钳子将预备好的铁丝切割成若干个2 cm左右的小段。

（2）在培养皿中加入盐酸，把铁丝放入其中，待有大量气泡产生后取出铁丝用蒸馏水洗净（该步实验主要是为了除去铁丝表面不利于后续反应的氧化物或镀层等，且该实验过程一定要注意将氯离子去除干净，后续研究发现，氯离子对振荡反应有抑制作用）。

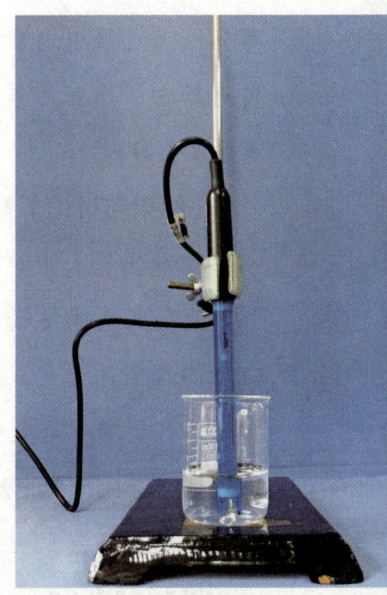

图5-63 实验装置图

（3）在烧杯中加入 30 mL 1.0 mol·L^{-1} 磷酸溶液以及 3 mL 30% 过氧化氢溶液，再将经第一步预处理的铁丝放入烧杯。

经上述两步简单操作后即可观察到铁丝表面先产生气泡，随后气泡消失、再产生气泡、再消失的周而往复的化学振荡现象。振荡周期在 20 秒左右，且振荡现象可维持数小时。

2. 数字化仪器探究化学振荡现象原理

（1）放出氢气的验证。该振荡体系存在铁、磷酸、过氧化氢三种物质，反应过程中有气体放出。从体系存在的物质看，气体可能为氢气，也可能为过氧化氢分解产生的氧气。因振荡产生的气体很少，很难收集检验，为证实气体是氢气而不是氧气，首先在 O_2 传感器配套的塑料瓶中引发振荡实验，插入氧气传感器，打开实验系统软件，密封好瓶口进行实验一小时。

（2）化学振荡反应中 pH 周期变化的验证

首先，在振荡反应开始至不发生气体时，迅速将铁丝取出，用大量蒸馏水冲洗后，将铁丝置于盐酸中，待盐酸与铁丝反应产生一定气泡后再将铁丝取出，向溶液中滴加 KSCN 溶液，出现血红色，可证明在反应过程中确有 Fe_2O_3 在铁丝表面生成。然后，在发生振荡反应的体系中滴加 KSCN 溶液，也观察到了血红色出现，可见振荡过程中也有 Fe^{3+} 生成。接下来，如图 5-63 所示，利用 pH 传感器对该振荡体系的 pH 变化情况进行了测量，数据收集速率为每秒 2 个数据。

【结果与讨论】

1. 放出氢气的验证

为证实气体为氢气而不为氧气，用氧气传感器观测振荡实验中 O_2 百分含量的变化，发现瓶中氧气的百分含量呈现逐渐减小的趋势，即证明产生的不是氧气而是氢气。证实反应过程中周期性放出氢气，即可证明上述猜想中反应（1）是周期性发生的。

2. 化学振荡反应体系中 pH 周期变化的验证

图 5-64 为 1.0 mol·L^{-1} 磷酸振荡体系中 pH 变化图，从图中可以看出，该振荡反应体系中 pH 呈周期性变化，且每次放出氢气消耗 H^+

时，体系的pH就会明显增加，不再消耗H^+时，由于受磷酸电离平衡的影响，体系pH会迅速恢复至接近体系初始的pH，并保持稳定15 s左右，这一阶段正好对应铁丝表面不产生氢气的钝化期。

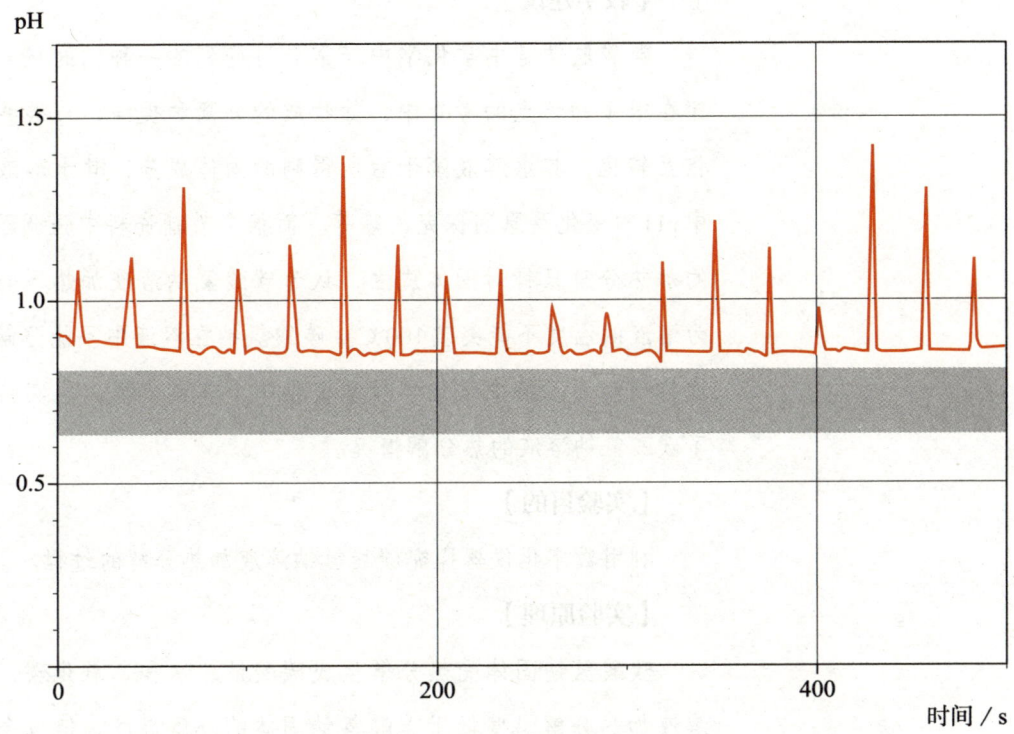

图5-64　1.0 mol·L^{-1}磷酸振荡体系中pH的变化

我们分析反应（2）（3）（4），将这3个反应相加所得总反应为$H_2O_2+H_2 \rightarrow 2H_2O$，即发生（2）（3）（4）三个反应的过程应不消耗$H^+$，这与图5-64显示的pH变化一致，进一步证明了猜想的正确性。

由此可以得出结论，化学振荡封闭反应环应为：

（1）$Fe+2H^+ \rightarrow Fe^{2+}+H_2 \uparrow$；（2）$2Fe^{2+}+H_2O_2+H_2O \rightarrow Fe_2O_3+4H^+$；（3）$Fe_2O_3+6H^+ \rightarrow 2Fe^{3+}+3H_2O$；（4）$2Fe^{3+}+H_2 \rightarrow 2Fe^{2+}+2H^+$。上述几个反应按照（1）→（2）→（3）→（4）→（1）……的顺序交替出现，形成了酸与铁丝的反应中观察到产生氢气与铁的钝化交替出现的振荡现象。

【参考文献】

徐惠，朱鹏飞，马宏佳等.酸与铁丝反应的化学振荡现象研究[J].化学教学，2008（12）：14-16.

实验7 碳酸氢钠溶液受热会分解吗

【教学建议】

碳酸氢钠是中学化学中经常会讨论到的一种钠的化合物,其贯穿在很多知识点的考查中,如物质的分离和提纯,与碳酸钠之间的相互转化,其水溶液蒸干后所得到的固体成分,其水溶液加热过程中pH的变化及原因探究,等等。而很多教辅资料中强调了碳酸氢钠的加热分解只针对固体成立,认为碳酸氢钠溶液加热不会分解,因为溶液的温度不能突破100℃。碳酸氢钠在溶液中不能分解,事实是这样吗?为了给中学化学教学提供一个参考依据,本实验重点讨论了碳酸氢钠溶液的热分解情况。

【实验目的】

利用数字化仪器探究碳酸氢钠溶液加热分解的过程。

【实验原理】

碳酸氢钠固体受热分解生成碳酸钠、水和二氧化碳,碳酸氢钠溶液加热分解温度低于碳酸氢钠固体的分解温度,但也会生成二氧化碳。本实验通过CO_2传感器来检测碳酸氢钠溶液加热过程中密闭体系内CO_2的浓度变化,从而研究碳酸氢钠溶液受热分解的问题。

【实验仪器和药品】

温度传感器、CO_2传感器、数据采集器、计算机及相应配套软件、酒精灯、石棉网、铁架台、烧杯、250 mL容量瓶。

碳酸氢钠固体、蒸馏水。

【实验过程】

(1)如图5-65所示,将CO_2传感器、温度传感器、数据采集器、计算机相连接,组装好实验装置。

(2)精确配制250 mL 0.1 mol/L的碳酸氢钠溶液,取100 mL置于CO_2传感器配套的塑料瓶中,插入CO_2传感器,置于水浴中。

(3)在水浴中插入温度传感器,点燃酒精灯,点击数据"采集"按钮,用数字化仪器测得密闭体系内CO_2浓度随温度变化的曲线。

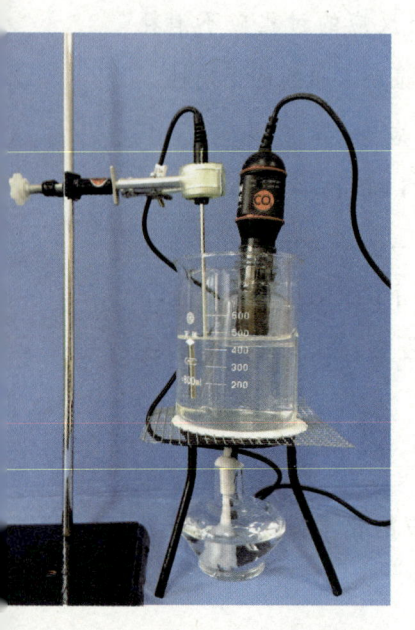

图5-65 实验装置图

【结果与分析】

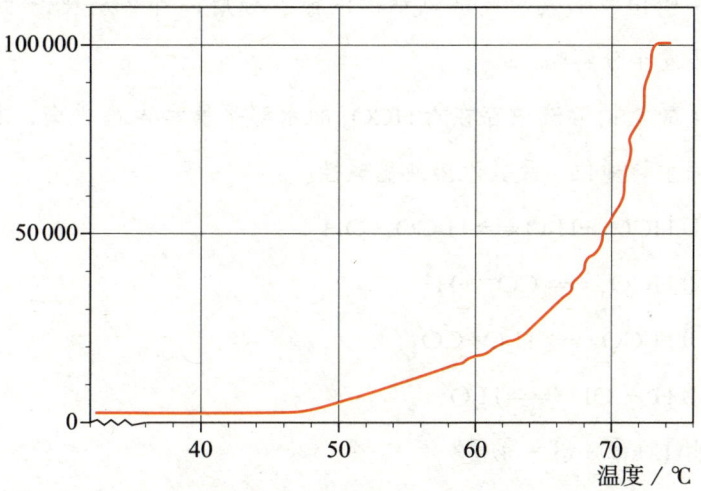

图 5-66　加热碳酸氢钠溶液生成的 CO_2 体积分数随温度的变化曲线

从图 5-66 可知，碳酸氢钠溶液加热会分解生成 CO_2。分析图像可知，碳酸氢钠溶液在 40℃ 左右就开始分解了，只不过速率较慢。采用软件自带的"正切"功能（图 5-67），得到了各温度 CO_2 的瞬时生成速率（表 5-10）。

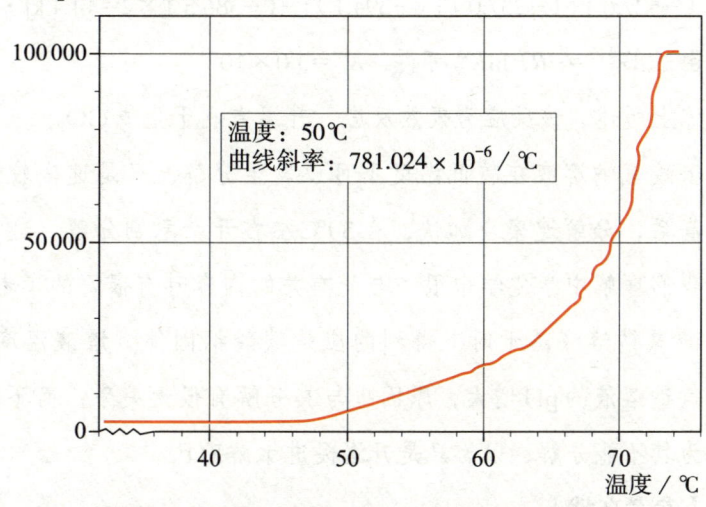

图 5-67　正切得各温度点 CO_2 的瞬时生成速率

表 5-10　各温度点 CO_2 瞬时生成速率

温度 /℃	41.1	50	54.9	60.2	65.1	70.0
CO_2 生成速率/($10^{-6}\cdot℃^{-1}$)	20.281	781.024	1 217	1 124	3 495	6 384

从表5-10不难发现，随着温度的升高，CO_2生成速率呈现上升趋势，这说明碳酸氢钠溶液的分解速率逐渐加快。

实验中我们发现碳酸氢钠溶液能够分解，那么从理论上来看，它能否发生分解呢？

碳酸氢钠溶液中存在着HCO_3^-的水解平衡和电离平衡，其中水解占据主导地位，故其水溶液显碱性。

① $HCO_3^- + H_2O \rightleftharpoons H_2CO_3 + OH^-$

② $HCO_3^- \rightleftharpoons CO_3^{2-} + H^+$

③ $H_2CO_3 \rightleftharpoons H_2O + CO_2$

④ $H^+ + OH^- \rightleftharpoons H_2O$

由①+②+③+④得

⑤ $2HCO_3^-(aq) \rightleftharpoons CO_3^{2-}(aq) + H_2O(l) + CO_2(g)$

	$2HCO_3^-(aq)$	$CO_3^{2-}(aq)$	$H_2O(l)$	$CO_2(g)$
$\Delta_f H_{298}^\phi / (kJ \cdot mol^{-1})$	−690.5	−675.6	−285.6	−393.1
$\Delta_f G_{298}^\phi / (kJ \cdot mol^{-1})$	−586.5	−527.6	−237.0	−394.1

$\Delta_r H_{298}^\phi =$

$[(-675.6)+(-285.6)+(-393.1)]-(-690.5)\times 2 = 28.7 \text{ kJ} \cdot mol^{-1}$

$\Delta_r G_{298}^\phi =$

$[(-527.6)+(-237.0)+(-394.1)]-(-586.5)\times 2 = 14.4 \text{ kJ} \cdot mol^{-1}$

由$\Delta_r G_{298}^\phi = -RT\ln K^\phi$可得，$K^\phi = 3.0 \times 10^{-3}$

综上所述，该反应为吸热反应，升温有利于生成CO_2。

碳酸氢钠溶液在较低温度下可以发生分解，只是速率较慢，温度升高后，分解速率会加快，在50℃左右开始急剧分解。这一结论对于我们理解中学化学中很多与此有关的内容时有很好的参考价值。如碳酸氢钠溶液蒸干时，得到的应是碳酸钠固体。溶液温度升高，碳酸氢钠溶液的pH增大，原因也与其分解有很大关系，而不能单纯地认为其不能分解，以为只是升温促进水解而已。

【参考文献】

[1] 宋心琦.普通高中课程标准实验教科书：化学1[M].北京：人民教育出版社，2012：55-56.

[2] 王文林. 水溶液中碳酸氢钠热分解反应研究 [J]. 化学教学, 2006(09): 62-63.

实验 8 基于传感技术对镁、铝的氢氧化物沉淀反应习题科学性的研究

【教学建议】

在中学化学教学中，存在这样一类习题，向可溶性的镁盐、铝盐的混合溶液中持续而缓慢滴加强碱溶液（不断振荡），产生白色沉淀的量与加入强碱溶液的体积可用下图曲线表示。

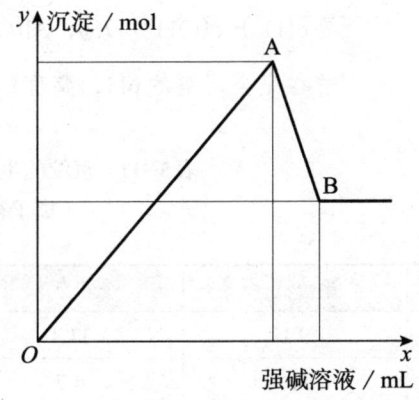

图 5-68 习题中的曲线图

本题的题意认为向含 Mg^{2+} 和 Al^{3+} 的混合溶液中加强碱同时生成氢氧化物沉淀。但在实际情况中，Mg^{2+} 和 Al^{3+} 生成氢氧化物的沉淀是同时进行的吗？这里利用溶度积 K_{sp} 和水的离子积 K_W 数据先从理论上分析，再根据测得的 pH 变化曲线解释相应问题。

【实验目的】

利用传感器研究镁、铝的氢氧化物沉淀的生成过程。

【实验原理】

首先利用溶度积 K_{sp} 和水的离子积 K_W 数据从理论上分析 Mg^{2+} 和 Al^{3+} 同步生成氢氧化物沉淀是否可能。

设 Al^{3+} 和 Mg^{2+} 的浓度均为 0.1 mol/L。

Al^{3+} 开始沉淀的 pH 为：

$$K_{SP}[Al(OH)_3] = c(Al^{3+}) \cdot c^3(OH^-) = 1.3 \times 10^{-33}$$

$$c(OH^-) = \sqrt[3]{\frac{1.3 \times 10^{-33}}{0.1}} = 2.35 \times 10^{-11} \text{ mol/L}$$

pOH = 10.6   pH = 3.4

Al^{3+} 完全沉淀的 pH 为：

$$c(OH^-) = \sqrt[3]{\frac{1.3 \times 10^{-33}}{1.0 \times 10^{-5}}} = 5.1 \times 10^{-10} \text{ mol/L}$$

pOH = 9.3   pH = 4.7

（注：溶液中离子浓度低于 1.0×10^{-5} mol/L 时可认为其沉淀完全。）

同理，根据 $K_{sp}[Mg(OH)_2] = 5.1 \times 10^{-12}$，可以计算出 $Mg(OH)_2$ 开始沉淀的 pH 为 9.1，完全沉淀的 pH 为 11.1。

再根据 $Al(OH)_3$ 具有两性，向 $Al(OH)_3$ 浊液中加入酸或碱时，只要 $c(H^+) \cdot c(OH^-) > K_W$，$Al(OH)_3$ 便开始溶解。计算 $Al(OH)_3$ 开始溶解和完全溶解的 pH，整理结果如表5-11所示。

表5-11 沉淀的生成、溶解与溶液的pH之间的关系
（离子初始浓度为0.1 mol/L）

pH	开始沉淀	完全沉淀	沉淀开始溶解	沉淀完全溶解
$Mg(OH)_2$	9.1	11.1	—	—
$Al(OH)_3$	3.4	4.7	6.1	11.5

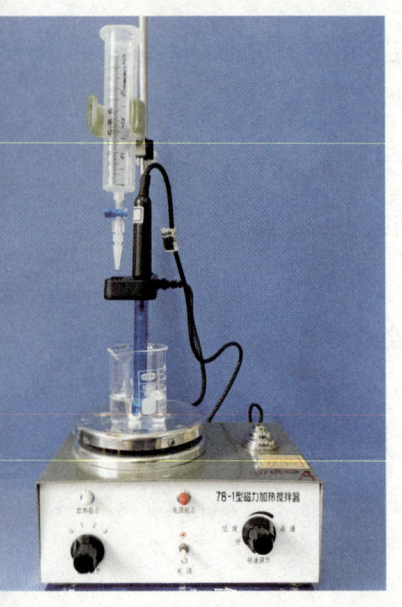

图5-69 实验装置图

【实验仪器与药品】

pH传感器、数据采集器、计算机及相应配套软件、磁力搅拌器、注射器、烧杯、铁架台。

0.50 mol/L NaOH溶液、0.10 mol/L $MgSO_4$ 溶液、0.05 mol/L $Al_2(SO_4)_3$ 溶液。

【实验过程】

（1）如图5-69所示，将pH传感器、数据采集器与计算机三者相连接。

（2）量取25 mL 0.10 mol/L $MgSO_4$ 溶液倒入100 mL烧杯中，加入磁子和pH传感器的探头，打开磁力搅拌器，开始采集数据。待pH示数稳定后，用注射器向烧杯中滴加0.50 mol/L NaOH溶液。每加入0.1 mL NaOH溶液采集一次实验数据，注意观察实验现象和混合溶液pH的变化。当pH不再随NaOH溶液的加入而有显著变化时停止采集数据。

（3）重复步骤（2），测定向25 mL 0.05 mol/L $Al_2(SO_4)_3$溶液中滴加0.50 mol/L NaOH溶液时pH的变化曲线及实验现象。

【结果与分析】

为了对比明显、便于分析，把分别向$MgSO_4$溶液、$Al_2(SO_4)_3$溶液和其混合溶液中滴加NaOH溶液时得到的pH变化曲线放到一个图像中，如图5-70所示。

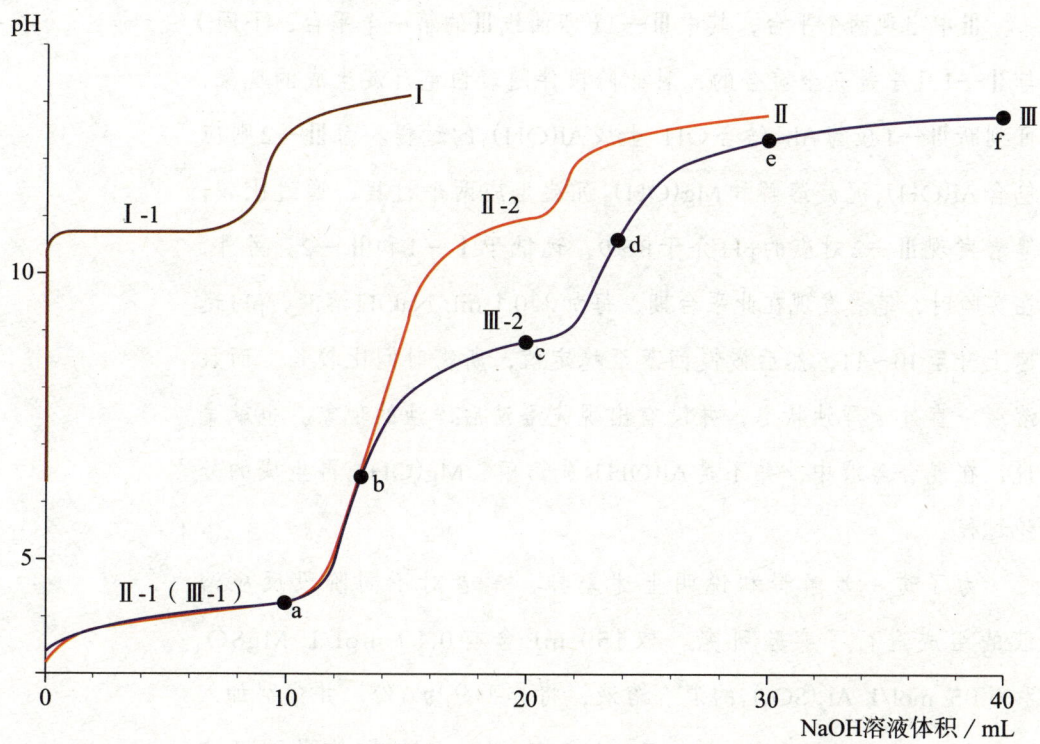

图5-70 不同的溶液中滴加NaOH溶液时的pH变化曲线

Ⅰ 向$MgSO_4$溶液中滴加NaOH溶液时pH的变化曲线

Ⅱ 向$Al_2(SO_4)_3$溶液中滴加NaOH溶液时pH的变化曲线

Ⅲ 向$MgSO_4$和$Al_2(SO_4)_3$混合溶液中滴加NaOH溶液时pH的变化曲线

分析上图可知，Ⅰ中$MgSO_4$溶液呈现弱酸性，滴入极少量NaOH溶液后，OH^-与H^+发生反应，使原溶液中Mg^{2+}水解产生的H^+大量减少，pH快速上升至10.23，继续滴入NaOH溶液，OH^-与

Mg^{2+}发生作用，OH^-被束缚，pH变化趋于平缓并可观察到有浑浊现象出现，直至pH达到10.85后又有明显上升，待沉淀基本完全，反应溶液呈现强碱性时，随NaOH溶液的滴加，pH基本没有明显变化。Ⅱ中$Al_2(SO_4)_3$溶液水解呈酸性，滴入少量NaOH溶液后，大部分Al^{3+}结合OH^-形成沉淀，pH明显上升至3.45并可观察到有浑浊现象出现，继续滴加NaOH溶液，pH变化趋于平缓并有大量白色沉淀生成，直至pH达到4.54，说明OH^-被消耗，用于溶解沉淀，待反应完全后，pH上升至11.57，OH^-以游离态存在，使溶液pH显著上升。

Ⅲ中出现两个平台，其中Ⅲ—1（即曲线Ⅲ的第一个平台，下同）与Ⅱ—1几乎是完全重合的，且此阶段伴随着白色沉淀生成的现象，可判断Ⅲ—1应为Al^{3+}结合OH^-生成$Al(OH)_3$的过程。而Ⅲ—2则应包含$Al(OH)_3$沉淀溶解和$Mg(OH)_2$沉淀生成两个过程，通过比较，笔者发现Ⅲ—2对应的pH介于8~9，远低于Ⅰ—1和Ⅱ—2。另外，在实验时，笔者发现在此平台期，每加入0.1 mL NaOH溶液，pH迅速上升至10~11，然后慢慢回落至稳定值，所需时间比较长，而且溶液一直处于浑浊状态，并没有出现先澄清后浑浊的现象。也就是说，在混合溶液中，并不是$Al(OH)_3$先溶解、$Mg(OH)_2$再生成的分步过程。

为了进一步解释和说明上述差异，笔者对不同阶段反应溶液的组成进行了实验研究。取150 mL含有0.10 mol/L $MgSO_4$和0.05 mol/L $Al_2(SO_4)_3$的混合溶液，将其平分为6份，并分别加入10 mL、13 mL、20 mL、24 mL、30 mL、40 mL物质的量浓度为0.50 mol/L的NaOH溶液（即分别为图中曲线Ⅲ的a~f处溶液组成）。待充分反应后静置，并将上层清液和沉淀分离，对其组成进行实验检测，如表5-12所示。

表 5-12 溶液成分的实验检测

实验分组		实验操作	实验现象	实验结论
a	25 mL 混合液加入 10 mL NaOH 溶液	上层清液	①NaOH 溶液至过量 ②向①得到的上层清液中加入稀硫酸至过量	①有白色沉淀生成且不溶解 ②有白色沉淀生成,后沉淀溶解	①含 Mg^{2+} ②含 Al^{3+}
		沉淀	加入 NaOH 溶液至过量	沉淀全部溶解	只含 $Al(OH)_3$
b	25 mL 混合液加入 13 mL NaOH 溶液	上层清液	①加入稀硫酸至过量 ②加 NaOH 溶液至过量 ③向②得到的上层清液中分别加稀硫酸和 NaOH 溶液至过量	①无明显现象 ②有白色沉淀生成且不溶解 ③均无白色沉淀生成	①无 AlO_2^- ②含 Mg^{2+} ③无 Al^{3+}
		沉淀	加入 NaOH 溶液至过量	沉淀不能完全溶解	含 $Mg(OH)_2$、$Al(OH)_3$
c	25 mL 混合液加入 20 mL NaOH 溶液	上层清液	①加入稀硫酸至过量 ②加 NaOH 溶液至过量 ③向②得到的上层清液中分别加稀硫酸和 NaOH 溶液至过量	①无明显现象 ②有白色沉淀生成且不溶解 ③均无白色沉淀生成	①无 AlO_2^- ②含 Mg^{2+} ③无 Al^{3+}
		沉淀	加入 NaOH 溶液至过量	沉淀不能完全溶解	含 $Mg(OH)_2$、$Al(OH)_3$
d	25 mL 混合液加入 24 mL NaOH 溶液	上层清液	①加入稀硫酸至过量 ②加 NaOH 溶液至过量	①无明显现象 ②有少量白色沉淀生成且不溶解	①无 AlO_2^- ②含少量 Mg^{2+}、无 Al^{3+}
		沉淀	加入 NaOH 溶液至过量	沉淀不能完全溶解	含 $Mg(OH)_2$、$Al(OH)_3$
e	25 mL 混合液加入 30 mL NaOH 溶液	上层清液	①加入稀硫酸至过量 ②加 NaOH 溶液至过量	①有少量白色沉淀生成,后变澄清 ②无明显现象	①含少量 AlO_2^- ②无 Mg^{2+}、Al^{3+}
		沉淀	加 NaOH 溶液至过量	沉淀不能完全溶解	含 $Mg(OH)_2$、$Al(OH)_3$
f	25 mL 混合液加入 40 mL NaOH 溶液	上层清液	①加入稀硫酸至过量 ②加 NaOH 溶液至过量	①有白色沉淀生成,后全部溶解 ②无明显现象	①含 AlO_2^- ②无 Mg^{2+}、Al^{3+}
		沉淀	①加入 NaOH 溶液至过量 ②取①的上层清液加入稀硫酸至过量	①沉淀不能全部溶解 ②无明显现象	含 $Mg(OH)_2$、无 $Al(OH)_3$

根据上述实验现象和结论,将各阶段相关反应的离子方程式整理,如表 5-13 所示。

表5-13 反应过程中各阶段反应的离子方程式

实验分组	相关的离子方程式
a：25 mL混合液加入10 mL NaOH溶液	$Al^{3+}+3OH^-=Al(OH)_3\downarrow$
b：25 mL混合液加入13 mL NaOH溶液	$Al^{3+}+3OH^-=Al(OH)_3\downarrow$ $Mg^{2+}+2OH^-=Mg(OH)_2\downarrow$
c：25 mL混合液加入20 mL NaOH溶液	$Mg^{2+}+2OH^-=Mg(OH)_2\downarrow$
d：25 mL混合液加入24 mL NaOH溶液	$Mg^{2+}+2OH^-=Mg(OH)_2\downarrow$
e：25 mL混合液加入30 mL NaOH溶液	$Al(OH)_3+OH^-=AlO_2^-+2H_2O$
f：25 mL混合液加入40 mL NaOH溶液	$Al(OH)_3+OH^-=AlO_2^-+2H_2O$

通过实验，我们可以看出，在向$MgSO_4$和$Al_2(SO_4)_3$混合溶液中滴加NaOH溶液时，OH^-首先和Al^{3+}结合形成沉淀，待$Al(OH)_3$沉淀完全后，Mg^{2+}与OH^-结合形成$Mg(OH)_2$沉淀，最后$Al(OH)_3$与NaOH溶液反应溶解，形成AlO_2^-。这与实验现象相符。而且根据沉淀转化理论，可考虑此阶段溶液中发生下述反应：

$Al(OH)_3+OH^-\rightleftharpoons AlO_2^-+2H_2O$ ①

$2AlO_2^-+Mg^{2+}+4H_2O\rightleftharpoons Mg(OH)_2\downarrow+2Al(OH)_3\downarrow$ ②

经计算，反应②的平衡常数为$K=1.0\times10^{11}$，可见，该反应不仅可以进行，而且反应得比较彻底。因此，虽然根据其K_{sp}计算，$Al(OH)_3$溶解需要的pH比$Mg(OH)_2$沉淀形成需要的pH低（见表5-13），但在实际反应中是$Mg(OH)_2$沉淀先形成、$Al(OH)_3$再溶解的，这可以看作是离子相互影响的结果，也是图5-70中曲线Ⅲ不是曲线Ⅰ与曲线Ⅱ简单叠加的原因。

综上所述，我们可以得出以下结论：

1. 向镁盐、铝盐溶液中滴加强碱溶液时，Mg^{2+}、Al^{3+}生成氢氧化物沉淀不是同时进行的，且等物质的量的Mg^{2+}、Al^{3+}形成氢氧化物沉淀时结合的OH^-的量不相等，故沉淀量的曲线应分为两段，且斜率不相同。因此，等物质的量的镁盐、铝盐与过量强碱溶液反应时的实际曲线可用图5-71表示：

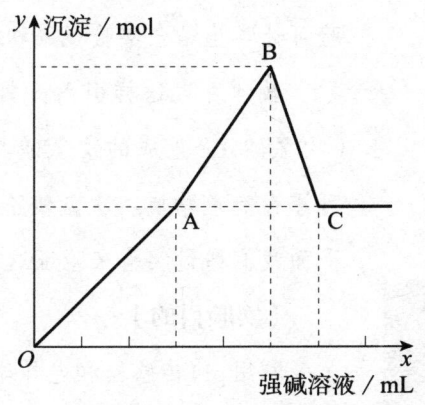

图5-71 实际曲线

2. 在Mg^{2+}、Al^{3+}共存时，$Al(OH)_3$溶解需要的pH和$Mg(OH)_2$沉淀形成需要的pH均降低，且先形成$Mg(OH)_2$沉淀，之后$Al(OH)_3$沉淀溶解。

前面所述习题中问题的产生主要是没有考虑两个反应叠加时存在相互影响，如同溶液pH会影响许多电对的电极电势一样，沉淀与溶解反应也会受外加离子的影响，这是个容易被人们忽视的问题，本研究在这方面也给了我们一个很好的启示。

【参考文献】

赵倩，马宏佳.基于传感技术对镁铝氢氧化物沉淀反应习题科学性的研究.中学化学教学参考，2011(10)：38-41.

5.2.2 非金属及其化合物

实验1 探究次氯酸光照分解

【教学建议】

氯气是高中化学中的重要物质，在介绍氯气的性质时讲到氯气与水反应，通常会涉及次氯酸的不稳定性，即次氯酸在光照条件下能分解为盐酸和氧气，一般是通过观察实验现象来说明反应产物。为更直观地展示反应过程，教师可以利用电导率传感器、pH传感器测定次氯酸在光照条件下分解过程中电导率和pH的变化情况，由于pH逐渐减小，电导率不断增大，从而验证次氯酸分解的产物。该实验可让学生结合实验现象和数据变化综合分析次氯酸光照分解产物。

教师可以这样引入：氯气与水发生反应：$Cl_2+H_2O=HCl+HClO$（次氯酸），生成的次氯酸具有强氧化性，可杀菌消毒且有漂白性，可漂白有色物质。次氯酸不稳定，光照条件易分解生成盐酸和氧气。下面我们通过实验来验证这些产物。

【实验目的】

利用pH传感器和电导率传感器探究次氯酸光照分解的产物。

【实验仪器和药品】

电导率传感器、pH传感器、数据采集器、计算机及相应配套软件、圆底烧瓶、台灯。

氯水。

【实验过程】

（1）组装实验装置，将pH传感器、数据采集器、计算机三者相连接，打开实验系统软件。

（2）取一圆底烧瓶，向其中加入少量氯水，将单孔塞塞入瓶口，在单孔塞中插入pH传感器，打开台灯，用台灯的光线照射氯水，对氯水的pH变化进行测定。

（3）再换用电导率传感器，对氯水的电导率变化进行测定。

【结果与分析】

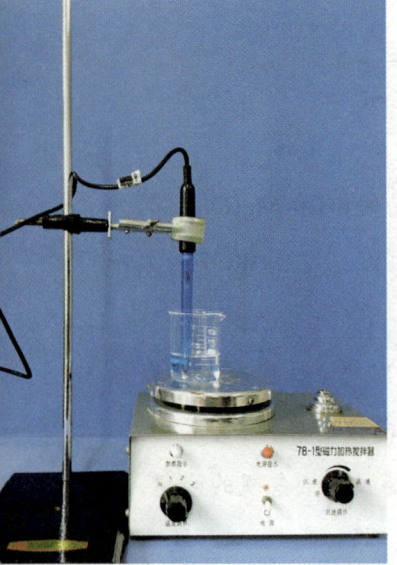

图5-72 实验装置图

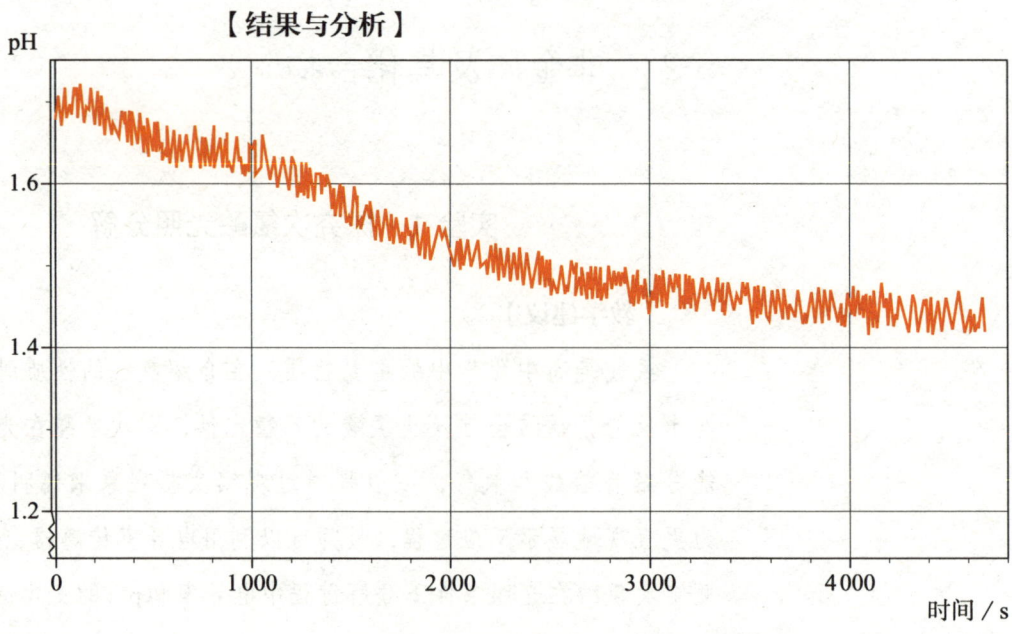

图5-73 反应过程中的pH变化曲线图

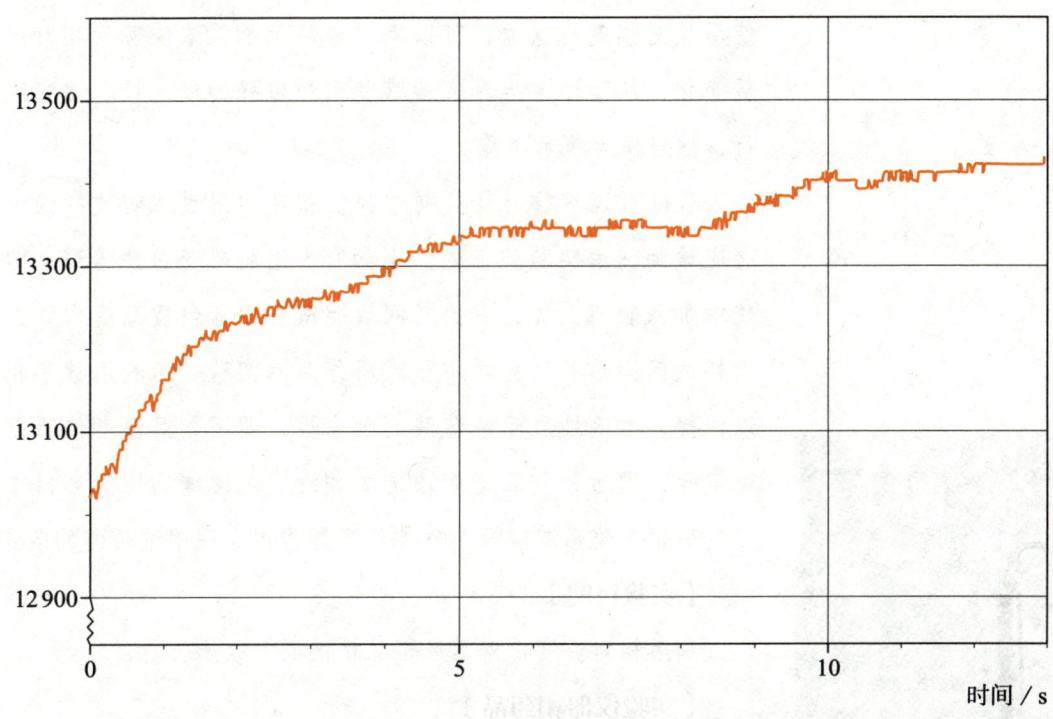

图5-74 反应过程中电导率变化曲线图

由图5-73和图5-74可知,氯水在光照的过程中pH在不断减小,而电导率则在不断增大,这是由于氯水中的次氯酸在光照的条件下发生反应生成了氯化氢,溶于水后形成盐酸,等浓度的盐酸比次氯酸中的氢离子浓度大,因此pH减小,溶液中离子浓度变大,电导率变大。

以往的氯水光照分解实验主要观察气泡的生成,对HCl的生成无从知晓。通过数字化实验可以看出分解过程中pH变小,导电能力也增强,有力地证明了HClO分解生成HCl这一结论。

【参考文献】

朱卫华.利用传感技术探究次氯酸光照分解的实验[J].化学教与学,2013(11):87-88.

实验2 浓硫酸的吸水性

【教学建议】

硫酸是高中学习阶段接触最多的酸之一。关于浓硫酸的吸水性和脱水性,初中阶段学生就已经知道,但只有脱水性及腐蚀性实验进行过展示，吸水性通常只是口头传授。在介绍浓硫酸的吸水性时使用相对湿度传感器，可以直观地展示加入浓硫酸后相对湿度的明显变化，从而让学生真实地感受到浓硫酸的吸水性。该实验简便易行，适合作为演示实验。

教师可以这样开始：初中我们就已学习过浓硫酸的吸水性，那么应该如何用实验验证呢？比如有人用胆矾变白法验证，即往浓硫酸中加入胆矾晶体，一段时间后胆矾会由蓝色逐渐变白。但本实验消耗的时间过长，教学中很难用作演示实验。而利用数字化仪器可以快捷、准确地展示浓硫酸的吸水性，即用相对湿度传感器进行对比实验，通过分别测定有浓硫酸和没有浓硫酸的密闭容器中空气湿度的变化来演示浓硫酸对气体的干燥作用，说明浓硫酸的吸水性。

【实验目的】

利用相对湿度传感器验证浓硫酸具有吸水性。

【实验仪器和药品】

相对湿度传感器、数据采集器、计算机及相应配套软件、锥形瓶。浓硫酸。

【实验过程】

（1）取2只锥形瓶，将相对湿度传感器通过大小合适的橡胶塞，与锥形瓶组装成一个相对密闭的容器。

图5-75　实验装置图

（2）如图5-75所示，将相对湿度传感器、数据采集器和计算机相连接。

（3）单击应用程序主菜单上的设置按钮进行相关设置。根据实验情况，设置1 s采集两个数据，共设置采集数据的时间为300 s。

（4）往其中一只锥形瓶中注入约60 mL 98%的浓硫酸，用带相对湿度传感器的橡胶塞塞好。

（5）单击应用程序主菜单上的"采集"按钮，开始采集数据。一边采集数据，一边轻轻摇动装有浓硫酸的锥形瓶，直至出现明显效果或设置的时间用完后，单击应用程序主菜单上的停止按钮，结束实验。

【结果与分析】

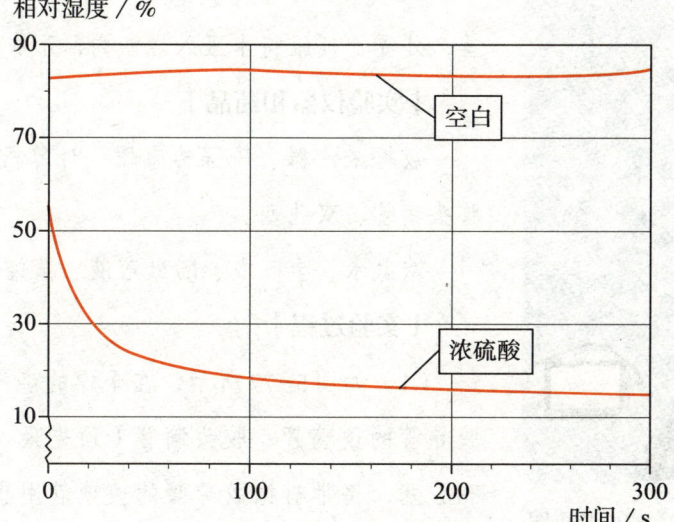

图5-76　浓硫酸对锥形瓶中相对湿度的影响对比

由图5-76可以非常直观地看到,没有浓硫酸存在的条件下,空气的湿度基本不变。有浓硫酸存在的条件下,摇动锥形瓶后空气的湿度急剧降低。实验表明,浓硫酸将空气中大部分水分吸收了,从而得出浓硫酸具有吸水性。

【参考文献】

唐增富.用数字化实验演示浓硫酸的吸水性[J].化学教育,2011,32(6):62.

实验3　氨气的喷泉实验

【教学建议】

氨气的性质教学中涉及氨极易溶于水的性质时,通常要演示氨气的喷泉实验,学生可以观察到明显的实验现象。如果这里同时让学生观察到氨气溶于水的过程中烧瓶内压强的变化,更能帮助学生理解喷泉实验的原理,培养学生透过现象看本质的意识。同时结合压强变化和喷泉现象,更易让学生掌握氨气的性质。

【实验目的】

利用压强传感器研究氨气喷泉实验的原理和反应过程中的压强变化。

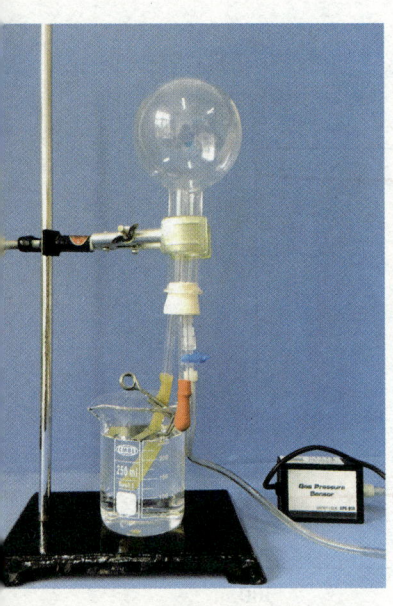

图 5-77　实验装置图

【实验原理】

氨气极易溶于水，烧瓶内的氨气溶于水后与外界大气产生气压差，外界大气压将水压入烧瓶内，形成喷泉。

【实验仪器和药品】

数据采集器、压强传感器、计算机及相应配套软件、圆底烧瓶、胶头滴管、双孔塞。

浓氨水、生石灰、酚酞溶液、蒸馏水。

【实验过程】

（1）如图5-77所示，在干燥的烧瓶内充满氨气，塞上装有带橡胶导管的玻璃管、胶头滴管（预先吸入少量水）和压强传感器的三孔胶塞，将带有橡胶导管的玻璃管用止水夹夹好，烧杯的水中滴有酚酞溶液。

（2）将压强传感器与数据采集器及计算机相连接，点击"采集"按钮。

（3）打开橡胶管上的止水夹，挤压胶头滴管中的水，轻轻摇动烧瓶加快氨气的溶解，片刻后观察压强变化情况。

【结果与分析】

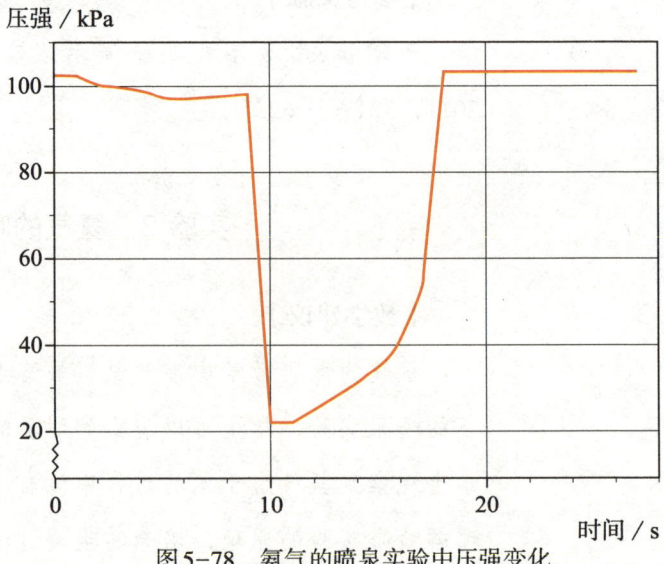

图5-78　氨气的喷泉实验中压强变化

如图5-78，挤压胶头滴管后，由于氨气极易溶于水（通常情况下，氨气溶于水时其与水的体积比约为1∶700），使得烧瓶中的压强迅速减小，外界大气压将水压入烧瓶中，形成美丽的喷泉，烧瓶内的压强瞬间增大至与大气压相等。

该实验还可以用于其他类似的喷泉实验,如二氧化碳的喷泉实验。在该喷泉实验中,应加入足量的氢氧化钠溶液,轻轻摇动圆底烧瓶2~3 min后,打开止水夹,形成明显的喷泉。若在加入的NaOH溶液中加入酚酞溶液,可形成红色喷泉,有助于学生观察现象。

【参考文献】

[1] 张娇蛟,钱扬义,谢敏等.利用手持技术研究喷泉实验中的气压变化[J].化学教育,2012,33(9):109-112.

[2] 龚国祥.用压力传感器研究"倒吸和喷泉"的实验[J].化学教育,2011,32(3):52-54.

实验4 检测浓硝酸与木炭反应产物中的二氧化碳

【教学建议】

浓硝酸氧化性很强,不仅体现在与金属铜能反应,还体现在可与非金属单质反应。浓硝酸与木炭反应的实验,应该是中学化学课堂教学中的常规实验,但在实际教学中鲜见教师或学生完成该实验,分析原因可能在于:(1)浓硝酸不同于浓硫酸,浓硝酸中含有较多的水,可以使反应很快停止。所以要持续进行反应,应该不断加热,或是用红热的木炭。(2)红热的木炭也可能使浓硝酸分解,所以即便观察到红棕色气体,也不能肯定是木炭与浓硝酸反应产生的,还是红热的木炭使浓硝酸分解产生的。所以,只有观察到明显的反应现象及检测到反应产生的二氧化氮和二氧化碳,才能真正说明木炭与浓硝酸反应。(3)产物中的二氧化氮对环境产生污染。为了解决上述问题,建议采用数字化仪器来进行浓硝酸与木炭反应的实验。该实验现象明显,且能实时监控二氧化碳的含量,适合作为教师的演示实验使用。

【实验目的】

利用二氧化碳传感器验证木炭与浓硝酸的反应产物中含有二氧化碳。

【实验原理】

浓硝酸氧化性很强,在加热的条件下可以与木炭发生反应,生成CO_2与NO_2,反应方程式为:$C+4HNO_3 \xrightarrow{\Delta} CO_2\uparrow +4NO_2\uparrow +2H_2O$。

实验通过测量CO_2含量的变化来说明木炭与浓硝酸发生了反应,产物之一为CO_2。

【实验仪器和药品】

二氧化碳传感器、数据采集器、计算机及相应配套软件、圆底烧瓶、酒精灯、烧杯、集气瓶、橡胶塞、导管。

木炭、浓硝酸、无水氯化钙、氢氧化钠溶液。

【实验过程】

(1)如图5-79所示,将二氧化碳传感器、数据采集器、计算机三者相连接,组装好实验装置并检验装置气密性。

(2)在圆底烧瓶中加入约1g木炭和10 mL的浓硝酸。

(3)启动数字实验程序,进行相关设置后,待显示的CO_2浓度基本稳定,点燃酒精灯给烧瓶加热,开始采集数据。

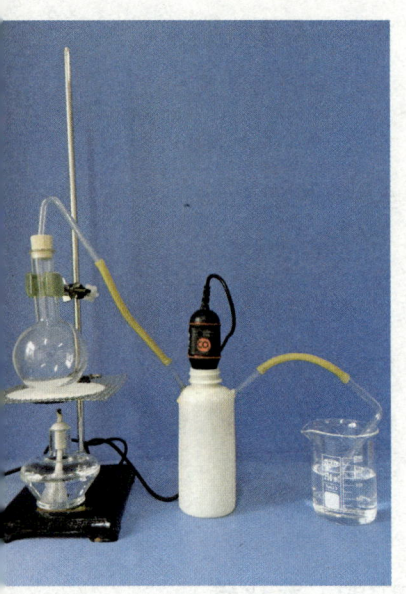

图5-79 实验装置图

【结果与分析】

加热后,木炭与浓硝酸开始反应,木炭表面有气泡产生,片刻后烧瓶中充满了红棕色气体。当采集气体的集气瓶中出现红棕色后,计算机上显示的CO_2气体的体积分数的曲线迅速升高(见图5-80)。

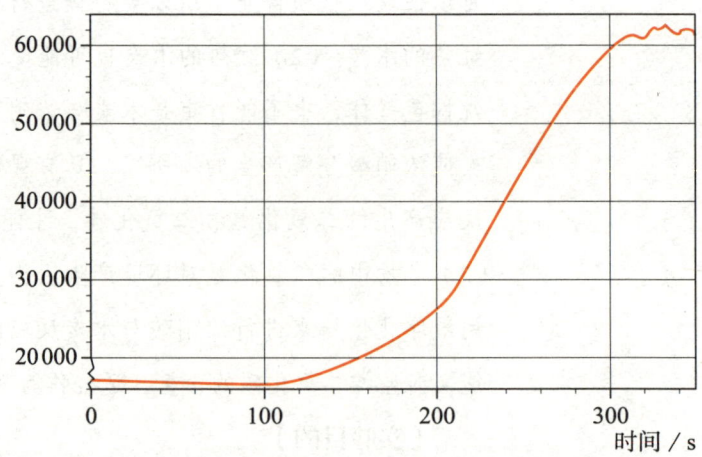

图5-80 反应后实时采集的集气瓶中CO_2气体的体积分数曲线

该实验现象非常明显,装置中充满红棕色气体,证明了产物NO_2的存在。从实时监测的CO_2的体积分数曲线看,反应后CO_2气体含量明显增大,证明了产物中CO_2的存在。由于有CO_2生成,足以说明木炭与浓硝酸发生了反应，NO_2气体应该大部分是木炭与浓硝酸反应的产物。

从实验条件看，因为先滴加浓硝酸，而不是先给木炭加热，排除了CO_2是木炭与空气中的氧气反应的可能，增加了实验的可信度。从实验装置看，因为不需要除去NO_2气体，实验装置大大简化，操作也非常方便，整个实验从开始操作到产生明显现象仅需3 min。采用密闭和尾气处理装置，产生的有害气体的逸散量达到最低，非常适合课堂演示实验。实验中，在烧瓶内加入少量氯化钙固体，可以防止浓硝酸中过多的水影响反应的进行，但停止加热后，浓硝酸中过多的水又会很快使反应停止。

【参考文献】

[1] 宋心琦.普通高中课程标准实验教科书：化学1[M].北京：人民教育出版社，2014：102.

[2] 姚子鹏.高级中学课本·化学·拓展型课程（试用本）[M].上海：上海科学技术出版社，2008.

[3] 刘胜强.中学化学实验实用手册[M].西安：陕西师范大学出版社，2006.

实验5　SO_2通入$Ba(NO_3)_2$溶液中反应原理的实验研究

【教学建议】

SO_2是典型的化合物之一，在各类习题中常出现"向$Ba(NO_3)_2$溶液中通入SO_2气体，预测实验现象"等类似的题目。基本的共识是：SO_2气体通入$Ba(NO_3)_2$溶液中会产生$BaSO_4$沉淀，因为溶液中氧气和硝酸根离子都可以在酸性条件下将亚硫酸根离子氧化为硫酸根离子；考虑到硝酸的强氧化性，也有人认为酸性条件下硝酸根离子的氧化作用是主要的。我们的问题是：上述情况下，氧气和硝酸根离子是否都起了氧化剂的作用？如果是，氧气和硝酸根离子哪一种氧化亚硫酸根离子的能力更强？

【实验目的】

利用pH传感器探究SO_2气体通入$Ba(NO_3)_2$溶液中，氧气与硝酸根离子对SO₂的氧化作用。

【实验原理】

将SO₂气体通入硝酸钡溶液中，氧气及硝酸根离子在酸性条件下均能将SO₂氧化。

【实验仪器和药品】

pH传感器、计算机及相应配套软件、注射器、玻璃导管、玻璃尖嘴导管、橡胶管、酒精灯、铁架台、50 mL小烧杯、锥形瓶。

食用油、蒸馏水、0.1 mol/L 的 Ba(NO₃)₂ 溶液、0.1 mol/L 的 BaCl₂ 溶液、Na₂SO₃ 固体、稀 H₂SO₄ 溶液（浓硫酸与水按体积比为 1∶5 配制）、饱和 NaOH 溶液。

【实验过程】

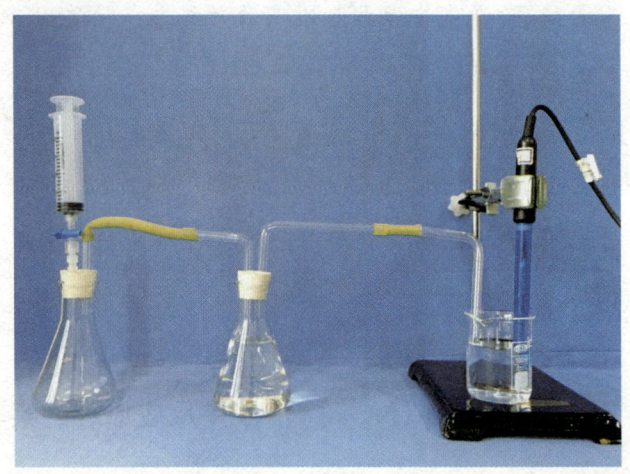

图 5-81　实验装置图

表 5-14　实验步骤表

对比实验一		对比实验二	
A烧杯中加入煮沸了的BaCl₂溶液25 mL，再加入与溶液体积相同的食用油，冷却至室温。	B烧杯中加入未煮沸的BaCl₂溶液25 mL。	C烧杯中加入煮沸了的Ba(NO₃)₂溶液25 mL，再加入与溶液体积相同的食用油，冷却至室温。	D烧杯中加入未煮沸的Ba(NO₃)₂溶液25 mL。
在A、B、C、D四个烧杯中均放入pH传感器，然后通入纯净的SO₂气体。			

【注意事项】

以上实验装置是经过多次试验不断改进得到的。针对以上实验，有以下三点需要特别注意：

（1）隔绝氧气

为了使实验更加简单，我们采取气封与液封相结合的方式。决定实验成败的关键因素之一就是是否完全隔绝氧气。在实验中，但凡有少量的氧气混入都会影响pH曲线的变化，所以在实验前要进行多次查漏操作，确保装置密封效果好之后再进行后续工作。

（2）通入SO_2的速率

在以往的文献中给出的制备SO_2的方法是浓硫酸与固体亚硫酸钠反应。我们发现用这种方法不易控制SO_2气体的产生速率，同时浪费实验药品，污染也比较严重，故尝试了多种方法解决这个问题。

首先减小浓硫酸的浓度，将浓硫酸与水以体积比1∶5进行稀释，然后将制取二氧化硫气体的亚硫酸钠固体进行加热溶解、冷却结晶，使之均匀地平铺于锥形瓶底部，避免亚硫酸钠在制气过程中发生板结而影响气体产生的速率，最后加一缓冲瓶以达到双重保险的效果，这样就能使通入溶液中的SO_2气体的速率比较稳定，大约每秒一个气泡。二氧化硫气泡的产生速率直接影响着曲线的平滑程度。

（3）pH传感器

pH传感器是比较灵敏的数字化仪器，本实验将pH传感器放入液封的待测溶液时由于要穿过油层，仪器表面会沾有食用油而读数波动较大，需待读数稳定以后方可开始实验测定。

【结果与分析】

A烧杯溶液依然澄清，无明显现象；B烧杯中出现轻微浑浊；C、D两个烧杯中均出现浑浊现象。

初步结论：

（1）在氯化钡溶液中，有氧气才可氧化亚硫酸根离子，产生硫酸钡沉淀。

（2）在硝酸钡溶液中，有无氧气参加都能产生硫酸钡沉淀。实验中氧气和硝酸根离子哪一种起了主要作用还需要进一步分析。

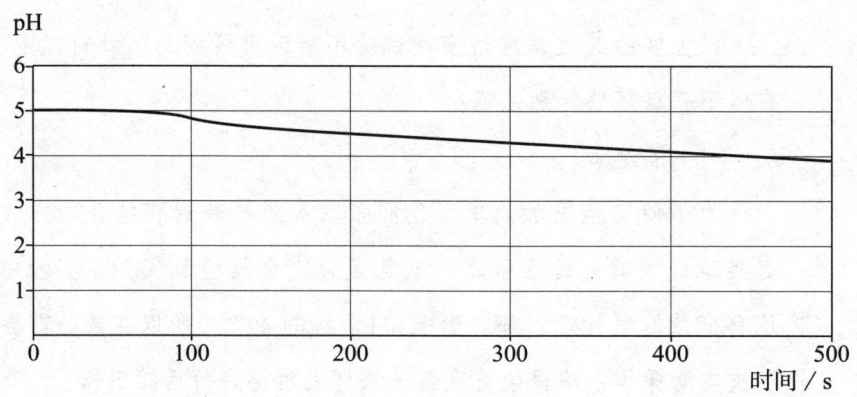

图5-82 SO$_2$通入氯化钡溶液（无氧）中的pH随时间的变化曲线

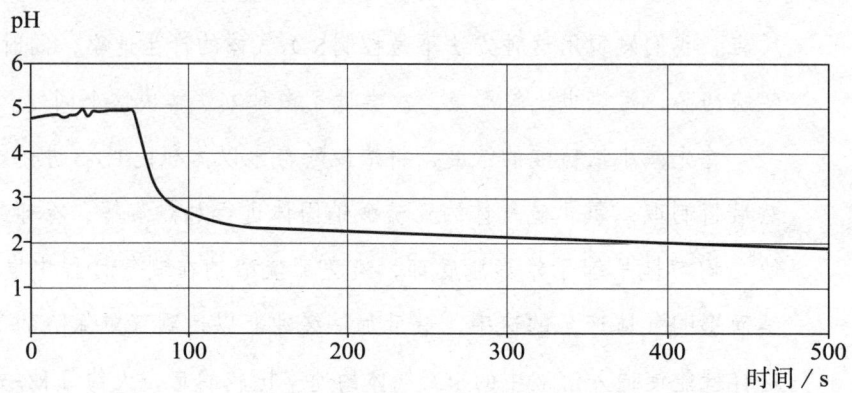

图5-83 SO$_2$通入氯化钡溶液（有氧）中的pH随时间的变化曲线

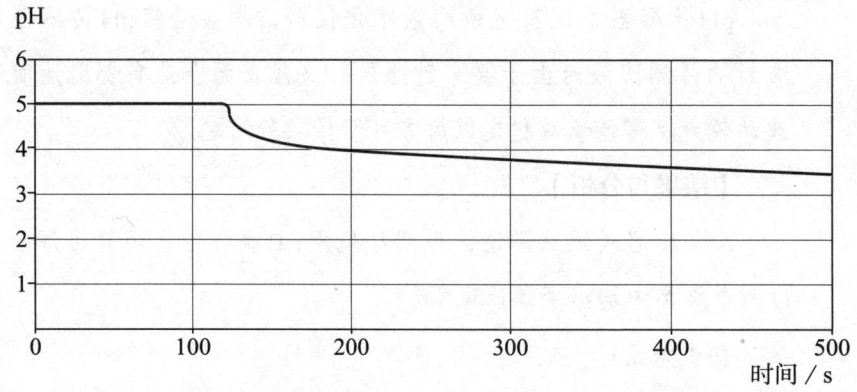

图5-84 SO$_2$通入硝酸钡溶液（无氧）中的pH随时间的变化曲线

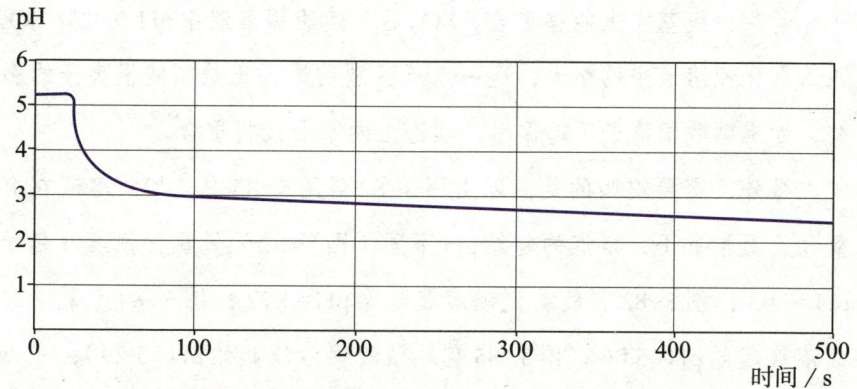

图 5-85　SO_2 通入硝酸钡溶液（有氧）中的 pH 随时间的变化曲线

比较图 5-82 与图 5-83 可知，无氧参加的反应中，pH 曲线呈缓慢下降趋势，说明没有发生氧化反应，仅有 SO_2 溶解于氯化钡溶液中的 pH 变化。当有氧气参与反应时，pH 曲线出现骤降，表明溶液中发生反应生成了 H^+，故有硫酸钡沉淀生成。氧气是致使硫酸钡沉淀生成的因素。

比较图 5-84 与图 5-85 可见，SO_2 通入硝酸钡中，pH 曲线都出现了骤降，说明氧气和硝酸根离子都可以氧化亚硫酸，导致硫酸钡沉淀的生成。在有氧参加的反应中 pH 的变化比无氧参加的大，说明氧气的影响是不可忽视的。

进一步比较图 5-83 与图 5-85 发现，两幅图的大致形状很像，也就是说，在有氧气存在的 $BaCl_2$ 溶液和 $Ba(NO_3)_2$ 溶液中通入 SO_2 时，溶液 pH 下降的趋势和程度都非常接近，换句话说，是氧气的氧化起了主要作用。

为了更好地观察，将图 5-83 和图 5-85 合并在一起，如图 5-86。

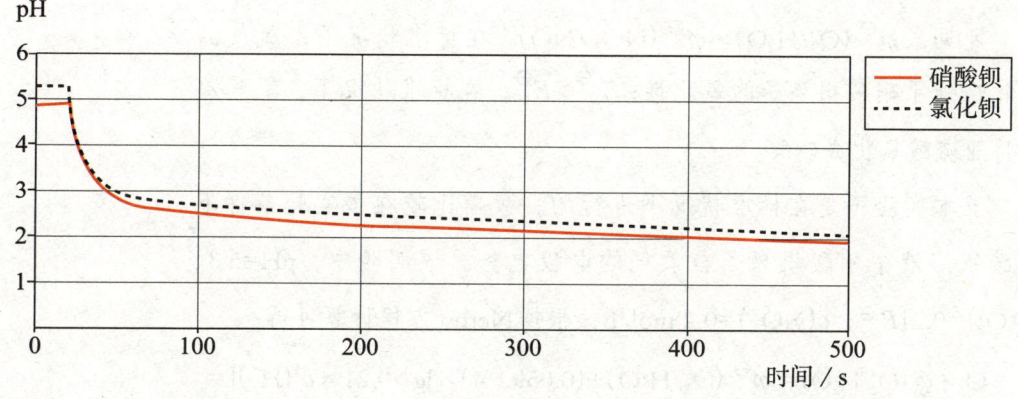

图 5-86　SO_2 分别通入氯化钡溶液（有氧）、硝酸钡溶液（有氧）中的 pH 随时间的变化曲线

两条曲线基本上能够重合，SO_2通入硝酸钡溶液中pH变化比SO_2通入氯化钡溶液中的略大，这一点点区别的原因正是硝酸根离子的影响，如果硝酸根离子不起作用，理论上两条曲线将重合。

另外，需要说明的是，以上图5-82至图5-85中，相同溶液在有氧和无氧情况下，溶液的起始pH不同（图5-82无氧氯化钡溶液起始pH=5.03；图5-83有氧氯化钡溶液起始pH=4.77；图5-84无氧硝酸钡溶液起始pH=5.06；图5-85有氧硝酸钡溶液起始pH=5.29），一方面是由于pH传感器本身的误差所致，另一方面在加热溶液去除氧气的同时，也会影响溶液本身的pH。

理论计算：

利用相关物质的热力学数据，我们做以下理论分析：

亚硫酸、氧气、硝酸根离子在酸性溶液中的电极反应和标准电极电势分别为：

$$SO_4^{2-}+4H^++2e^- = H_2SO_3+H_2O \qquad \varphi^\ominus(SO_4^{2-}/H_2SO_3)=+0.17$$

$$O_2+4H^++4e^- = 2H_2O \qquad \varphi^\ominus(O_2/H_2O)=+1.229$$

$$NO_3^-+4H^++3e^- = NO\uparrow+2H_2O \qquad \varphi^\ominus(NO_3^-/NO)=+0.96$$

（1）氧气将亚硫酸氧化成硫酸：

$$2SO_2+2H_2O+O_2+2Ba^{2+}=2BaSO_4\downarrow+4H^+$$

$$E_1^\ominus=\varphi^\ominus(O_2/H_2O)-\varphi^\ominus(SO_4^{2-}/H_2SO_3)=+1.229V-(+0.17)V=+1.059V$$

（2）硝酸根离子在酸性溶液中将亚硫酸氧化成硫酸：

$$3Ba^{2+}+2NO_3^-+3SO_2+2H_2O=3BaSO_4\downarrow+2NO+4H^+$$

$$E_2^\ominus=\varphi^\ominus(NO_3^-/NO)-\varphi^\ominus(SO_4^{2-}/H_2SO_3)=+0.96V-(+0.17)V=+0.79V$$

可见，$\varphi^\ominus(O_2/H_2O)>\varphi^\ominus(NO_3^-/NO)$，在标准状况下，氧气的氧化性强于硝酸根离子的氧化性；$E_1^\ominus>E_2^\ominus$，在标准状况下，氧气更易将亚硫酸氧化成硫酸。

但本实验不是在标准状况下进行的，故需比较在该实验条件下硝酸钡溶液中硝酸根离子与氧气的电极电势。该实验中，pH=5.3、$P(O_2)=0.21P^\ominus$、$c(NO_3^-)=0.2$ mol/L，根据Nernst方程计算可得：

$$O_2: \varphi(O_2/H_2O)=\varphi^\ominus(O_2/H_2O)+(0.0592/4)\times\lg[0.21\times c^4(H^+)]=$$

+0.905 V

NO_3^-：$\varphi(NO_3^-/NO) = \varphi^{\ominus}(NO_3^-/NO) + (0.0592/3) \times \lg[c(NO_3^-) \cdot c^4(H^+)] = +0.528$ V

$K_{sp}(BaSO_4) = 1.07 \times 10^{-10}$，$c(Ba^{2+}) = 0.1$ mol/L，刚开始反应时，H_2SO_3浓度很小，设为1×10^{-6} mol/L，计算可以得出要生成沉淀，SO_4^{2-}最小浓度是1.07×10^{-9} mol/L。

H_2SO_3：$\varphi(SO_4^{2-}/H_2SO_3) =$

$\varphi^{\ominus}(SO_4^{2-}/H_2SO_3) + (0.0592/2) \times \lg\left[\dfrac{c(SO_4^{2-})c^4(H^+)}{c(H_2SO_3)}\right] = -0.545$ V

$E_1 = \varphi(O_2/H_2O) - \varphi(SO_4^{2-}/H_2SO_3) = +0.905$ V $- (-0.545)$V $= +1.450$ V

$E_2 = \varphi(NO_3^-/NO) - \varphi(SO_4^{2-}/H_2SO_3) = +0.528$ V $- (-0.545)$V $= +1.073$ V

因此，在该实验条件下：也是$\varphi(O_2/H_2O) > \varphi(NO_3^-/NO)$，氧气的氧化性强于硝酸根离子的氧化性；$E_1 > E_2$，氧气更易将亚硫酸氧化成硫酸。

但热力学数据只能告诉我们上述条件下氧气和硝酸根离子谁的氧化性更强，并不能说明哪个氧化反应速率更快，动力学问题的解决往往要依据实验数据。本实验所得pH随时间变化的数据说明了在SO_2与硝酸钡溶液的反应中，是氧气起了主要作用，硝酸根离子起了次要作用。这一结论与上述条件下氧气的氧化性强于硝酸根离子的氧化性正好是一致的。

综上所述，将SO_2气体通入硝酸钡溶液中起主要氧化作用的是氧气，次要氧化作用的是硝酸根离子。溶液中氧气氧化亚硫酸得到硫酸的作用不可小视。

【参考文献】

庾丹，叶芬芬，马宏佳. SO_2通入$Ba(NO_3)_2$溶液中反应原理的实验研究［J］. 化学教学，2015（04）：69–71.

5.2.3 化学反应速率与化学平衡

实验 1　比较镁与不同浓度盐酸的反应速率

【教学建议】

为了使学生进一步理解化学反应速率的概念，了解浓度对化学反应速率的影响，可设计实验，探究影响镁与不同浓度盐酸的反应速率的因素，使学生对影响化学反应速率的因素有感性的认识。在定性分析影响化学反应速率的因素的基础上，提出如何定量地控制化学反应速率，引出化学反应速率的表示方法，体现由定性到定量的认识方法。

【实验目的】

利用压强传感器比较镁与不同浓度盐酸的反应速率。

【实验原理】

在其他条件相同的情况下，镁与浓度较大的盐酸反应速率快。

【实验仪器和药品】

压强传感器、数据采集器、计算机及相应配套软件、注射器、铁架台、大试管、电子天平。

2.0 mol/L 盐酸、1.0 mol/L 盐酸、0.5 mol/L 盐酸、镁条。

【实验过程】

（1）如图 5-87 所示，组装实验装置，将压强传感器、数据采集器与计算机三者相连接；

（2）把镁条打磨光亮，称取 0.01 g 镁条放入大试管，盖紧橡胶塞后打开实验系统软件，待示数稳定后用注射器注入 2 mL 2.0 mol/L 盐酸（注意保证装置的气密性良好）。

（3）重复上述步骤，测定向盛有 0.01 g 镁条的大试管中分别注入 2 mL 1.0 mol/L 盐酸和 2 mL 0.5 mol/L 盐酸时大试管内压强的变化。

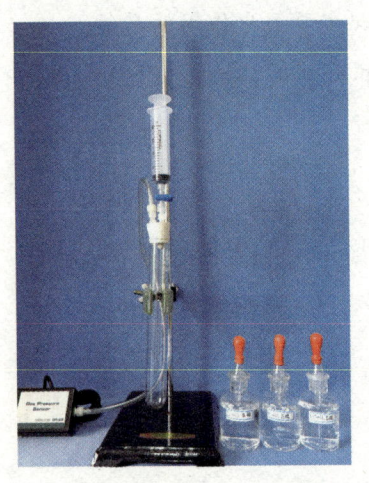

图 5-87　实验装置图

【结果与分析】

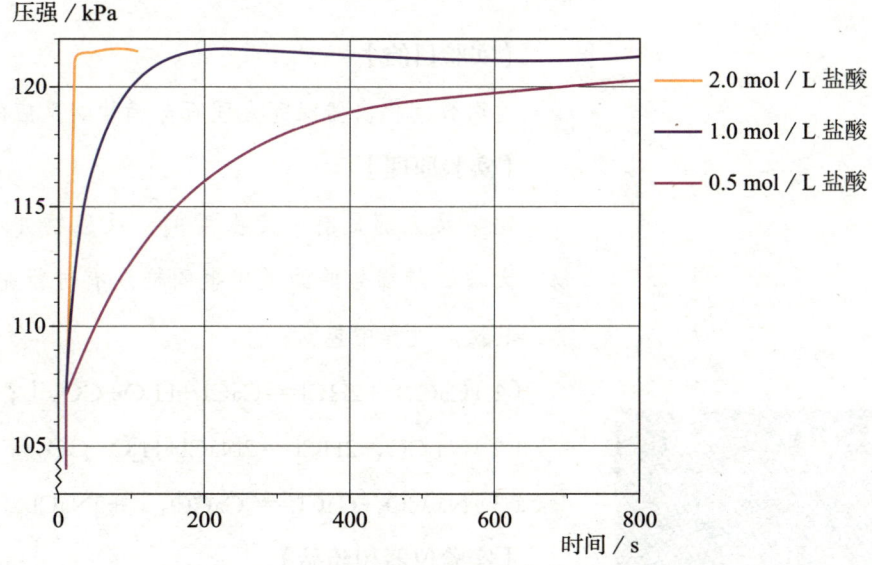

图5-88　镁与不同浓度盐酸的反应速率

图5-88为镁与不同浓度的盐酸反应时压强随时间的变化曲线。对于0.01 g镁而言，盐酸均是过量的。由图可知，不同浓度的盐酸与0.01 g镁反应完全（总压强基本相同），2 mol/L的盐酸所用时间最短，而0.5 mol/L的所用时间最长。所以在产生相同体积的氢气时，在其他条件相同的情况下，盐酸浓度越大，反应时间越短，即反应速率越快。

【参考文献】

赵倩.基于手持技术的中学化学习题科学性研究[D].南京：南京师范大学，2012.

实验2　数字化实验探究化学反应的限度

【教学建议】

化学反应中的物质变化及伴随其发生的能量变化是化学反应的两大特征。当一个具体的化学反应应用于实际时，我们关心的问题之一是反应的速率和限度。为让学生切实感受和理解化学反应限度的存在，最直接的方法就是将反应限度通过实验展示出来。本实验通过探究碳酸钙与稀盐酸反应后的残液与碳酸钠的反应，让学生理解他们熟知的反应是有限度的，且效果较好，可作为课堂演示实验使用。

【实验目的】

运用数字化仪器探究大理石与稀盐酸反应的限度。

【实验原理】

化学反应都是有一定限度的，反应物并不能100%转化为生成物。大理石与稀盐酸的反应也同样没有进行完全，有一定的反应限度，其反应过程中包括：

（1）$CaCO_3 + 2HCl = CaCl_2 + H_2O + CO_2\uparrow$；

（2）$Na_2CO_3 + 2HCl = 2NaCl + H_2O + CO_2\uparrow$；

（3）$Na_2CO_3 + CaCl_2 = CaCO_3\downarrow + 2NaCl$。

【实验仪器和药品】

pH传感器、数据采集器、计算机及相应配套软件、100 mL烧杯、磁力搅拌器、注射器。

大理石、2 mol/L 稀盐酸、0.1 mol/L Na_2CO_3溶液。

【实验过程】

（1）在 25 ℃的室温条件下，取过量的块状大理石与适量的 2 mol/L 稀盐酸于烧杯中反应，至目测无气泡逸出。

（2）从烧杯中取 10 mL 反应残液于另一个烧杯中，放入搅拌磁子，并将其置于磁力搅拌器上。

（3）在注射器中注入约 50 mL 0.1 mol/L 的 Na_2CO_3 溶液。

（4）如图5-89所示，连接好 pH 传感器、数据采集器与计算机，打开实验系统软件。

（5）打开磁力搅拌器，点击数据"采集"按钮，利用注射器中的 Na_2CO_3 溶液滴定锥形瓶中的残液，计算机实时记录反应体系中 pH 的变化。

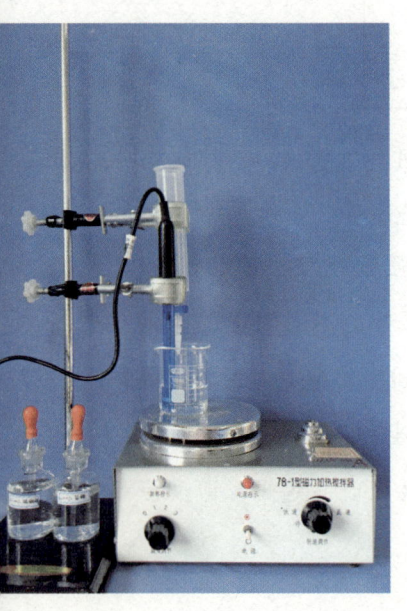

图5-89　实验装置图

【结果与分析】

反应残液初始 pH 约为 2.5（A 点），随着 Na_2CO_3 溶液的滴入，反应体系 pH 迅速上升至 B 点（pH为8），之后基本维持不变（B~C 段）。随着 Na_2CO_3 溶液的继续加入，pH 再度升高至大于10（D 点）。

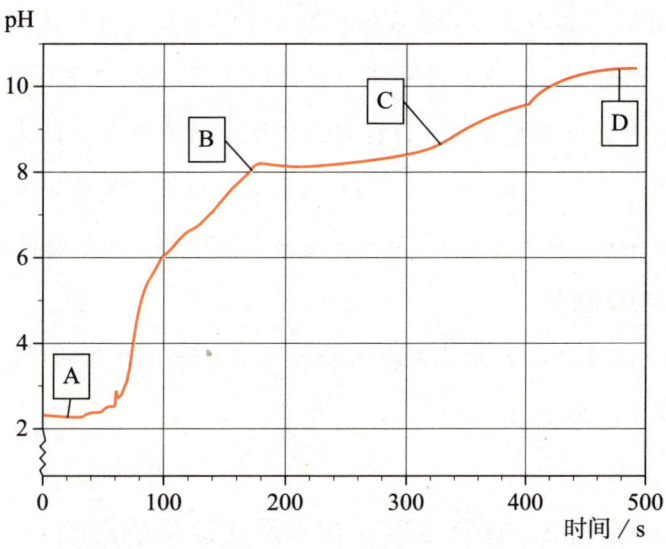

图5-90 反应残液中滴加碳酸钠溶液后的pH变化

在整个实验过程中，反应在进行到 A~B 段时，可观察到锥形瓶中不仅有白色沉淀生成，同时有气泡放出。B~C 段体系内几乎观察不到有气泡产生，仅见到大量白色沉淀不断生成。

在实际实验时，A 点为"块状大理石和适量稀盐酸反应至目测无气泡逸出"的残液，此刻只是接近反应终点而非反应结束，故图5-90中显示最初 pH 小于 4.4 完全符合实际情况。碳酸钙与盐酸反应后的残液中滴入 Na_2CO_3 溶液，Ca^{2+} 结合 CO_3^{2-} 生成 $CaCO_3$ 沉淀、H^+ 与 CO_3^{2-} 生成 CO_2 的反应同时发生，此阶段由于 H^+ 的消耗，体系 pH 迅速上升。实际进行实验时，在体系 pH 迅速上升的 A~B 段，Na_2CO_3 溶液滴入时能见到白色 $CaCO_3$ 生成，实验现象与理论分析相吻合。

在B~C段，发生的反应主要为 $CaCl_2+Na_2CO_3 =\!= 2NaCl+ CaCO_3\downarrow$，从实验图像来看B~C段pH一直维持稳定（因搅拌所致的局部 pH 微小变化不考虑）。C 点过后，由于 Ca^{2+} 消耗殆尽，CO_3^{2-} 过量，CO_3^{2-} 水解使得溶液呈现碱性，溶液 pH 升高。

教师可引导学生分析以下问题：第一，A 点 pH 为何小于 7？第二，A~B 段你观察到了什么现象，该现象说明了什么？第三，写出 B~C 段的化学方程式，并讨论 B~C 段 pH 为何不是 7？如何验证你的结论？第四，D 点 pH 为何大于 10？作为中学生，通过 A 点 pH 的分析，可很好地接受"反应结束并不意味着物质100%消耗"的观点。A~B 段气体与沉淀共生成的现象给了学生反应可共同发生的直观印象。对于 B~C 段，可引导学生按照前面"B~C 段 pH 分析"中所记录的实验探究方法进行探究，使学生了解复杂反应体系的变量控制法，提升实验探究能力。D 点的 pH 分析可使学生直接理解盐溶液的 pH 不一定都是 7，从而尽量减少高中学习中的错误观念。

【参考文献】

徐惠. 基于手持技术的探究实验设计与教学应用案例[J]. 实验教学与仪器，2012(11): 29-30.

实验 3 探究浓度对化学反应速率的影响

【教学建议】

化学反应速率的知识在必修阶段中主要是让学生定性建立起化学反应速率的概念，初步认识影响化学反应速率的因素。选修课程《化学反应原理》则是引导学生具体研究化学反应速率的影响因素，知道不同影响因素如何影响化学反应速率，为什么会影响，并学会定量控制化学反应速率，体现由定性到定量的认识方法。本实验利用数字化仪器，可以让学生直观地看到浓度对化学反应速率的影响情况，结果更具说服力。

【实验目的】

利用色度传感器探究浓度对化学反应速率的影响。

【实验原理】

色度传感器是一种测量某种波长的光穿过溶液时的透光率的仪器，可通过对光的吸收比例来测量溶液的浓度。在一定的浓度范围内，吸光度 A 与溶液浓度 c 呈线性关系。根据朗伯比尔定律有：$A=\varepsilon bc$（ε 为摩尔吸光系数，b 为液层厚度）。又有：$A=\lg(1/T)$（T 为溶液的透光率）。所以，通过测定溶液的透过率，就能判断出高锰酸钾溶液与草酸溶液在酸性条件下反应的快慢。

【实验仪器和药品】

色度传感器、胶头滴管、计算机及相应配套软件、数据采集器。

0.01 mol/L 酸性 $KMnO_4$ 溶液、0.1 mol/L $H_2C_2O_4$ 溶液、

0.01 mol//L $H_2C_2O_4$ 溶液。

【实验过程】

（1）将色度传感器中的标准容器装入蒸馏水，打开实验系统软件，旋转色度传感器上的调节透光率旋钮，使初始的透光率约为100%。

（2）用胶头滴管吸取 0.01 mol/L 酸性 $KMnO_4$ 溶液分别加入两只标准容器至容积的二分之一处，再分别加入 0.1 mol/L $H_2C_2O_4$ 溶液、0.01 mol/L $H_2C_2O_4$ 溶液，测定不同浓度的草酸溶液与酸性高锰酸钾溶液的反应情况。

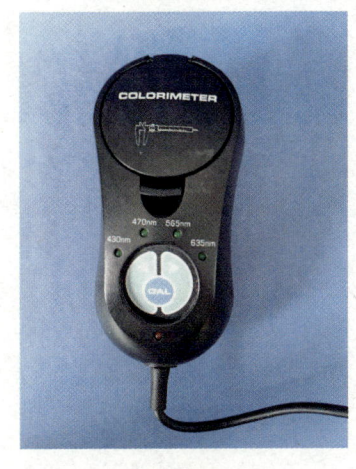

图 5-91　实验装置图

【结果与分析】

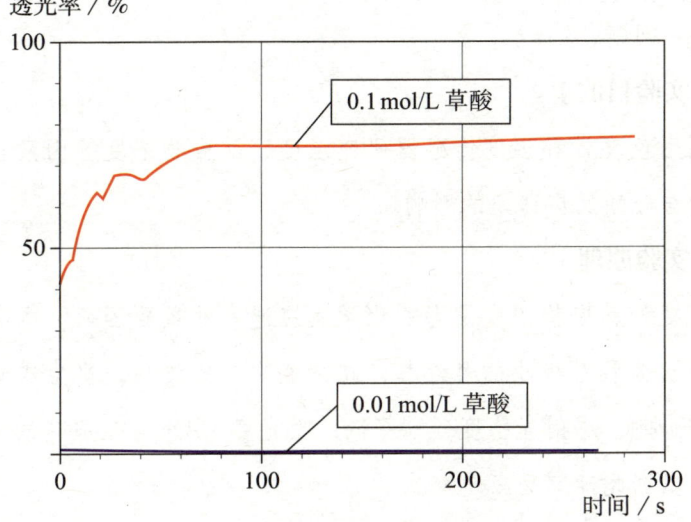

图 5-92　不同浓度 $H_2C_2O_4$ 溶液与酸性 $KMnO_4$ 溶液反应透光率的变化

由图 5-92 可知，0.1 mol/L $H_2C_2O_4$ 溶液与酸性 $KMnO_4$ 溶液反应，溶液的透光率逐渐增大，增大的速率和 0.01 mol/L $H_2C_2O_4$ 溶液与酸性 $KMnO_4$ 溶液反应相比明显要大，说明反应褪色快。因此说明 0.1 mol/L $H_2C_2O_4$ 溶液与酸性 $KMnO_4$ 溶液反应比 0.01 mol/L $H_2C_2O_4$ 溶液与酸性 $KMnO_4$ 溶液的反应速率大，进而说明浓度是影响化学反应速率的重要因素之一。

【参考文献】

杨延光，谢月平.手持技术在中学化学中应用一则——探究浓度对化学反应速率的影响［J］.化学教与学，2013（7）：91.

实验4 利用数字化仪器研究硫代硫酸钠与硫酸反应速率的影响因素

【教学建议】

硫代硫酸钠与硫酸的反应是高中化学教学中研究浓度、温度等条件影响化学反应速率的重要实验之一。在实际教学中，常在反应器底部垫一张画有"十"字的白纸，通过观察生成的硫沉淀使"十"字完全看不见所需要的时间来判断反应的快慢。但这样的判断往往因人而异，没有量化的数据支撑。而应用色度计和温度传感器，可以很好地解决这一问题。

【实验目的】

利用色度计和温度传感器研究温度、反应物浓度等因素对硫代硫酸钠与硫酸反应速率的影响。

【实验原理】

温度和反应物浓度是影响化学反应速率的重要因素。本实验中生成的硫为颗粒极小的悬浮物，在溶液中分布均匀，当生成硫的量不断增加时，透射光强度逐渐降低，吸光度（A）与生成硫的量成正比，可以据此确定反应速率。

【实验仪器和药品】

色度计、温度传感器、数据采集器、计算机及相应配套软件、比色皿、胶头滴管、10 mL量筒、恒温磁力搅拌器。

0.1 mol/L硫代硫酸钠溶液、0.01 mol/L硫代硫酸钠溶液、0.1 mol/L硫酸溶液、0.01 mol/L硫酸溶液。

【实验过程】

（1）色度计用蒸馏水校准，取硫代硫酸钠与硫酸的混合液样品并寻找最大吸收波长，经实测效果验证，选用吸收波长为430 nm。

（2）将0.1 mol/L 硫代硫酸钠溶液和0.1 mol/L 硫酸溶液放置在恒温搅拌器上水浴保温。分别取60 ℃、40 ℃、30 ℃、20 ℃的溶液各2 mL，在比色皿中混合，放入色度计内并记录数据。

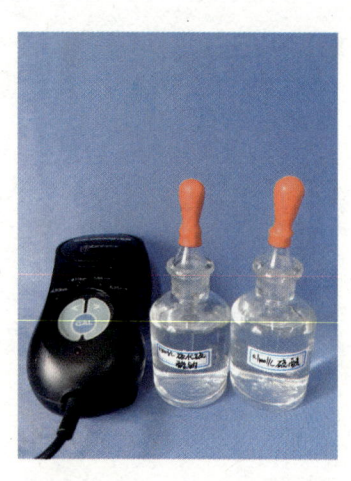

图5-93 实验装置与用品图

（3）将0.1 mol/L、0.01 mol/L硫酸分别与0.1 mol/L硫代硫酸钠各2 mL在比色皿中混合，放入色度计内并记录数据。

【结果与分析】

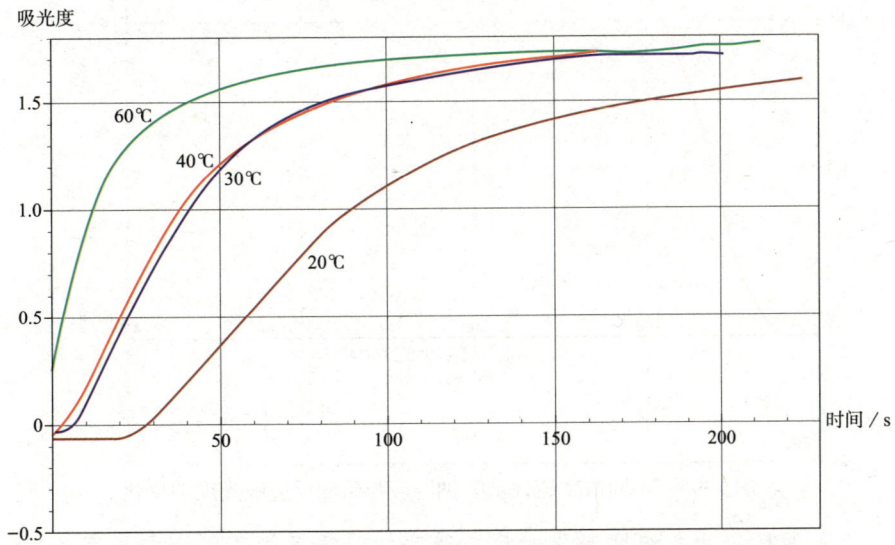

图5-94　不同温度下硫代硫酸钠溶液与硫酸反应吸光度的变化

在其他条件中不变的情况下，升高温度可以提高化学反应速率。在本实验条件下，温度每升高10 K，硫代硫酸钠与硫酸的反应速率平均提高1.28~1.86倍，且在温度较低时，升高温度可以更显著地提高反应速率。

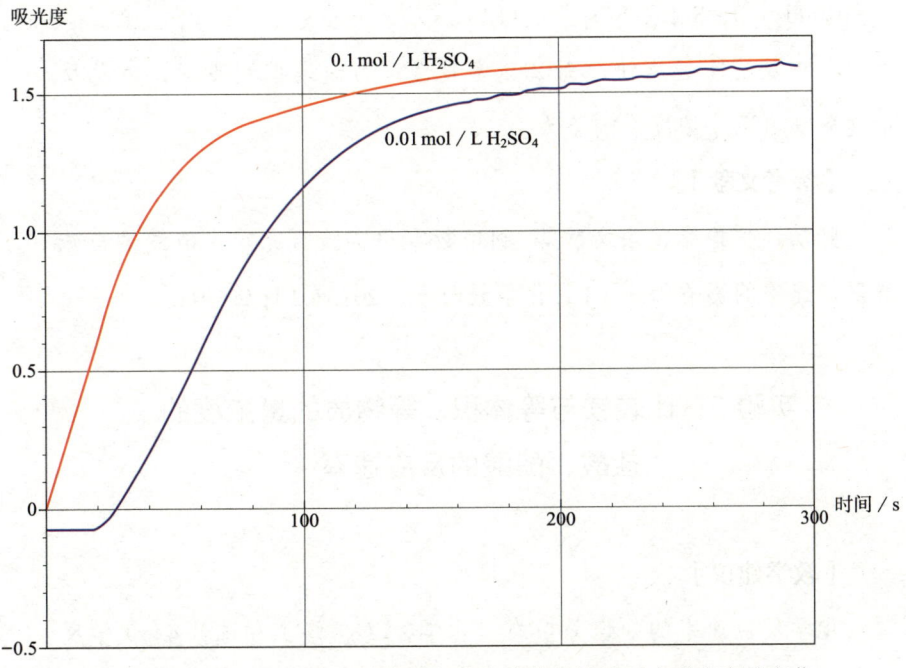

图5-95　不同浓度的硫酸与硫代硫酸钠溶液反应吸光度的变化

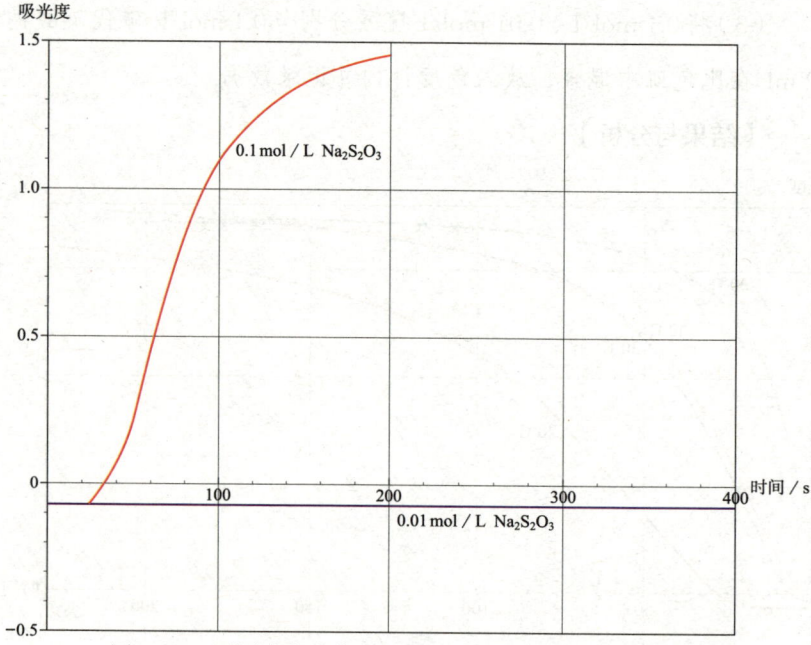

图 5-96　不同浓度硫代硫酸钠溶液与硫酸反应吸光度的变化

不同反应物的浓度变化对反应速率的影响可能不同。在相同条件下，硫代硫酸钠的浓度对于反应速率的影响比硫酸的浓度影响要大得多。对于该现象的初步解释是硫代硫酸钠与硫酸反应可能分为两步进行：

① $S_2O_3^{2-} + 2H^+ = H_2S_2O_3$

② $H_2S_2O_3 = S\downarrow + SO_2\uparrow + H_2O$

其中反应①速率快，而②速率较慢，为速率控制步骤，故总反应速率受氢离子浓度影响不大。

【参考文献】

陈功，罗榆琴，佘文静等.利用数字化实验研究硫代硫酸钠与硫酸反应速率的影响因素［J］.化学教与学，2013（2）：90-92.

实验 5　比较镁与等体积、等物质的量浓度的盐酸、醋酸的反应速率

【教学建议】

化学反应速率的知识分散在《化学2》（必修）和选修4《化学反应原理》中。在《化学2》中主要作定性描述，让学生定性认识反

应速率的概念，初步认识影响化学反应速率的因素。教材从生活中的一些化学变化引入，进而通过观察实验现象体会各种因素对化学反应速率的影响。在此设计本实验，利用数字化仪器探究影响镁与酸的反应速率的影响因素，让学生了解反应物本身对化学反应速率的影响，使学生对影响化学反应速率的因素有更加直观感性的认识。在定性分析影响化学反应速率的基础上，提出如何定量地控制化学反应速率，引出化学反应速率的表示方法，体现由定性到定量的认识规律。

【实验目的】

用压强传感器比较镁与等体积、等物质的量浓度的盐酸、醋酸的反应速率。

【实验原理】

等体积、等物质的量浓度的盐酸、醋酸相比较，盐酸中 H^+ 的浓度大于醋酸的，此时镁条与盐酸的反应速率明显大于镁条与醋酸的反应速率。对于 2 mL 2 mol/L 的盐酸和醋酸而言，0.05 g 镁条是过量的，因此，产生的气体量相等。

【实验仪器和药品】

压强传感器、数据采集器、计算机及相应配套软件、注射器、铁架台、锥形瓶、电子天平。

2 mol/L 盐酸、2 mol/L 醋酸、镁条。

【实验过程】

（1）组装实验装置，将压强传感器、数据采集器与计算机三者相连接。

（2）把镁条打磨光亮，称取 0.05 g 镁条放入锥形瓶，盖紧瓶塞后打开实验系统软件，待示数稳定后用注射器注入 2 mL 2 mol/L 盐酸（注意保证装置的气密性良好）。

（3）重复上述步骤，测定向 0.05 g 镁条注入 2 mL 2 mol/L 醋酸时锥形瓶内压强的变化。

【结果与分析】

两次实验结果如图所示。

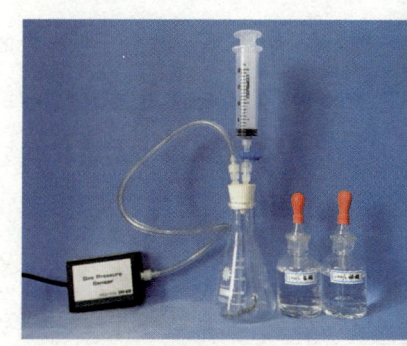

图 5-97　实验装置图

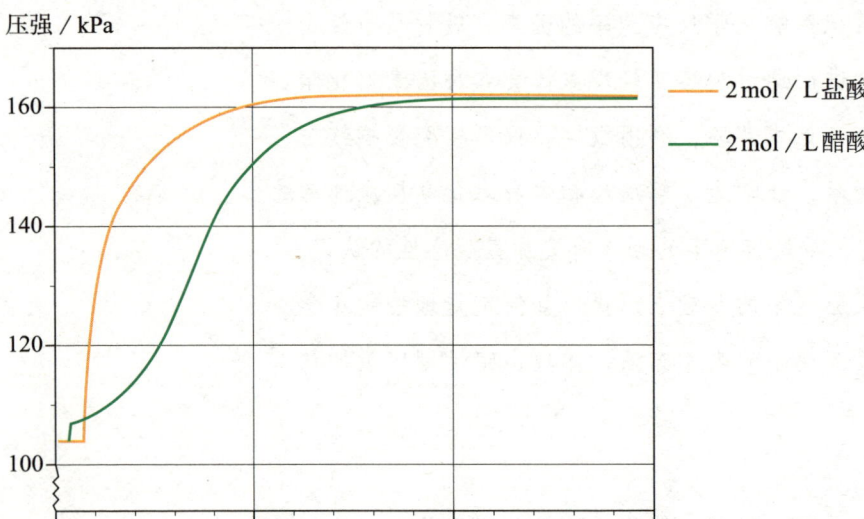

图 5-98　镁与等体积、等物质的量浓度的盐酸、醋酸反应时容器内的压强变化

对于 2 mL 2 mol/L 的盐酸和醋酸而言，0.05 g 镁条是过量的。分析上图可知，镁条与等体积、等物质的量浓度的盐酸和醋酸反应，镁条与盐酸反应时容器内的压强明显大于镁条与醋酸的，但是两者反应结束时达到的压强数值基本相等，说明上述条件下，盐酸和醋酸中与镁反应的 H^+ 的物质的量相等。

【参考文献】

赵倩.基于手持技术的中学化学习题科学性研究［D］.南京：南京师范大学，2012.

实验 6　压强对化学平衡的影响研究

【教学建议】

压强对化学平衡的影响，教材中通常利用二氧化氮与四氧化二氮的转化受压强影响的实验进行讲解。且有些版本教材尝试使用注射器完成该实验，实验预期现象是向内推动活塞后，观察到气体颜色先变深，后逐渐变浅，但实际在操作中发现现象不明显，难以让学生有真实感和认同感。如果辅以数字化仪器，将数据的变化和实验现象结合起来，作为演示实验，效果十分明显。

【实验目的】

利用压强传感器研究压强对化学平衡的影响。

【实验原理】

体系压强的改变导致物质浓度产生变化，从而影响化学平衡的移动。若正反应方向是气体分子数目减少的反应，则增大压强，平衡正向移动；若为反应前后气体分子数目不变的反应，改变反应体系的压强，平衡不发生移动；若正反应方向是气体分子数目增多的反应，增大压强，平衡逆向移动。

【实验仪器和药品】

压强传感器、数据采集器、计算机及相应配套软件、铁架台、试管、注射器。

铜片、浓硝酸。

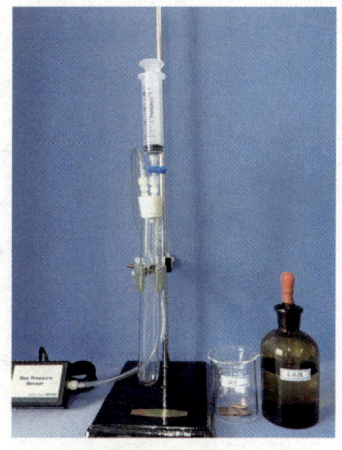

【实验过程】

（1）利用铜片与浓硝酸的反应制取一试管 NO_2 气体。

（2）如图5-99，将连有压强传感器和注射器的橡胶塞塞入试管中，固定在铁架台上。

（3）打开实验系统软件，开始采集数据，用力向上拉注射器活塞并使其保持在某一高度，观察压强曲线变化图。

图5-99　实验装置图

（4）将注射器活塞推回，再次观察压强曲线变化图。停止采集数据。

【结果与分析】

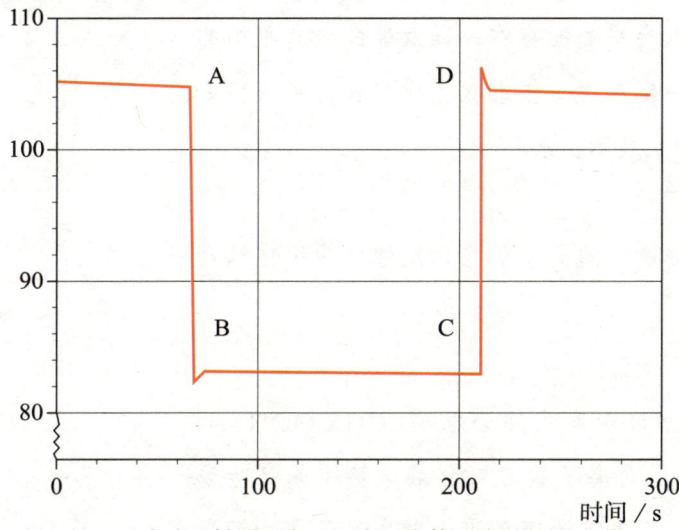

图5-100　移动注射器活塞过程中反应体系内的压强变化

图 5-100 是移动注射器活塞过程中压强的变化曲线。实验过程中，当向上拉动注射器活塞时，由于气体体积增大，体系压强迅速由 A 点降到 B 点，但是触底后随即反弹，后保持稳定。这正说明当压强减小时，该平衡向着气体体积增大的方向移动，减弱了压强的减小，但不能阻止压强的减小。当将注射器推回时，由于减小了气体体积，体系压强迅速由 C 点上升到 D 点，但是达到高峰后随即略有下降，而后保持稳定。这说明当压强增大时，该平衡向着气体体积减小的方向移动，减弱了压强的增大，但是不能阻止压强的增大。

【参考文献】

[1] 张玉娟. 传感技术应用于压强对化学平衡影响的研究 [J]. 中学化学教学参考，2011(7)：50.

[2] 高兴邦，钱琴红. 利用色度计验证压强对化学平衡的影响 [J]. 化学教育，2014，35(9)：71-72.

[3] 孙万升."手持技术探讨压强、温度对化学平衡的影响"教学设计 [J]. 新课程学习·中旬，2012(12)：74-75.

实验 7 探究醋酸的电离平衡移动

【教学建议】

醋酸是一种学生熟知的典型弱电解质。研究弱电解质的电离平衡常以醋酸为例。对于醋酸电离平衡的存在，以及醋酸电离平衡的移动，传统实验在呈现上有一定难度。借助数字化仪器，可以很好地将平衡移动过程中的数据变化展示出来。

【实验目的】

数字化仪器研究温度、浓度、同离子效应对醋酸电离平衡移动的影响。

【实验原理】

醋酸是弱电解质，在水溶液中发生部分电离：$CH_3COOH \rightleftharpoons H^+ + CH_3COO^-$。温度、浓度、同离子效应对醋酸电离平衡产生影响。由于醋酸电离是吸热的，因此，升高温度会使电离平衡向正反应方向移动，H^+浓度变大，溶液pH变小，醋酸浓度减小。加入醋酸铵，随着$c(CH_3COO^-)$的大幅增大，$c(H^+)$显著下降，溶液pH变大，最后达到新的平衡，溶液的pH也不再变化。

【实验仪器和药品】

pH传感器、温度传感器、数据采集器、磁力搅拌器、计算机及相应配套软件、烧杯。

0.05 mol·L^{-1}的醋酸溶液、pH=4.00的缓冲溶液、蒸馏水、CH_3COONH_4固体。

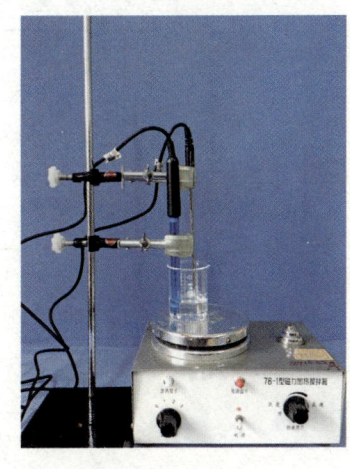

图5-101 实验装置图

【实验过程】

（1）将pH传感器、温度传感器、数据采集器和计算机四者相连，将装有醋酸溶液的烧杯放置在磁力搅拌器上。

（2）温度对醋酸电离平衡的影响。将磁子放入20 mL 0.05 mol·L^{-1}的醋酸溶液中，并把溶液放在磁力搅拌器上搅拌、加热，用pH传感器和温度传感器采集数据。

（3）浓度对醋酸电离平衡的影响。在20 mL 0.05 mol·L^{-1}的醋酸溶液中放入磁子并在磁力搅拌器上搅拌，将pH传感器探头浸没于溶液中，待数据稳定后按"开始"采集和记录数据。接着把20 mL左右的蒸馏水一次性快速加入CH_3COOH溶液中，继续采集数据。

（4）同离子效应对醋酸电离平衡的影响。在20 mL 0.05 mol·L^{-1}的醋酸溶液中放入磁子并在磁力搅拌器上搅拌，将pH传感器探头浸没于溶液中，待数据稳定后按"开始"采集和记录数据。接着把0.01 mol的CH_3COONH_4固体一次性加入CH_3COOH溶液中，继续采集数据。

【结果与分析】

（1）由图5-102可知，醋酸溶液的pH随温度升高而降低。在22 ℃左右时，0.05 mol·L^{-1}醋酸溶液的pH约为3.83，当温度逐渐升高到约28 ℃时，pH降低到3.76。即当温度变化约6 ℃时，醋酸溶液的pH降低了0.07。由于醋酸电离是吸热的，因此，升高温度会使电离平衡向正反应方向移动，H^+浓度变大，溶液pH变小。

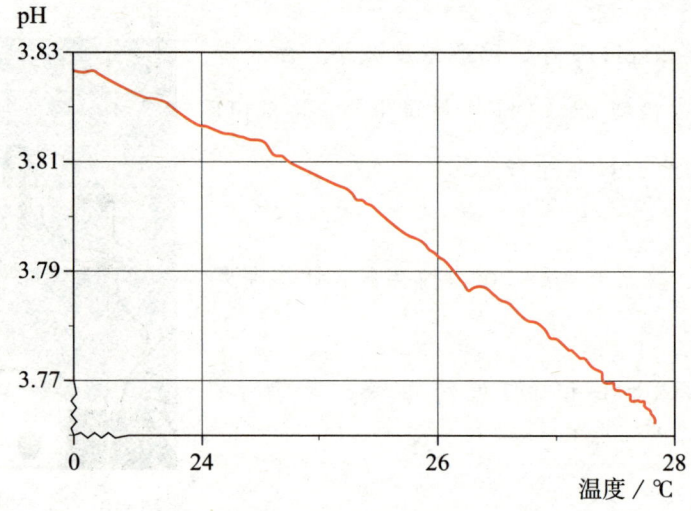

图 5-102 温度对醋酸电离平衡移动的影响

（2）图 5-103 为浓度对醋酸电离平衡的影响的实验曲线。未加水前，0.05 mol·L^{-1} 醋酸溶液的 pH 约为 3.03；加入水的一瞬间，pH 迅速变大，达到最大值 3.38，pH 升高了 0.35；之后 pH 又略微下降到 3.31，较最高点下降了 0.07，但仍比最初的 pH 高出 0.28。由此推知，0.05 mol·L^{-1} 醋酸在加水稀释的一瞬间，电离平衡还没及时发生移动，因此 H$^+$ 浓度迅速变小，pH 变大；但由于醋酸浓度变稀，离子互相碰撞结合成分子的机会变少，促进了电离，因此平衡向右移动，使 pH 又略微变小。根据勒夏特列原理，平衡移动只能减弱浓度降低的这个变化，而不能抵消，因此 pH 仅从最高点下降了 0.07，仍比最初的 3.03 高出 0.28。由此，学生"看"到了平衡的移动，使这部分知识不再抽象和难以捉摸。

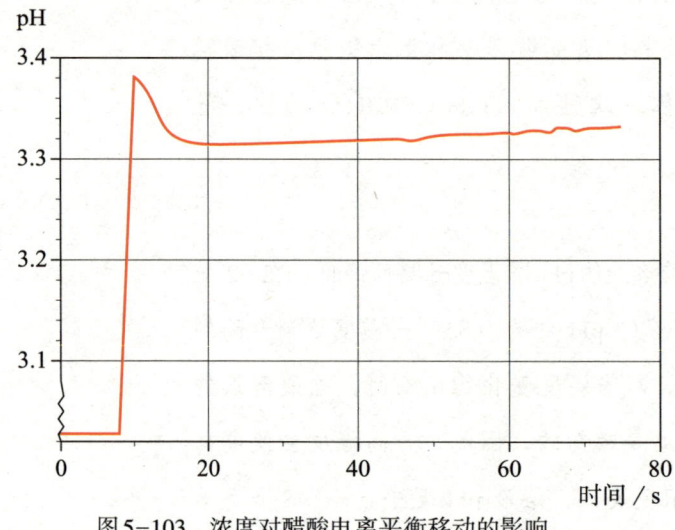

图 5-103 浓度对醋酸电离平衡移动的影响

（3）图5-104为醋酸溶液中加入CH_3COONH_4固体后pH的变化曲线。由图可知，在$0.05\ mol·L^{-1}$的醋酸溶液中加入CH_3COONH_4固体后，随着固体的溶解，pH迅速变大，由原来的3.06升高到6.06后趋于不变，整个过程中溶液pH升高了3.00。这是因为在一定温度下，醋酸电离平衡常数K_a[$K_a = \dfrac{c(H^+) \cdot c(CH_3COO^-)}{c(CH_3COOH)}$]保持不变，且醋酸铵是中性的，忽略了pH的影响，因此，随着$c(CH_3COO^-)$的大幅增大，$c(H^+)$显著下降，溶液pH变大，最后达到新的平衡，因而溶液pH也不再变化。学生可以通过对曲线的分析，看到同离子效应对醋酸电离平衡的影响是很大的。

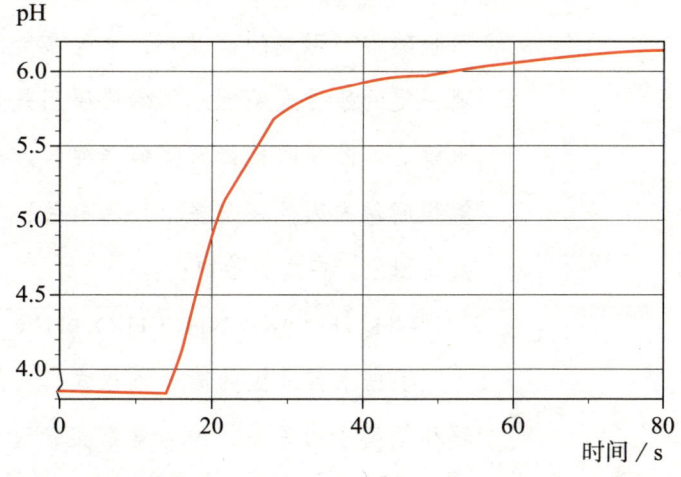

图5-104　醋酸中加入CH_3COONH_4固体对醋酸电离平衡移动的影响

【参考文献】

崔晓芬，马宏佳，冯雪琦等.运用手持技术探究醋酸电离平衡移动［J］.化学教学，2011（8）：18-20.

实验8　探究温度对氯化铵水解的影响

【教学建议】

盐类的水解是中学化学的核心概念，也是考试中的重要内容，更是学生较难理解的知识点。如果不能让学生切实感受到水解平衡所发生的移动，影响盐类水解的因素这一内容更是难以理解。但现行化学教材对温度、浓度等因素对盐类水解的影响主要是基于理论分析展开的，其中弱酸根或弱碱阳离子的水解率的比较一般是利用pH试纸来进行粗略估算的。由于实验地点的光线及人眼对颜色感觉的差异等影响，pH的测定误差较大，导致对于离子的水解率的判定也不够准确。利用传感器技术可以对"温度对氯化铵水解的影响"实验中的温度和溶液pH进行实时记录，并利用数据分析功能加以分析，从定量的角度准确比较离子的水解程度。

【实验目的】

利用数字化仪器探究温度对氯化铵水解的影响。

【实验原理】

盐是由金属离子（或铵根离子）与酸根离子组成的化合物。除了强酸强碱形成的盐以外，绝大多数的盐溶液都不是中性的，而呈现一定的酸性或碱性，其本质原因是盐类的水解。通常强酸弱碱盐水解后溶液呈酸性；而强碱弱酸盐水解后溶液呈碱性。盐溶液的水解程度除内因外还与多个外因有关，其中盐溶液的温度和浓度是重要的因素。在本实验中：

$$NH_4^+ + H_2O \rightleftharpoons NH_3 \cdot H_2O + H^+$$

根据水解反应的离子方程式，我们可以清晰地看出铵根离子水解和氢离子的关系，因为整个实验过程中溶液的体积不变，且初始加入的氯化铵的量是确定的，氢离子的浓度能够直接反映铵根离子的水解程度，氯化铵水解率 $= \dfrac{c(H^+) \cdot V}{n(初始)} \times 100\%$，$V$ 和 n（初始）都是确定的，所以氯化铵水解率和氢离子浓度呈正比，且氢离子浓度可以根据 $c(H^+) = 10^{-pH}$ 直接求出。

【实验仪器和药品】

温度传感器、pH传感器、数据采集器、磁力搅拌器、计算机及相应配套软件、50 mL烧杯、100 mL量筒、电子天平、蒸馏水洗瓶。

氯化铵晶体（分析纯）、蒸馏水。

【实验过程】

（1）如图5-105所示，将温度传感器、pH传感器以及计算机连接好，打开数据采集软件，点击菜单栏中的"实验"一项，设置其

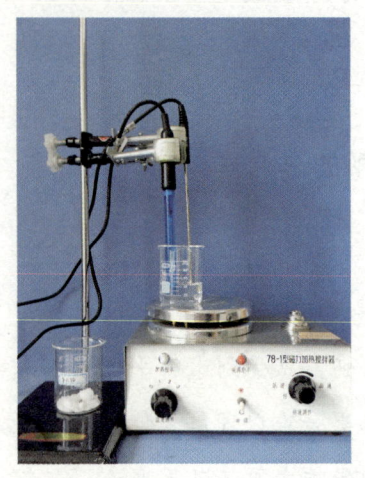

图5-105　实验装置图

中的数据采集时间为 1 500 s。双击右侧 pH–T 图，将 x 轴和 y 轴分别设置为温度 T 和 pH。

（2）用电子天平称取 1.605 g 氯化铵晶体，倒入 50 mL 的烧杯中，加入蒸馏水至 30 mL 刻度处配成 1 mol/L 的氯化铵溶液，放入磁子，用磁力搅拌器搅拌均匀。将 pH 传感器和温度传感器浸入烧杯内的溶液中。当系统显示屏示数稳定后，测其 pH，采集数据。

（3）开启磁力搅拌器加热，当温度达到 70 ℃左右时，停止采集数据。

（4）取出 pH 传感器和温度传感器，用水冲洗干净，用滤纸小心吸干电极外表的水分，实验结束。

【结果与分析】

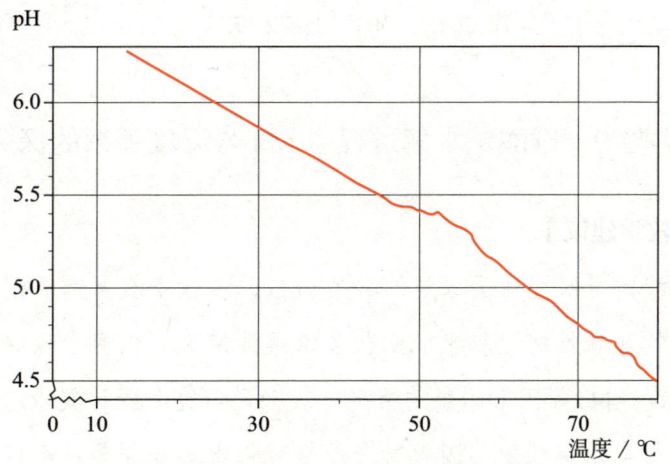

图 5-106　氯化铵溶液 pH 随温度变化

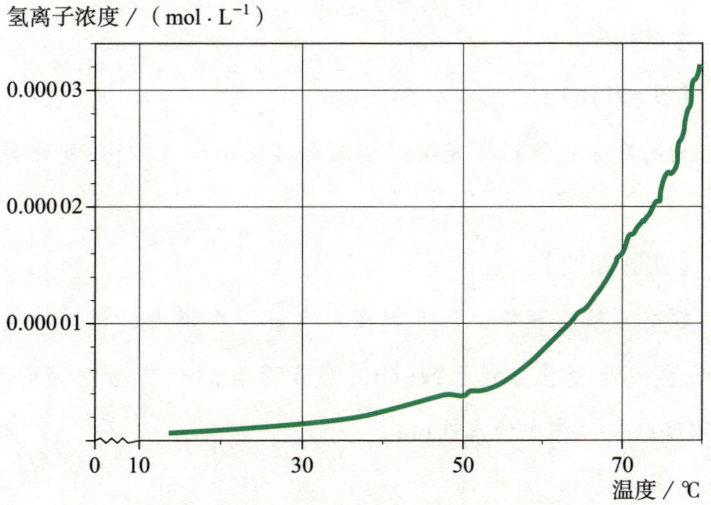

图 5-107　氯化铵溶液中氢离子浓度随温度变化

（1）分析图5-106得到结论，在15～75 ℃，随着温度升高，溶液pH均减小。

（2）分析图5-107，根据氯化铵水解程度跟氢离子浓度成正比可以得出结论，35 ℃之前，氯化铵水解率随温度增大缓慢上升，35～75 ℃，氯化铵水解率随温度升高迅速上升。

（3）由于设备及条件的限制，该实验探究存在一定局限性，只探究了NH_4Cl在15～75 ℃溶液pH随温度的变化以及氯化铵水解率随温度的变化，在75 ℃以上pH与温度的关系还需进行下一步探究。

【参考文献】

徐康，马宏佳. 利用传感技术探究"温度对NH_4Cl水解的影响"[J]. 实验教学与仪器，2013，30(7)：72-73.

实验9　碳酸钠水解过程中pH与温度关系的探究

【教学建议】

碳酸钠是研究盐类水解的典型的盐，各版本教材都以碳酸钠和其他盐的酸碱性的比较来说明盐类水解的定义。但对于碳酸钠的水解受温度、pH等因素的影响情况一般来说研究和探讨较少。在课堂上研究盐类水解的影响因素时，教师可将本实验作为一个探究课题带领学生研究，不但能完成教学内容，还能引导学生对异常现象作出合理解释。

【实验目的】

利用数字化仪器探究碳酸钠水解过程中溶液的pH变化与温度的关系。

【实验原理】

盐类水解过程中，温度越高，水解程度越大，相应的盐溶液的pH也会发生变化。对于Na_2CO_3溶液而言，升高温度促进其水解，H^+浓度减小，相应的溶液pH就会增大。

【实验仪器和药品】

温度传感器、pH传感器、计算机及相应配套软件、数据采集器、磁力加热搅拌器、烧杯。

0.1 mol/L 的碳酸钠溶液。

【实验过程】

（1）将装有 0.1 mol/L 碳酸钠溶液的烧杯置于磁力加热搅拌器上，并放入磁子，把温度和pH传感器插入溶液中。

（2）开启磁力搅拌器并开启加热按钮，缓慢搅拌。点击"采集"按钮，采集溶液pH数据。

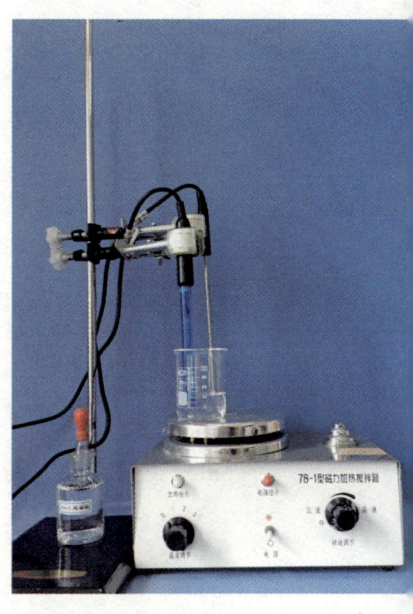

图5-108　实验装置图

【结果与分析】

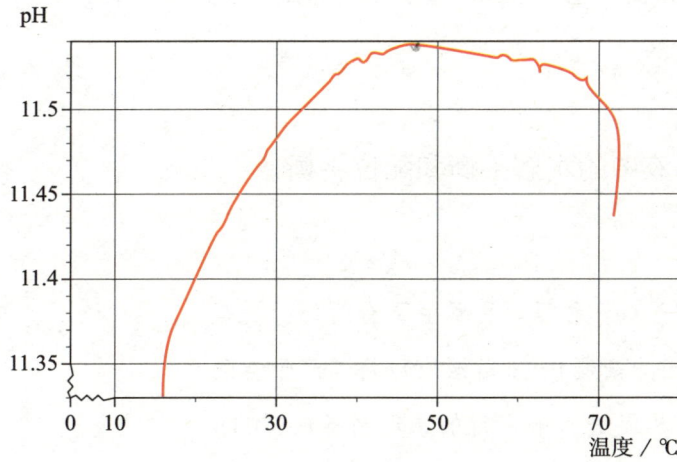

图5-109　0.1 mol/L 碳酸钠溶液pH随温度的变化情况

从图 5-109 中可以看出，溶液 pH 先增大后减小，所以 H^+ 浓度先减小后增大。那么为什么 Na_2CO_3 溶液的 pH 会随着温度的升高先增大后减小呢？在 Na_2CO_3 溶液中存在水解反应：$CO_3^{2-}+H_2O \rightleftharpoons HCO_3^-+OH^-$、$HCO_3^-+H_2O \rightleftharpoons H_2CO_3+OH^-$，由于二级水解非常微弱可以忽略不计，所以此水解平衡的平衡常数可表示为：$K_h = \dfrac{c(HCO_3^-) \cdot c(OH^-)}{c(CO_3^{2-})}$。

$c(HCO_3^-) = c(OH^-)$，$c(OH^-) = [K_h \cdot c(CO_3^{2-})]^{\frac{1}{2}}$　　①

又由于溶液中存在水的电离 $H_2O \rightleftharpoons H^+ + OH^-$，其离子积 $K_w = c(H^+) \cdot c(OH^-)$，此时溶液中 $c(H^+) = \dfrac{K_w}{c(OH^-)}$　　②

联立①和②可得：$c(H^+) = \dfrac{K_w}{[K_h \cdot c(CO_3^{2-})]^{\frac{1}{2}}}$

对于浓度为 1.0 mol/L Na$_2$CO$_3$ 溶液，将 $c(CO_3^{2-})=1.0$ mol/L 及三种不同温度下的 K_w 和 K_h 分别代入 $c(H^+) = \dfrac{K_w}{[K_h \cdot c(CO_3^{2-})]^{\frac{1}{2}}}$ 可得：

$T_1 = 298$ K(25℃) 时，$c(H^+)_1 = 7.495\ 3 \times 10^{-13}$ mol/L

$T_2 = 328$ K(55℃) 时，$c(H^+)_2 = 2.565\ 3 \times 10^{-12}$ mol/L

$T_3 = 353$ K(80℃) 时，$c(H^+)_3 = 5.156\ 1 \times 10^{-11}$ mol/L

所以 pH 会随着氢离子浓度的增大而逐渐减小，由此得出图像中的 pH 随着温度的升高而下降的变化是符合我们的理论推导的。

【参考文献】

高建伟，蒋红年. Na$_2$CO$_3$ 水解过程溶液 pH 与温度关系的探究[J]. 化学教学，2013(12)：57-59.

实验 10　Fe^{3+} 在水溶液中的水解平衡和配位平衡

【教学建议】

目前中学阶段所探讨的有关 Fe^{3+} 水解的问题主要有两处：一是 Fe^{3+} 可水解、水溶液显酸性，因此配制 FeCl$_3$ 溶液时应将其溶于盐酸以抑制其水解；二是可利用加热促进水解进行的原理制备 Fe(OH)$_3$ 胶体。在制备胶体的实验中，将含 Fe^{3+} 的溶液滴加到沸水中，生成 Fe(OH)$_3$ 胶体，胶体是一种相对稳定的分散系，因此一般认为降温或稀释溶液该反应都不可逆向进行。那么，如果加热的温度不是很高，Fe^{3+} 的水解反应可逆吗？此外，Fe^{3+} 在水溶液中不仅存在水解平衡，还存在配位平衡。

【实验目的】

利用传感器探究 Fe^{3+} 在水溶液中的水解平衡和配位平衡。

【实验原理】

色度传感器是一种测量某种波长的光穿过溶液时透光率的仪器，可通过对光的吸收比例来测量溶液的浓度。在一定的浓度范围内，吸光度 A 与溶液浓度 c 呈线性关系。根据朗伯比尔定律有：$A = \varepsilon bc$（ε 为摩尔吸光系数，b 为液层厚度）。又有：$A = \lg(1/T)$（T 为溶液的透光率)。所以,溶液的浓度越大,透光率越低;溶液浓度越小,透光率越高。在这个实验中,由于$Fe(OH)_3$胶体的颜色比Fe^{3+}的颜色深,当温度升高使得水解平衡正向移动时,溶液的颜色会变深,因此溶液透光率减小(即对光的透过能力减弱);如果降低温度使得反应逆向移动,则溶液的颜色应该变浅,溶液透光率增大。

【实验仪器和药品】

温度传感器、色度传感器、比色皿、数据采集器、计算机及相应配套软件、烧杯。

0.5 mol/L $FeCl_3$溶液、0.5 mol/L $Fe(NO_3)_3$溶液、浓硝酸、NaCl固体。

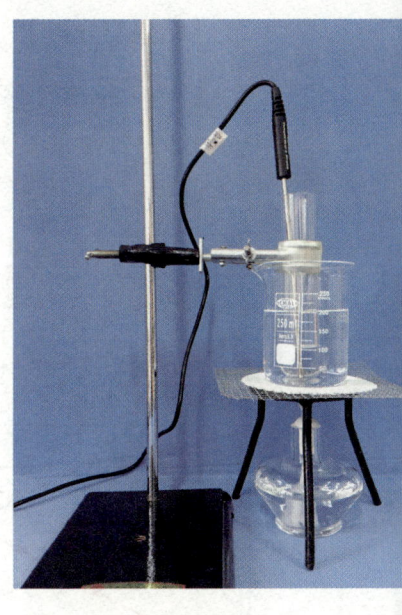

图5-110 实验装置图

【实验过程】

(1)如图5-110所示,在试管中加入适量的0.5 mol/L的$FeCl_3$溶液,常温下测定其温度,并用色度传感器测量溶液的透光率。将溶液放入水浴中加热,插入温度传感器,实时测定其温度。温度每升高10 ℃,测定溶液的透光率并记录,当温度上升至70 ℃时停止加热。

(2)取出(1)中加热过的$FeCl_3$溶液,分别向两个相同规格的比色皿中加入适量溶液。将一个比色皿放入色度传感器中,测定温度下降时溶液透光率的变化;在另一个比色皿中插入温度传感器,测定温度变化。

(3)将$FeCl_3$溶液换成0.5 mol/L的$Fe(NO_3)_3$溶液,重复步骤(1)(2)。

(4)将硝酸酸化的$FeCl_3$溶液水浴加热后取出,分别向两个相同规格的比色皿中加入适量溶液。将色度传感器插入比色皿中,测定温度降低时溶液透光率的变化;在另一个比色皿中插入温度传感器,测定温度变化。

(5)用硝酸酸化的$Fe(NO_3)_3$溶液代替硝酸酸化的$FeCl_3$溶液,重复步骤(4)。

(6)在硝酸酸化的$Fe(NO_3)_3$溶液中加入少量氯化钠固体,振荡使其溶解,重复步骤(4)。

【结果与分析】

1. 温度升高对溶液透光率的影响

图5-111为温度升高时，FeCl₃溶液（左）、Fe(NO₃)₃溶液（右）透光率的变化曲线图。从图中可以看出，随着温度升高，FeCl₃溶液、Fe(NO₃)₃溶液的透光率均逐渐下降，说明随着温度升高，Fe^{3+}的水解平衡正向进行。

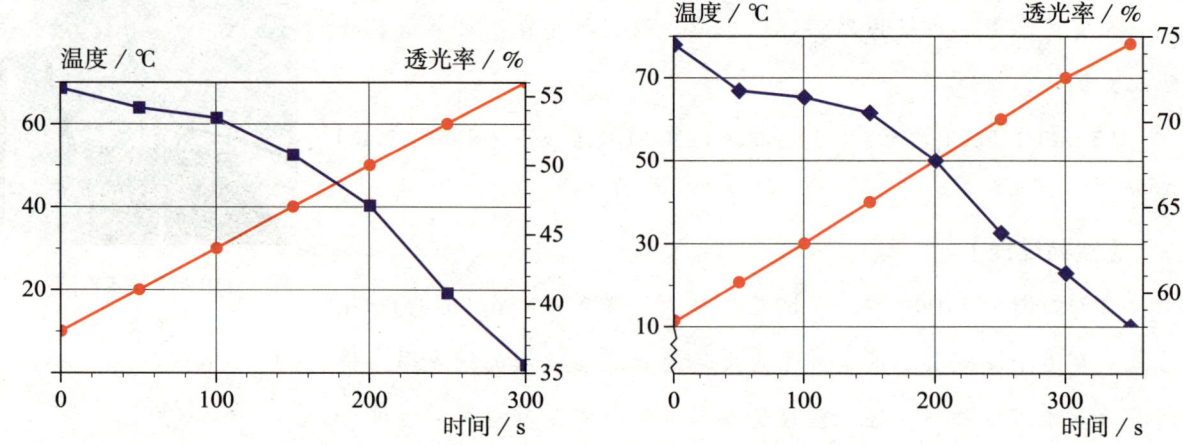

图5-111　FeCl₃溶液、Fe(NO₃)₃溶液透光率随温度升高的变化曲线图

2. 温度降低对溶液透光率的影响

（1）温度降低对Fe(NO₃)₃溶液透光率的影响

图5-112为温度降低时，Fe(NO₃)₃溶液透光率的变化曲线图。从图中可以看出，随着温度的降低，Fe(NO₃)₃溶液透光率上升，并且溶液透光率与升温前相近。由此可以推测，Fe(NO₃)₃溶液的水解平衡在温度下降时是可以逆向进行的。

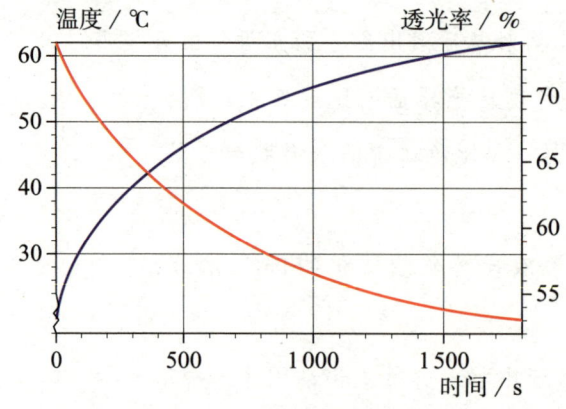

图5-112　Fe(NO₃)₃溶液透光率随温度降低的变化曲线图

（2）温度降低对$FeCl_3$溶液透光率的影响

图5-113是$FeCl_3$溶液透光率随温度降低的变化曲线图。从图中可以看出，随着温度降低，$FeCl_3$溶液透光率逐渐上升，说明在$FeCl_3$溶液中，Fe^{3+}的水解平衡随温度变化是可以逆向进行的。

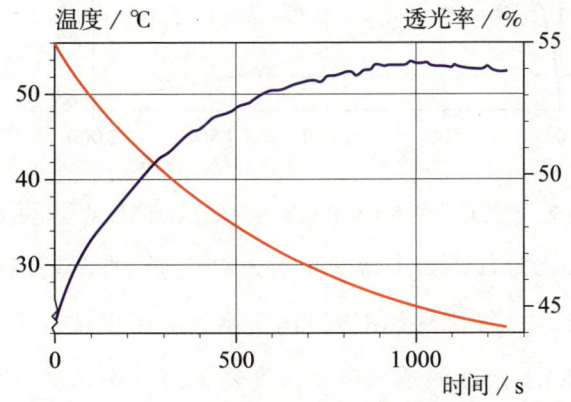

图5-113　$FeCl_3$溶液透光率随温度降低的变化曲线图

（3）用酸抑制Fe^{3+}的水解

分别取等量硝酸酸化$Fe(NO_3)_3$溶液和$FeCl_3$溶液，测得酸化后的溶液透光率随温度降低的变化曲线图，如图5-114、图5-115。从图5-114可以看出，酸化后的$Fe(NO_3)_3$溶液透光率不随温度降低而变化，说明Fe^{3+}的水解受到H^+的抑制。从图5-115可以看出，硝酸酸化的$FeCl_3$溶液的透光率随着温度的降低而升高，这说明在$FeCl_3$溶液中，除了存在Fe^{3+}水解平衡，还存在其他平衡，并且该平衡随温度变化是可逆的。事实上，$FeCl_3$溶液中，Fe^{3+}还存在与Cl^-的配位平衡，$Fe^{3+}+nCl^- \rightleftharpoons [FeCl_n]^{3-n}$，$n=1\sim4$，生成的$[FeCl_4(H_2O)_2]^-$为黄色。这个配位平衡随温度变化是可逆的。

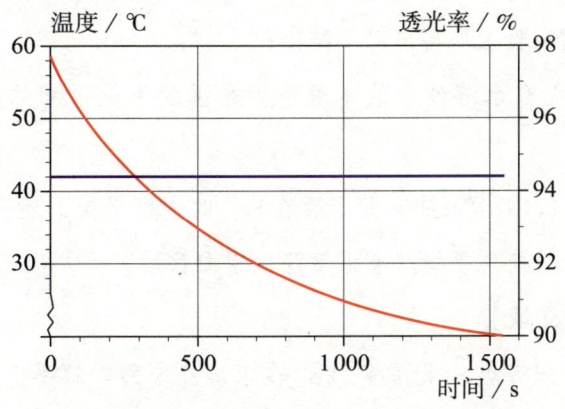

图5-114　硝酸酸化的$Fe(NO_3)_3$溶液透光率随温度降低的变化曲线图

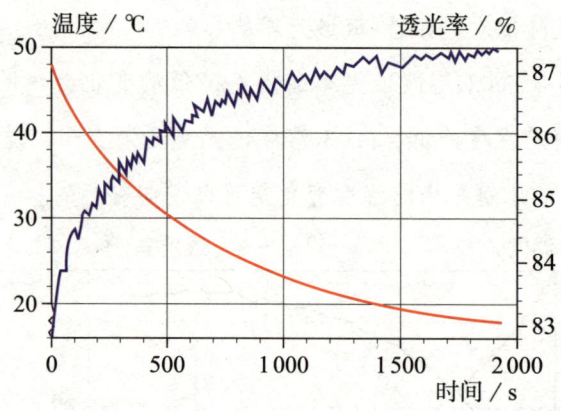

图5-115 硝酸酸化的FeCl₃溶液透光率随温度降低的变化曲线

在硝酸酸化的Fe(NO₃)₃溶液中引入Cl⁻后,再测定溶液透光率随温度的变化,所得曲线如图5-116所示。从图中可以看出,引入Cl⁻后,Fe(NO₃)₃溶液的透光率随温度降低而升高,进一步证实了Fe^{3+}与Cl⁻存在配位平衡,并且平衡是可逆的。

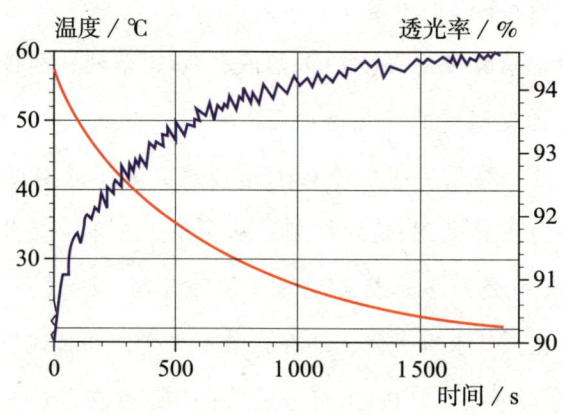

图5-116 在硝酸酸化的Fe(NO₃)₃溶液中引入Cl⁻后溶液透光率
随温度下降的变化曲线图

本探究实验主要得出以下结论:

(1) Fe^{3+}在水溶液中的水解平衡在温度不是很高的情况下是可逆的。

(2) 在FeCl₃溶液中,除了存在Fe^{3+}的水解平衡,还存在与Cl⁻的配位平衡,该配位平衡随着温度降低逆向移动。

【参考文献】

魏锐,宋万琚,王磊等. Fe^{3+}在水溶液中的水解平衡和配位平衡[J]. 化学教育,2008,29(1):69-70.

实验 11 醋酸电离度和电离常数的测定

【教学建议】

学生在学习电离平衡时，往往只能从概念和计算中体会什么是电离平衡常数、什么是电离度。本实验利用 pH 传感器检测不同浓度醋酸溶液的 pH 变化情况，利用数据采集器收集数据，并利用相关的数据处理软件进行数据处理，从而计算出电离度。同时帮助学生体会研究和推导的过程，深入理解电离平衡常数和电离度的意义。在教学中辅以该实验，学生会更有真实感和认同感，而不是通过机械记忆和训练掌握相关知识。

【实验目的】

利用数字化仪器测定醋酸的电离度和电离常数。

【实验原理】

电解质溶液是中学化学基础理论中的一项重要内容。电解质进入水中的第一个行为就是电离。强电解质完全电离，弱电解质则不完全电离，最终形成化学平衡，我们将其称为电离平衡，且采用电离度来描述弱电解质的电离程度。本实验利用 pH 传感器检测不同浓度醋酸溶液的 pH 变化情况，利用数据采集器收集数据，并利用相关的数据处理软件进行数据处理，从而计算出电离度。

醋酸（CH_3COOH）是弱电解质，在水溶液中存在以下电离平衡：

$$CH_3COOH \rightleftharpoons H^+ + CH_3COO^-$$

电离度 $\alpha = \dfrac{c(H^+)}{c(CH_3COOH)} \times 100\%$

在浓度合适的醋酸溶液中 $K = \dfrac{c(H^+) \cdot c(CH_3COO^-)}{c(CH_3COOH)} = \dfrac{c^2(H^+)}{c(CH_3COOH) \cdot (1-\alpha)}$。

当 $\alpha < 5\%$ 时，$K \approx \dfrac{c^2(H^+)}{c(CH_3COOH)}$。

利用 pH 传感器测定醋酸溶液的 pH，根据 $pH = -\lg c(H^+)$，求得 $c(H^+) = 10^{-pH}$。

将 $c(H^+)$ 代入 α、K 表达式，就可以计算出它的电离度和电离常数。

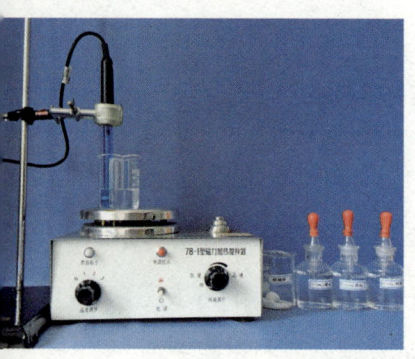

图 5-117　实验装置图

【实验仪器和药品】

pH传感器、温度传感器、数据采集器、色度计、计算机及相应配套软件、磁力搅拌器、电子天平、100 mL烧杯。

0.005 mol/L的醋酸溶液、0.01 mol/L的醋酸溶液、0.05 mol/L的醋酸溶液、0.10 mol/L醋酸铵溶液、蒸馏水。

【实验过程】

（1）如图5-117所示，将pH传感器、数据采集器和计算机三者相连，双击打开软件。

（2）取已知浓度的醋酸溶液（由稀到浓）约20 mL于100 mL烧杯中，将pH传感器探头浸没于溶液中，待数据稳定后采用"事件配记录"模式采集和记录数据，测得该溶液的pH。

（3）用同样的方法由稀到浓对另外三种浓度的醋酸溶液进行测定，得到不同浓度醋酸溶液的pH。

【结果与分析】

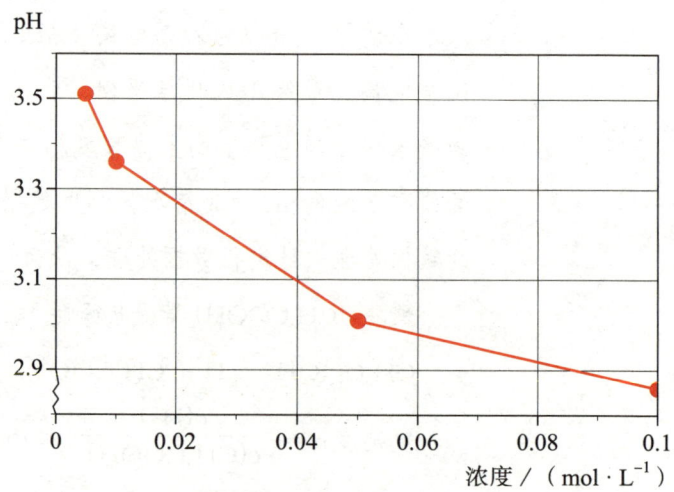

图 5-118　不同浓度醋酸溶液的pH

（1）对采集的数据进行处理，求出不同浓度醋酸溶液的电离度α和电离常数K。

①在采集得到的数据页面选择"数据−新计算栏"，在公式空白处填写"$\dfrac{10^{-pH}}{c}$"，即为醋酸的电离度α。

②在采集得到的数据页面选择"数据−新计算栏"，在公式

空白处填写"$\alpha \times 10^{-\text{pH}}$",几次结果的平均值即为醋酸的电离常数 $K=1.9 \times 10^{-5}$(图5-119),理论值为 $K=1.75 \times 10^{-5}$。

	浓度(mol/L)	pH	电离度 α	K_a
1	0.005	3.51	0.062	0.000 019 100
2	0.01	3.36	0.044	0.000 019 055
3	0.05	3.01	0.020	0.000 019 100
4	0.1	2.86	0.014	0.000 019 055
5				
6				

图5-119 电离度 α 与电离平衡常数 K_a 计算界面

【参考文献】

[1] 陈彦玲,王彬彬,蔡艳等.醋酸电离度和电离常数测定方法的比较研究[J].长春师范学院学报.2009,28(4):40.

[2] 北京师范大学无机化学教研室等编.无机化学实验室(3版)[M].北京:高等教育出版社,2001:128-130.

实验 12　运用数字化仪器测定甲基橙的电离常数

【教学建议】

弱电解质的电离平衡和电离平衡常数是高中教学的重点知识,但对于其测定方法学生并不熟悉。以常见的弱电解质为例,设计实验让学生熟悉弱电解质电离平衡常数的测定方法,对于帮助学生理解电离平衡常数是很好的方式。甲基橙是常用的酸碱指示剂,也是一种弱酸,测定甲基橙的电离平衡常数,不但能巩固已有知识,还能让学生对常用指示剂有更深层次的理解。

【实验目的】

利用数字化仪器测定甲基橙的电离平衡常数。

【实验原理】

甲基橙是一种一元有机弱酸[(CH$_3$)$_2$N—⟨⟩—N=N—⟨⟩—SO$_3$Na],也是一种常用的酸碱指示剂。设甲基橙的化学式为HB,其分析浓度为 c,在溶液中有如下电离平衡:HB ⇌ H$^+$ + B$^-$

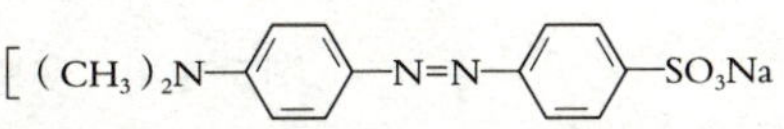

由此得:$K_a = \dfrac{c(\text{H}^+) \cdot c(\text{B}^-)}{c(\text{HB})}$　①

$$c = c(B^-) + c(HB) \quad ②$$

要求得甲基橙的电离常数,除需要知道溶液中的 $c(H^+)$(即 pH)外,还要知道此时溶液中 $c(B^-)$ 与 $c(HB)$ 的比值。设在某波长下,$c(HB)$ 和 $c(B^-)$ 均有吸收,液层厚度 $b=1$ cm,根据吸光度的加和性,有:

$$A = A(HB) + A(B^-) = \varepsilon(HB)\,c(HB) + \varepsilon(B^-)\,c(B^-) \quad ③$$

另外配制两份浓度相同(均为 c)的甲基橙溶液,其中一份为强酸性(此时主要以 HB 形式存在),一份为强碱性(此时主要以 B^- 形式存在)。分别在该波长下测定两溶液的吸光度 $A(HB)$ 和 $A(B^-)$,根据朗伯比尔定律:

$A(HB) = \varepsilon(HB) \cdot c$,$A(B^-) = \varepsilon(B^-) \cdot c$,带入③式中消去 $\varepsilon(HB)$ 和 $\varepsilon(B^-)$ 后,再与②式联立,即可求出 $\dfrac{c(B^-)}{c(HB)}$,因此最后得到:

$$K_a = c(H^+) \cdot \frac{A(HB) - A}{A - A(B^-)}$$

【实验仪器和药品】

数据采集器、色度计、pH 传感器、计算机及相应配套软件、比色皿、50 mL 锥形瓶、容量瓶、移液管。

0.1% 的甲基橙溶液、0.1 mol/L NaOH 溶液、0.1 mol/L HCl 溶液、0.2 mol/L CH_3COOH 溶液、0.2 mol/L CH_3COONa 溶液。

【实验过程】

图 5-120　实验装置与用品图

1. 配制不同 pH 的甲基橙溶液

(1)将 6 个洁净干燥的锥形瓶按 1~6 依次编号。

(2)在 1~4 号锥形瓶中分别按照表 5-15 中的试剂量配制不同 pH

的缓冲溶液，在每瓶溶液中加入2滴0.1%的甲基橙，混合均匀。

表 5-15 缓冲溶液配制表

编号	0.2 mol/L CH₃COOH溶液/mL	0.2 mol/L CH₃COONa溶液/mL	甲基橙/滴
1	3.0	37.0	2
2	4.8	35.2	2
3	7.2	32.8	2
4	10.6	29.4	2

（3）用移液管在5号瓶中加入40 mL 0.1 mol/L的HCl溶液，在6号瓶中加入40 mL 0.1 mol/L的NaOH溶液，再分别加入2滴0.1%的甲基橙，充分混匀。

2. 测量溶液的pH

用pH传感器分别测定1~4号溶液的pH并记录。

3. 测量溶液的透光率

（1）如图5-120所示，组装实验装置，连接色度计、数据采集器和计算机。

（2）校正色度计。在比色皿中加入去离子水，放入色度计中，选择波长为430 nm，盖上盖子。开始采集数据，调节色度计旋钮，使读数为100%。

（3）测定1~6号溶液的透光率，并记录。

【结果与分析】

表 5-16 实验数据及处理结果

	pH	$c(H^+)$	吸光度A	K_a
1	3.62	2.40×10^{-4}	0.119	3.95×10^{-4}
2	3.87	1.35×10^{-4}	0.108	3.28×10^{-4}
3	4.08	8.32×10^{-4}	0.098	3.08×10^{-4}
4	4.26	5.50×10^{-4}	0.087	3.81×10^{-4}
5			0.198	
6			0.071	

将所有测量结果（pH 与透光率）记录在表 5-16 实验数据及处理结果中，并计算相应的其他项目的值。

对 4 次实验所得的电离平衡常数取平均数，则甲基橙的电离平衡常数 $K_a = \dfrac{(3.95 + 3.28 + 3.08 + 3.81)}{4} \times 10^{-4} = 3.53 \times 10^{-4}$，$pK_a = 3.45$。

（1）本实验利用吸光光度法测得甲基橙的电离平衡常数 $pK_a = 3.45$，从大学分析化学课本中查到甲基橙的 pK_a 为 3.4，实验的相对误差为 $\dfrac{(3.45 - 3.4)}{3.4} \times 100\% = 1.47\%$，误差小于 5%，结果较准确。利用该方法还可测定酚酞、甲基红等其他指示剂的电离平衡常数。

（2）甲基橙在 pH<3 时显紫红色，最大吸收波长 $\lambda_{max} = 520$ nm；在 pH>3 时显橙色或黄色，此时 $\lambda_{max} = 460$ nm。本实验除用绿色滤光片外，还可用蓝色滤光片，此时测得的透光率随 pH 的升高而降低。

（3）吸光光度法的灵敏度和准确度较高，操作简便，故应用十分广泛，几乎所有的无机离子和许多有机物都可以直接或间接地用吸光光度法进行测定。

（4）本实验用到了溶液中多组分浓度的测定方法，需要联立方程组求解；对于单一组分，可以通过测透光率绘制标准曲线的方法求得其浓度。

【参考文献】

方舟，钱扬义. 运用手持技术测定甲基橙的电离常数 K_a[J]. 化学教育，2011，32(9)：71-72.

5.2.4 化学反应与能量

实验 1　化学反应中的能量变化

【教学建议】

学生通过学习"质量守恒定律"知道自然界的物质可以发生转化，且在转化过程中物质的总质量保持不变。同样，一种形式的能量可以转化为另一种形式的能量，总能量保持不变。化学反应中的能量变化，通常表现为热量的变化——吸热或放热。化学反应中的能量变化实质上是在化学变化中，反应物分子转变为生成物分子，各原子间的结合方式发生了改变。旧键的断裂吸热，新键的生成放热。本实验借助于温度传感器，让温度变化呈现得更为直观，尤其是温度变化不大时，实验效果更为显著。

教师可以这样引入：初中我们学习了质量守恒定律，知道物质无论怎样转化，总的质量不会改变。能量转化也是一样的。你能列举一些生活中能量转化的实例吗？学生可能会举出以下的例子：烧天然气做饭、电灯、太阳能热水器等。化学反应中的能量变化，通常表现为热量的变化——吸热或放热。那么让我们一起来体会一下化学反应中的热量变化吧。

【实验目的】

利用温度传感器探究化学反应过程中的能量变化。

【实验原理】

在化学反应中，反应物转化为生成物的同时，必然伴随有能量的变化，而能量的变化又主要表现为热量的变化。

【实验仪器和药品】

温度传感器、数据采集器、计算机及相应配套软件、烧杯、磁力搅拌器、注射器、玻璃棒。

$Ba(OH)_2 \cdot 8H_2O$ 晶体、NH_4Cl 晶体、0.1 mol/L 盐酸、0.1 mol/L 氢氧化钠溶液、酚酞溶液。

【实验过程】

（1）如图5-121，将温度传感器、数据采集器、计算机三者相连接。

（2）称取3 g已经研磨成粉末的氢氧化钡晶体$Ba(OH)_2 \cdot 8H_2O$和2 g NH_4Cl晶体混合，倒入烧杯中，点击"采集"按钮开始采集数据，用玻璃棒迅速搅拌混合的固体，并用温度传感器测定其温度变化。

（3）取约20 mL 0.1 mol/L氢氧化钠溶液于烧杯中，滴加两滴酚酞溶液后，置于磁力搅拌器上，搅拌速度不宜过快。在注射器中装

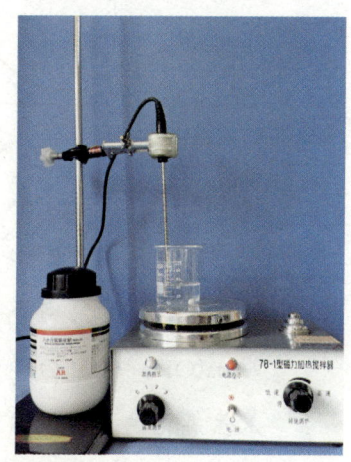

图5-121 实验装置图

入 0.1 mol/L 盐酸 30 mL，点击"采集"按钮。打开注射器活塞，向氢氧化钠溶液中滴加盐酸，至红色褪去，待温度示数出现下降后停止采集数据。

【结果与分析】

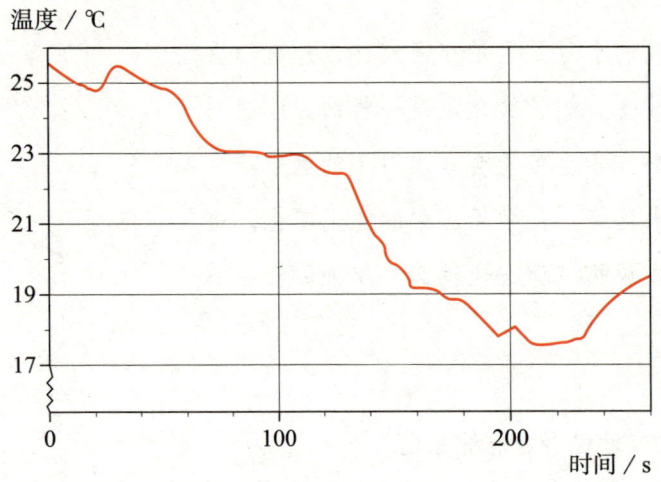

图 5-122　Ba(OH)$_2$·8H$_2$O 晶体和 NH$_4$Cl 晶体混合后温度的变化

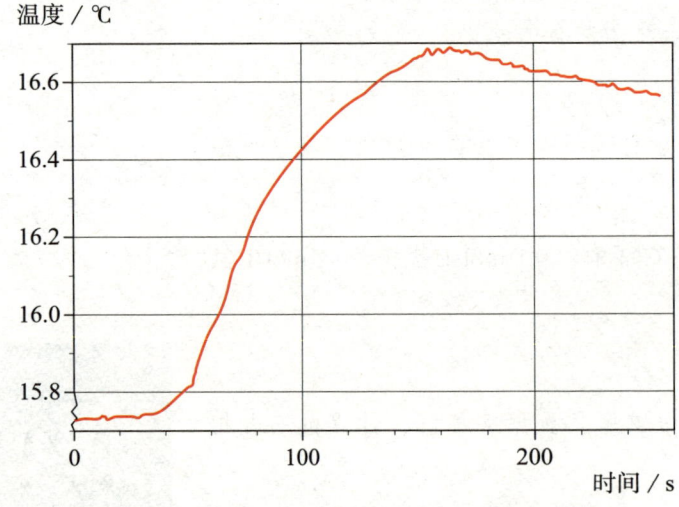

图 5-123　氢氧化钠与盐酸反应过程中温度的变化

由图 5-122 可知，Ba(OH)$_2$·8H$_2$O 晶体和 NH$_4$Cl 晶体混合搅拌过程中，温度急剧降低，用手触摸烧杯外壁能明显感觉到变凉，说明 Ba(OH)$_2$·8H$_2$O 和 NH$_4$Cl 反应是吸热的。由图 5-123 可知，在滴入氢氧化钠溶液的瞬间，体系的温度突然升高，由于该实验过程中温度只升高 1.0 ℃左右，因此我们的触觉无法感知。但是从图像中可以看出，酸碱中和反应也会放出热量。

【参考文献】

［1］甘玉琴，严建波."化学反应中的热量"教学设计［J］.化学教与学，2012，（11）：69-72.

［2］朱鹏飞，马宏佳，杜静等.一种有效的实验研究模式——利用传感技术对吸热反应热效应的实验研究［J］.化学教育，2009，30（12）：62-64.

实验2　利用传感器探究"暖宝宝"的发热原理

【教学建议】

"暖宝宝"是冬季里常用的取暖用品，很多学生都使用过。但对于一些问题并不了解，比如：这个产品能反复使用吗？这么点粉末就能持续发热，是什么原理呢？发热时温度可升高多少度？温度可以调节吗？学生们对这些问题都很感兴趣，因此，在学习了原电池的知识后可将其作为探究实验进行研究。

【实验目的】

利用数字化仪器探究"暖宝宝"的发热过程及其原理。

【实验原理】

"暖宝宝"的发热原理主要是"暖宝宝"中的铁与氧气作用而放热。配料表中的食盐、活性炭、水等加快了铁的氧化，从而使热量更快地散发出来。

【实验仪器和药品】

广口瓶、温度传感器、二氧化碳传感器、氧气传感器、计算机及相应配套软件。

"暖宝宝"。

【实验过程】

（1）如图5-124所示，取约2 g的"暖宝宝"粉末加入氧气传感器反应瓶中，插入氧气传感器，打开实验系统软件，开始采集数据。

（2）取约2 g的"暖宝宝"粉末加入二氧化碳传感器反应瓶中，插入二氧化碳传感器，打开实验系统软件，开始采集数据。

图5-124　实验装置图

（3）取约 2 g 的"暖宝宝"粉末加入温度传感器反应瓶中，插入温度传感器，打开实验系统软件，开始采集数据。实验中要注意密封。

（4）实验时注意三个实验要同时进行，以防止暖宝宝接触空气后开始反应，影响测定结果。

【结果与分析】

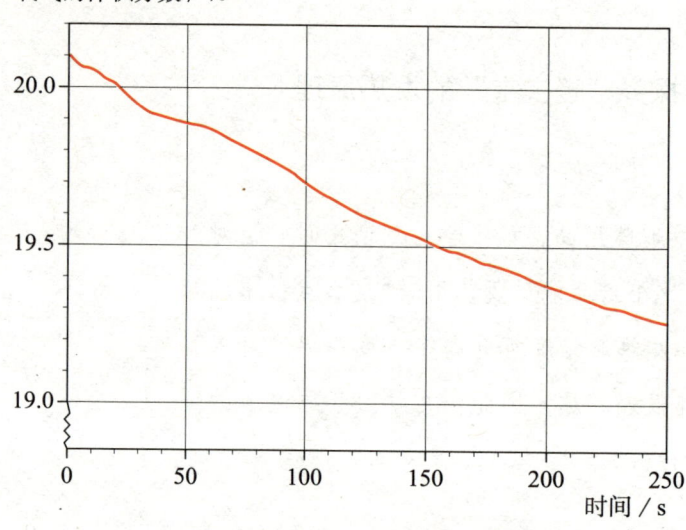

图5-125 氧气的体积分数随时间的变化

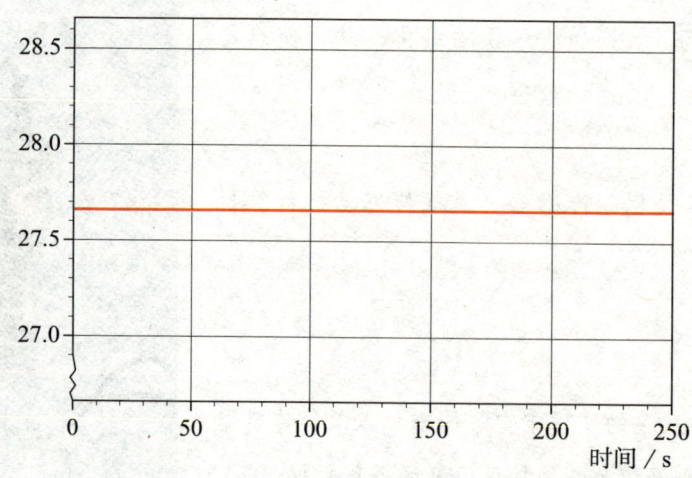

图5-126 二氧化碳的体积分数随时间的变化

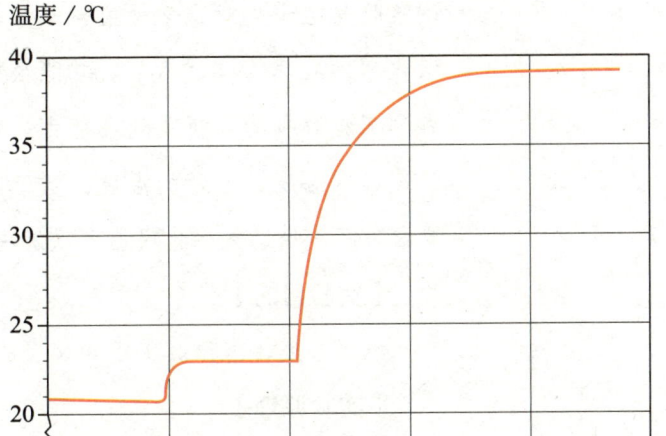

图5-127 温度随时间的变化

从上图中我们可以分析得到，随时间的延长，反应不断发生并放出热量，使反应瓶内温度升高，二氧化碳的体积分数没有发生变化，但是氧气却在不断减少，这说明"暖宝宝"中的某种成分反应时消耗了氧气。再进一步探讨，这种消耗氧气的物质不是碳，因为二氧化碳并没有增加，所以推测是铁与氧气作用而放热。接下来，我们重点要解决的问题是"暖宝宝"配料表中的食盐、活性炭、水等起什么作用。为了很好地阐释这个问题，我们使用了几个温度传感器完成了铁粉、铁粉和食盐、铁粉和活性炭、铁粉与活性炭和食盐的对比实验，发现只有当这几种物质混合在一起的时候才能放出热量，缺一不可。由此我们更加认识到这些物质都发挥着不可替代的作用。通过这一连串的实验，我们得出了暖宝宝的发热原理：利用原电池原理加快铁粉的氧化。

【参考文献】

周良骏.利用传感器探究暖宝宝的发热原理[J].化学教与学，2012(6)：89-90.

实验3 基于数字化仪器的中和反应反应热测定实验研究

【教学建议】

中和反应反应热的测定实验是中学化学教材中重要的定量实验，

该实验是在学生对化学反应与热量转化有了基本认识之后，定量认识化学反应热的有效途径。它能很好地培养学生的实验基本操作能力和实验数据的分析及处理能力。但在传统实验的过程中，需要不断地读取温度计显示的温度，实验时间相对较长，同时对于装置的要求较高。借助数字化仪器可以解决上述问题。

【实验目的】

利用温度传感器测定中和反应的反应热。

【实验原理】

在稀溶液中，强酸跟强碱发生中和反应生成1 mol液态水时的反应热叫做中和热。

$$Q=mc\Delta t$$

①Q：中和反应放出的热量；m：反应混合液的质量；c：反应混合液的比热容；Δt：反应前后溶液温度的差值。因此，上述计算Q的式子可表示为$Q=(V_{酸}\rho_{酸}+V_{碱}\rho_{碱})\cdot c\cdot(t_2-t_1)$。

②本实验中，我们所用一元酸、一元碱的体积均为50 mL，它们的浓度分别为0.50 mol/L和0.55 mol/L。由于是稀溶液，且为了计算简便，我们近似地认为，所用酸、碱溶液的密度均为1 g/cm³，且中和后所得溶液的比热容为4.18 J/(g·℃)，$V_{酸}=V_{碱}=50$ mL，$c_{酸}=0.50$ mol/L，$c_{碱}=0.55$ mol/L，$\rho_{酸}=\rho_{碱}=1$ g/cm³，$c=4.18$ J/(g·℃)。把以上数据代入上面的式子，得出Q的表示式，其中热量的单位用kJ，$Q=0.418(t_2-t_1)$ kJ。

【实验仪器和药品】

温度传感器、数据采集器、计算机及相应配套软件、量热器（自制）、磁力搅拌器、50 mL量筒、100 mL烧杯。

0.5 mol/L HCl溶液、0.5 mol/L CH₃COOH溶液、0.25 mol/L H₂SO₄溶液、浓H₂SO₄（分析纯）、0.55 mol/L NaOH溶液。

【实验过程】

（1）如图5-128所示，将温度传感器、数据采集器、计算机三者相连接，组装好实验装置。

（2）用量筒量取50 mL 0.5 mol/L的HCl溶液，倒入一只烧杯中，

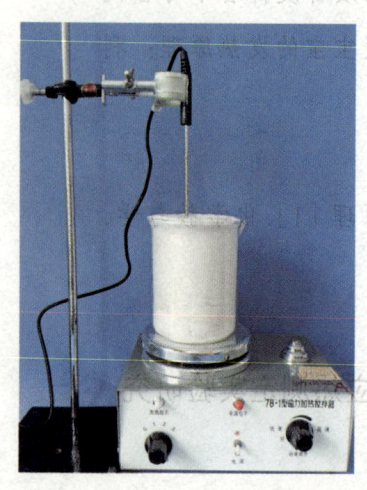

图5-128　实验装置图

将温度传感器放入 HCl 溶液中,开始采集数据,待温度读数稳定后,停止采集,保存数据,记录温度。

(3)将温度传感器从 HCl 溶液中取出,用蒸馏水清洗干净,并用滤纸吸干。

(4)用另一只量筒量取 50 mL 0.55 mol/L 的 NaOH 溶液,倒入小烧杯中,将温度传感器放入 NaOH 溶液中,开始采集数据,待温度读数稳定后,停止采集,保存数据,记录温度。

(5)计算两种溶液的平均温度 t_1。

(6)将烧杯中的 HCl 溶液倒入保温杯中,盖上杯盖,插上温度传感器,开始采集数据,将 NaOH 溶液迅速倒入,打开磁力搅拌器,同时观察数据采集器上的数据及曲线的变化趋势,待温度读数稳定不再升高时,停止采集数据,读取最高温度记为 t_2。

(7)将稀硫酸、稀醋酸及浓硫酸分别与稀 NaOH 溶液进行上述实验,计算中和反应的反应热。

【结果与分析】

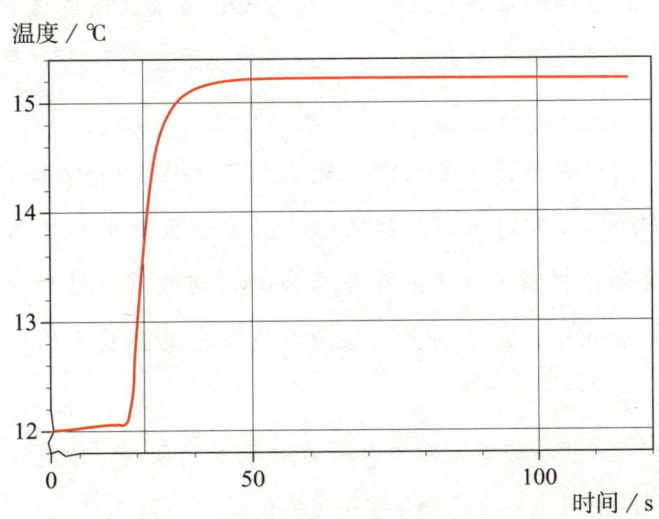

图 5-129　测定盐酸与氢氧化钠溶液中和反应的反应热

表 5-17　实验数据记录表

实验编号	起始温度/℃		最终温度/℃	温度差/℃	反应热/kJ
	酸	碱	平均值 t_1	t_2	t_2-t_1	ΔH
1	HCl	NaOH	11.9	15.2	3.3	−55.2

续表

实验编号	起始温度/℃ 酸	起始温度/℃ 碱	起始温度/℃ 平均值t_1	最终温度/℃ t_2	温度差/℃ t_2-t_1	反应热/kJ ΔH
2	CH₃COOH	NaOH	8.6	11.8	3.2	−53.5
3	H₂SO₄（浓）	NaOH	10.7	18.9	8.2	−137.1
4	H₂SO₄	NaOH	12.0	15.4	3.4	−56.8

计算中和反应反应热的公式为：

$$\Delta H = \frac{0.418(t_2-t_1)}{0.025}\ \text{kJ/mol}$$

（1）稀 HCl 溶液和稀 H_2SO_4 分别与稀 NaOH 溶液完全反应生成 1 mol H_2O 的过程非常相似，反应放出的热量近似相等，并与中和热的理论值（$\Delta H=-57.3$ kJ/mol）非常接近。

（2）稀 CH_3COOH 溶液与稀 NaOH 溶液完全反应生成 1 mol H_2O 的反应热为 $\Delta H=-53.5$ kJ/mol，其反应放出的热量比中和热的理论值稍小，符合理论推断（醋酸在与稀 NaOH 溶液反应过程中因为不断电离，该过程中需要吸热，导致最终放出的热量小于中和热的理论值）。

（3）浓硫酸与稀 NaOH 溶液完全反应生成 1 mol H_2O 的反应热为 $\Delta H=-137.1$ kJ/mol，其反应放出的热量比中和热的理论值大，符合理论推断（浓硫酸在与稀 NaOH 溶液反应过程中因为与水发生水合作用，放热明显，导致最终放出的热量大于中和热的理论值）。

（4）本实验所用试剂浓度和实验装置要求较高，浓度不同和加入试剂顺序不同，实验结果会有一定的偏差。

【参考文献】

王春.基于手持技术支持下的中和热测定实验研究［J］.中学化学教学参考，2013（4）：52-53.

5.2.5 电解质溶液

实验 1　电解质和非电解质

【教学建议】

电解质与非电解质的知识是学生学习离子反应的重要前概念，教材中通常使用溶液的导电性实验来区别电解质和非电解质，但都是通过宏观现象对它们进行识别，学生对二者的差别没有量的感知。如果在传统实验的基础上增加本实验，可以将实验现象转化为具体数据呈现，让学生理解电解质和非电解质的本质差别。该实验方便快捷，可作为教师的课堂演示实验使用。

教师可以这样引入：分类的依据不同，物质可以有不同的类别。根据溶液或熔融物的导电性我们可以将化合物分为电解质和非电解质。电解质是在水溶液里或熔融状态下能够导电的化合物，在水溶液里和熔融状态下不导电的化合物为非电解质。如何用实验验证物质是电解质还是非电解质呢？我们可以通过将溶液接入电路、观察小灯泡是否会亮或电流表指针的变化，也可以借助于电导率传感器测得溶液的导电性强弱。下面让我们一起用电导率传感器来研究一下电解质与非电解质导电性的差别。

【实验目的】

使用电导率传感器探究电解质与非电解质电导率的差异，理解电解质与非电解质的本质区别。

【实验原理】

在水溶液中或在熔融状态下能导电的化合物叫做电解质，电解质在水溶液中或熔融状态下能产生自由移动的离子。蔗糖、酒精等化合物，无论在水溶液中还是在熔融状态下都是以分子形式存在，因而不能导电，这样的化合物称为非电解质。

【实验仪器和药品】

电导率传感器、数据采集器、计算机及相应配套软件、磁力搅拌器、烧杯。

0.1 mol/L氢氧化钠溶液、0.1 mol/L稀盐酸、0.1 mol/L酒精溶液、0.1 mol/L蔗糖溶液、0.1 mol/L氯化钠溶液、蒸馏水。

【实验过程】

（1）如图5-130所示，将数据采集器和传感器与计算机相连接，打开实验系统软件，选取手动模式采集数据。

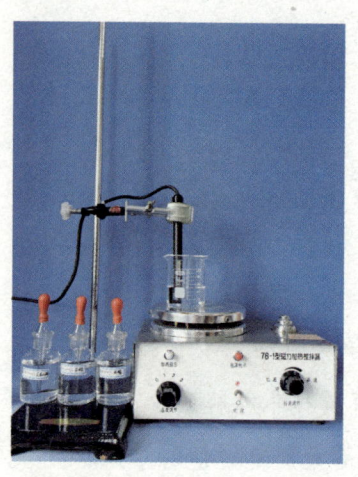

图5-130　实验装置图

（2）取各溶液20 mL分别放入烧杯中，将电导率传感器分别插入溶液中，测定各溶液的电导率。每次使用完电导率传感器后，需用蒸馏水洗净，并用纸巾擦干电导率传感器。

（3）将采集到的数据做成曲线，观察不同溶液电导率的差别。

【结果与分析】

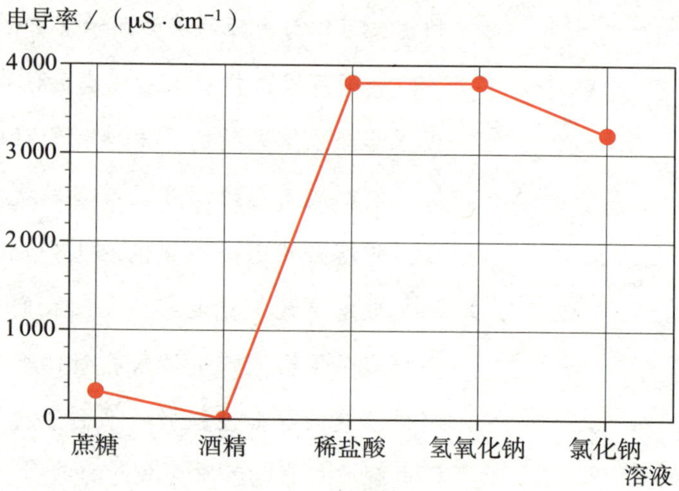

图5-131　不同溶液的电导率

通过实验所得曲线可知，相同浓度下，蔗糖溶液、酒精溶液的电导率比稀盐酸、氯化钠溶液、氢氧化钠溶液小得多，说明电解质的电导率明显大于非电解质。该实验让学生直观地从电导率的角度认识电解质与非电解质的区别，进而帮助学生理解电解质与非电解质的概念。

【参考文献】

林锦萍，袁明华.利用手持技术比较强酸弱酸的pH和电导率[J].广东化工，2010，37（8）：97.

实验2 离子反应概念的构建

【教学建议】

学生在初步学习了电解质的概念后，结合初中所学复分解反应的相关知识能够认识到电解质在溶液里能进行复分解反应。但此时学生理解中的复分解反应是两种物质在反应，而非离子在反应。只有让学生从离子参与的角度理解复分解反应才能真正让学生建立离子反应的基本概念。但是离子的存在是难以通过肉眼观察的，而若通过电导率传感器呈现出电解质溶液反应过程中电导率的变化，则可呈现出溶液中离子的变化情况。而离子的变化情况恰恰能反映出反应的实质是离子间的反应。

教师可以这样引入：$Ba(OH)_2$溶液与盐酸之间能发生反应吗？根据初中知识，学生不难得出可以发生反应的结论，化学方程式为 $Ba(OH)_2 + 2HCl = BaCl_2 + 2H_2O$。下面问题自然出现了：我们怎么才能证实$Ba(OH)_2$溶液与盐酸确实发生了反应呢？如何让不易观察到的反应看得见？学生用以往的知识自然能够想到可以通过滴加酚酞的$Ba(OH)_2$溶液与HCl溶液反应后红色褪去加以证明。该实验现象说明OH^-与H^+反应生成H_2O，那Ba^{2+}与Cl^-有没有变化呢？由此联系到电解质的导电性实验，可以通过溶液电导率的变化来说明溶液中离子的变化过程。

【实验目的】

使用传感器探究反应过程中溶液电导率和pH的变化，理解溶液中离子反应的实质，认识复分解反应发生条件的本质。

【实验原理】

电解质在溶液中的反应是离子之间的反应，而复分解反应的实质就是离子之间的反应。

【实验仪器和药品】

计算机及相应配套软件、数据采集器、pH传感器、电导率传感器、磁力搅拌器、滴液管或注射器、100 mL烧杯。

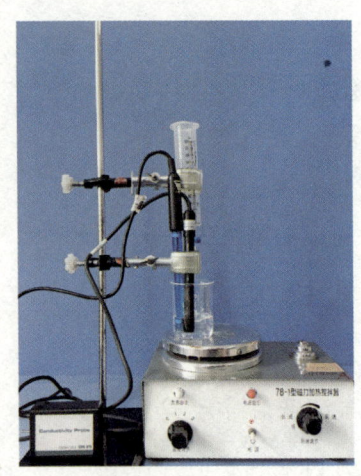

图5-132 实验装置图

0.01 mol/L Ba(OH)$_2$溶液、0.1 mol/L HCl溶液。

【实验过程】

（1）如图5-132所示，连接计算机、数据采集器、pH传感器、电导率传感器，打开实验系统软件。

（2）量取20 mL 0.01 mol/L Ba(OH)$_2$溶液倒入100 mL烧杯中，往烧杯中加入搅拌磁子，将烧杯置于接通电源的磁力搅拌器上。

（3）往注射器中加入30 mL左右0.1 mol/L的HCl溶液，将注射器固定在铁架台上。

（4）将pH传感器和电导率传感器置于100 mL烧杯中，打开搅拌开关，调节磁子转速，使其均匀搅拌溶液且磁子不撞击pH传感器和电导率传感器为宜，注意pH传感器与电导率传感器的距离，两者相距5 cm以上，以防止仪器信号的相互干扰。

（5）点击实验程序中的"采集"按钮，待程序开始采集数据时用注射器往烧杯中慢慢滴入0.1 mol/L HCl溶液，直至溶液pH读数小于4，再次点击程序中"采集"按钮停止数据采集。

【结果与分析】

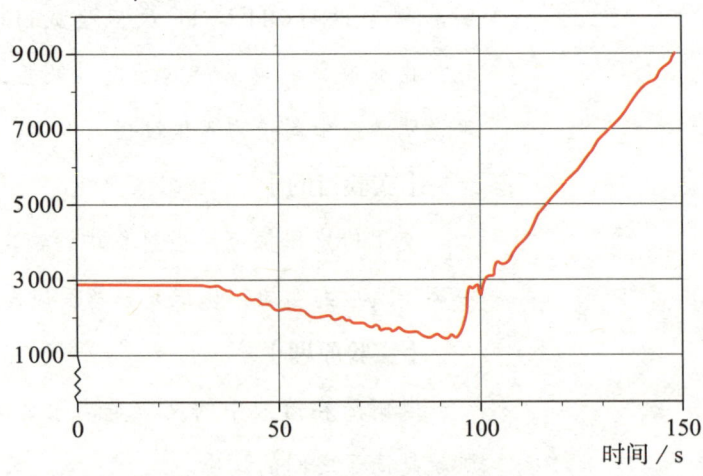

图5-133 Ba(OH)$_2$溶液中滴加HCl溶液后的电导率变化

通过实验不难看出，当Ba(OH)$_2$溶液恰好被HCl溶液中和时，溶液还具有较强的导电性，说明溶液中依然存在很多的离子。由此证明此时Ba^{2+}、Cl$^-$并未发生作用，仍然以离子形式存在于溶液中。所以通过实验不难看出Ba(OH)$_2$溶液与HCl溶液反应的实质是 H$^+$+OH$^-$=H$_2$O。

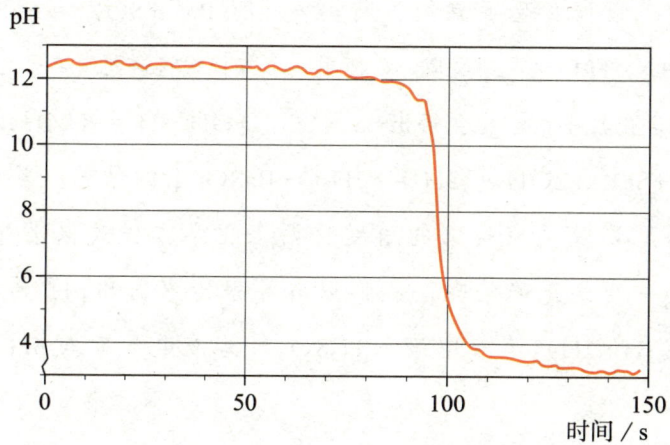

图5-134　Ba(OH)$_2$溶液中滴加HCl溶液的pH变化

分析以上两个实验可以发现，之前我们所学的溶液中的复分解反应实质是电解质电离出的某些离子之间的反应，电解质电离出的另一些离子其实并没有参加反应，而某些离子参与的反应就是离子反应。

【参考文献】

保志明.运用实验体现概念的构建过程——"离子反应"的教学与思考［J］.中学化学教学参考，2012，（3）：16-17.

实验3　离子反应中离子数量关系的讨论

【教学建议】

在学习离子反应的概念后自然会涉及到离子方程式的书写。离子方程式在书写时，有的只是一组离子之间的反应，但有的还可能会涉及多组离子之间的反应。多组离子之间以怎样的数量关系发生反应呢？以往教师常以"写、拆、删、查"的方式教给学生书写离子方程式的方法，但这样的做法不利于学生科学思维的构建。若能通过实验帮助学生建立离子反应的数量关系则会让化学学习的趣味性和科学性进一步提升。

教师可以这样引入：在滴有酚酞的Ba(OH)$_2$中滴入H$_2$SO$_4$溶

液会有什么现象呢？学生根据已有的知识不难得出溶液红色褪去，同时有白色沉淀生成的结论。那么此时发生的离子反应有哪些？学生根据实验现象能推断出发生了 $Ba^{2+}+SO_4^{2-}$══$BaSO_4\downarrow$、OH^-+H^+══H_2O 这两组反应。如何用一个方程式将这两组离子之间的反应都包含在其中？学生会得出 $Ba^{2+}+SO_4^{2-}+OH^-+H^+$══$H_2O+BaSO_4\downarrow$ 或 $Ba^{2+}+SO_4^{2-}+2OH^-+2H^+$══$2H_2O+BaSO_4\downarrow$ 的结论。从电荷守恒的角度以及反应现象的角度这两个化学方程式似乎都合理，究竟哪一组是正确的呢？我们以电导率传感器和 pH 传感器同时测定 $Ba(OH)_2$ 溶液中滴入 H_2SO_4 时溶液电导率与 pH 的变化图线。

【实验仪器与药品】

pH 传感器、电导率传感器、计算机及相应配套软件、数据采集器、磁力搅拌器、滴液管或注射器、100 mL 烧杯。

0.01 mol/L $Ba(OH)_2$ 溶液、0.02 mol/L H_2SO_4 溶液。

【实验过程】

（1）如图 5-135 所示，连接计算机、数据采集器、pH 传感器、电导率传感器，打开实验系统软件。

（2）量取 20 mL 0.01 mol/L $Ba(OH)_2$ 溶液倒入 100 mL 烧杯，往烧杯中加入搅拌磁子，将烧杯置于接通电源的磁力搅拌器上。

（3）往注射器中加入 25 mL 左右 0.02 mol/L H_2SO_4 溶液，将注射器固定于搅拌器自带铁杆上。

（4）将 pH 传感器和电导率传感器置于 100 mL 烧杯中，打开搅拌器开关，调节磁子转速，使其均匀搅拌溶液且磁子不撞击 pH 传感器和电导率传感器为宜，同时注意 pH 传感器与电导率传感器的距离为 5 cm 以上。

（5）点击程序中"采集"按钮，待程序开始采集数据时用注射器往烧杯中加入 0.02 mol/L H_2SO_4 溶液，直至溶液电导率开始回升，再次点击程序中"采集"按钮停止数据采集。

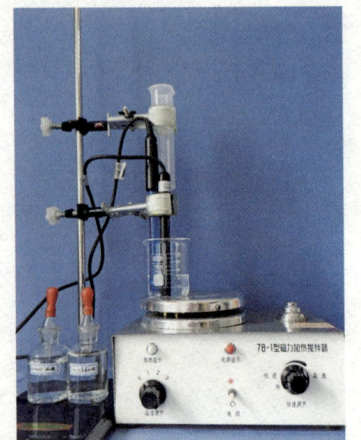

图 5-135　实验装置图

【结果与分析】

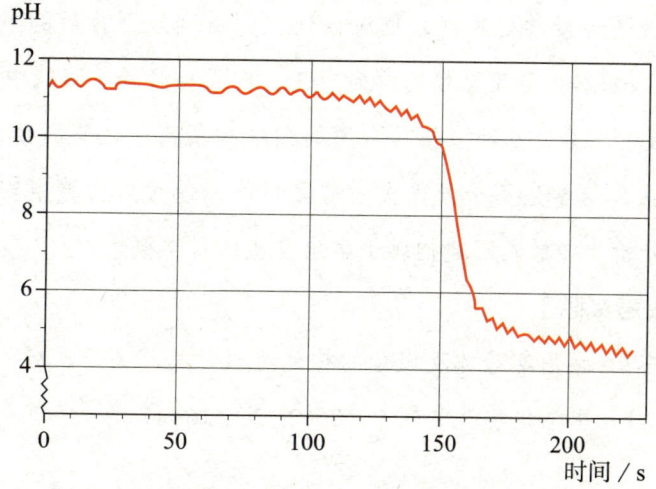

图5-136　Ba(OH)$_2$溶液中滴入H$_2$SO$_4$时溶液pH的变化

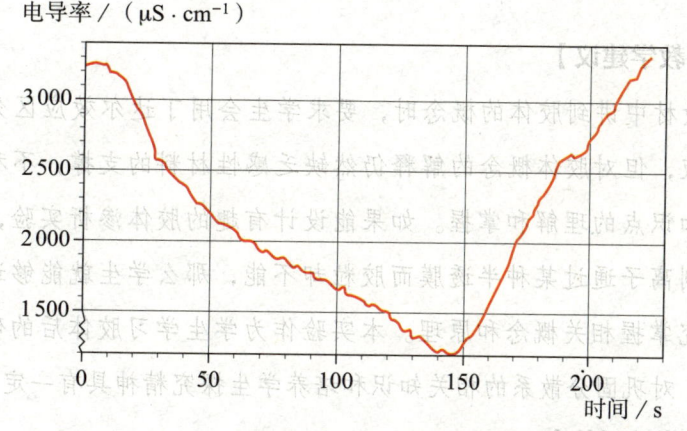

图5-137　Ba(OH)$_2$溶液中滴入H$_2$SO$_4$时溶液的电导率变化

溶液中pH的变化表征的是OH$^-$+H$^+$═══H$_2$O的离子反应过程，而电导率变化曲线表示的是溶液中离子浓度的变化情况。当pH=7时意味着OH$^-$+H$^+$═══H$_2$O的反应完成，而当电导率数值近似为零时则意味着Ba^{2+}+SO$_4^{2-}$═══BaSO$_4$↓的反应也同时完成了。以上事实说明OH$^-$+H$^+$═══H$_2$O、Ba^{2+}+SO$_4^{2-}$═══BaSO$_4$↓这两个离子反应之间存在着内在的联系，即OH$^-$消耗完时Ba^{2+}也耗完了。从离子来源上分析，Ba(OH)$_2$═══Ba^{2+}+2OH$^-$，有1 mol Ba^{2+}必然有2 mol OH$^-$。因此正确的离子方程式只能是：Ba^{2+}+SO$_4^{2-}$+2OH$^-$+2H$^+$═══2H$_2$O+BaSO$_4$↓

如果按照离子方程式的书写规则来看，Ba(OH)$_2$溶液和H$_2$SO$_4$溶液反应的离子方程式可以被表示为多种形式，如果按照化学方程式的化学计量数和书写规则，学生可以判断出离子之间的数量关系，却说不出其他离子方程式不正确的理由。这说明离子方程式的书写不能仅仅是传授学生规则，更应该让他们看到规则背后的事实。该反应通过pH和电导率曲线的同时突变，向学生解释了溶液中OH^-和Ba^{2+}的数量关系，从而直接从电离的角度判断离子之间的数量关系，相比于强加给学生离子方程式的书写规律，通过对实验事实的观察和理性分析才能够真正建构属于学生自己的科学概念。

【参考文献】

保志明.运用实验体现概念的构建过程——"离子反应"的教学与思考[J].中学化学教学参考，2012(3)：16-17.

实验4　数字化实验选择氢氧化铁胶体渗析实验用的半透膜

【教学建议】

教材中讲到胶体的概念时，要求学生会用丁达尔效应区分胶体和溶液，但对胶体概念的解释仍然缺乏感性材料的支撑，不利于学生对知识点的理解和掌握。如果能设计有趣的胶体渗析实验，让学生看到离子通过某种半透膜而胶粒却不能，那么学生就能够通过实验探究掌握相关概念和原理。本实验作为学生学习胶体后的研究性学习，对巩固分散系的相关知识和培养学生探究精神具有一定意义。

【实验目的】

用电导率传感器寻找适合作为$Fe(OH)_3$胶体渗析实验的半透膜材料。

【实验原理】

实验制备的氢氧化铁胶体体系中主要含有Cl^-、Fe^{3+}、氢氧化铁胶体、水分子等，这些微粒的直径大小不同。为了得到较纯净的胶体，可通过渗析的方式，利用浓度差为推动力，将Fe^{3+}、Cl^-从制备的胶体中除去。半透膜对溶质粒子具有选择性，一般能透过离子和小分子，不能透过大分子和胶体，因此可以用于渗析实验。滤纸、保鲜膜、鸡蛋内膜由于内部的孔径大小不同，能透过的粒子种类也不同。

【实验仪器和药品】

pH传感器、电导率传感器、数据采集器、计算机及相应配套软件、250 mL烧杯、500 mL烧杯、铁架台、100 mL量筒、50 mL量筒。

0.1 mol/L AgNO₃溶液、饱和FeCl₃溶液、5% KSCN溶液、蒸馏水、滤纸、保鲜膜、鸡蛋内膜。

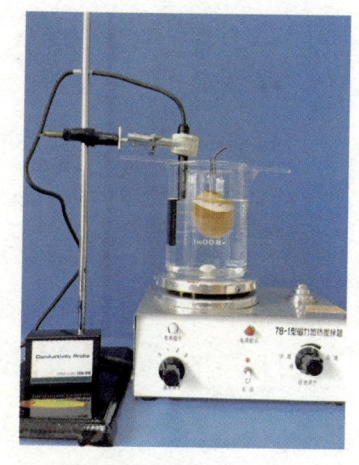

图5-138 实验装置图

【实验过程】

（1）取300 mL蒸馏水放入500 mL烧杯中，加热煮沸，然后向沸水中滴加30滴饱和的FeCl₃溶液，继续煮沸至溶液呈红褐色即停止加热。利用丁达尔效应检验制备出来的Fe(OH)₃胶体。

（2）鸡蛋壳的处理。将鸡蛋尖端敲开一个小孔，倒出蛋清、蛋黄，用蒸馏水清洗，然后将其放入2 mol/L盐酸中，待到下层的外壳被腐蚀干净后，取出洗净。

（3）如图5-138所示，将电导率传感器、数据采集器与计算机相连，组装好实验装置。

（4）向250 mL烧杯中加入200 mL蒸馏水，将电导率传感器放入烧杯中。点击数据"采集"按钮，然后向鸡蛋内膜加入20 mL Fe(OH)₃胶体，测量烧杯中水溶液的电导率变化。

（5）重复以上步骤做保鲜膜、滤纸渗析实验。其中用保鲜膜完成渗析实验时，先倒入20 mL氢氧化铁胶体，然后将其扎紧，点击数据"采集"按钮后，放入烧杯中采集电导率的变化。用滤纸完成的渗析实验是先将滤纸放在漏斗中，点击数据"采集"按钮后，通过过滤的方式测量电导率的变化。

【结果与分析】

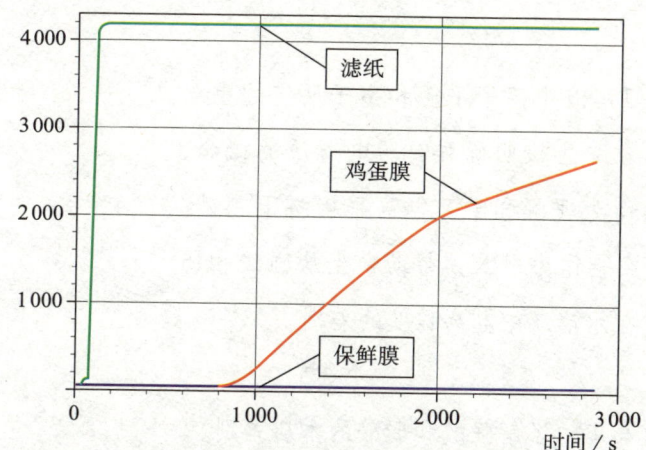

图5-139 不同半透膜渗析过程中溶液电导率与时间的关系

从图5-139可知，制备出来的氢氧化铁胶体，通过滤纸过滤后，滤液的电导率最大，烧杯内滤液呈红褐色；通过鸡蛋内膜过滤后，电导率逐渐变大，且电导率的最大值小于通过滤纸过滤的滤液的电导率数值，烧杯内滤液呈无色；通过保鲜膜过滤，烧杯内溶液的电导率基本上不变，烧杯内呈无色。制备的氢氧化铁胶体体系中主要含有Cl^-、Fe^{3+}、氢氧化铁胶粒、水分子等，图中显示用滤纸过滤后，电导率数值非常大，说明Cl^-、Fe^{3+}能够透过滤纸。另外由于滤液呈红褐色，说明氢氧化铁胶粒也能够透过滤纸。鸡蛋内膜过滤制备的氢氧化铁胶体后，滤液呈现无色，故氢氧化铁胶粒不能透过鸡蛋内膜，又由于滤液的电导率逐渐上升，说明Cl^-、Fe^{3+}能够透过鸡蛋内膜。保鲜膜过滤后的滤液也是无色的，但是电导率不变化，说明保鲜膜既不能使氢氧化铁胶粒透过，也不能使Cl^-、Fe^{3+}透过。因此，能够有效地滤去Cl^-、Fe^{3+}的是鸡蛋内膜，也就是说适合$Fe(OH)_3$胶体渗析实验的膜是鸡蛋内膜。这也说明了氢氧化铁胶粒直径在介于滤纸的内部孔径和鸡蛋内膜的内部孔径之间，让学生直观看到胶体粒子直径的大小，从而对胶体粒子的大小有个理性的认识。

【参考文献】

刘晓红，袁文文，邓海威等.利用手持技术选择氢氧化铁胶体渗析实验半透膜[J].化学教育，2014，35(3)：77-79.

实验5 利用数字化仪器比较强酸和弱酸的pH及电导率

【教学建议】

弱电解质的电离是学生学习溶液中离子平衡和离子反应的重要基础。学习弱电解质的电离，首先应该明确强、弱电解质的概念，进而明确二者的本质差别，从而为理解和学习电离平衡打下基础。课堂教学过程中我们通常以本实验作为引入，帮助学生从强酸和弱酸pH的差别推及强、弱电解质在水溶液中电离程度的差别。

【实验目的】

比较强酸和弱酸的pH及电导率，了解强酸和弱酸的本质差别。

【实验原理】

HCl是强电解质，在水溶液中会完全电离，不存在分子与离子间的电离平衡，电离方程式为HCl=H^++Cl^-。醋酸是弱电解质，在水溶液中只有部分电离为离子，还有未电离的醋酸分子存在，电离方程式为$CH_3COOH \rightleftharpoons CH_3COO^-+H^+$。电解质溶液具有导电能力，可以用电导率反映导电能力的强弱。电解质的导电能力与溶液中离子浓度有关，实验证明，在溶液浓度较小时，溶液的pH和电导率与浓度呈线性关系。

【实验仪器和药品】

数据采集器、电导率传感器、计算机及相应配套软件、pH传感器、电子天平、100 mL容量瓶、100 mL烧杯。

0.1 mol/L 盐酸、0.2 mol/L 盐酸、0.3 mol/L 盐酸、0.1 mol/L 醋酸、0.2 mol/L 醋酸、0.3 mol/L 醋酸。

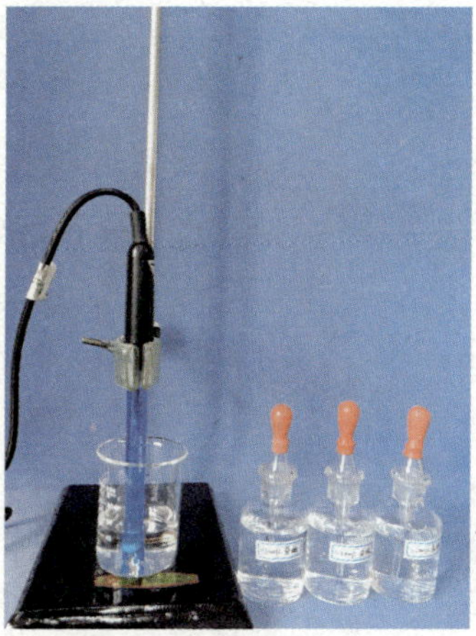

【实验过程】

（1）测定不同浓度盐酸的pH和电导率。如图5-140所示，取浓度为0.1 mol/L、0.2 mol/L、0.3 mol/L的盐酸分别放于烧杯中，测定其pH。

图5-140 实验装置图

（2）测定不同浓度醋酸的pH和电导率。取浓度为0.1 mol/L、0.2 mol/L、0.3 mol/L的醋酸分别放于烧杯中，测定其pH。

【结果与分析】

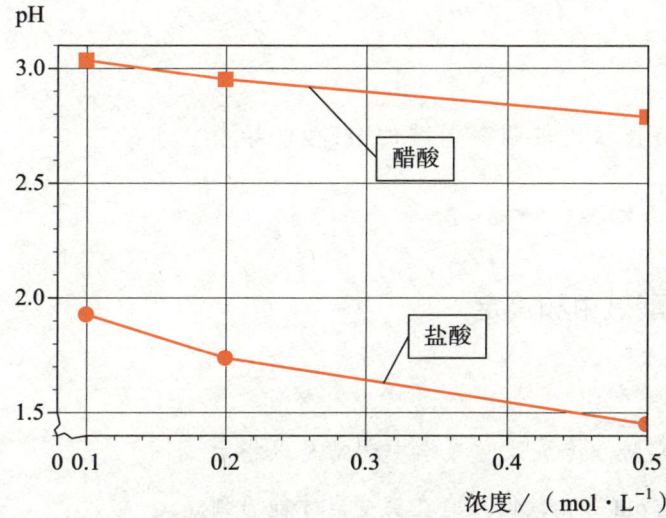

图5-141 等浓度的盐酸和醋酸的pH比较

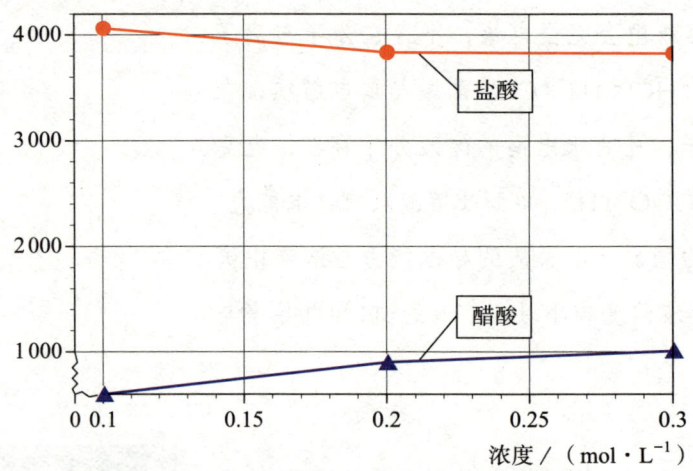

图5-142 等浓度的盐酸和醋酸的电导率比较

（1）盐酸的浓度越大，pH越小，pH为1.45~1.93，电导率呈倍数递增，范围在0~16。说明HCl在水溶液中完全电离。

（2）随着醋酸溶液的浓度增大，其pH也逐渐变小，pH范围在2.79~3.03，跨度比盐酸的小。电导率虽然也逐渐增大，但范围在0~0.1。

（3）相同浓度时盐酸和醋酸的pH有很大的差别，这主要是由于它们的酸性不同，盐酸是强酸，HCl在水溶液中是完全电离的，而醋酸是弱酸，在水溶液中部分电离，随着浓度的增大，会有大量的醋酸分子存在于水溶液中，所以其pH才会和盐酸的pH有如此大的区别。

本实验中测定结果与理论计算值有差别，是因为所配溶液未进行标定。

【参考文献】

林锦萍，衷明华.利用手持技术比较强酸弱酸的pH和电导率[J].广东化工，2010，37（8）：97.

实验6　酸碱中和滴定

【教学建议】

酸碱中和滴定是一个重要实验。传统课堂教学中通常是以指示剂来指示酸碱滴定过程中溶液的pH变化，但只有在突变点才能看到颜色变化，无法看到整个过程的pH变化，学生不易理解"用盐酸滴定NaOH溶液时，从表面看，似乎没有变化，但实质上在滴定过程中，溶液的pH发生了很大的变化"，更难理解为何指示剂的变色点不在pH=7处，却可以用来指示反应的化学计量点。教师可以借助数字化仪器，展示酸碱滴定过程中pH的变化曲线，让学生实时感受到滴定过程中的pH变化。

【实验目的】

利用pH传感器测定不同的酸与碱反应过程中的pH的变化，让学生理解酸碱反应的实质。

【实验原理】

酸碱滴定曲线是以酸碱中和滴定过程中滴加酸（或碱）的体积为横坐标，以溶液pH为纵坐标绘出的一条溶液pH随酸（或碱）的滴入而变化的曲线。它描述了酸碱中和滴定过程中pH的变化情况，其中酸碱滴定终点附近的pH突变情况，对于酸碱滴定中如何选择指示剂具有重要的意义。

【实验仪器和药品】

滴数传感器、pH传感器、数据采集器、磁力搅拌器、计算机及相应配套软件、100 mL烧杯、注射器。

0.1 mol/L NaOH溶液、盐酸（待测，约0.1 mol/L）、醋酸溶液（待测，约0.1 mol/L）。

【实验过程】

（1）如图5-143所示，将pH传感器、滴数传感器与计算机相连，组装好实验装置。

（2）将盛有盐酸的100 mL烧杯置于磁力搅拌器上，再将pH传感器插入溶液中。

（3）将盛有氢氧化钠溶液的注射器置于铁架台上，底端略高于滴数传感器。

（4）依次打开磁力搅拌器、实验系统软件，开始采集数据，当pH出现突跃时，继续保持滴定NaOH溶液，待数据稳定后，停止采集。记录平衡点处NaOH溶液的体积。

（5）按照上述步骤进行乙酸溶液的平行滴定，保存相关数据。

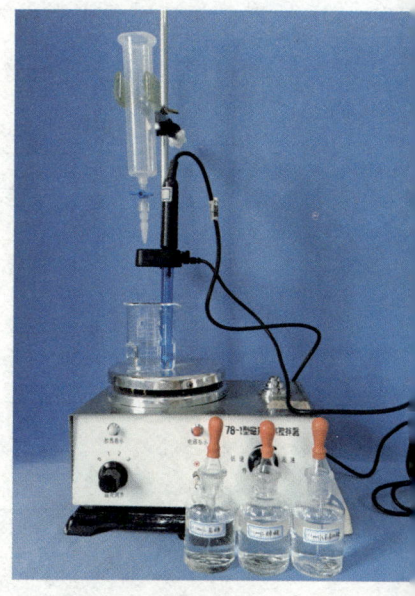

图5-143 实验装置图

【结果与分析】

（1）氢氧化钠溶液滴定盐酸

在盐酸中，由于HCl完全电离，在一定体积和浓度的盐酸中pH是不变的，所以此时图5-144中的曲线是稳定的。但在加入NaOH溶液后发生中和反应，H^+浓度减小，pH不断增大，当H^+被完全中和后，溶液中只存在Na^+和Cl^-，继续加入NaOH溶液时，pH不变。

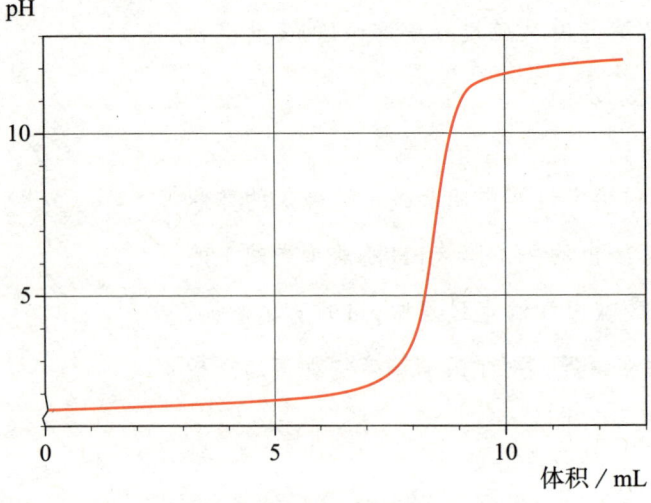

图5-144　氢氧化钠溶液滴定盐酸的曲线

（2）氢氧化钠溶液滴定醋酸

在醋酸溶液中，由于醋酸部分电离，在加入NaOH溶液后发生反应：$OH^- + CH_3COOH = CH_3COO^- + H_2O$，$H^+$浓度不断减小；同时，滴定过程中形成的阴离子$CH_3COO^-$抑制了醋酸电离，所以溶液的pH呈不断上升的趋势。

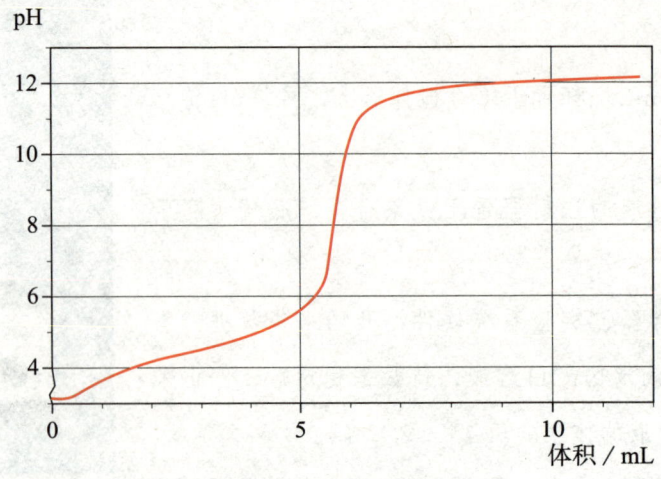

图5-145　氢氧化钠溶液滴定醋酸的曲线

在用 NaOH 溶液滴定盐酸、醋酸的过程中，会出现一个转折点（即最高点）。这个转折点表示酸碱中和完毕，并可通过此点显示用去的 NaOH 溶液的体积，由此可算出待测的盐酸的物质的量浓度。

【参考文献】

李锦珠，谢少丽，李红等.手持技术在酸碱滴定中的应用研究[J].江西化工，2010（4）：69-72.

实验7　滴定法测定二元酸的相对分子质量

【教学建议】

本实验利用所学酸碱中和滴定的知识，用已知浓度的碱滴定未知浓度的酸，根据得到的滴定曲线和特征点来计算酸的相对分子质量。实验方便快捷，应用性强。作为学生研究性学习的内容，该实验不但能巩固学生前面所学知识，还能够提高他们的实验操作技能和分析图像、获取信息的能力。

【实验目的】

利用数字化仪器测定二元酸的相对分子质量。

【实验原理】

常见的二元弱酸如亚硫酸（H_2SO_3）和碳酸（H_2CO_3），它们在水中发生两步电离。因此若用碱去滴定二元酸，则会出现两个突变点，如图5-146所示。

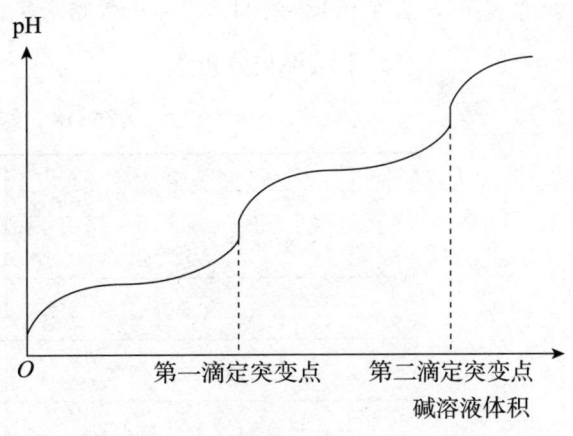

图5-146　二元酸与碱中和滴定的标准曲线

在第一个突变点，生成的是酸式盐，第二个突变点，生成的是正盐。当我们想要测定某二元酸的相对分子质量时，就可以称取一定质量（m）的二元酸，利用已知浓度的氢氧化钠溶液来滴定它，并获得滴定图像，然后利用突变点（第一或第二）时消耗的氢氧化钠溶液体积计算出消耗的氢氧化钠的物质的量，由该物质的量即可推算出二元酸的物质的量（n），利用二元酸的质量（m）和酸的物质的量（n）就可以求算二元酸的摩尔质量 $M=\dfrac{m}{n}$，从而就可以获知二元酸的相对分子质量。

【实验仪器和药品】

pH传感器、数据采集器、计算机及相应配套软件、滴数传感器、磁力搅拌器、电子天平、100 mL烧杯、洗瓶、注射器。

0.1 mol/L NaOH溶液、未知二元酸固体。

【实验过程】

（1）称取0.120 g未知二元酸，放入100 mL烧杯中，加入10 mL水进行溶解。

（2）如图5-147所示，将pH传感器、滴数传感器、数据采集器、计算机三者相连接，组装好实验装置。打开实验软件，设置横坐标为NaOH溶液体积，纵坐标为pH。

（3）在注射器中加入50 mL 0.1 mol/L NaOH溶液（准确浓度需在使用前标定），打开磁力搅拌器开关，开始采集数据。

（4）向下推动注射器的活塞，使液体逐滴滴下，开始记录数据。直至pH达到11.5，停止数据采集，结束实验。

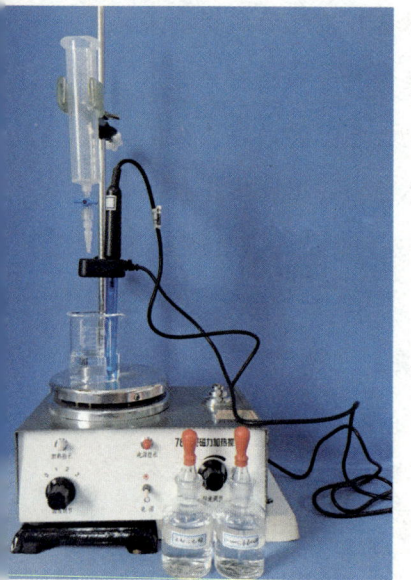

图5-147　实验装置图

【结果与分析】

表5-18　实验数据统计表

二元酸的质量	0.120 g
氢氧化钠溶液的浓度	0.050 mol/L
滴定突变点	39.89 mL（第2突变点）
氢氧化钠的物质的量	0.002 mol
二元酸 H_2X 的物质的量	0.001 mol

续表

二元酸的相对分子质量	120
所提供的酸	草酸水合物
误差	4.7%

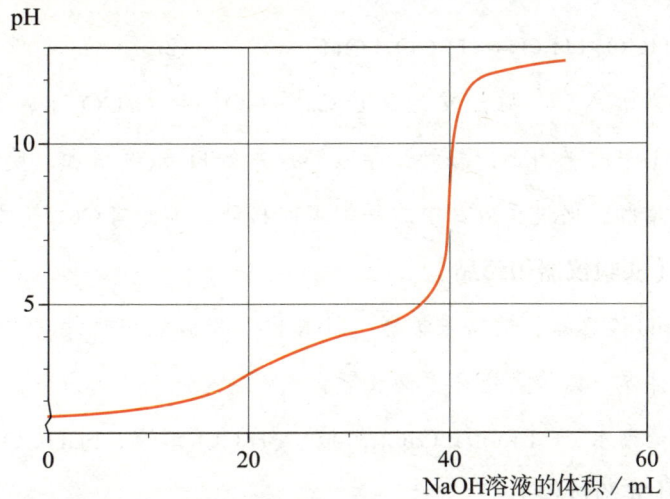

图5-148　未知二元酸溶液与氢氧化钠溶液的中和滴定曲线

【参考文献】

宋心琦.普通高中课程标准实验教科书：化学反应原理［M］.北京：人民教育出版社，2014：50-51.

实验8　用氯化钙溶液鉴别碳酸钠溶液与碳酸氢钠溶液

【教学建议】

碳酸钠和碳酸氢钠这两种化合物的鉴别是高中化学教学中的重要内容。一般认为，可以用氯化钙溶液鉴别碳酸钠溶液和碳酸氢钠溶液，产生沉淀的是碳酸钠，而碳酸氢钠则无反应。而在实际实验过程中发现并非如此，两种溶液中加入氯化钙溶液均有沉淀产生。因此，教学中可以提出问题：氯化钙溶液能否鉴别碳酸钠溶液和碳酸氢钠溶液？针对这个问题带领学生们探究，在理解知识的同时，培养学生的质疑精神，树立其正确的科学研究态度。

【实验目的】

利用数字化仪器探究氯化钙溶液能否鉴别碳酸钠溶液与碳酸氢

钠溶液。

【实验原理】

碳酸氢钠溶液在一定浓度下能与氯化钙溶液反应产生沉淀，且有气体生成。$NaHCO_3$溶液中存在以下两个平衡：

$HCO_3^- \rightleftharpoons CO_3^{2-} + H^+$ ①

$HCO_3^- + H_2O \rightleftharpoons H_2CO_3 + OH^-$ ②

当加入Ca^{2+}后，发生反应$Ca^{2+} + CO_3^{2-} = CaCO_3\downarrow$，从而促进反应①中的平衡正向移动，导致溶液中的$H^+$浓度增加，使得消耗的$OH^-$增加，促进反应②中的平衡正向移动，因此有$CO_2$气体产生。

【实验仪器和药品】

pH传感器、数据采集器、计算机及相应配套软件、注射器、磁力搅拌器、试管、烧杯、移液管。

蒸馏水、0.1 mol/L $CaCl_2$溶液、Na_2CO_3溶液、$NaHCO_3$溶液。

【实验过程】

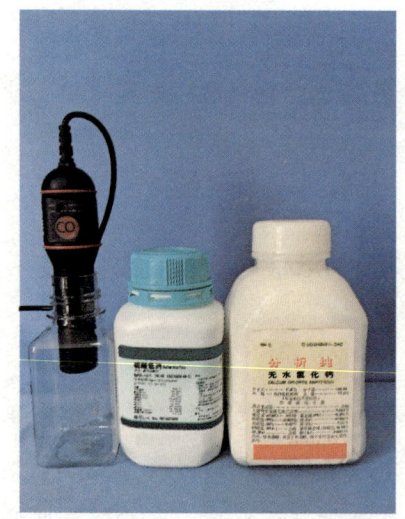 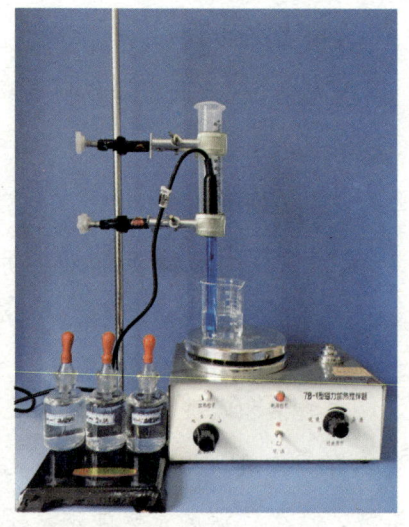

图5-149　实验装置图

分析化学中根据质量百分含量的不同将被测组分划分为常量成分（>1%）、微量成分（0.01%~1%）和痕量成分（<0.01%）。若以常量来计，此时Na_2CO_3溶液和$NaHCO_3$溶液所对应的浓度分别在9.4×10^{-2} mol/L、0.12 mol/L以上。中学阶段指的"鉴别"通常是指在常量范围内的定性检验，基于此认识设计了以下实验。

1. $CaCl_2$ 溶液与 $NaHCO_3$ 溶液混合后 CO_2 逸出的速率

取不同浓度的 10 mL $NaHCO_3$ 溶液与 1.0 mol/L $CaCl_2$ 溶液按不同体积比混合（表 5-19），用 CO_2 传感器测定 CO_2 气体逸出的速率。

2. $CaCl_2$ 溶液滴定 $NaHCO_3$ 溶液

为了能较好地说明 $NaHCO_3$ 溶液中滴加 $CaCl_2$ 溶液为何能产生 CO_2 气体，进行了下面的实验。

配制 0.50 mol/L 的 $CaCl_2$ 溶液和 0.50 mol/L $NaHCO_3$ 溶液，用移液管取 10.00 mL $NaHCO_3$ 溶液置于烧杯，将 $CaCl_2$ 溶液注入到注射器中，滴至能明显地观察到气体时，记录 $CaCl_2$ 溶液的体积，平行测定三次。与此同时，用 pH 传感器实时测定滴加过程中溶液 pH 的变化。

【结果与分析】

1. $CaCl_2$ 溶液与 $NaHCO_3$ 溶液混合后 CO_2 逸出的速率

不同浓度的 10 mL $NaHCO_3$ 溶液与 1.0 mol/L $CaCl_2$ 溶液按不同体积比混合，CO_2 体积分数达到 0.01 时所需时间见表 5-19，图 5-150 到图 5-153 显示的是容器内 CO_2 的体积分数达 0.01 时的变化曲线。

从表 5-19 和图 5-150 到图 5-153 可以发现：①当 $V(CaCl_2)$ 与 $V(NaHCO_3)$ 一定时，随着 $NaHCO_3$ 溶液浓度的减小，CO_2 气体释放速率随之减小，持续时间也随之增长；②$NaHCO_3$ 溶液浓度在 0.1~1.0 mol/L、$V(CaCl_2)$ 与 $V(NaHCO_3)$ 的比值为 4:5 时，CO_2 气体释放速率最快。故在常量范围内，用 $CaCl_2$ 溶液鉴别 Na_2CO_3 溶液和 $NaHCO_3$ 溶液时，若要比较理想地观察到气体持续较快逸出，$V(CaCl_2)$ 与 $V(NaHCO_3)$ 的比值等于 4:5 为宜。

表 5-19　CO_2 体积分数达到 0.01 时所需时间

$c(NaHCO_3)$ /(mol·L^{-1})	$V(CaCl_2):V(NaHCO_3)$			
	1:5	2:5	4:5	1:1
1.0	142 s	124 s	114 s	156 s
0.5	368 s	264 s	244 s	284 s
0.25	882 s	450 s	354 s	632 s
0.1	1 126 s	1 316 s	816 s	1 816 s

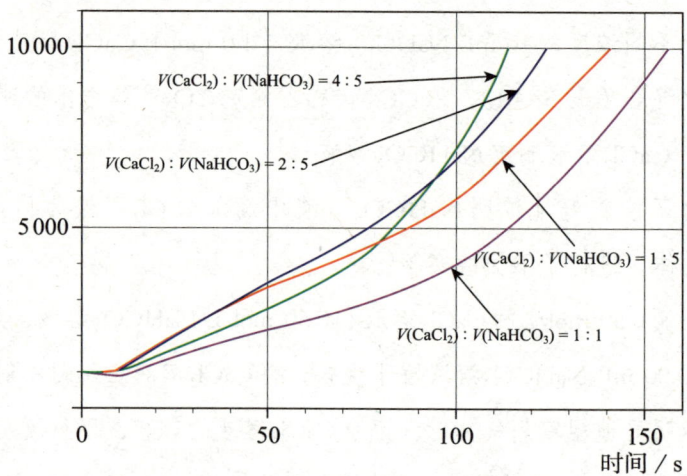

图 5-150　$CaCl_2$ 溶液与 1.0 mol/L $NaHCO_3$ 溶液混合 CO_2 的变化曲线

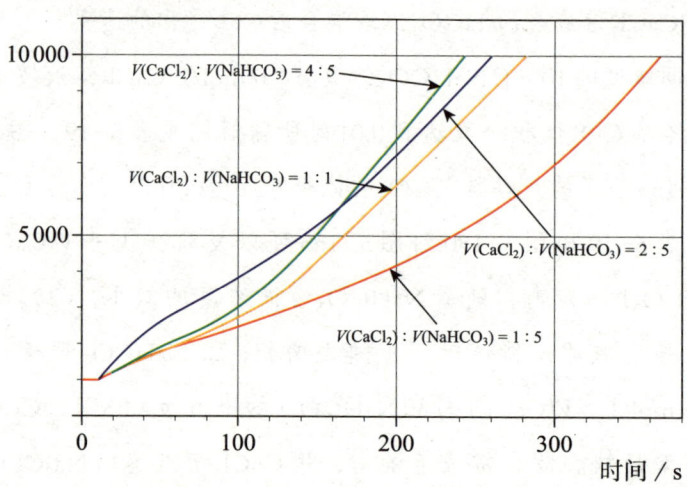

图 5-151　$CaCl_2$ 溶液与 0.5 mol/L $NaHCO_3$ 溶液混合 CO_2 的变化曲线

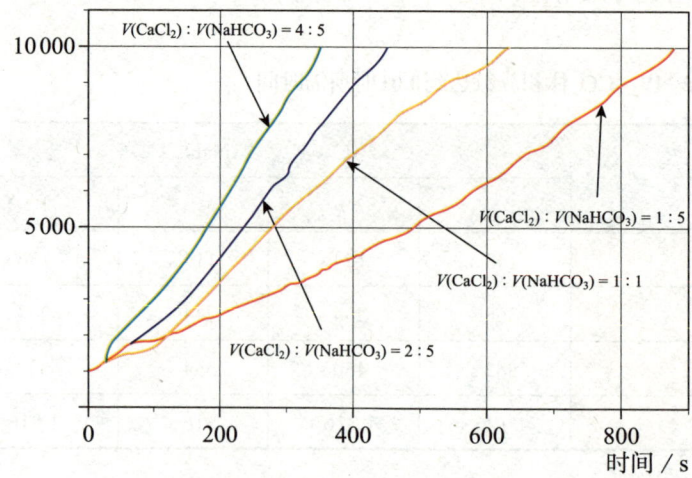

图 5-152　$CaCl_2$ 溶液与 0.25 mol/L $NaHCO_3$ 溶液混合 CO_2 的变化曲线

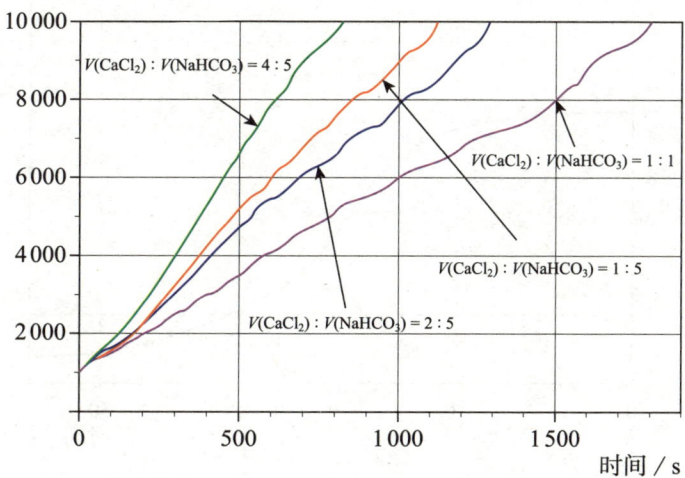

图5-153　$CaCl_2$溶液与0.1 mol/L $NaHCO_3$溶液混合CO_2的变化曲线

2. $CaCl_2$溶液滴定$NaHCO_3$溶液

为了能较好的说明$NaHCO_3$溶液中滴加$CaCl_2$溶液为何能产生CO_2气体及便于下文的理论探讨，以$CaCl_2$溶液滴定$NaHCO_3$溶液为例进行了下面的实验。

配制0.50 mol/L的$CaCl_2$溶液和0.50 mol/L $NaHCO_3$溶液，用移液管取10.00 mL $NaHCO_3$溶液置于烧杯，将$CaCl_2$溶液注入到注射器中，滴加至能明显地观察到气体时，记录$CaCl_2$溶液的体积，平行测定三次（见表5-20）。与此同时，用pH传感器实时测定滴定过程中溶液pH的变化，选取其中一组为代表（见图5-154）。

表5-20　滴定$NaHCO_3$溶液所消耗$CaCl_2$溶液的体积

编号	0.50 mol/L $NaHCO_3$溶液体积 / mL	0.50 mol/L $CaCl_2$溶液体积 / mL
1	10.00	2.35
2	10.00	2.34
3	10.00	2.40

从图5-154中我们能清楚地观察到，溶液pH从8.48逐渐变化到6.68，当溶液pH为6.68时可明显地观察到有气体的逸出。

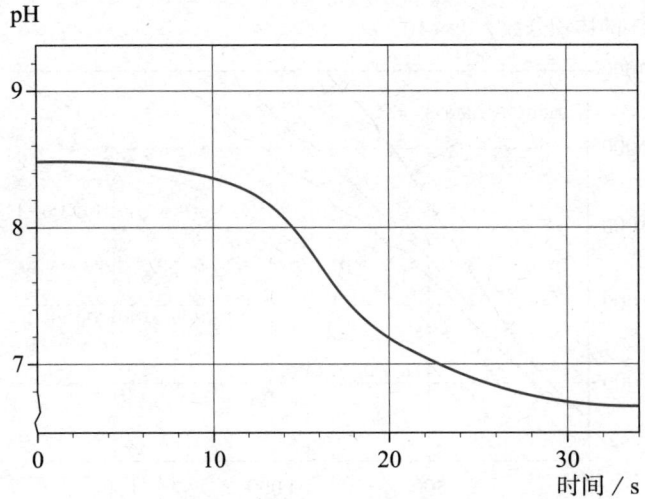

图 5-154　$CaCl_2$ 溶液滴定 $NaHCO_3$ 溶液的 pH 变化曲线

通过上述实验和理论探讨我们知道，在常量范围内，向 Na_2CO_3 溶液和 $NaHCO_3$ 溶液中滴加 $CaCl_2$ 溶液，Na_2CO_3 溶液中只产生白色沉淀，而 $NaHCO_3$ 溶液中既有白色沉淀，又有较多的气泡产生（若气体逸出缓慢可置于 70℃ 的水浴），两者有明显的区分效应。因此，中学阶段可以用 $CaCl_2$ 溶液来鉴别 Na_2CO_3 溶液和 $NaHCO_3$ 溶液。

3. 理论探讨

对于 Na_2CO_3 溶液和 $NaHCO_3$ 溶液中滴加 $CaCl_2$ 溶液为何产生沉淀，前人已做了大量的理论探讨，在此不再赘述。下面重点探讨 $NaHCO_3$ 溶液中滴加 $CaCl_2$ 溶液为何有气体产生。

Ⅰ. 0.50 mol/L $NaHCO_3$ 溶液中各微粒的浓度

$NaHCO_3$ 溶液存在以下两个平衡：

$HCO_3^- \rightleftharpoons CO_3^{2-} + H^+$　　　①

$HCO_3^- + H_2O \rightleftharpoons H_2CO_3 + OH^-$　②

已知：$c(NaHCO_3)=0.50$ mol/L，$Ka_1^\theta=4.2\times10^{-7}$，$Ka_2^\theta=5.6\times10^{-11}$，用 pH 传感器测得其 pH=8.48。设 $NaHCO_3$ 溶液中 $c(HCO_3^-)=b_1$ mol/L，$c(CO_3^{2-})=b_2$ mol/L，$c(H_2CO_3)=b_3$ mol/L，依平衡①②联立方程求出各微粒的浓度。

$b_1+b_2+b_3=0.50$

$\dfrac{b_2\times10^{-8.48}}{b_1}=Ka_2^\theta=5.6\times10^{-11}$

$$\frac{b_3 \times 10^{-5.52}}{b_1} = \frac{K_w}{Ka_1^\theta} = \frac{10^{-14}}{4.2 \times 10^{-7}}$$

$c(HCO_3^-) = 0.49$ mol/L，$c(CO_3^{2-}) = 5.8 \times 10^{-3}$ mol/L，

$c(H_2CO_3) = 4.2 \times 10^{-3}$ mol/L，$c(H^+) = 10^{-8.48}$ mol/L

Ⅱ．混合溶液中各微粒的浓度

由定量实验可知，10.00 mL 0.50 mol/L $NaHCO_3$ 溶液平均消耗了 0.50 mol/L 的 $CaCl_2$ 溶液 2.35 mL，两溶液混合时存在着下面三个平衡：

$Ca^{2+} + CO_3^{2-} \rightleftharpoons CaCO_3$ ①

$HCO_3^- \rightleftharpoons CO_3^{2-} + H^+$ ②

$H^+ + HCO_3^- \rightleftharpoons H_2CO_3$ ③

向 10.00 mL 0.50 mol/L 的 $NaHCO_3$ 溶液中滴加 2.35 mL 0.50 mol/L 的 $CaCl_2$ 溶液，此时溶液中的 $c(Ca^{2+}) = \dfrac{0.50 \times 2.35 \times 10^{-3} \text{ mol}}{(10.00+2.35) \times 10^{-3} \text{ L}} = 9.5 \times 10^{-2}$ mol/L。若溶液中 Ca^{2+} 全部沉淀，则消耗 $c(CO_3^{2-}) = 9.5 \times 10^{-2}$ mol/L，由于平衡①向正反应方向移动，促使平衡②和平衡③也向正反应方向移动。此时，混合液中 $c(H^+) = 10^{-6.68}$ mol/L，$c(HCO_3^-) = \dfrac{0.49 \times 10.00 \times 10^{-3} \text{ mol}}{(10.00+2.35) \times 10^{-3} \text{ L}} = 0.30$ mol/L，$c(H_2CO_3) = 4.2 \times 10^{-3}$ mol/L（近似认为等于初始浓度）。

反应③的平衡常数为：

$$K^\theta = \frac{c(H_2CO_3)}{c(H^+) \cdot c(HCO_3^-)} = \frac{1}{Ka_1^\theta} = 2.4 \times 10^6$$

而此时混合液中③的浓度商为：

$$Q_r = \frac{c(H_2CO_3)}{c(H^+) \cdot c(HCO_3^-)} = \frac{4.2 \times 10^{-3}}{10^{-6.68} \times 0.30} = 1.4 \times 10^{4.68}$$

因为 $Q_r < K^\theta$，所以平衡③向正反应方向移动，生成的 H_2CO_3 越来越多，进一步放出 CO_2 气体。

通过上述实验和理论探讨我们知道，在常量范围内，向 Na_2CO_3 溶液和 $NaHCO_3$ 溶液中分别滴加 $CaCl_2$ 溶液，Na_2CO_3 溶液中只产生白色沉淀，而 $NaHCO_3$ 溶液中既有白色沉淀，又有较多的气泡产生（若气体逸出缓慢，可置于70℃的水浴中），两者有明显的区分效应。因此，中学阶段可以用 $CaCl_2$ 溶液来鉴别 Na_2CO_3 溶

液和 $NaHCO_3$ 溶液。

【参考文献】

[1] 杨飞,马宏佳.用氯化钙或氯化钡鉴别碳酸钠与碳酸氢钠溶液的再认识[J].化学教育,2014,35(11):82-84.

[2] 孙红文.不能用加氯化物来鉴别 Na_2CO_3 和 $NaHCO_3$[J].化学教学,2003(4):47-48.

[3] 林增辉.高中化学中常见争议问题的商榷[J].教学月刊(中学版),2011(19):61-63.

实验9 探讨氢氧化钠溶液在硫酸、硫酸铜并存时的反应顺序

【教学建议】

复分解反应是学生在初中就已接触的反应类型,在此基础上进一步学习了离子反应及更多的酸、碱、盐之间的复分解反应。有些复分解反应中不同离子之间反应时会涉及先后顺序问题。那么对于常见的一些复分解反应中离子之间的反应顺序进行探究,可以帮助学生对复分解反应、离子反应有更清晰、更深刻的认识。

【实验目的】

利用pH传感器探究氢氧化钠溶液在与硫酸、硫酸铜并存的体系发生反应时的顺序。

【实验原理】

在稀硫酸和硫酸铜的混合溶液中滴加氢氧化钠溶液,由于氢氧化钠能够分别和稀硫酸、硫酸铜反应,所以两个反应的实质是相互竞争的离子反应:

$$H^+(aq)+OH^-(aq) = H_2O(l) \qquad K_1$$
$$Cu^{2+}(aq)+2OH^-(aq) = Cu(OH)_2(s) \qquad K_2$$

在不考虑反应速率的前提下,通过热力学计算得出 K_1 和 K_2,同时为了简化讨论,假设稀硫酸和硫酸铜的初始浓度相同,即 0.1 mol/L,然后比较反应分别达到平衡时,能共存的 $c(OH^-)$ 大小。若中和反应所需的 $c(OH^-)$ 远远小于沉淀反应所需的 $c(OH^-)$,则可以认为中和反

应在先。将上述讨论与pH变化曲线的分析结合起来，就能得出实践和理论两个层面的一致性。

【实验仪器和药品】

pH传感器、数据采集器、计算机及相应配套软件、铁架台、注射器、烧杯、磁力搅拌器。

0.1 mol/L NaOH溶液、0.1 mol/L $CuSO_4$溶液、0.1 mol/L 稀硫酸、0.1 mol/L $CuSO_4$和0.1 mol/L硫酸的混合溶液。

【实验过程】

（1）在100 mL的烧杯中加入20 mL的稀硫酸，将烧杯放在磁力搅拌器上。

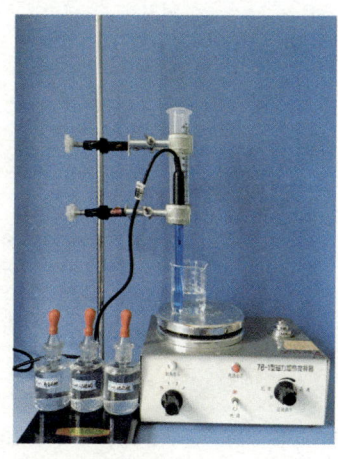

图5-155　实验装置图

（2）在注射器中放入足量的NaOH溶液，固定在铁架台上，连接好pH传感器、数据采集器和计算机，将传感器放入烧杯中（图5-155），打开实验系统软件。

（3）打开磁力搅拌器，滴加NaOH溶液，若注射器中溶液不足，可继续添加。

（4）将稀硫酸换成0.1 mol/L 的 $CuSO_4$ 溶液以及0.1 mol/L 的 $CuSO_4$和0.1 mol/L 硫酸的混合溶液，重复上述操作。

【结果与分析】

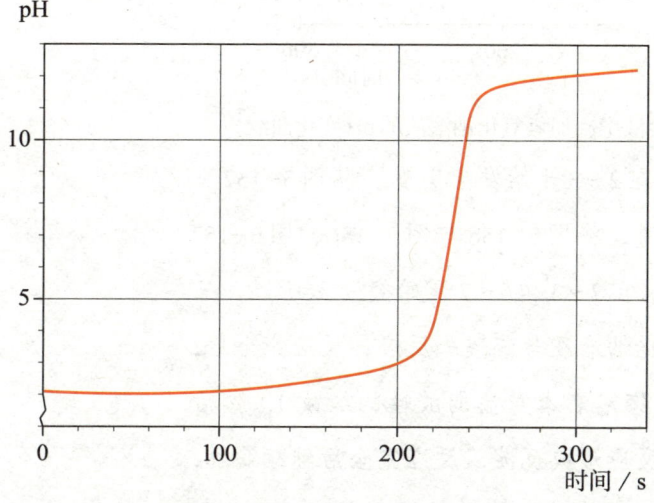

图5-156　硫酸溶液中滴加氢氧化钠溶液的pH变化曲线

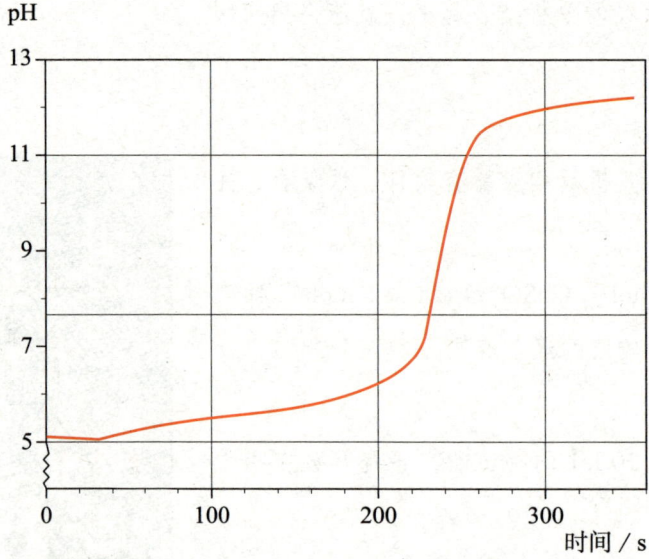

图 5-157　硫酸铜溶液中滴加氢氧化钠溶液的 pH 变化曲线

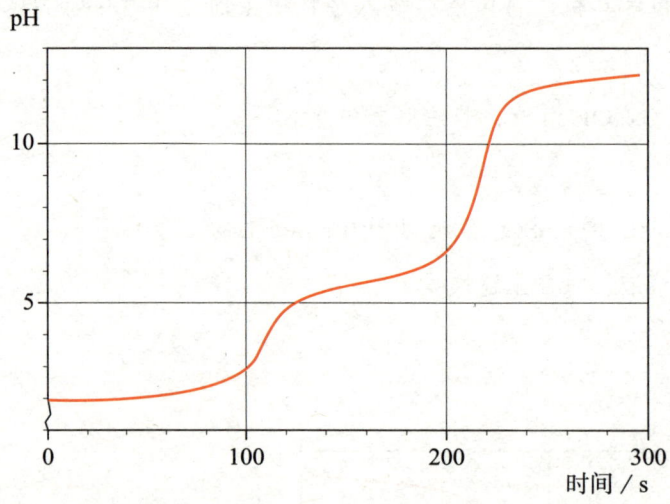

图 5-158　硫酸和硫酸铜混合溶液中滴加氢氧化钠溶液的 pH 变化曲线

从图 5-156 可以看出，pH 在 2~3 开始发生突变，从图 5-157 可以看出 pH 在 6~7 开始发生突变，将图 5-158 与图 5-156、图 5-157 对比可知，混合体系的 pH 分别在 2~3 和 6~7 开始突变。所以，三者之间的反应过程应当是氢氧化钠溶液与硫酸先反应，反应完全后，溶液呈弱酸性（这是由于硫酸铜溶液本身显弱酸性的缘故），然后氢氧化钠溶液再与硫酸铜溶液反应形成沉淀，反应完全后继续滴加，溶液呈强碱性（由于强酸、强碱本身具有缓冲性质，所以反应开始和氢氧化钠溶液过量时体系的 pH 变化缓慢，基本上处于一个平台上）。

【参考文献】

严西平，钱蕙，黄悦峰等.用数字化实验探讨某些并存复分解反应的顺序[J].化学教学，2013（11）：51-53.

实验10　探讨碳酸钠在氯化钙、盐酸并存时的反应顺序

【教学建议】

在稀盐酸和氯化钙溶液中滴加碳酸钠溶液，是学生在解答化学习题中经常接触到的与复分解反应的先后顺序有关的问题。将该反应设计为实验进行探究，可以帮助学生对复分解反应、离子反应有更进一步的认识。

【实验目的】

利用pH传感器探究碳酸钠溶液在氯化钙、盐酸并存的体系中发生反应的顺序。

【实验原理】

在氯化钙和盐酸组成的混合溶液中滴加碳酸钠溶液，由于碳酸钠能够分别和氯化钙、盐酸反应，所以两个反应实质是相互竞争的复分解反应：$2HCl+Na_2CO_3=\!\!=\!\!2NaCl+CO_2\uparrow+H_2O$ ① （实际是分两步进行，第一步：$HCl+Na_2CO_3=\!\!=\!\!NaHCO_3+NaCl$；第二步：$HCl+NaHCO_3=\!\!=\!\!NaCl+CO_2\uparrow+H_2O$，这两步在此条件下紧连在一起，无法区分，所以用总方程式表示，它的$K_1^\theta=1.50\times10^{18}$），$CaCl_2+Na_2CO_3=\!\!=\!\!CaCO_3\downarrow+2NaCl$ ② （反应的$K_2^\theta=1.97\times10^8$），根据平衡常数$K_1^\theta$、$K_2^\theta$，假设氯化钙和盐酸的初始浓度相同，即0.1 mol/L，比较反应分别达到平衡时共存的$c(CO_3^{2-})$大小。计算可知发生反应①所需的$c(CO_3^{2-})$远远小于②中所需的$c(CO_3^{2-})$，反应①先发生。将上述讨论与pH变化曲线的分析结合起来，就能得出实践和理论两个层面的一致性。

【实验仪器和药品】

pH传感器、数据采集器、计算机及相应配套软件、铁架台、注射器、烧杯、磁力搅拌器、100 mL烧杯。

0.1 mol/L 碳酸钠溶液、0.1 mol/L $CaCl_2$溶液和0.1 mol/L 稀盐酸

的混合液。

【实验过程】

（1）在 100 mL 的烧杯中加入 20 mL 0.1 mol/L $CaCl_2$ 溶液和 0.1 mol/L 稀盐酸的混合液，将烧杯放在磁力搅拌器上。

（2）在注射器中装入足量的碳酸钠溶液，固定在铁架台上，连接好 pH 传感器、数据采集器和计算机，将传感器放入烧杯中（图 5-159），打开实验系统软件。

（3）打开磁力搅拌器，滴加碳酸钠溶液，若注射器中溶液不足，可继续添加。

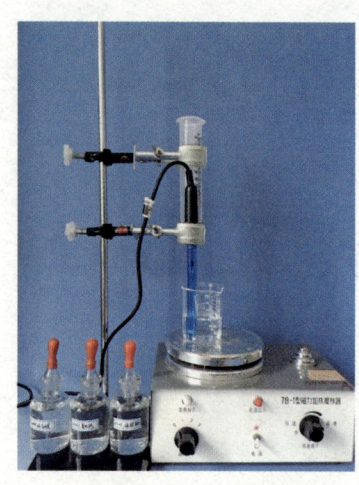

图 5-159　实验装置图

【结果与分析】

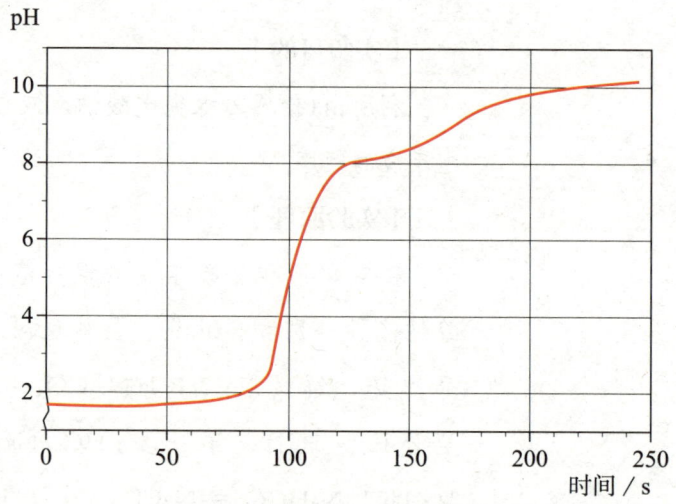

图 5-160　碳酸钠溶液滴定氯化钙、盐酸的混合液时 pH 变化曲线

图 5-160 中的 pH 发生向上的突变，从约 1.7 到约 7.9。这个阶段发生的反应主要是盐酸和碳酸钠的反应；第二个阶段是 pH 在 7.9～8.0 的平台，对应的反应主要是碳酸钠和氯化钙的反应，由于生成物都是水溶液显中性的盐，所以 pH 基本不变；第三个阶段是 pH 在 8.0～10.0 的上升期，这是过量的碳酸钠使溶液呈碱性的缘故；第四个阶段就是碱性较强的缓冲平台。由此可以认为在这个体系中，碳酸钠与盐酸的反应优先。

可以用同样的方法讨论，在碳酸钠与氢氧化钠的混合溶液中滴加盐酸时，盐酸先和哪种物质反应。

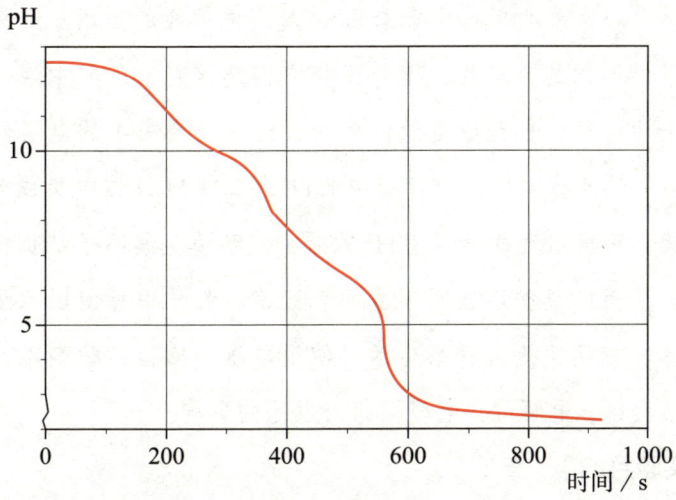

图5-161 盐酸滴定碳酸钠、氢氧化钠的混合液时pH变化曲线

图5-161中pH发生向下的突变，从12.5降到11，发生的反应主要是氢氧化钠和盐酸；第二个阶段是pH从11到9的下降期，发生的反应主要是碳酸钠和盐酸，但是因为体系中Na_2CO_3与$NaHCO_3$共存而有缓冲效果，pH的变化比较缓慢；第三个阶段是pH从9到6的下降期，此时主要发生反应的是碳酸氢钠和盐酸，但是有CO_2溶解在水中，所以还有$NaHCO_3$与H_2CO_3的缓冲效应，体系的pH出现了从6.8到5.7的第二个缓降过程；第四个阶段就是盐酸的过量而引起的pH快速下降（溶解的CO_2大量逸出）以及第五个阶段强酸性的缓冲平台。由此可以认为在这个体系中盐酸和氢氧化钠的反应优先。

【参考文献】

严西平，钱蕙，黄悦峰等.用数字化实验探讨某些并存复分解反应的顺序［J］.化学教学，2013（11）：51-53.

5.2.6 电化学与氧化还原反应

实验1 利用电压传感器探究水果电池

【教学建议】

原电池就是把化学能转化为电能的装置，教学中通常会用一个简易的原电池装置来讲授原电池的组成和原理，水果电池就是一个原电池模型。水果的果汁中含有H^+，起到电解质的作用。如果插入两种活动性不同的金属片，用导线将它们连接起来，其中活泼性强的金属失去电子，成为原电池的负极；活泼金属失去的电子经过导线流入另一不活泼电极，使溶液中的H^+还原成H_2，该电极成为原电池的正极。正极附近的溶液中H^+的减少使活泼金属离子从负极向正极移动，从而电极和溶液间形成闭合回路。教学中可使用水果电池进行演示，方便快捷且联系生活。使用电压传感器读数精准，易于探究电极材料、电解质、电极间距对电池的影响。

【实验目的】

利用电压传感器探究影响水果电池电压大小的因素。

【实验仪器和药品】

电压传感器、数据采集器、计算机及相应配套软件、直尺。

橘子、柠檬、圣女果、葡萄、铜片、锌片、铁片、碳棒。

【实验过程】

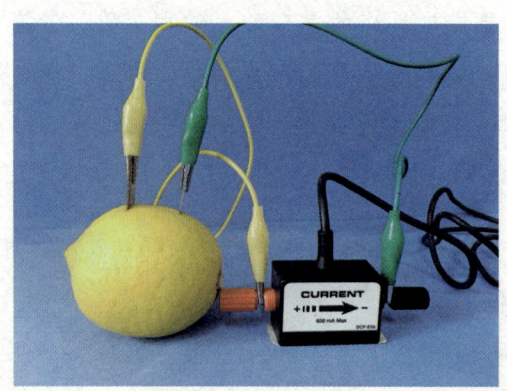

图5-162　实验装置图

1. 不同水果对水果电池电压的影响

（1）如图5-162所示，将电压传感器、数据采集器与计算机相连接。

（2）在橘子上插入锌片、铜片作为电极，电极间距设定为1.5 cm，用导线连接电极和电压传感器。

（3）打开软件，设置测量时间为120 s，测量橘子水果电池所产生的电压。

（4）将橘子换成柠檬、苹果、梨、圣女果等水果，重复上述步骤，测得各水果电池的电压。

2. 不同电极材料对水果电池电压的影响

（1）如图5-162所示，将电压传感器、数据采集器与计算机相连接。

（2）在柠檬切面上插上锌片、铜片作为电极，电极间距设定为1.5 cm，用导线连接电极和电压传感器。

（3）打开软件，设置测量时间为120 s，测量柠檬水果电池所产生的电压。

（4）将铜片分别换成铁片、碳棒，与锌片组成电极，重复上述步骤，测得不同电极材料的水果电池的电压。

3. 电极间距离对水果电池电压的影响

选取柠檬作为实验水果，锌片、铜片作为电极，连续改变电极间的距离，测量柠檬在不同电极间距条件下所产生的电压。

【结果与分析】

1. 不同水果对水果电池电压的影响

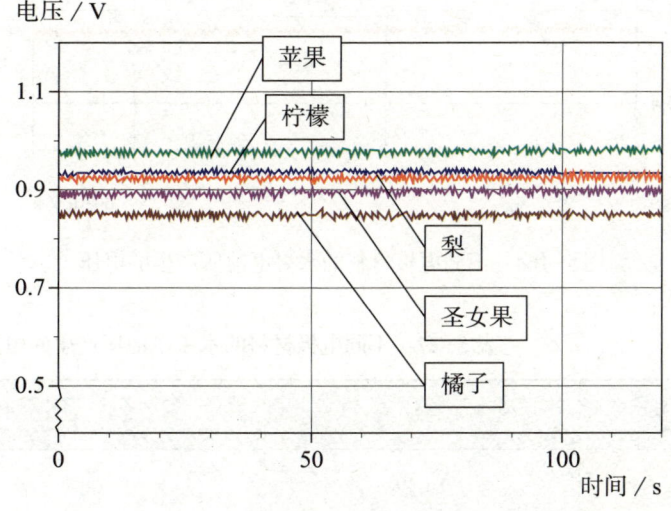

图5-163 不同水果电池所产生的电压

表5-21 不同水果电池所产生的电压

水果	苹果	柠檬	梨	圣女果	橘子
电压/V	0.978 9	0.934 5	0.923 4	0.895 3	0.850 0

由实验数据可以发现，其他条件相同时，不同水果组成的电池所产生的电压不相同，因此可以得出结论：水果电池的电压与水果本身有关。这是由于不同水果中所含的果汁不同。将水果电池对应

于原电池模型,即原电池的电解质溶液不同,这里主要包括电解质的含量和种类两个方面,它们同时影响了离子的迁移数目和速率,从而导致电压的偏差。例如在本组实验中,橘子与柠檬的差异较大,凭生活经验,我们会发现柠檬较酸,其中的柠檬酸电离出的 H^+ 较多,使得柠檬组成的水果电池电压较大。而苹果电池的电压意外大于柠檬,则可能由于苹果中果酸含量较丰富。

2. 不同电极材料对水果电池电压的影响

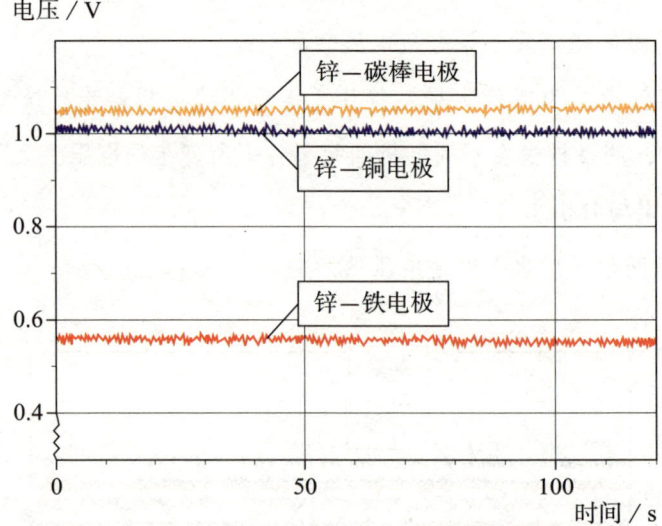

图 5-164 不同电极材料的水果电池所产生的电压

表 5-22 不同电极材料的水果电池所产生的电压

电极	锌—碳棒	锌—铜	锌—铁
电压/V	1.049	1.008	0.555 3

根据以上数据,我们能够得出结论:其他条件相同时,水果电池的电压与电极材料有关。其中,电极间的活泼性差异越大,水果电池所产生的电压也就越大。将水果电池对应于原电池模型,根据电势差的定义($E_{AB} = \varphi_A - \varphi_B$,即表示 A、B 两端的电势差),我们会发现,电极间的活泼性差异使得电极两端的电势差不同,且电极间活泼性差异越大,电势差越大,从而产生的电压就越大。在本组实验中,很明显地看出,锌与铁两种活泼金属组成的电极所产生的电

压比锌-碳棒小很多。

3. 电极间距离对水果电池电压的影响

表 5-23 电极间距离对水果电池所产生的电压

电极间距/cm	1.0	2.0	3.0
电压/V	0.983 8	0.960 1	0.930 9

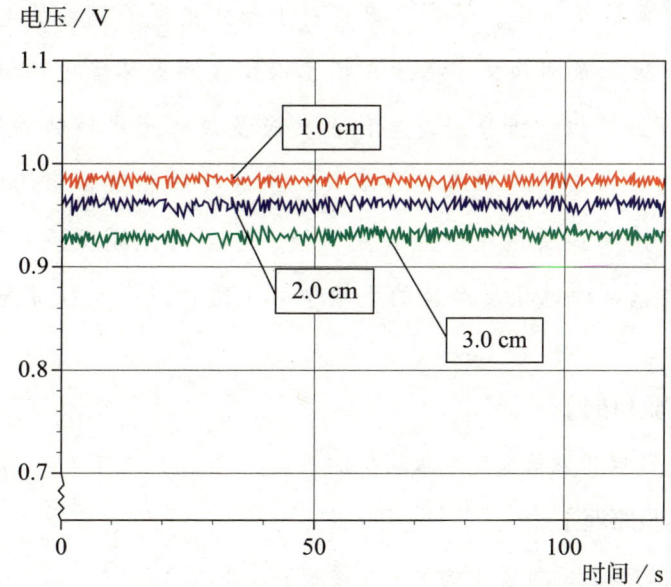

图 5-165 电极间距离对水果电池所产生的电压

从本组实验数据可以得到结论：其他条件相同时，水果电池的电压与电极间的间距有关，且电极间间距越大，水果电池的电压就越小。将水果电池对应于原电池模型，电极间的间距其实改变的是离子迁移的距离，距离越远，根据电势差的定义（电荷 q 在电场中从 A 点移动到 B 点，电场力所做的功 W_{AB} 与电荷 q 的比值，叫做 AB 两点间的电势差，用 U_{AB} 表示，$U_{AB} = W_{AB}/q$），电场力对电荷所做的功 W_{AB} 就越大，电荷 q 不变，内电压就越大，总电压一定时，电压表测出的外电压就越小。

【参考文献】

罗陈丹，文丰玉，姜仁林等. 果蔬原电池趣味实验探索 [J]. 中国现代教育装备，2007 (10)：142-143.

实验2 实验探究钢铁的吸氧腐蚀

【教学建议】

学生在初中学习"金属的防护和回收"时，通过实验探究铁锈蚀的条件，已掌握使铁发生锈蚀的主要因素及哪些因素会加速铁生锈的进程，也了解了铁锈蚀的最终产物。在高中阶段化学能转化为电能的学习中，学到了以资料卡形式出现的钢铁的电化学腐蚀，通过示意图和文字描述介绍了钢铁在潮湿环境中如何形成原电池，正极和负极分别发生什么反应及最终形成铁锈的原理，即学生已经知道铁生锈是铁与氧气、水等物质相互作用的结果，但教材中没有提及该反应是吸氧腐蚀，学生对此原理不易理解。因此，在钢铁的电化学腐蚀的原理学习中进行进一步探究是非常有必要的。

【实验目的】

运用数字化仪器探究吸氧腐蚀的机理。

【实验原理】

钢铁的吸氧腐蚀发生的反应主要有：

负极：$2Fe-4e^-=2Fe^{2+}$

正极：$O_2+2H_2O+4e^-=4OH^-$

总反应：$2Fe+O_2+2H_2O=2Fe(OH)_2$

$4Fe(OH)_2+O_2+2H_2O=4Fe(OH)_3$

食盐、活性炭、水等则加快了铁的氧化，从而使热量更快地散发出来。

【实验仪器和药品】

计算机及相应配套软件、数据采集器、溶解氧传感器、电流传感器、吸氧腐蚀实验器、磁力搅拌器、带鳄鱼夹的导线。

碳棒、铁钉、2.0 mol/L NaCl 溶液、酚酞溶液、0.1 mol/L KSCN 溶液、0.1 mol/L $K_3[Fe(CN)_6]$ 溶液。

【实验过程】

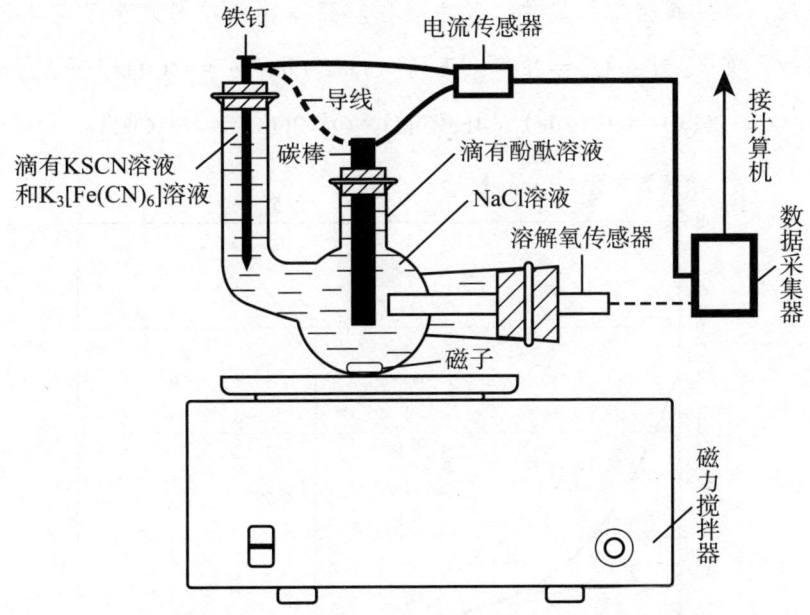

注：实线为连接电流传感器时的状态，虚线为连接溶解氧传感器时的状态，此两种传感器不能同时连接。

图 5-166　实验装置图

（1）按图 5-166 所示组装实验装置。将溶解氧传感器、电流传感器、数据采集器与计算机相连接。

（2）在容器中滴加 10 滴酚酞溶液，塞紧插有碳棒的橡胶塞，继续加入 NaCl 溶液，滴入 10 滴 KSCN 溶液和 $K_3[Fe(CN)_6]$ 溶液，塞紧插有铁钉的橡胶塞。

（3）测量电流数值。电流传感器调零，将黑色和红色鳄鱼夹分别夹在铁钉负极和碳棒正极上，采集电流数据，测量到电流，说明的确形成了原电池这一吸氧腐蚀反应。

（4）测量溶解氧含量。取下电流传感器，连接溶解氧传感器。用带鳄鱼夹的导线连接铁钉和碳棒电极，采集溶解氧含量数据，可以看出溶解氧数值缓慢下降，说明溶液中 O_2 参与了反应。

【结果与分析】

如图 5-167 所示，溶解氧含量的数值逐渐下降，说明溶液中 O_2 参与反应。另外，实验还观察到铁钉上部逐渐出现蓝色絮状物，未见血红色，即铁失电子生成了 Fe^{2+}；碳棒上部溶液变粉红色，说明水中O_2得电子生成了OH^-。由此可以推广到日常生活中的一些重要反应，如"暖宝宝"发热，其主要原理正是由于铁粉发生了电化学腐蚀，负极：$2Fe-4e^-=2Fe^{2+}$，正极：$O_2+2H_2O+4e^-=4OH^-$，总反应：$2Fe+O_2+2H_2O=2Fe(OH)_2$、$4Fe(OH)_2+O_2+2H_2O=4Fe(OH)_3$。

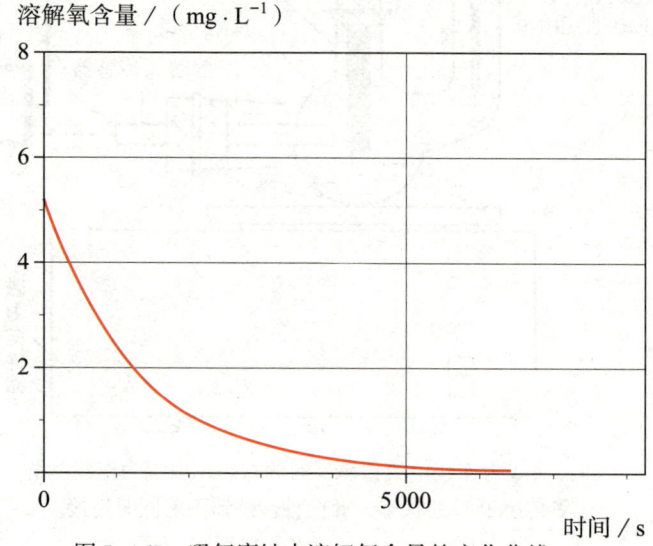

图5-167 吸氧腐蚀中溶解氧含量的变化曲线

【参考文献】

江军. 基于原理解读的铁吸氧腐蚀实验再设计［J］. 化学教育，2015（15）：56-59.

实验3 铜锌原电池中氯离子的迁移实验

【教学建议】

原电池中的阴、阳离子迁移问题一直是学生学习的难点，课堂上教师一般会从得失电子角度来解释离子的移动：阴离子带负电，移向负极，在其表面失去电子被氧化；阳离子带正电，移向正极，在其表面得到电子被还原。但对于学生来说，原电池中的正极和负极判断、电池反应、电子移动方向、电流方向等一系列问题综合在一起时，纯粹记忆和抽象理解都不利于学生真正掌握原电池知识。最好的方法是让学生亲自体验到"阳离子移向正极、阴离子移向负极"。

在课堂教学中，可以应用氯离子传感器检测原电池电解液中的氯离子浓度，通过对比两电极附近的溶液中氯离子浓度的变化趋势，让学生判断出氯离子移动的方向，得出离子移动的规律，并结合理论分析，验证实验结论的正确性。

【实验目的】

利用氯离子传感器让学生了解原电池中阳离子、阴离子的移动这一微观过程。

【实验原理】

在原电池中，阴离子带负电，移向负极，在其表面失去电子被氧化；阳离子带正电，移向正极，在其表面得到电子被还原。铜作正极，锌作负极，盐酸作电解液时，氯离子移向负极即锌极，因此锌极附近溶液中的氯离子浓度不断增大，铜极附近溶液中氯离子的浓度不断减小。

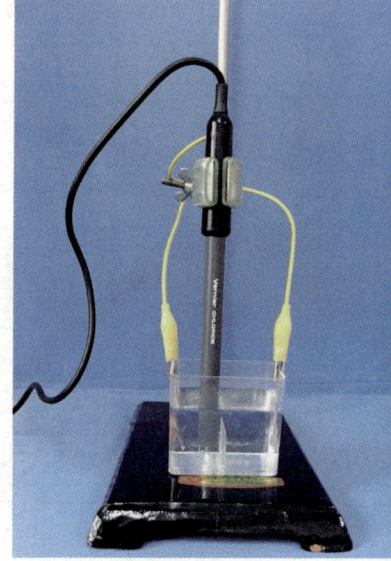

图5-168 实验装置图

【实验仪器和药品】

氯离子传感器、数据采集器、电导率传感器、计算机及相应配套软件、导线、塑料槽（中间带有一定高度的塑料隔板）。

0.1 mol/L HCl溶液，蒸馏水、铜片、锌片。

【实验过程】

（1）电极的处理。铜片：用砂纸打磨后，用蒸馏水冲洗掉杂质，晾干；锌片：用砂纸打磨后，用蒸馏水冲洗掉杂质，再用0.1 mol/L HCl溶液清洗，将锌片长度的$\frac{2}{3}$浸入0.1 mol/L HgCl$_2$溶液中约20 min，取出后用HCl溶液洗净表面不溶物，发现锌片表面附有一层光亮的锌汞齐（注：此时电极可以直接使用，不可用纸巾去擦拭表面的水珠，会破坏汞齐）。

（2）离子传感器的校正。将氯离子传感器与数据采集器、计算机连接，按照离子传感器的使用说明，用NaCl标准液进行标定。

（3）如图5-168所示，在塑料槽中注入0.1 mol/L HCl溶液，使溶液高出塑料隔板1 cm左右。将铜片和锌片分别放入塑料隔板的两端，两电极相距约5 cm，插入液面中的电极长度约2 cm，氯离子传感器测量时其底端距离液面2 cm、距离电极约2～2.5 cm。用氯离子传感器分别测量反应前铜电极、锌电极附近的氯离子浓度,保存实验数据。

(4)用导线连接铜片和锌片,发现铜片表面产生小气泡。用氯离子传感器分别记录不同时间铜电极、锌电极附近的氯离子浓度,保存实验数据。

【结果与分析】

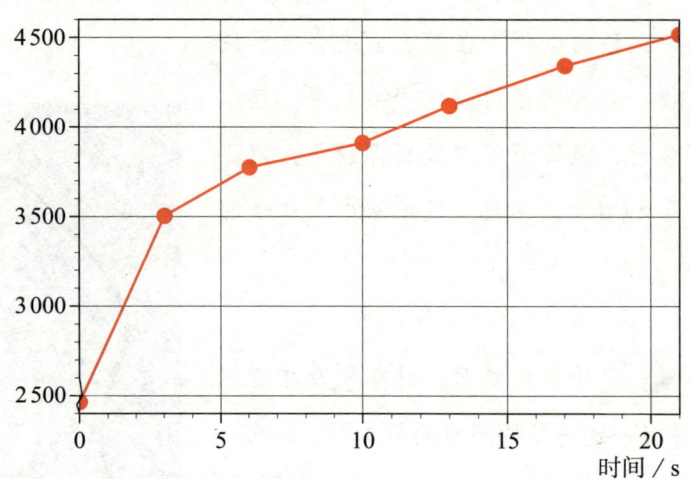

图5-169　锌电极(负极)附近溶液中氯离子浓度随时间变化曲线

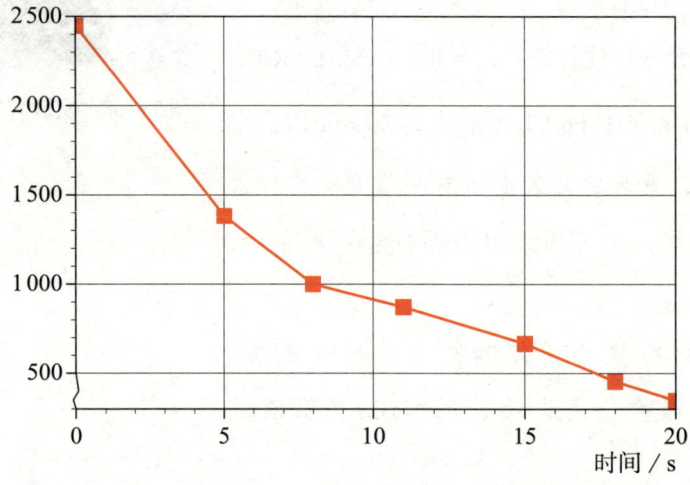

图5-170　铜电极(正极)附近溶液中氯离子浓度随时间变化曲线

从图5-169和图5-170中,我们可以看出锌电极(负极)附近溶液中氯离子浓度随时间逐渐增大,而铜电极(正极)附近溶液中氯离子浓度随时间逐渐降低,由此可以得出结论:在该原电池的电解质溶液中，氯离子向负极（即锌极）发生了移动；通过铜极表面产生的气泡（即氢气），我们可以推断出氢离子移向了正极（即铜极）。

原电池中阳离子、阴离子定向移动的原因，主要是离子受到了电场力和扩散力的共同作用。从电场力方面来看，锌原子失电子能力强，相对于铜电极附近溶液中的Zn^{2+}而言，锌电极附近溶液富集的Zn^{2+}更多，所以在电解质溶液的内部，锌电极附近的电势高于铜电极附近的电势，由于氯离子带负电荷，所以就会受到指向锌电极的电场力作用而向负极（锌电极）移动。离子处于不断的运动当中，按照熵增原理，体系有自发倾向于混乱度增加（即熵增）的趋势，电解质溶液中的离子会自发地从高浓度向低浓度区域扩散，从而使整个体系中的各离子浓度分布均匀，通常把这种由于浓度差而使离子定向移动的作用力叫做扩散力。随着电极反应的进行，铜电极附近溶液中不断消耗H^+，使得铜电极附近的溶液中H^+浓度低于主体溶液中的H^+浓度，因此H^+向铜电极（正极）移动。由此来看，"阳离子移向正极、阴离子移向负极"这一规律是有理论支撑的。但是要注意的是，当酸性电解质溶液中含有NO_3^-、MnO_4^-等具有氧化性的阴离子时，就要考虑这些离子会移向正极发生还原反应，与其受到的电场力方向相反。

本实验将传统实验与传感器技术相结合，利用氯离子传感器直接测量了原电池电解质溶液中氯离子的浓度，通过两电极氯离子浓度的变化，成功显示出了铜锌原电池中氯离子移动的实验现象，得出结论"氯离子移向负极、氢离子移向正极"，从而推断出原电池中离子迁移的普遍规律为"阴离子移向负极、阳离子移向正极"（NO_3^-、MnO_4^-等氧化性的阴离子除外）。

【参考文献】

张婷，杨飞. 铜锌原电池中氯离子迁移实验[J]. 化学教与学，2015（04）：96-97.

实验4　数字化实验探究盐桥对原电池工作效率的影响

【教学建议】

现行高中化学教材在介绍原电池时引入了盐桥，并解释说：那种（没有盐桥的）原电池效率不高，电流在较短的时间内就会衰减。盐桥对原电池的电流、电压和效率有怎样的影响？为什么单液原电池的效率低？为此，可以利用电流传感器对铜锌原电池进行定量研究，并根据法拉第定律，探究盐桥对原电池工作效率的影响，解决学生学习原电池的困惑。

【实验目的】

利用数字化实验探究盐桥对原电池的影响。

【实验原理】

铜锌原电池中，锌失去电子，被氧化成Zn^{2+}进入溶液，电子由锌片经过导线流向铜片，硫酸铜溶液中的Cu^{2+}获得电子被还原成铜，在铜片上析出。电极反应式为：$Zn-2e^-=Zn^{2+}$（负极），$Cu^{2+}+2e^-=Cu$（正极）。

根据法拉第电解定律，电极上发生化学变化的物质的物质的量与转移的电荷量成正比。1 mol元电荷的电荷量为法拉第常数（F），$F=N_A e=6.022\times10^{23}\ mol^{-1}\times1.602\ 2\times10^{-19}\ C=96\ 484.5\ C\cdot mol^{-1}$，$N_A$为阿伏加德罗常数，e是元电荷的电荷量。

对于$Zn-2e^-=Zn^{2+}$，每有1 mol Zn被氧化为Zn^{2+}，转移的电荷量$Q=2N_A e=2F$。当有n mol Zn被氧化为Zn^{2+}，转移的电荷量$Q(Zn)=2nF$。电流是单位时间里通过导体任一横截面的电量。电流$I=dQ/dt$，所以$Q(测)=\int_0^2 Idt$。因此，通过对锌片反应前后质量的测定，利用Vernier LoggerPro软件的积分功能可算出导线中通过的电荷量，即可算出原电池的效率$\eta=Q(测)/Q(Zn)$。

【实验仪器和药品】

电流传感器、数据采集器、计算机及相应配套软件、电子天平、导线、50 mL烧杯、10 mL量筒、U型管、脱脂棉、砂纸。

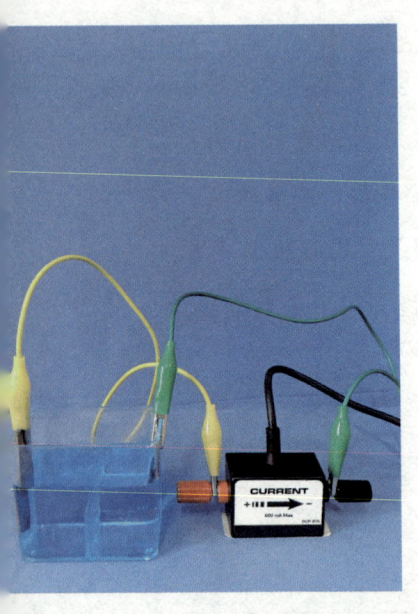

图5-171　实验装置图

1 mol/L ZnSO₄ 溶液、1 mol/L CuSO₄ 溶液、锌片、铜片、饱和氯化钾溶液、无水乙醇、蒸馏水。

【实验步骤】

（1）无盐桥铜锌原电池

将锌片、铜片分别用砂纸打磨干净，蒸馏水、无水乙醇依次淋洗后晾干，用电子天平称重。在 50 mL 烧杯中注入 10 mL 1 mol/L 硫酸铜溶液，连接好导线、电流传感器。将接有导线的铜片放入烧杯中，开始采集数据，然后迅速将接有导线的锌片放入烧杯中。本实验共进行 1 000 s，1 s 采集一个数据。

（2）有盐桥的铜锌原电池

将锌片、铜片分别用砂纸打磨干净，蒸馏水、无水乙醇淋洗后晾干，用电子天平称重。将锌片、铜片放入各盛有 10 mL 1 mol/L 硫酸锌溶液、10 mL 1 mol/L 硫酸铜溶液的 50 mL 烧杯中。连接好导线、电流传感器、数据采集器，打开数据采集器，开始采集数据。随后立即将装有饱和氯化钾溶液、端口塞有脱脂棉的 U 型管倒置在两烧杯中，充当盐桥。

【结果与分析】

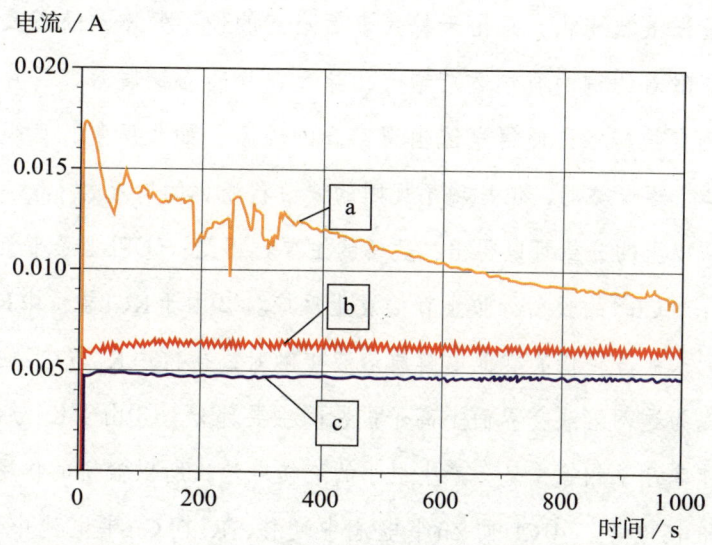

图 5-172　电流随时间变化曲线

原电池电流随时间变化如图 5-172 所示，其中图像 a、b、c 分别为无盐桥铜锌原电池、饱和氯化钾溶液做盐桥的铜锌双液原电池、饱和硫酸锌溶液做盐桥的铜锌双液原电池的电流随时间变化的图像。由图像可知，无盐桥原电池的电流不稳定，电流随时间逐渐减小。有盐桥原电池能得到稳定、持续的电流。利用LoggerPro的积分功能算出a、b原电池导线中通过的电荷量分别为11.13 C、6.888 C，初始电流分别为17.30 mA、8.334 mA。

（1）无盐桥原电池电流波浪状衰减原因分析

无盐桥原电池电流（电压）随时间衰减的原因是多方面的，主要有：①由于锌片上带负电荷，吸引溶液中的Cu^{2+}，电子直接转移给靠近锌片的Cu^{2+}而生成铜。这种现象阻碍了Cu^{2+}在铜片上继续得到电子，Zn片上的电子不能顺畅地输送到铜片上，使电流减小。②液接电势对电压的影响。由于离子的迁移速率不同，由此产生的液接电势差与两电极间的电势差正、负极相反，使原电池电压减小，电流逐渐减弱。使用饱和硫酸锌溶液做盐桥，得到电流随时间的变化曲线c。由曲线c可以看出，由于Zn^{2+}和SO_4^{2-}离子的迁移速率不同，形成的液接电势差非常大，使整个装置产生的电动势非常小。同样地，在无盐桥铜锌原电池中，由于Zn^{2+}和SO_4^{2-}离子的迁移速率不同，产生的液接电势对电压影响大，电压减小，电流减小。③电流会呈波浪状变化，是由于锌片表面附着的铜不紧密，随着反应的进行，附着的铜的质量逐渐增大，导致锌片表面铜脱落，锌片又与硫酸铜直接接触，使得电流出现回升的现象。如此反复，呈现出电流总体上逐渐减弱，但呈现不规则的波浪状变化的情况。

从以上的分析可以得出，盐桥的主要作用是：①阻止了带负电荷的锌片对Cu^{2+}的吸引，防止直接发生反应。②由于KCl盐桥中KCl浓度很大，故与较稀的其他电解质溶液接触时，盐桥中K^+与Cl^-向外扩散就成为这两溶液交界面上离子扩散的主要部分。③由于K^+与Cl^-的迁移速率几乎相等，只会产生很小的液接电势，所以盐桥的作用能够减小液接电势。④Cl^-向Zn半电池中迁移，K^+向Cu半电池中迁移，以便保证两个半电池溶液中阴、阳离子保持电荷平衡，使电流畅通。

（2）无盐桥原电池电流大的原因分析

由图5-172可知，无盐桥原电池的电流比有盐桥的原电池的大，主要原因是单液原电池的电阻比双液原电池小得多。理论推导及估算可以得出，上述有盐桥原电池的电阻是无盐桥原电池电阻的2倍左右，所以测得的初始电流无盐桥原电池也是有盐桥原电池的2倍左右。理论上无盐桥原电池与有盐桥原电池的初始电压基本相同（由于实验误差等的原因，本实验测得二者的初始电压分别为1.02 V和1.1 V）。由此，可以解释为什么相同条件下无盐桥原电池的电流大于有盐桥原电池。

（3）原电池工作效率与功率计算

以有盐桥原电池为例，计算出该电池的工作效率和功率。反应前后锌片的质量分别为1.193 2 g、1.190 6 g，则锌片转移的电子所带电量为：

$$Q(Zn)=2\times n(Zn)\times F=2\times \frac{1.193\,2-1.190\,6}{65.39}\times 96\,484.5\,C=7.673\,C$$

则该有盐桥铜锌原电池的工作效率为：

$$\eta=\frac{Q(测)}{Q(Zn)}\times 100\%=\frac{6.888\,C}{7.673\,C}\times 100\%=89.77\%$$

原电池的功率为：$P=1.106\,V\times 8.334\,mA=9.217\times 10^{-3}\,W$

按照上述方法算出无盐桥铜锌原电池的工作效率 η、功率 P，结果见表5-24。

表5-24　原电池工作效率计算表

	有盐桥原电池	无盐桥原电池
m(前)/g	1.193 2	1.166 3
m(后)/g	1.190 6	1.101 8
$Q(Zn)$/C	7.673	190.3
Q(测)	6.888	11.13
I(平均)/mA	8.334	8.106
U(平均)/V	1.106	0.474 4
η	89.77%	5.84%
P/W	9.217×10^{-3}	3.845×10^{-3}

由表5-24可知，无盐桥的铜锌原电池的工作效率远远小于有盐桥原电池的工作效率，没有多大实用价值。其原因是锌片与硫酸铜

直接发生反应，化学能大量转化为热能，转化为电能的化学能很少。

通过上述实验以及数据分析可知，无盐桥的铜锌原电池不能得到稳定、持续的电流，电流在短时间内会迅速衰减，其液接电势较大及铜离子与锌片会直接反应是主要原因，而且，该类原电池的工作效率非常低，功率较小。有盐桥铜锌原电池的工作效率很高，功率大，电流稳定、持续，所以有盐桥的原电池才有实际应用价值。

本实验的优点在于采用数字化实验和定量的方法研究盐桥对原电池工作效率的影响，获得了有无盐桥时铜锌原电池电流变化曲线，清晰呈现出无盐桥时原电池电流和电压的衰减，并以电子转移为核心，利用法拉第电解定律计算电荷的量，最终计算出原电池的工作效率和功率。这有利于帮助学生建立起宏观与微观的联系，深化学生对原电池原理的认识。

【参考文献】

韦存容，许丽哲，马宏佳. 利用数字化实验探究盐桥对原电池工作效率的影响［J］. 教学仪器与实验，2015（05）：55-57.

实验5　测定阿伏加德罗常数 N_A

【教学建议】

阿伏加德罗常数是高中化学关于物质的量的重要内容。关于阿伏加德罗常数的测定在化学课上通常不作为实验的内容，主要是测定方法较为繁杂。若能让学生通过实验感知其物理意义和推导过程，则有利于学生理解概念。本实验中，利用数字化仪器通过电化学实验测定阿伏加德罗常数，操作起来较为方便，可作为教材的补充实验，既能帮助学生理解其物理意义，又能将其应用于相关计算。

【实验目的】

利用电流传感器测定阿伏加德罗常数。

【实验原理】

铜锌原电池中，锌失去电子，被氧化成 Zn^{2+} 进入溶液，电子由锌片经过导线流向铜片，硫酸铜溶液中的 Cu^{2+} 获得电子被还原成铜，在铜片上析出。电极反应式为：$Zn-2e^-=Zn^{2+}$（负极），$Cu^{2+}+2e^-=Cu$

（正极）。

以电流传感器采集电解装置的电流从而积分得出电量（$Q=\int_0^2 I dt$），使用电子天平称量出铜的质量耗损，再利用法拉第电解定律计算得到阿伏加德罗常数。推理如下：法拉第电解定律 $m=QM/(nF)$，而法拉第常数 $F=N_A e$，因此阿伏加德罗常数 $N_A=QM/(nme)$，其中 M 为铜的摩尔质量（63.55 g/mol），Q 为电解消耗的电荷量（C），m 为阳极上铜电极反应前后质量的减少量（g），n 为电极反应中的电子转移的物质的量，即 $n=2$，e 为元电荷的电荷量 $1.602\,18\times10^{-19}$ C。

【实验仪器和药品】

数据采集器、计算机及相应配套软件、电流传感器、9 V 直流电源、导线（带弹簧夹）、100 mL 烧杯、砂纸、电子天平。

1 mol/L H_2SO_4 溶液、铜片、锌片、蒸馏水。

【实验过程】

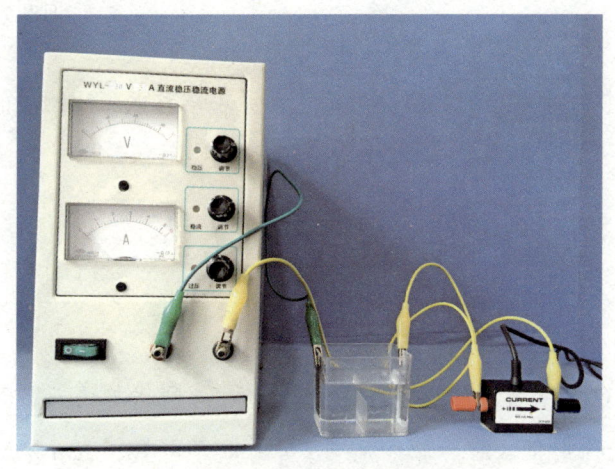

图 5-173 实验装置图

（1）用砂纸打磨铜片和锌片（一定要打磨光亮），铜片将用作电解池的阳极，锌片为阴极。

（2）用电子天平准确称取铜片的质量 m_1。

（3）在 100 mL 烧杯中注入 50 mL 的 1 mol/L H_2SO_4 溶液。

（4）如图 5-173 所示，将直流电源、电流传感器和两个金属电极相连，铜片为阳极，锌片为阴极。

（5）将电极置于 1 mol/L H_2SO_4 溶液中，确保两个电极浸入溶液的深度一致，并保持一定距离。

（6）打开实验系统软件，点击数据"采集"按钮，采集数据10 min左右。采集结束后立即关闭电源，并将所得数据积分。

（7）洗涤铜电极并干燥，称量和记录铜电极的质量m_2。

【结果与分析】

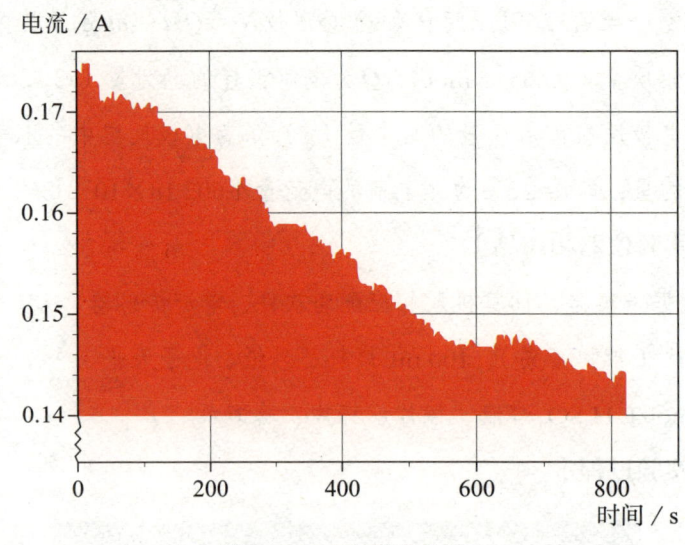

图5-174 电流变化图

根据铜失去电子的物质的量等于体系中转移电子的物质的量可得：

$$Q = I \cdot t = n(e^-) \cdot q$$

$$\frac{2N_A \cdot \Delta m}{M} = \frac{I \cdot t}{q}$$

则 $N_A = \dfrac{I \cdot t \cdot M}{2q \Delta m}$

其中Q为电量，$n(e^-)$为电子数，N_A为阿伏加德罗常数，I为电流强度，t为时间，M为摩尔质量，q为电子电量，Δm为质量变化。实验测得，铜电极的初始质量$m_1 = 0.7236$ g，铜电极的最终质量$m_2 = 0.6815$ g，积分电流为128 A·s，代入公式得$N_A = 6.07 \times 10^{23}$ mol^{-1}。

【参考文献】

[1] 蔡礼儒，白涛，冉甜等.利用手持技术电解法测量阿伏加德罗常数实验[J].化学教学，2014（1）：58-61.

[2] 彭捷，唐群.基于电流传感器的N_A测定[J].化学教学，2009（11）：11-13.

实验6　氧化还原电势传感器测定样品中亚硫酸钠的质量分数

【教学建议】

亚硫酸钠容易被空气中的氧气氧化而变质，测定样品中亚硫酸钠的质量分数为常见的中学实验。常用的方法一：先用足量盐酸酸化，加入足量氯化钡溶液，过滤、洗涤、干燥、称量，该方法除生成二氧化硫这种污染性气体外，还不易操作，误差较大。常用的方法二：用传统的酸性高锰酸钾溶液滴定亚硫酸钠溶液，酸性高锰酸钾溶液做指示剂，学生对于酸性高锰酸钾溶液过量时对实验是否产生误差不易理解。教师可对方法二改进，改用氧化还原电势传感器（ORP）进行酸性高锰酸钾溶液滴定亚硫酸钠溶液的实验，以测定亚硫酸钠的质量分数。

【实验目的】

利用氧化还原电势传感器测定亚硫酸钠样品的质量分数。

【实验原理】

用酸性高锰酸钾溶液滴定亚硫酸钠溶液，酸性高锰酸钾溶液过量时发生的反应为 $2MnO_4^- + 6H^+ + 5SO_3^{2-} = 2Mn^{2+} + 5SO_4^{2-} + 3H_2O$。当滴入酸性高锰酸钾溶液，ORP电极测量的电势将迅速增加，此时电势的最大变化率即是该反应的恰好完全反应点，再进行数据处理，做出氧化还原滴定曲线，进而计算样品中亚硫酸钠的质量分数。

【实验仪器和药品】

25 mL移液管、磁力搅拌器、ORP传感器、滴数传感器、数据采集器、电子天平、计算机及相应配套软件、烧杯、注射器、移液管。

亚硫酸钠样品、0.1 mol/L酸性高锰酸钾（硫酸酸化）标准溶液、蒸馏水。

【实验过程】

（1）取1.00 g亚硫酸钠样品溶于水，用250 mL容量瓶配成250 mL溶液备用。

（2）如图5-175所示，ORP传感器、滴数传感器分别与数据采集器、计算机相连，再将磁力搅拌器、烧杯、ORP传感器、注射器

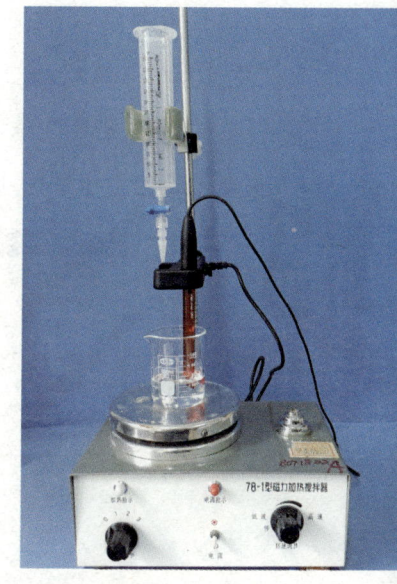

图5-175　实验装置图

依次放好，打开实验系统软件。

（3）用移液管移取25.00 mL亚硫酸钠溶液放入烧杯中，再用0.1 mol/L高锰酸钾标准液润洗注射器，装液，排气泡，准备滴定。

（4）先点击软件中的数据"采集"按钮，再打开磁力搅拌器，最后缓慢向下推动注射器的活塞，让酸性高锰酸钾溶液逐滴滴下，计算机自动记录数据；多次平行实验取平均值。

【结果与分析】

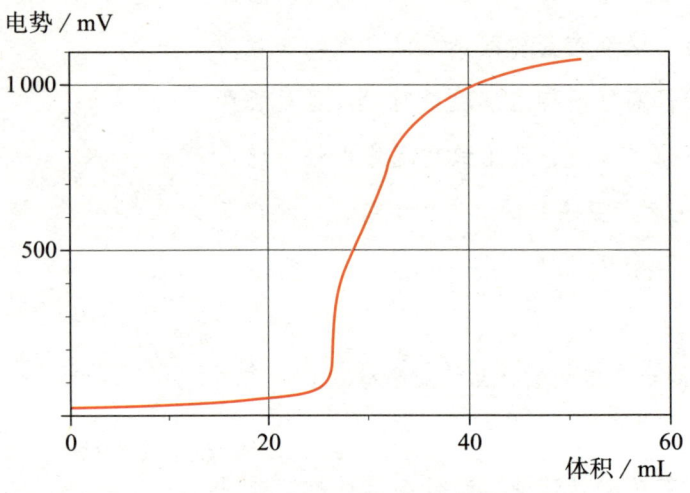

图5-176　酸性高锰酸钾溶液滴定亚硫酸钠溶液曲线

图5-176为用0.1 mol/L酸性高锰酸钾溶液滴定亚硫酸钠样品溶液的电极电势随体积的变化曲线。

利用软件自带工具对电势求导，方法如下：（1）点击数据—"新计算栏"选项。（2）在弹出的对话框中，点击"函数"按钮，选择其中的"导数"选项。（3）点击"变量栏"按钮，选择"电势"选项（见图5-177），即可对电势进行求导。

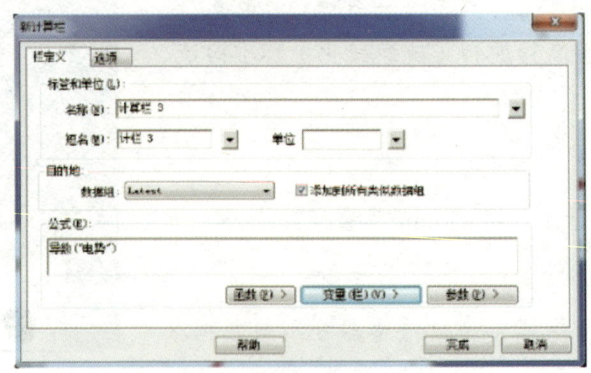

图5-177　软件自动求导图

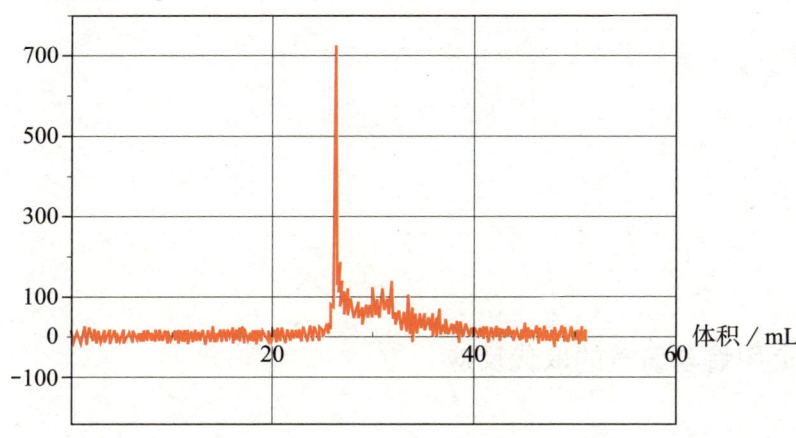

图5-178 滴定电势求导曲线

图5-178是滴定电势求导曲线,利用软件的统计功能得到在26.36 mL时一阶导数达到最大值726.0,故当滴入26.36 mL 0.1 mol/L的酸性$KMnO_4$溶液时,恰好将溶液中的Na_2SO_3反应完全。

酸性高锰酸钾溶液滴定亚硫酸钠溶液时反应的离子方程式为:$2MnO_4^-+6H^++5SO_3^{2-}=\!=\!=2Mn^{2+}+5SO_4^{2-}+3H_2O$,则1 g亚硫酸钠样品中所含亚硫酸钠的质量为0.679 g,样品中亚硫酸钠的质量分数为67.9%。

实验结论及注意事项:

1. 亚硫酸钠很容易被氧化,保存过程中要注意隔绝空气。

2. 氧化还原滴定过程中也产生突变,且产生的突变点也即是溶液变红点,这可以帮助我们更直接地理解用酸性高锰酸钾溶液做指示剂进行滴定,溶液变红时多滴加的高锰酸钾对实验误差影响较小。

3. 可以用四重表征(宏观表征、微观表征、符号表征、曲线表征)来重新理解氧化还原滴定,帮助学生拓宽学习思路。

4. 实验过程中每次平行实验,ORP传感器探头要用蒸馏水清洗2~3次。实验过程中溶液要没过探头,且不能接触磁子及烧杯内壁,如溶液液面太低,可加适量蒸馏水。

5. 当滴定曲线出现突变后,就要停止滴定,否则,继续滴加的酸性高锰酸钾溶液就会把溶液中的二价锰离子氧化而产生灰黑色沉淀。

【参考文献】

宋心琦.普通高中课程标准实验教科书：实验化学［M］.北京：人民教育出版社，2012：41.

5.2.7 有机化合物

实验 1 探究甲烷与氯气的取代反应

【教学建议】

甲烷与氯气的取代反应是高中学生学习有机化学后接触到的第一个重要的有机反应。为了弄清反应原理与反应类型，通常是将甲烷与氯气混合后分别在光照和不见光的条件下反应。本实验通过测定反应前后的pH变化，借以佐证生成了酸性物质，从而引导学生理解取代反应的原理和本质。教师可在甲烷与氯气发生取代反应的教学过程中将本实验作为演示实验。

【实验目的】

利用pH传感器探究甲烷与氯气的反应条件、产物。

【实验原理】

甲烷与氯气发生的反应主要有：（1）$CH_4+Cl_2 \xrightarrow{光} CH_3Cl+HCl$；（2）$CH_3Cl+Cl_2 \xrightarrow{光} CH_2Cl_2+HCl$；（3）$CH_2Cl_2+Cl_2 \xrightarrow{光} CHCl_3+HCl$；（4）$CHCl_3+Cl_2 \xrightarrow{光} CCl_4+HCl$。

实验数据表明：甲烷与氯气发生了取代反应，光照有利于甲烷取代反应的进行。

【实验仪器和药品】

pH传感器、数据采集器、计算机及相应配套软件、铁架台、硬质试管、酒精灯、导管、水槽、集气瓶、锥形瓶、分液漏斗、带孔橡胶塞、橡胶管、滤纸、黑布、日光灯、10 mL量筒。

无水CH_3COONa固体、NaOH固体、Fe_2O_3固体、浓盐酸、MnO_2固体、饱和食盐水。

【实验过程】

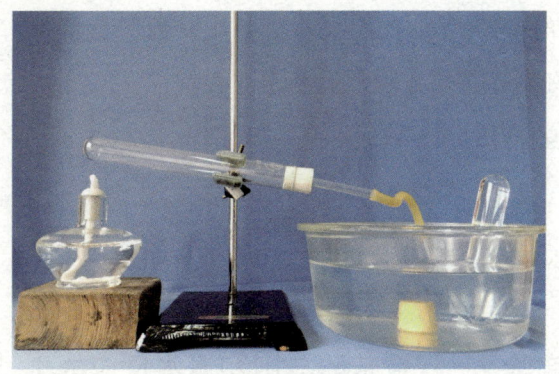

图5-179　实验装置图

（1）制备甲烷。将3 g无水CH_3COONa固体、2 g NaOH固体和2 g Fe_2O_3固体研细混匀，将药品装入干燥的试管，管口略向下倾斜，塞上带导管的橡胶塞并固定（图5-179），预热1 min后，再对试管底部加热，用排水法收集甲烷。

（2）制备氯气。在试管中装入4 g MnO_2固体和8 mL浓盐酸，加热。用排饱和食盐水的方法收集Cl_2。

（3）取1支试管，收集半试管的氯气，加入10 mL蒸馏水，充分振荡，测其pH。

（4）取1支试管，收集甲烷和氯气的混合气体（甲烷和氯气各占50%），将其放在40 W的日光灯下照射10 min后，小心向试管中加入10 mL蒸馏水，充分振荡，用pH传感器测其pH。

【结果与分析】

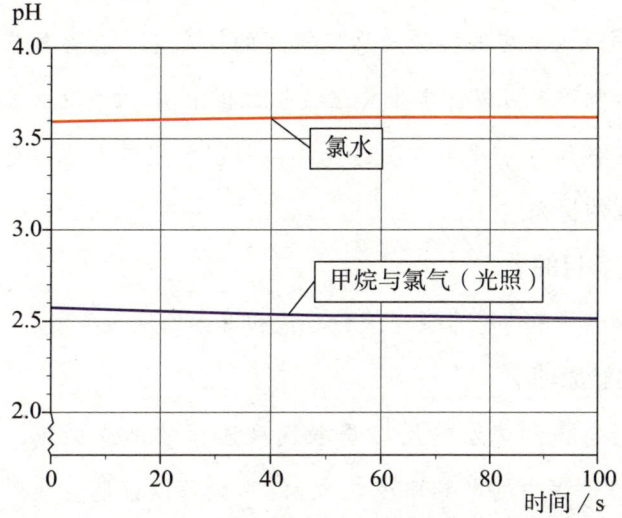

图5-180　氯水及甲烷与氯气反应后的溶液pH变化曲线

从实验结果可知，甲烷与氯气在光照下反应后，加入10 mL蒸馏水，溶液的pH与氯水的空白实验相比酸性明显增强，说明生成了HCl，从而证明了甲烷与氯气发生了取代反应。

【参考文献】

胡爱彬.用DIS探究甲烷与氯气反应情况［J］.化学教育，2009，30（6）：53-54.

实验2 探究苯酚与饱和溴水反应的类型

【教学建议】

有关酚的性质大家都会讨论苯酚与饱和溴水的反应。一般的实验方法是根据反应现象，并用pH试纸或pH计测定反应前后溶液的pH来分析反应原理，从而推测出该反应是取代反应还是加成反应。本实验则利用数字化仪器中的电导率传感器，通过测定反应过程中的电导率变化，综合以上结果，推断出反应机理。教师可在原来测定溶液pH变化的实验基础上增加本实验，帮助学生从溶液中离子浓度的变化这一角度理解该反应机理。

教师可以这样引入：在医院里会有一种奇怪的味道，这是什么物质引起的呢？引导学生思考，进而介绍来苏水，并说明来苏水实际就是苯酚和甲酚的皂化液，引出苯酚为这节课的主角。教师可以先介绍苯酚的酸性，再引导学生认识苯酚的其他性质，从而进入苯酚和饱和溴水反应的实验及反应机理的探究中。在对反应机理的讨论中，教师不仅可以让学生关注实验过程中pH的变化，也可以引导学生关注该反应中离子浓度的变化，引出利用电导率传感器进行该反应机理的探究。

【实验目的】

利用电导率传感器探究苯酚与饱和溴水的反应类型。

【实验原理】

苯酚与饱和溴水的反应是取代反应而非加成反应，根据测定二者反应过程中的电导率变化或pH变化可以证明。化学方程式为

$$\text{C}_6\text{H}_5\text{OH} + 3\text{Br}_2 \rightarrow \text{C}_6\text{H}_2\text{Br}_3\text{OH}\downarrow + 3\text{HBr}$$

【实验仪器和药品】

电导率传感器、数据采集器、计算机及相应配套软件、磁力搅拌器、注射器、100 mL烧杯、100 mL量筒、铁架台。

苯酚、液溴、蒸馏水。

【实验过程】

（1）称取1 g苯酚溶于约100 mL水中，配成苯酚稀溶液；取液溴加蒸馏水，配成饱和溴水，备用。

（2）用电导率传感器分别测定苯酚稀溶液和饱和溴水的电导率，测出苯酚稀溶液的电导率约为26 μS/cm，饱和溴水的电导率约为480 μS/cm，蒸馏水电导率约为26 μS/cm。

（3）取约40 mL苯酚稀溶液加入烧杯中，放入搅拌磁子，插入电导率传感器。在注射器中加入饱和溴水。启动磁力搅拌器，打开数据采集器，开始采集数据。从注射器向烧杯中匀速滴入溴水，当产生较多沉淀时停止实验。

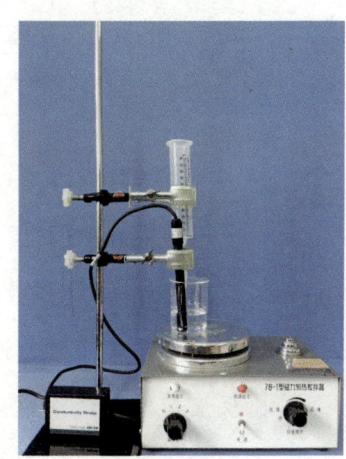

图5-181　实验装置图

（4）将40 mL苯酚稀溶液换成40 mL蒸馏水，重复步骤（3），向蒸馏水中匀速滴入饱和溴水，测定反应过程中电导率变化。

【结果与分析】

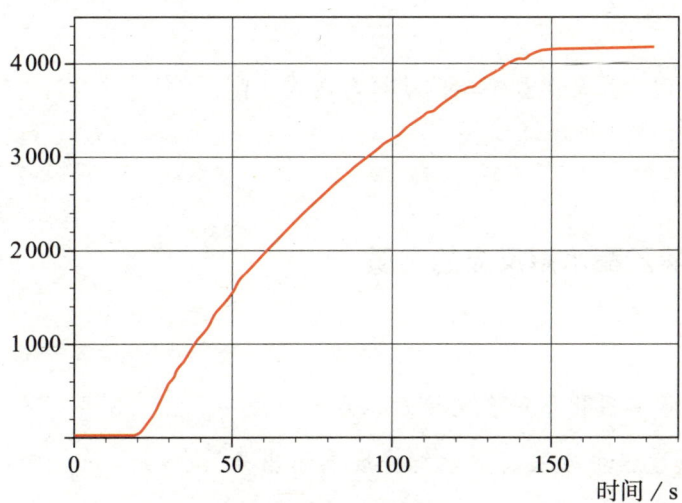

图5-182　向苯酚稀溶液中滴加饱和溴水的电导率变化

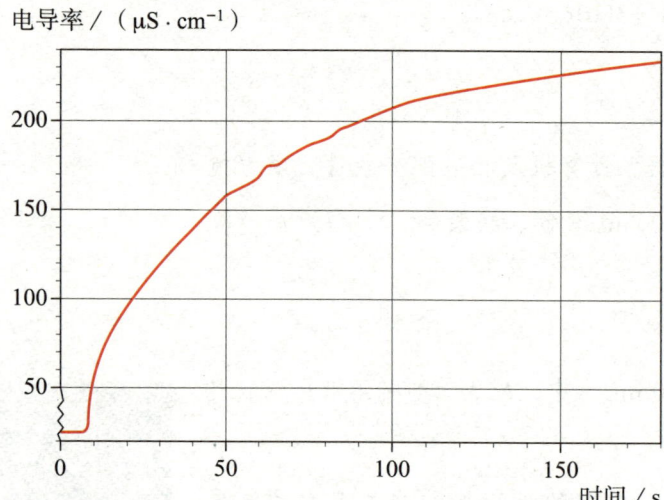

图5-183 向蒸馏水中滴加饱和溴水的电导率变化

由图5-182可以看出,随着溴水的加入,苯酚稀溶液体系的电导率迅速增大。从定量数据看,反应后混合液的电导率接近4 200 μS/cm,远大于反应前苯酚、溴水的电导率,说明反应后混合液中离子浓度比反应前饱和溴水中离子浓度还大,排除了饱和溴水离子浓度大于苯酚稀溶液这一因素的影响,证明了反应后溶液中离子浓度增大是由反应引起的离子数目增多造成的,较好地说明了苯酚与饱和溴水发生的是取代反应而不是加成反应。

【参考文献】

[1] 江军. DIS探究苯酚与溴水反应类型 [J]. 化学教育, 2009, 30(6): 52-54.

[2] 严建波. 对探究苯酚与溴水反应类型实验的质疑与改进 [J]. 化学教学, 2013(4): 62-63.

实验3 探究乙酸乙酯水解反应的实质

【教学建议】

乙酸乙酯的水解反应是中学有机化学一个重要知识点,也是一个重要的实验。教师们虽然通过各种方法想把水解程度展示出来,但很难找到合适的方式。本实验根据酯的水解反应的实质,利用数字化仪器将难以展现的反应过程通过数据变化呈现出来,帮助学生理解酯类水解的实质。

【实验目的】

利用pH传感器探究乙酸乙酯水解反应的实质。

【实验原理】

乙酸乙酯可以发生水解反应，生成乙酸和乙醇。酸和碱可以加速水解反应的进行，在酸存在条件下，乙酸乙酯水解是可逆反应；在碱存在下，水解反应是不可逆的，这是由于水解产物乙酸与氢氧化钠作用生成乙酸钠，使反应进行到底。反应的化学方程式为：

$$CH_3COOCH_2CH_3 + H_2O \underset{\triangle}{\overset{\text{稀硫酸}}{\rightleftharpoons}} CH_3COOH + CH_3CH_2OH$$

$$CH_3COOCH_2CH_3 + NaOH \longrightarrow CH_3COONa + CH_3CH_2OH$$

由于乙酸乙酯的水解反应是在稀氢氧化钠溶液或稀硫酸溶液中进行的，随着反应的进行，体系中OH^-或H^+浓度会发生变化，所以，还可以通过测定反应体系pH的变化来监测反应的进行。

【实验仪器和药品】

pH传感器、温度传感器、数据采集器、计算机及相应配套软件、磁力搅拌器、烧杯、量筒。

0.5 mol/L NaOH溶液、乙酸乙酯。

【实验过程】

（1）向烧杯中加入30 mL 0.5 mol/L NaOH溶液，放在磁力搅拌器上加热至65 ℃左右（可用温度传感器测量）。

（2）将pH传感器插入碱溶液中。

（3）开启数据采集器，待读数稳定后，向烧杯中迅速加入5 mL左右的乙酸乙酯。

（4）当溶液中的pH保持不变时，停止数据采集，得到pH随时间的变化曲线。

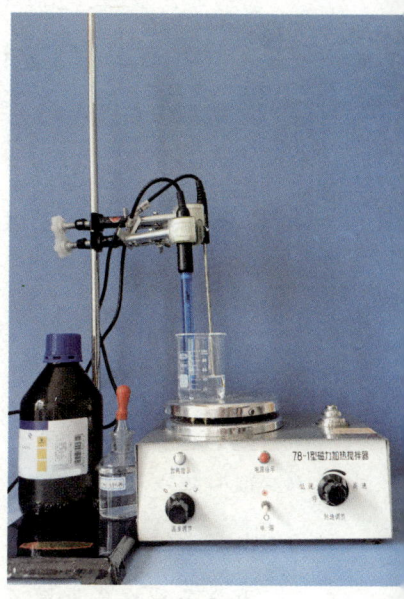

图5-184　实验装置图

【结果与分析】

通过观察pH曲线的变化并分析得知，pH下降是因为乙酸乙酯水解产生了乙酸，乙酸与NaOH溶液反应，使溶液酸度增大，pH变小。

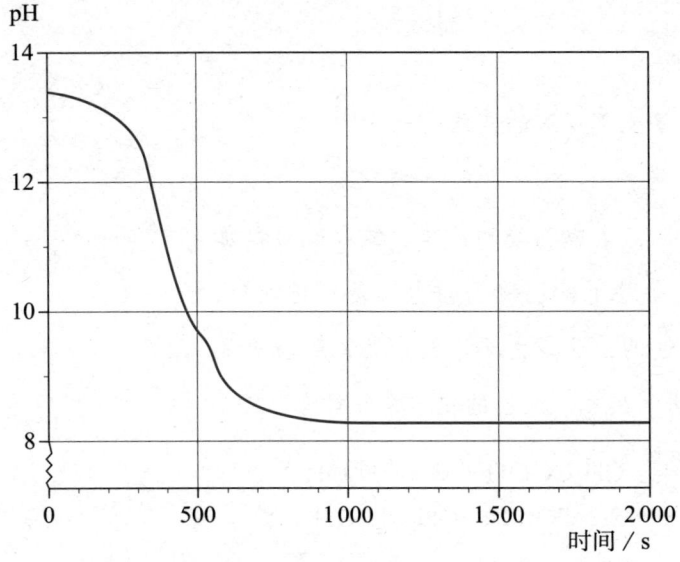

图5-185　乙酸乙酯水解过程中溶液pH的变化

【参考文献】

[1] 眭苏奇, 钱扬义, 刘彩燕. 探究乙酸乙酯水解实质 [J]. 实验教学与仪器, 2008（02）: 35.

[2] 王寿红. 基于手持技术的乙酸乙酯水解实验研究 [J]. 化学教育, 2014, 35（15）: 61-65.

实验4　利用温度传感器研究分子间作用力

【教学建议】

在分子内相邻原子之间存在着强烈的相互作用，我们称之为化学键。实际上分子之间还存在着一种把分子聚集在一起的作用力，我们称之为分子间作用力，又称为范德华力。这一知识通常是安排在化学键的内容之后作为资料出现，但学生对此往往不能理解，因为分子是看不见摸不着的。因此可以借助于数字化仪器探究分子间作用力，帮助学生理解该知识。

【实验目的】

利用温度传感器探究分子间作用力。

【实验原理】

化学键可以将原子结合在一起形成分子，而将分子聚集在一起形成液体或固体的作用力则为分子间作用力。一杯液体，在敞口放置相当长一段时间后，其体积将减小。液体的这种性质称为挥发性。这种液体变成蒸汽的过程就是蒸发，即当一个液体分子运动到接近液体表面并且具有适当的运动方向和足够大的动能时，它可以挣脱邻近分子的引力逸到液体上方的空间变为蒸汽分子。显然，液体的挥发性强弱与其分子间作用力存在着一定的联系。而随着液体蒸发过程的进行，由于失掉了高能量的分子而使余下分子的平均动能逐渐降低，其温度将逐渐降低，挥发速率也随之减慢。分子间作用力越弱，液体挥发得越快，宏观表现为液体温度下降越多。因此，我们可以通过测量不同液体挥发过程的温度变化来间接比较液体分子间作用力的强弱。

【实验仪器和药品】

温度传感器、数据采集器、计算机及相应配套软件、试管（含相应橡胶塞）。

蒸馏水、甲醇、乙醇。

【实验过程】

（1）组装实验仪器：将计算机、数据采集器、温度传感器三者相连接，打开实验系统软件，准备做以下实验。

（2）把滤纸做成滚筒状，包裹温度传感器探头的头部位置，并用橡皮筋扎紧固定。

（3）把包裹着滤纸的探头竖直插入盛有蒸馏水的试管中，注意滤纸要完全浸没。待示数稳定后点击"开始"，检测20 s以上以确保准确测定液体初始温度。

（4）当温度达到最小值并开始回升时，停止采集数据并保存。查看全景，记录初始温度和最小值。

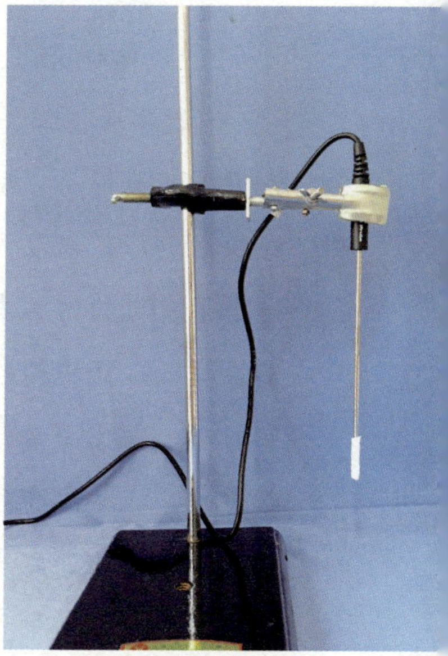

图5-186 实验装置图

（5）重复上述实验步骤，测定甲醇、乙醇挥发过程中的温度变化。

【结果与分析】

表5-25 蒸馏水、甲醇、乙醇挥发时温度变化数据记录

物质	分子式	相对分子质量	初始温度T_1/℃	最低温度T_2/℃	温差ΔT/℃
蒸馏水	H_2O	18.02	28.6	24.3	4.3

续表

物质	分子式	相对分子质量	初始温度 T_1/℃	最低温度 T_2/℃	温差 ΔT/℃
甲醇	CH_3OH	32.04	28.8	14.8	14.0
乙醇	C_2H_5OH	46.07	28.7	20.4	8.3

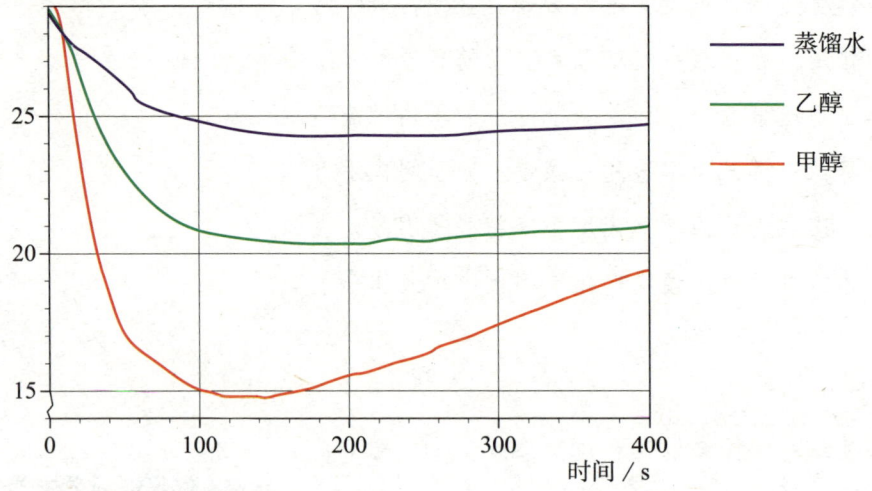

图 5-187 蒸馏水、甲醇、乙醇挥发时温度变化的曲线

通过实验图像（图 5-187）和数据（表 5-25）可以看出，在室温下，蒸馏水、甲醇、乙醇三种液体挥发时温度均降低。但甲醇和乙醇降低幅度大于蒸馏水，而甲醇又比乙醇降低幅度大。这是由于有机物的挥发性比较强，且随着相对分子质量的增大，挥发性降低，而决定物质熔点、沸点、溶解度等物理性质、化学性质的一个重要因素是分子间作用力。它又称作范德华力，可分为取向力、诱导力和色散力三部分。其中，对大多数分子来说（除水分子外）色散力是主要的，它是由于存在"瞬间偶极"而产生的相互作用力。量子力学计算表明：色散力和相互作用分子的变形性有关，变形性越大，色散力越大；色散力和分子间距离的七次方成反比；此外，色散力和相互作用分子的电离能有关。因此，随着相对分子质量增大，分子体积增大，变形性增大或极化率升高，色散力也随之增大。

【参考文献】

赵倩.基于手持技术的中学化学习题科学性研究［D］.南京：南京师范大学，2012.

实验 5 运用数字化仪器测定尿素的摩尔质量

【教学建议】

学习了摩尔质量的知识后,学生对摩尔质量只有概念和计算两方面的认识,但对其具体的推导过程和测定方法并不了解。为让学生深入理解该部分知识,设计实验测定物质的摩尔质量就显得很有必要。因此,本实验可作为研究性课题供学生探究,以满足教学的需要。

【实验目的】

运用数字化仪器测定尿素的摩尔质量。

【实验原理】

一定压力下,固态物质与液态物质呈现平衡时的温度称为该物质的凝固点。拉乌尔用实验证明了溶液的凝固点下降的 ΔT_f(即纯溶剂A与溶液B的凝固点之差)与溶液的质量摩尔浓度 b_B 呈正比:

$$\Delta T_f = T_f^* - T_f = K_f \cdot b_B = \frac{K_f \cdot m(B)}{M(B) \cdot m(A)}$$

由此即可导出溶质摩尔质量 $M(B)$ 的公式:$M(B) = \frac{K_f \cdot m(B)}{\Delta T_f \cdot m(A)}$

以上各式中,T_f^* 为纯溶剂的凝固点,T_f 为溶液的凝固点,单位都是K;比例常数 K_f 称为凝固点下降常数,与溶剂的性质有关,单位 $K \cdot kg \cdot mol^{-1}$;$M(B)$ 为溶质的摩尔质量,单位 $kg \cdot mol^{-1}$;$m(A)$、$m(B)$ 分别为纯溶剂的质量和溶质的质量,单位kg。

通常情况下,测定凝固点的方法是将溶液逐渐冷却,使其结晶。但是,实际上溶液冷却到凝固点,往往并不析出晶体。这是因为新相的形成需要一定的能量,故结晶并不析出,这就是所谓的过冷现象。然后由于搅拌或加入晶种促使溶剂结晶,由结晶放出的凝固热使体系温度回升至凝固点。

【实验仪器和药品】

温度传感器、数据采集器、计算机及相应配套软件、电子天平、酒精灯、试管、烧杯。

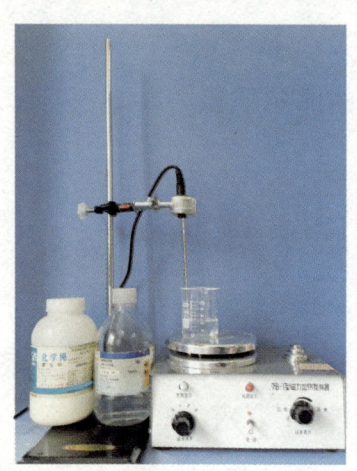

图 5-188 实验装置图

冰乙酸（分析纯）、尿素（分析纯）、粗盐、冰块。

【实验过程】

（1）制冷剂的准备及温度调节

向 200 mL 烧杯中加入适量的冰块和水，取适量粗盐与冰水混合，使制冷剂温度达到 −2~3 ℃。实验时制冷剂应经常搅拌，并间断地补充少量的碎冰或食盐，使其温度保持不变。

（2）溶剂凝固点的测定

将数据采集器、温度传感器、计算机三者连接（见图 5-188）。打开实验系统软件，设置采集长度为 600 s，取样速率为每秒 1 个样本。

向干燥的试管内加入约 10 mL 冰乙酸，加热试管使冰乙酸的温度高于其凝固点。将温度传感器插入试管中，待温度稳定后将其放入冰水浴中（试管中液面高度低于冰水浴液面），并点击"采集"按钮。用温度传感器缓慢搅拌，使溶剂较快地冷却。当温度低于凝固点 0.2~0.3 ℃ 时急速搅拌（防止过冷），促使固体析出。当固体析出时，温度迅速回升，立即改为缓慢匀速搅拌。待数据采集停止后，选中图中的稳定阶段，点击按钮，统计得出此段的平均值即为冰乙酸的凝固点。

（3）溶液凝固点的测定

用电子天平称量 $m(A)$ g 冰乙酸和 $m(B)$ g 尿素。将准确称量的尿素加入盛有冰乙酸的试管（注意不要粘于试管壁上），加热试管，用（2）中的实验方法测定溶液的温度随时间的变化关系。

【结果与分析】

（1）溶剂凝固点的测定方法是选中温度回升后的平稳阶段进行拟合，求得该段的平均值为 15.71 ℃。如图 5-189 所示，冰乙酸的凝固点是 15.71 ℃。

文献中查得冰乙酸的凝固点下降常数为 3.9 K·kg·mol^{-1}，五次实验测得的实验数据见表 5-26。

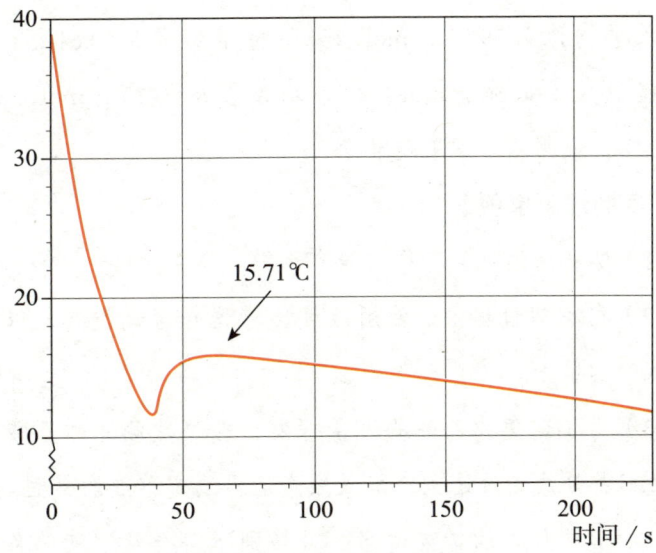

图 5-189 冰乙酸的冷却曲线

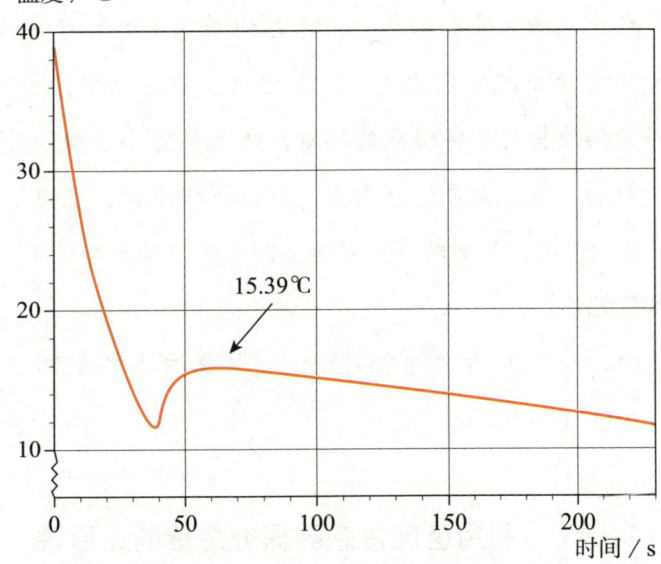

图 5-190 乙酸－尿素体系的冷却曲线

表 5-26 五次实验的实验结果

实验	冰乙酸质量 $m(A)$ /g	尿素质量 $m(B)$ /g	溶液凝固点 T_f /℃	凝固点降低值 ΔT_f /K	尿素摩尔质量 $m(B)$ (g·mol^{-1})
1	7.593	0.037	15.39	0.32	59.39
2	7.600	0.038	15.39	0.32	60.94
3	8.663	0.044	15.38	0.33	60.03
4	7.454	0.033	15.42	0.29	59.54
5	8.160	0.040	15.39	0.32	59.74

（2）根据表 5-26 中的测量数据可以计算出尿素的摩尔质量，其算术平均值为 59.93 g/mol，实验标准偏差 S=0.61 g/mol。测量值与理论值（60.06 g/mol）的平均误差 b=0.13 g/mol，相对误差 R=0.22%，说明测量结果较准确。

【实验注意事项】

（1）实验所用试管必须洁净、干燥。

（2）在冷却过程中，使用温度传感器轻轻地搅拌，以免把样品溅在试管内壁上。

（3）为了避免冰乙酸的大量挥发，在每次测完冰乙酸的凝固点后，最好都换成新的溶剂，溶入尿素后再测定溶液的凝固点。

（4）溶质加入的量要适当，太多则不符合稀溶液的条件，太少则凝固点下降不明显。

（5）在冰乙酸-尿素体系中，冰乙酸与尿素发生了缩合反应。在该体系中的溶质即发生了变化，但因反应前后化学计量数相等，且加入尿素的质量符合稀溶液的标准，故消耗的冰乙酸和生成的水对体系的影响在误差允许的范围内，可以忽略不计，且为了降低缩合反应发生的程度，采集数据前对溶液的加热温度不宜过高。

【参考文献】

冯雪琦，马宏佳.运用手持技术测定尿素的摩尔质量[J].化学教与学，2011(6): 96-97.

实验 6 利用色度传感器探究蔗糖的还原性

【教学建议】

有机化学中糖类是学生学习的重要内容。在糖类中，具有还原性的称为还原糖，分子中含有游离醛基或酮羰基的单糖和含有游离醛基的二糖都具有还原性。还原糖包括葡萄糖、果糖、半乳糖、乳糖、麦芽糖等。

还原糖常用新制 $Cu(OH)_2$ 悬浊液进行检验，蔗糖不与新制 $Cu(OH)_2$ 悬浊液反应，被定义为非还原糖。但是，资料显示，在强氧化剂$KMnO_4$面前，蔗糖仍然表现出还原性。为探究二者的反应过程，本实验用人工观察与色度传感器记录相结合的方法，对蔗糖和$KMnO_4$溶液的反应进行了初步的探究。

【实验目的】

利用色度传感器探究蔗糖的还原性。

【实验原理】

蔗糖在与高锰酸钾溶液混合时会表现出还原性，生成物中含有MnO_2、C和CO_2，故此反应可以看成是蔗糖的碳化过程。

【实验仪器和药品】

色度传感器、数据采集器、计算机及相应配套软件、试管。
0.01%的$KMnO_4$溶液、1%的蔗糖溶液。

【实验过程】

（1）样品组：分别将0.01% $KMnO_4$溶液1.5 mL、1%蔗糖溶液1.5 mL加入到色度传感器的比色杯中，充分混合后静置1 min，以蓝光波段（470 nm）记录透光度的变化。

（2）对照组：将1%的蔗糖溶液换成相同体积的蒸馏水，其余与样品组相同。

（3）上述两个步骤重复3次。

【结果与分析】

图5-191 实验装置与用品图

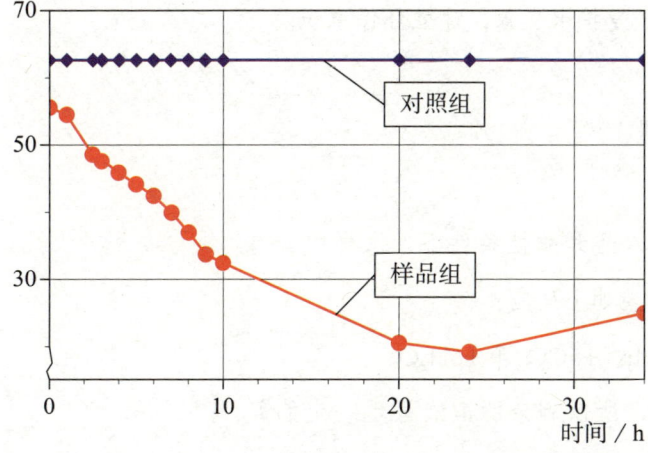

图5-192 样品组与对照组的结果

由图5-192样品组与对照组的结果可见,反应进程在约4 h处出现拐点:以此为分水岭,可将$KMnO_4$与蔗糖的反应分为前后两个阶段,并可以作如下假设:在拐点之前,反应体系透光度值明显下降,说明$KMnO_4$与蔗糖正在进行反应;在拐点之后,反应已经结束,但此反应有沉淀生成(如碳单质),且沉淀正在缓慢沉降,使得溶液透光度值逐渐升高,故曲线有缓慢回升的趋势。

【参考文献】

靳飞.利用色度计传感器探究蔗糖的还原性[J].化学教学,2013(1):49-51.

5.2.8 生活化学

实验1 利用色度计测量水样中的化学需氧量

【教学建议】

化学需氧量(Chemical Oxygen Demand,简称COD)是指在一定条件下,水体中还原性物质被强氧化剂氧化时,所消耗的氧化剂的量(换算成氧的浓度,以$mg·L^{-1}$计),它反映了水体受还原性物质污染的程度,是评价水体污染的重要指标之一,也是有机物相对含量的指标之一。本探究实验具有积极意义,可以通过实验让学生了解水的化学需氧量,了解水环境,爱护水资源,建立环保意识。

【实验目的】

利用数字化实验测定化学需氧量。

【实验原理】

化学需氧量的测定原理:在热水浴和酸性条件下,水样中含有的还原性物质与氧化剂$KMnO_4$会发生如下反应:

$$4MnO_4^- + 5C + 12H^+ \rightarrow 4Mn^{2+} + 5CO_2\uparrow + 6H_2O$$

由于溶液中的MnO_4^-是过量的,所以剩余的溶液呈现一定的颜色,通过色度计测量反应后溶液的吸光度,根据$A-c$曲线,得出溶液中剩余的$KMnO_4$的浓度,再结合反应前$KMnO_4$的量与反应后溶液的体积，即可计算出水样消耗掉的 $KMnO_4$ 的质量，进而推算出 COD（换算成氧的浓度，以 $mg·L^{-1}$ 计）。

【实验仪器和药品】

色度计、数据采集器、计算机及相应配套软件、电炉、铁架台（铁夹）、漏斗、电子天平、500 mL容量瓶、250 mL锥形瓶、100 mL容量瓶、10 mL量筒、烧杯、玻璃棒、胶头滴管、移液管。

0.01 mol/L高锰酸钾溶液、3 mol/L硫酸溶液、100 mL水样、0.005 0 mol/L草酸钠溶液。

【实验过程】

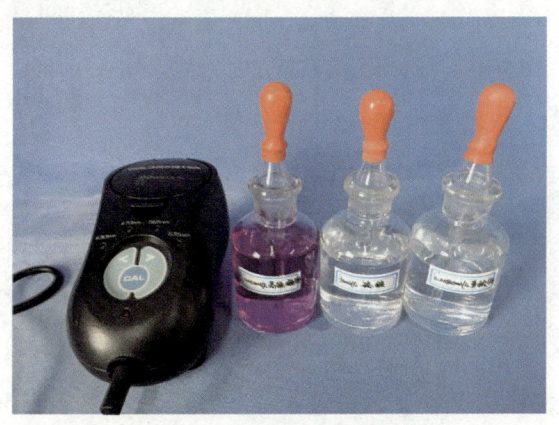

图5-193　实验装置与用品图

1. $KMnO_4$溶液吸收曲线

（1）称取0.79 g $KMnO_4$于烧杯中溶解，定容至500 mL，混合均匀，得到0.01 mol/L的 $KMnO_4$溶液。

（2）分别取1.0 mL、2.0 mL、3.0 mL、4.0 mL的0.01 mol/L $KMnO_4$溶液于四个100 mL的容量瓶中，稀释、定容、摇匀，得到的溶液浓度分别为0.1 mmol/L、0.2 mmol/L、0.3 mmol/L、0.4 mmol/L。

（3）连接仪器，打开实验系统软件，选取数据采集模式为"事件配记录"，设置栏名称为"浓度"，单位为"mmol/L"，选取吸收波长为565 nm，色度计校准后，依次从低浓度到高浓度测量 $KMnO_4$溶液的吸光度。

（4）将得到的数据点进行线性拟合，得到过原点的吸光度－浓度（$A–c$）曲线。

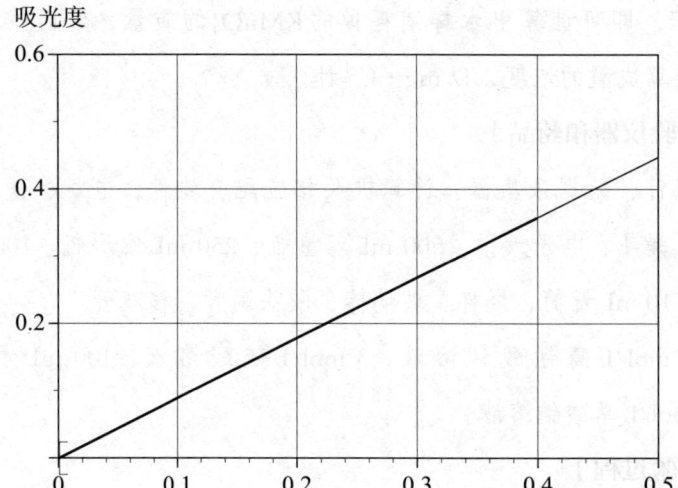

图 5-194　$KMnO_4$ 溶液吸光度-浓度（A-c）曲线

2. $KMnO_4$ 法测量水样的 COD

（1）将取来的水样静置 30 min 左右，使水中悬浮物质沉降。

（2）取稀释后的水样 100 mL（根据水样污染情况而稀释，以保证 $KMnO_4$ 过量，本实验稀释了一倍），注入 250 mL 锥形瓶中，加入 3 mol/L 硫酸溶液 5 mL、0.002 mol/L 的 $KMnO_4$ 溶液 10.00 mL。

（3）组装好反应装置，将锥形瓶放在沸水浴中加热 30 min（待水沸腾时开始计时），待颜色无变化后，停止加热，静置冷却。

（4）将反应液冷却至室温，测量剩余液体的体积并记录。

（5）吸取上层清液于比色皿中，利用色度计及相关软件测量其吸光度，根据所绘制的 A-c 曲线计算出溶液中剩余的 $KMnO_4$ 浓度。

（6）根据 $KMnO_4$ 的初始浓度和水样的体积，计算出水样所消耗的 $KMnO_4$ 的量，转化为氧气的浓度，即 COD 的值（以 $mg \cdot L^{-1}$ 计）。

【结果与分析】

1. 实验拟合得到的 A-c 曲线关系式为：$A=893.3c$（c 为溶液浓度，单位为 mol/L）。

2. 色度计测量反应剩余液体的吸光度 A 为 0.143 9，代入公式 $A=893.3c$ 中，得到剩余液体中 $KMnO_4$ 浓度为 1.611×10^{-4} mol/L。

3. 1 mol $KMnO_4$ 的氧化能力相当于 $\dfrac{5}{4}$ mol 的 O_2（根据氧化还原

反应中得失电子的物质的量计算），所以水中COD的计算公式如下：

$$COD = \frac{[c_1(KMnO_4)V_1(KMnO_4) - c_2(KMnO_4)V_2(KMnO_4)] \times \frac{5}{4} \times M(O_2) \times 1000 \text{ mg}}{V(水样)L}$$

公式中，c_1和V_1为与水样反应前$KMnO_4$溶液的浓度和体积，c_2和V_2为与水样反应后$KMnO_4$溶液的浓度和体积，$M(O_2)$为氧气的摩尔质量，即32 g/mol。

4. 实验测得剩余液体的体积为97.5 mL，水样体积为0.050 L，反应前加入的$KMnO_4$溶液的浓度为0.002 0 mol/L，体积为0.010 L，代入COD计算公式，得出水样中COD为3.44 mg/L。

本实验可以用于饮用水、水源水、地面水的定量测定，测定范围为0.5~4.5 mg/L。对污染严重的水，可经适当的稀释后测定。该方法还可以用于比较不同水样中的COD，作为学生的探究实验，既具有很强的趣味性，也具有科学价值。

为保证实验顺利进行和实验数据的准确性，在实验过程中需要注意以下方面：

（1）取水样后，要静置后移去上层清液，但不要采取过滤操作，因为滤纸会吸附一定的还原性物质，给实验带来误差。

（2）向要分析的样品中加入硫酸，使样品的pH为1~2，置于暗处保存并尽快分析样品（6 h内），以保证测定值的准确性。

（3）$KMnO_4$溶液见光易分解，所以配制标准的$KMnO_4$溶液要置于棕色瓶内保存，实验的当天用标准草酸钠溶液（0.005 0 mol/L）标定其浓度。

（4）使用比色皿测量时，要在同一个比色皿中测量吸光度，使用前用待测液润洗比色皿2~3次，测量速度要快（60 s内采集完数据），测量后要先用蒸馏水清洗并干燥。

【参考文献】

张婷.基于威尼尔网站的化学数字化实验研究[D].南京：南京师范大学，2009.

实验 2　比色法测定抗贫血药物中铁元素的含量

【教学建议】

关于对抗贫血药物中铁元素含量的测定，常规方法是采用目视比色法，即配制一组标准溶液，溶液的颜色因浓度的不同而存在差异。将待测溶液与标准溶液进行比较，若待测溶液与色阶中某溶液的颜色深浅相同，则说明两种溶液的浓度相等；若待测溶液颜色深浅介于相邻的两个标准溶液之间，则待测溶液的浓度可近似取两个标准溶液浓度的平均值。目视比色法是一种半定量的测定方法。目前，教师可以利用传感技术实验系统中的色度传感器对该实验进行改进，通过测量标准溶液的吸光度来绘制标准曲线，求待测溶液的浓度，使该实验数据更加精确可靠。

【实验目的】

利用色度传感器测定抗贫血药物中铁元素的含量。

【实验原理】

通过酸浸取，铁元素转化为 Fe^{3+}，Fe^{3+} 与 KSCN 溶液反应生成血红色的 $[Fe(SCN)_5]^{2-}$。$[Fe(SCN)_5]^{2-}$ 可以吸收蓝色光（因为溶液的颜色为红色），$[Fe(SCN)_5]^{2-}$ 的浓度越大（溶液的颜色越深），对光的吸收程度越大，即吸光度（A）越大。

【实验仪器和药品】

色度传感器、数据采集器、计算机及相应配套软件、坩埚、泥三角、坩埚钳、铁架台（带铁圈）、250 mL 容量瓶、酒精灯、烧杯。

补铁剂、浓硝酸、饱和 KSCN 溶液、0.001 mol/L $Fe(NO_3)_3$ 溶液（硝酸酸化）。

【实验过程】

1. 色度传感器选择吸收波长为 430 nm。在比色皿中加入蒸馏水，用蒸馏水对色度传感器进行校准。

2. 标准溶液的配制

在 1~5 号洁净干燥的小烧杯中分别按照表 5-27 中的剂量配制不

同浓度的 $Fe(NO_3)_3$ 溶液,再加入2滴饱和 KSCN 溶液,混合均匀,得到浓度分别为 10^{-3} mol/L、8×10^{-4} mol/L、6×10^{-4} mol/L、4×10^{-4} mol/L、2×10^{-4} mol/L 的标准溶液。

图 5-195　实验装置与用品图

表 5-27　标准溶液配制表

烧杯编号	$c(Fe^{3+})=0.001$ mol/L	H_2O	标准溶液浓度
	mL	mL	10^{-4} mol/L
1	10	0	10
2	8	2	8
3	6	4	6
4	4	6	4
5	2	8	2

3. 绘制标准曲线

(1)取1支洁净的比色皿,加入 2×10^{-4} mol/L $[Fe(SCN)_5]^{2-}$ 标准溶液,测量其吸光度 A,并记录数据采集器示数。

(2)按照上述方法分别测定 2×10^{-4} mol/L、4×10^{-4} mol/L、6×10^{-4} mol/L、8×10^{-4} mol/L、10^{-3} mol/L $[Fe(SCN)_5]^{2-}$ 标准溶液的吸光度 A。

(3)将每种浓度溶液对应的吸光度 A 记录下来,在新的图中分别输入浓度及其对应的吸光度,利用软件将得到的数据点进行线性拟合,得到一条过原点的吸光度-浓度(A-c)曲线,即标准曲线。

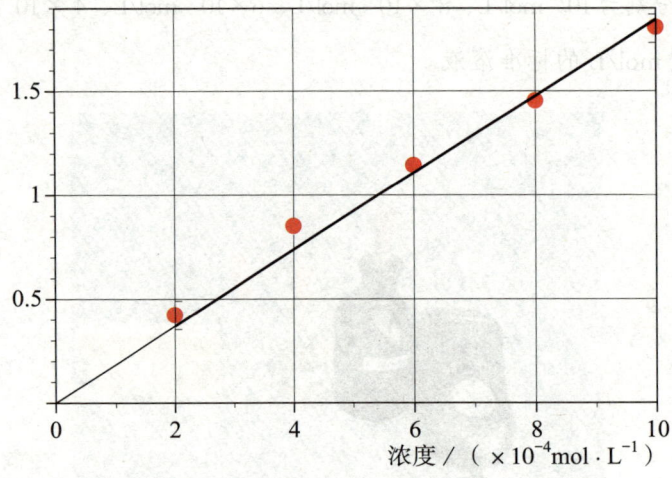

图5-196　标准曲线图

4. 补铁剂中铁元素含量的测定

（1）将一粒补铁药片溶于20 mL蒸馏水中，加入20 mL浓硝酸，定容于250 mL容量瓶中，制成待测样品溶液。

（2）取10 mL样品溶液，向其中滴加2滴饱和KSCN溶液，混合均匀。

（3）在洁净的比色皿中加入待测溶液，测量其吸光度，在标准曲线上查出对应的Fe^{3+}的浓度，再根据Fe^{3+}浓度计算一片琥珀酸亚铁片中铁元素的含量。

【结果与分析】

1. 实验拟合得到的$A-c$曲线关系为：$A=1849c$（c为溶液浓度，单位为mol/L）。

2. 色度传感器测量的补铁药片待测液的吸光度为2.242，代入公式$A=1849c$得到$c=1.21\times10^{-3}$ mol/L，则一片药片中含有0.303×10^{-3} mol Fe^{2+}，即该药片中含铁物质（$M=171.92$ g/mol）0.052 g，与说明书相符合。

本实验还可以用于测量红枣等食物的含铁量，但食物要先经过预处理，具体过程如下：将红枣等去核后撕成小块，放入坩埚中用酒精灯灼烧，使之完全碳化；然后加硝酸溶解，过滤后滤渣用硝酸洗涤；接下来的实验操作与补血口服液类似。

为保证实验顺利进行,在实验的过程中必须注意以下问题:

(1)由于$FeCl_3$溶液有明显的黄色,会影响数据的测量,因此本实验使用$Fe(NO_3)_3$配制标准溶液。如果溶液酸性不够强,Fe^{3+}会水解生成有色物质,影响溶液吸光度的检测以及Fe^{3+}与SCN^-的配位反应,因此要用硝酸对标准溶液和待测样品溶液进行酸化。

(2)饱和KSCN溶液的用量相对于Fe^{3+}是过量的,因此$[Fe(SCN)_5]^{2-}$的浓度近似等于Fe^{3+}的初始浓度。注意样品溶液与标准溶液中加入的饱和KSCN溶液的量应该是相等的。

(3)补铁剂中铁元素一般以二价态存在,常添加维生素C等还原剂以防止铁元素被氧化,因此应加入足量的硝酸使氧化反应进行彻底。用双氧水也可以氧化Fe^{2+}。另外,双氧水和浓硝酸都可以氧化SCN^-,为了除去过量的双氧水可做加热处理;若使用浓硝酸,由于在定容时被稀释,不会氧化SCN^-。

【参考文献】

魏锐,王磊,刘强等.含铁物质中铁元素含量的测定——基于传感技术的实验设计[J].化学教育,2006,27(7):50-51,54.

实验3 食品中维生素C含量的测定

【教学建议】

中学化学教材在物质的定量分析这一章设置了食品中维生素C含量测定的实验,目的是让学生养成定量研究问题的科学态度,但教材中给出的测定方法较为粗略,使得学生不能深刻感受到定量的探究过程。本实验利用色度传感器,较为准确地测定不同食品中维生素C的含量,让学生不但能学会测定方法,同时学会转换思维,将一些不能直接测定的指标通过反应转化为可测定的指标,这样做有利于拓展学生思维,培养学生能力。

【实验目的】

利用色度传感器测定食品中维生素C的含量。

【实验原理】

维生素C是一种己糖醛基酸,化学名称为L-抗坏血酸,分子

式为 $C_6H_8O_6$，包括还原型抗坏血酸和氧化型抗坏血酸（脱氢抗坏血酸）。纯净的维生素C为白色或淡黄色结晶，味酸，还原性强，在空气中极易被氧化，尤其在碱性介质中反应更快。氧化产物脱氢抗坏血酸仍保留维生素C的生物活性，在动物组织内脱氢抗坏血酸可被谷胱甘肽等还原性物质还原为抗坏血酸。

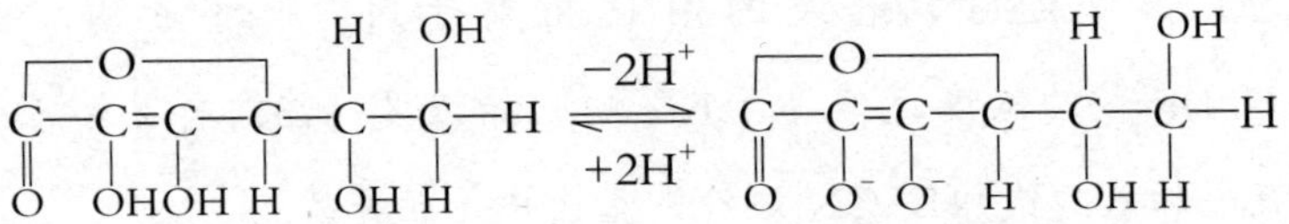

（Ⅰ）抗坏血酸 ⇌ （Ⅱ）脱氢抗坏血酸

当体系pH>5时，脱氢抗坏血酸易将其分子构造重排，使其内环开裂，生成二酮古洛糖酸：

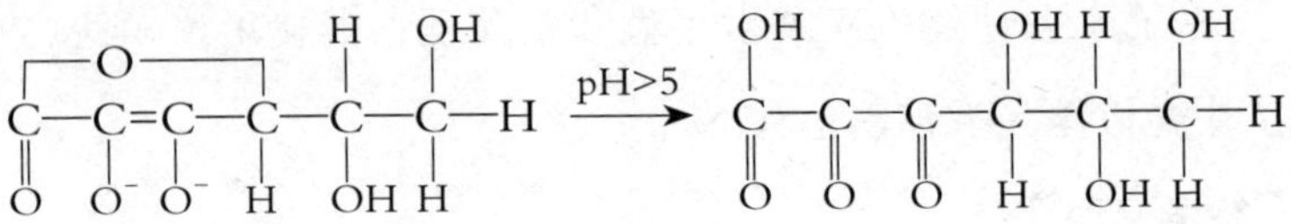

（Ⅱ）脱氢抗坏血酸 → （Ⅲ）二酮古洛糖酸

（Ⅰ）（Ⅱ）（Ⅲ）合称为总维生素C。以上（Ⅱ）（Ⅲ）均能与2,4-二硝基苯肼反应生成红色物质脎，其生成量与（Ⅱ）（Ⅲ）的总量成正比。为了能够测得样品中总维生素C的含量，可将样品中的（Ⅰ）用活性炭氧化，并与2,4-二硝基苯肼作用，生成的红色物质脎用硫酸溶解，用色度传感器测其吸光度，再测出经过同样步骤处理的维生素C标准溶液的吸光度，然后进行比色，即可求出样品中维生素C的含量。

【实验仪器和药品】

色度传感器、数据采集器、计算机及相应配套软件、烧杯、100 mL容量瓶、酒精灯、锥形瓶、研钵、移液管、药匙、量筒。

果汁、维生素C试剂、1%草酸溶液、85%硫酸溶液、活性炭、2%的2,4-二硝基苯肼溶液（溶解2 g 2,4-二硝基苯肼于100 mL 4.5 mol/L硫酸中）、10%硫脲溶液（溶解5 g硫脲于50 mL 1%草酸溶液中）。

【实验过程】

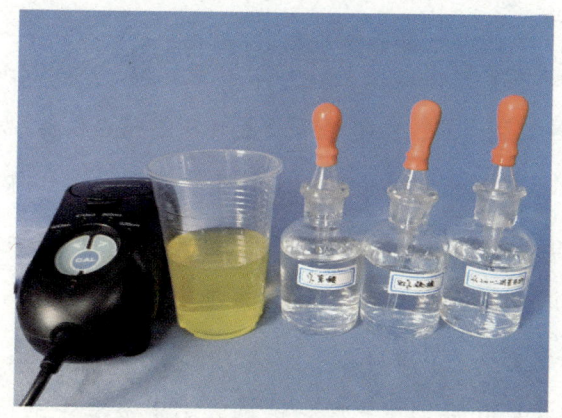

图5-197　实验装置与用品图

1. 校正色度计

使用470 nm波长的光。将蒸馏水加入比色皿中,放入色度传感器,校准透光率为100%。

2. 配制溶液

(1)取1 mg标准维生素C试剂放在烧杯中,用1%的草酸溶液配制0.01 mg/mL的标准溶液。

(2)取25 mL标准液放在干燥锥形瓶中,加入2匙活性炭,充分振荡约1 min,过滤。弃去最初滤液。取10 mL此提取液,加一滴10%的硫脲溶液,混匀,待用。

3. 果汁(或其他饮料)中维生素C的提取与处理

打开橙汁包装,用移液管量取4 mL新鲜橙汁,转入100 mL容量瓶中,用1%草酸溶液稀释至刻度,混匀。取25 mL该溶液放在干燥锥形瓶中,加入2匙活性炭,充分振荡约1 min,过滤。弃去最初滤液。取10 mL此提取液,加一滴10%的硫脲溶液,混匀,待用。

4. 显色反应

(1)取三支试管,向试管Ⅰ中加入2.5 mL已处理的样品液作为空白实验使用。

(2)向试管Ⅱ中加入2.5 mL已处理的标准维生素C溶液和1.0 mL 2%的2,4-二硝基苯肼溶液。

(3)向试管Ⅲ中加入2.5 mL已处理的样品液和1.0 mL 2%的2,4-二硝基苯肼溶液,充分混合。

（4）将所有试管置于沸水浴中约20 min后取出，除空白试管外，将所有试管放入冰水中。

（5）空白试管取出后使其冷却到室温，然后加入1.0 mL 2%的2,4-二硝基苯肼溶液，在室温下放置10~15 min后放入冰水中。

（6）85%的硫酸溶液的处理：当试管放入冰水后，向每一支试管中加入15 mL 85%的硫酸溶液，滴加时间至少需要1 min，边加边摇动试管。将试管自冰水中取出，在室温下放置约10 min后比色。

5. 测量吸光度并计算。

比色：取1 cm厚的比色杯，以试管Ⅰ中溶液作空白溶液调零，以试管Ⅱ中溶液为标准溶液，于470 nm波长处测定试管Ⅱ、试管Ⅲ中溶液的吸光度并计算。

【结果与分析】

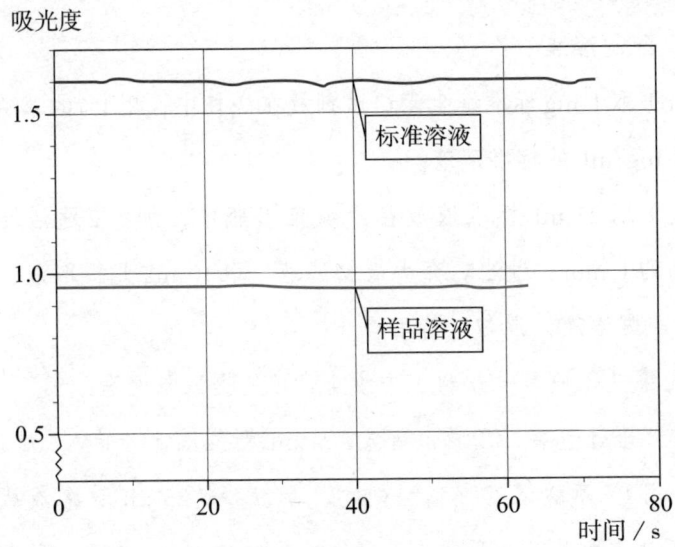

图5-198 溶液吸光度曲线

由图5-198可知，标准溶液的吸光度为1.61，样品溶液的吸光度为0.92，因此该饮料样品中维生素C含量的平均值为14.3 mg/100 mL，而此样品包装上标明的维生素C含量是20 mg/100 mL。该饮料中维生素C含量偏低的原因，一方面是在实验测定中有一定的误差，导致了实验结果偏低；另一方面可能是商家故意标高了维生素C的含量，以此来吸引消费者，建议大家选择优质品牌的果汁产品。

【参考文献】

赵成兰,陈方炜,陆真. 化学新课程实验中传感技术应用的报告——食品中维生素C含量测定的实验设计与实践[J]. 中学化学教学参考,2008(1): 46-48.

实验4　抗酸药的中和效力

【教学建议】

抗酸药是中学教材经常介绍的一类重要药物,但抗酸药效果如何,学生并不了解。为了了解抗酸药的作用机理,并知道抗酸药的效果,利用pH传感器和滴数传感器设计本探究实验。抗酸药一般是由一些碱性物质组成的,在生活中常见的抗酸药的品牌也有很多,究竟哪种效果好,该如何选择抗酸药?实验中可引导学生利用pH传感器等数字化实验设备,通过比较相同剂量的不同种抗酸药与酸反应时pH的变化过程来探究不同种抗酸药的药效。

【实验目的】

了解抗酸药的成分及作用机理,并通过使用pH传感器比较不同抗酸药的药效。

【实验原理】

抗酸药是一类治疗胃痛的药物,能中和胃里过多的盐酸,缓解胃部不适。抗酸药的主要成分如氢氧化铝、氢氧化镁、碳酸氢钠,还包括填充剂。将相同剂量的抗酸药与酸反应,比较反应过程pH的变化,可以得出抗酸药的药效。

【实验仪器和药品】

pH传感器、滴数传感器、数据采集器、计算机及相应配套软件、磁力搅拌器、烧杯、玻璃棒、电子天平、100 mL容量瓶。

抗酸药A、抗酸药B、0.01 mol/L盐酸、酚酞溶液。

【实验过程】

(1) 分别取抗酸药A和抗酸药B各1 g,在容量瓶中配成100 mL溶液。

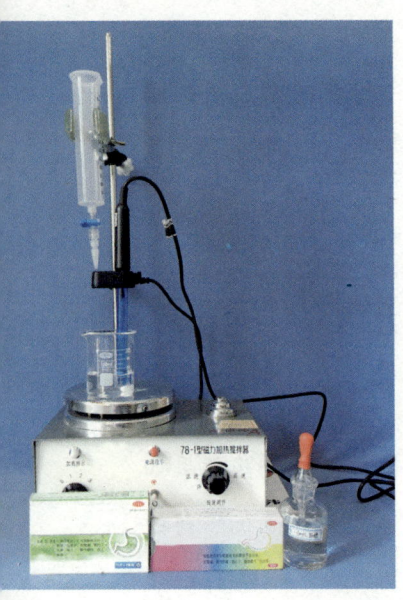

图5-199　实验装置图

（2）取约20 mL抗酸药溶液于100 mL的烧杯中，置于磁力搅拌器上。

（3）如图5-199所示，将pH传感器、滴数传感器、数据采集器、计算机相连接，组装好实验装置，将pH传感器插入烧杯中，在滴数传感器滴定管中加入0.01 mol/L盐酸。

（4）打开实验软件，点击"采集"按钮，开始采集数据。

（5）打开滴定管，匀速滴入溶液。待数据不再变化时停止滴加，结束实验。

【结果与分析】

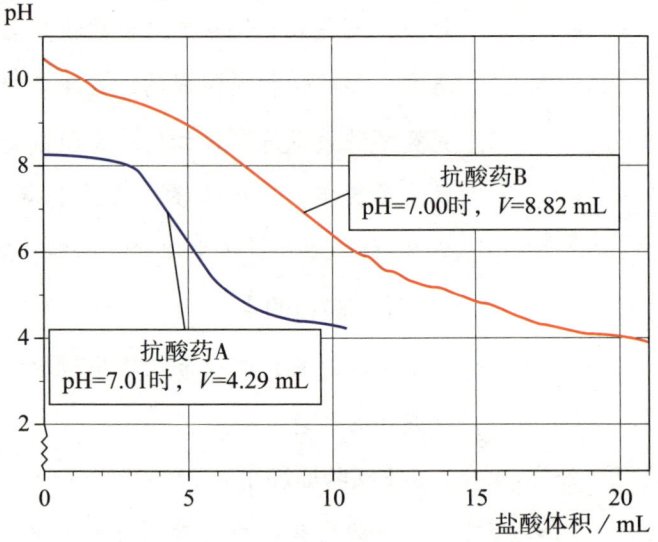

图5-200　盐酸滴定抗酸药溶液的pH变化

从图5-200可知，相同质量浓度的抗酸药的初始pH比较，抗酸药B的pH略大，当滴入0.01 mol/L盐酸来中和抗酸药时，抗酸药B溶液的pH达到7.00需要消耗8.82 mL盐酸，而抗酸药A需要消耗4.29 mL盐酸。上述两个现象均表明，服用相同质量的抗酸药，抗酸药B的抗酸效果比A的抗酸效果好。

【参考文献】

宋心琦.普通高中课程标准实验教科书：化学与生活［M］.北京：人民教育出版社，2012：37.

实验5　数字化实验探究维生素C泡腾片中NaHCO₃的含量

【教学建议】

泡腾片是含有泡腾崩解剂的一种片剂。所谓泡腾崩解剂通常是有机酸和碳酸钠、碳酸氢钠的混合物。泡腾片本身干燥不含水分，泡腾崩解剂中的两种物质未电离不能发生反应，但当泡腾片放入水中之后，碳酸钠、碳酸氢钠在水的作用下电离，并与有机酸发生复分解反应，产生大量二氧化碳，使片剂迅速崩解和融化。崩解产生的气泡还会使药片在水中上下翻滚，加速其崩解和融化。片剂崩解时产生的二氧化碳部分溶解于水中，使这种水喝入口中时有汽水般的美感。

对泡腾片中碳酸氢钠含量的定量测定可以帮助学生初步了解生活中一些物品成分含量的定量检测方法，并能够合理地控制实验条件，减少实验误差。本实验药品易得、操作简单，能定量地测定泡腾片中碳酸氢钠的含量，适合作为学生课堂实验。

【实验目的】

利用压强传感器测定维生素C泡腾片中NaHCO₃含量。

【实验原理】

维生素C泡腾片中含有柠檬酸和碳酸氢钠，遇水后电离，发生复分解反应，产生大量的二氧化碳：

$$3NaHCO_3 + H_3C_6H_5O_7 = Na_3C_5H_5O_7 + 3CO_2\uparrow + 3H_2O。$$

为了防止柠檬酸不足，实验中向体系内加入足量的盐酸，以确保维生素C泡腾片中NaHCO₃充分反应：

$$NaHCO_3 + HCl = NaCl + CO_2\uparrow + H_2O$$

由于反应产生大量的二氧化碳，使得体系的压强发生变化，所以利用压强传感器测得反应前后的压强，并利用理想气体状态方程 $pV=nRT$ 计算得出二氧化碳的物质的量。

反应前：$p_1V = n_1RT$　①（p_1：反应前锥形瓶内压强；n_1：反应前锥形瓶内气体总物质的量）

反应后：$p_2V=[(n_1+n(CO_2)]RT$　②　[p_2：反应后锥形瓶内压强；$n(CO_2)$：反应后锥形瓶内产生CO_2的物质的量]

②-①式得：$(p_2-p_1)V=n(CO_2)RT$，$n(CO_2)=\dfrac{(p_2-p_1)V}{RT}$

根据$NaHCO_3$与CO_2之间的比例关系可得：

$n(NaHCO_3)=n(CO_2)$

确定$NaHCO_3$在维生素C泡腾片中的含量：

$w(NaHCO_3)=\dfrac{n(NaHCO_3)\cdot M(NaHCO_3)}{m}\times 100\%$（$m$：泡腾片总质量）

【实验仪器和药品】

压强传感器、数据采集器、计算机及相应配套软件、250 mL锥形瓶、100 mL量筒、电子天平、磁力搅拌器。

甜橙维生素C泡腾片、6 mol·L^{-1}盐酸、蒸馏水。

【实验过程】

（1）如图5-201所示，将压强传感器、数据采集器、计算机相连接，组装好实验装置。

（2）将大小合适的磁子放入锥形瓶内，用100 mL量筒量取98 mL蒸馏水，倒入250 mL锥形瓶中，再向锥形瓶内加入2 mL 6 mol·L^{-1}盐酸，则锥形瓶内气体体积为150 mL。将锥形瓶放在磁力搅拌器上。

（3）取$\dfrac{1}{4}$片泡腾片，用电子天平称其质量，记为m。

（4）打开磁力搅拌器低速转动，将压强传感器与锥形瓶连接，开始采集数据，并记录锥形瓶内初始压强p_1。

（5）将泡腾片快速放入锥形瓶内，立刻将压强传感器与锥形瓶重新连接，塞紧橡胶塞。每秒记录一次压强的数据，待压强保持不变后停止采集，记录锥形瓶内反应后的压强p_2。

（6）记录实验室内的温度T。

【结果与分析】

本实验称取的维生素C泡腾片的质量m为1.117 g，室温为4℃，代入计算公式$n(CO_2)=\dfrac{(p_2-p_1)V}{RT}$，得$n(CO_2)=8.9\times10^{-4}$ mol，则该维生素C泡腾片中$NaHCO_3$的含量为：

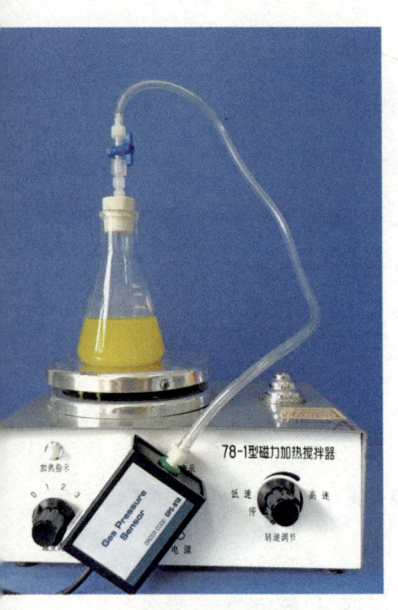

图5-201　实验装置图

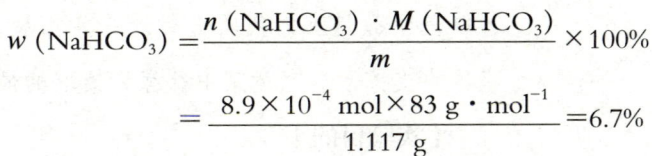

$$w(\text{NaHCO}_3) = \frac{n(\text{NaHCO}_3) \cdot M(\text{NaHCO}_3)}{m} \times 100\%$$

$$= \frac{8.9 \times 10^{-4} \text{ mol} \times 83 \text{ g} \cdot \text{mol}^{-1}}{1.117 \text{ g}} = 6.7\%$$

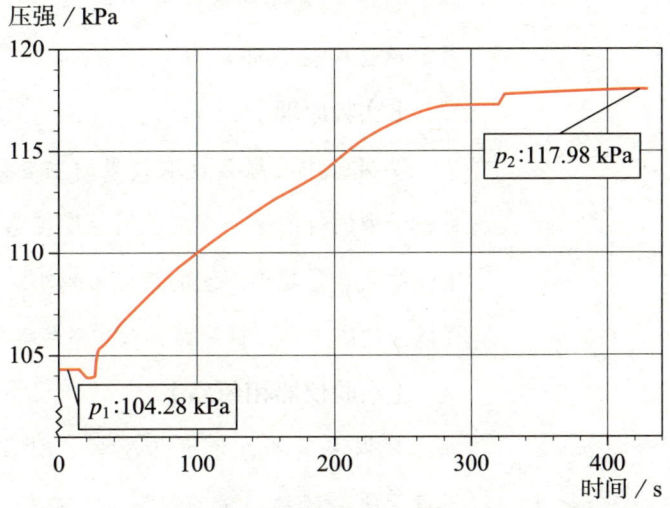

图 5-202　加入维生素 C 泡腾片后压强随时间的变化曲线

【参考文献】

［1］丁小婷，陈凯，陈敏兰."泡腾片中的化学"的主题复习课设计［J］.化学教与学，2014（10）：62-63，78.

［2］张凤，陈凯.基于洗瓶的泡腾片探究实验［J］.化学教育，2011（12）：69-70.

实验 6　探究蔬菜叶中叶绿素的含量以及提取叶绿素的最佳实验条件

【教学建议】

中学化学教材的拓展实验中均提到了粉笔对蔬菜中的色素进行柱层析分离以及蔬菜的叶绿体中色素的提取和分离实验，其实验的分离效果却不尽相同。层析分离的效果和提取液中叶绿素的含量有关。而蔬菜的选择、乙醇的用量、研磨的时间都会影响提取液中叶绿素的含量，但教材上的实验并没有明确说明如何选择蔬菜以及最适当的乙醇用量和研磨时间，这就给我们提供了探究的课题。教师可以基于教材上的实验进行进一步拓展，以数字化仪器中的色度传感器为支撑，探究蔬菜中叶绿素提取的最佳实验条件。

【实验目的】

利用色度传感器探究不同蔬菜叶中叶绿素的含量以及提取叶绿素的最佳实验条件。

【实验原理】

蔬菜叶中叶绿素提取效果的主要影响因素有蔬菜种类、乙醇的用量、研磨的时间等。本实验用色度传感器测定提取液的透光率，提取液中叶绿素含量越大溶液的透光率越小。因此，可以通过测定不同条件下提取液的透光率，探究蔬菜叶中叶绿素的含量及提取的最佳实验条件。

【实验仪器和药品】

数据采集器、色度传感器、计算机及相应配套软件、比色皿、托盘天平、研钵、量筒、漏斗、烧杯、脱脂棉。

新鲜青菜、韭菜、马蕨菜、乙醇（工业酒精）。

【实验过程】

1. 提取液的制备

（1）选取新鲜的韭菜叶，洗净晾干，用剪刀剪碎，混合均匀。

（2）用托盘天平称取 2 g 韭菜叶放入研钵，再用量筒量取 10 mL 乙醇倒入研钵，研磨 2 min。

（3）用漏斗配以脱脂棉进行过滤，得到提取液。之所以用脱脂棉不用滤纸主要是因为色素分子大，不易透过滤纸，此外色素分子本身是脂溶性的，根据相似相溶原理，选用脱脂棉可减少实验过程中的色素流失，增强实验效果。

图 5-203　实验装置与用品图

2. 利用色度计测定提取液的透光率

（1）连接实验装置。

（2）确定所用光源。韭菜叶提取液的颜色是青色，故本实验选择波长为 635 nm 的光。

（3）打开实验软件。

（4）校准色度传感器。依次点击"实验"、工具栏中的"校准"，弹出对话框。先在盛有蒸馏水的透明比色皿中放入色度传感器，待数据稳定后，校准为100%。

（5）在装有提取液的比色皿中放入色度传感器中，点击"采集"按钮，等数据稳定后，点击"记录"。实验结束后，保存实验结果。

3. 重复以上步骤测定其他蔬菜提取液的透光率。

【结果与分析】

1. 不同蔬菜所含叶绿素比较

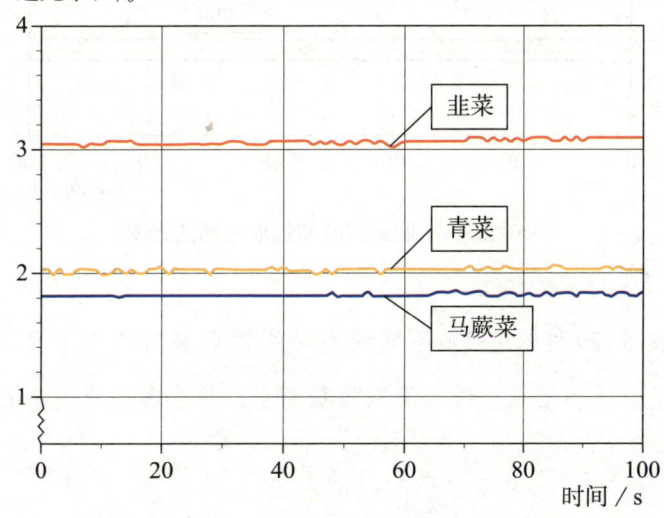

图5-204　不同蔬菜叶绿素含量比较

从图5-204可以看出，不同蔬菜叶中叶绿素的含量存在略微的不同，这三种蔬菜中韭菜的叶绿素含量最高，但是这三种蔬菜的叶绿素含量没有明显的区别。

2. 研磨时间的确定

由表5-28和图5-205可以看出，研磨对提取结果有很大影响。比较不同研磨时间下的透光率可以发现，随着研磨时间的增长，透光率在不断减小，但减小的幅度不同，其中0.5～2 min时下降的幅度较大，而3～5 min时下降的幅度明显减小，透光率几乎不变。综合考虑实验时间、透光率的大小等因素，研磨5 min为最佳。

表5-28　不同研磨时间提取液的透光率

研磨时间/min	0.5	2	3	5
透光率	10.35	3.07	2.79	2.56

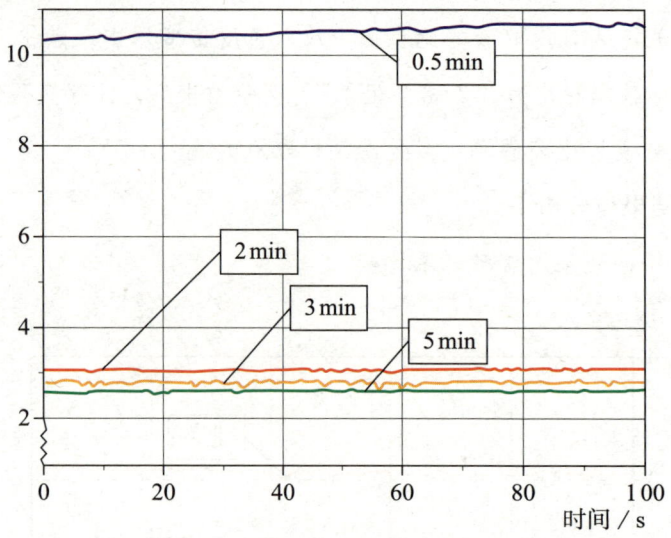

图5-205 不同研磨时间提取液的透光率

3. 浸泡时间的确定

由表5-29和图5-206不同浸泡时间提取液的透光率可以看出,随着浸泡时间的增长,透光率也随着变小,综合考虑浸泡5 min最为合适。

表5-29 不同浸泡时间提取液的透光率

浸泡时间/min	1	5	30	60
透光率	3.04	2.78	2.37	2.27

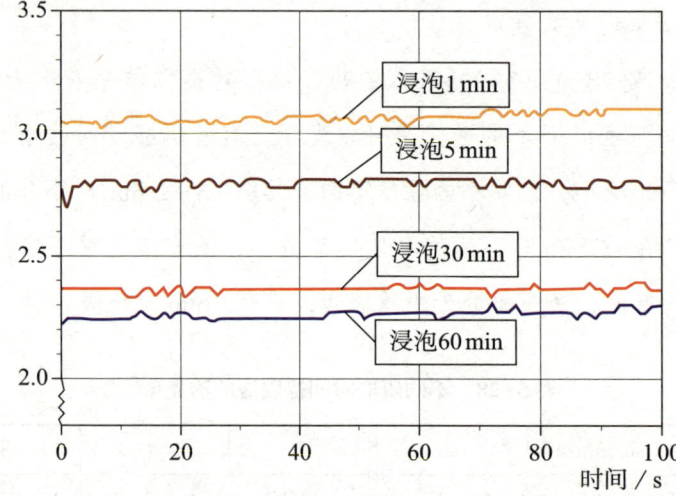

图5-206 不同浸泡时间提取液的透光率

4. 乙醇用量的确定

由表5-30和图5-207可以看出：7 mL之前透光率随着乙醇用量的增加而减小，到7 mL时，透光率最小，吸光度最大，随后透光率又逐渐增大。这说明7 mL乙醇用量提取效果最好。

表5-30　不同乙醇用量提取液的透光率

乙醇用量/mL	3	5	7	10	15	20
透光率	9.72	2.43	2.03	3.07	7.23	10.21

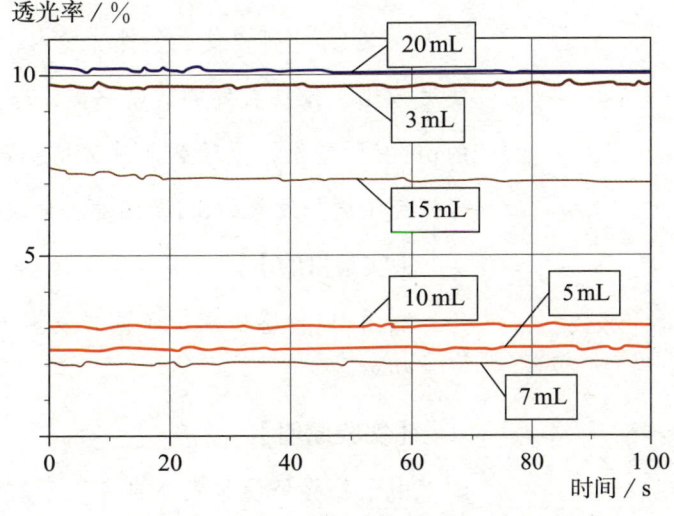

图5-207　不同乙醇用量提取液的透光率

实验结果表明，提取蔬菜中的叶绿素最佳条件为：当蔬菜叶为2 g时，乙醇用量为7 mL，研磨时间为5 min，浸泡时间为5 min。研磨时间因人而异，若力气大、蔬菜嫩，研磨时间就短，反之，研磨时间就长。如果是做定性实验，一般研磨到蔬菜成碎渣即可。

通过此探究活动，不仅获得了最佳实验条件，而且由定性实验上升为了定量实验。

【参考文献】

任改兰.手持技术与师范生化学课程整合研究[D].新乡：河南师范大学，2012.

实验7　利用数字化仪器探究护发素

【教学建议】

随着生活水平的不断提高，烫发和染发的人数及频率都快速增加。人的皮肤及毛发正常情况下略偏酸性，pH为4.0~5.5。而烫发、染发过程中使用的烫发、染发剂一般为碱性物质，这将会对人的毛发产生一定程度的损害。另外，头发受日光曝晒也很容易造成发质受损。因此，对头发的护理是非常重要的。我们所使用的护发素pH为2.5~7.0，它可以使受碱性洗发水、烫发剂损害的头发回到正常的酸度范围，维持头发的酸碱平衡，令秀发光滑易梳。但各款护发素的pH有所差别，为了解几种常见护发素的酸碱性，可利用pH传感器探究不同护发素的pH及温度、发质对护发素作用的影响。

【实验目的】

利用pH传感器测定不同护发素的pH，探究温度对护发素护发效果的影响。

【实验原理】

由于外界环境和人体自身因素的影响，头发的酸碱性有时不能维持在正常范围。为保持头发的光滑柔顺，我们常用护发素来使受碱性洗发水、烫发剂损害的头发回到正常的酸度范围，维持头发的酸碱平衡，令秀发光滑易梳。为了解不同护发素的护发效果，可使用pH传感器测定不同护发素的pH。

【实验仪器和药品】

数据采集器、pH传感器、磁力加热搅拌器、温度传感器、计算机及相应配套软件、100 mL烧杯。

pH分别为1、5的HCl溶液、pH分别为11、14的NaOH溶液、蒸馏水、各种护发素。

【实验过程】

（1）将收集到的头发分成均匀的5份，将头发分别放入100 mL烧杯中。向烧杯中分别加入pH为1、5、7、11、14的溶液，并放置

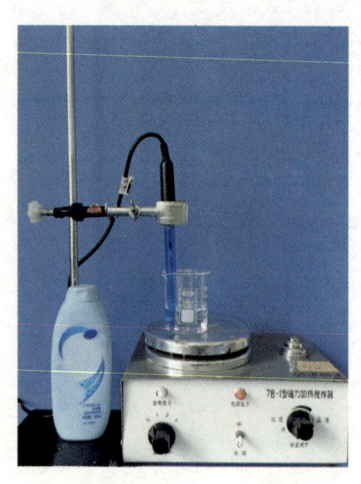

图5-208　实验装置图

半小时，然后将头发取出，用自来水洗净，之后用纸巾吸干水，通过观察头发的光泽、弹性等比较头发的状态。

（2）取不同品牌少量护发素各0.5 g，加入25 mL热水，搅拌使其充分溶解（5 min），然后用pH传感器测定其pH。

（3）模拟洗发过程：将头发放入25 mL自来水中，然后加入适量的某品牌洗发水，搅拌并加热使其充分溶解5 min，再加入适量的护发素，持续5 min，用pH传感器测定其pH。观察不同品牌护发素的结果。

【结果与分析】

表5-31　在不同pH溶液中浸泡过的头发的性质对比

护发素	pH				
	1	5	7	11	14
不加	无光泽，易断	易断，有光泽	易断，光泽度差	易断	无光泽，易断
加	易断	光滑坚韧	光滑，不易断	较易断	易断

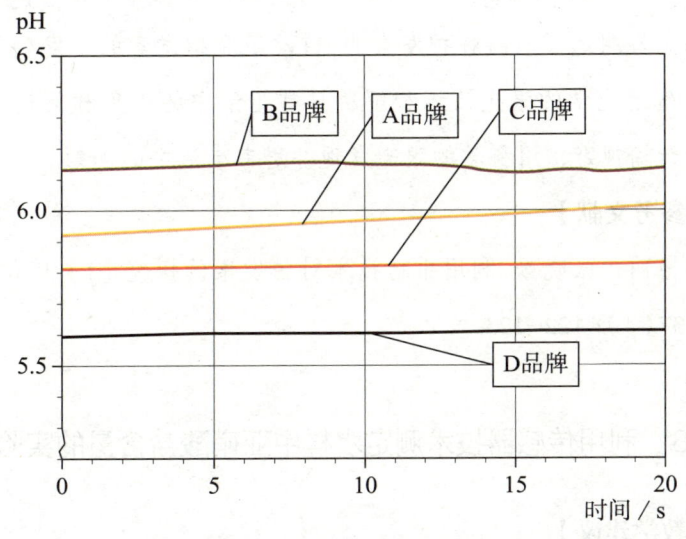

图5-209　不同品牌的护发素溶液的pH

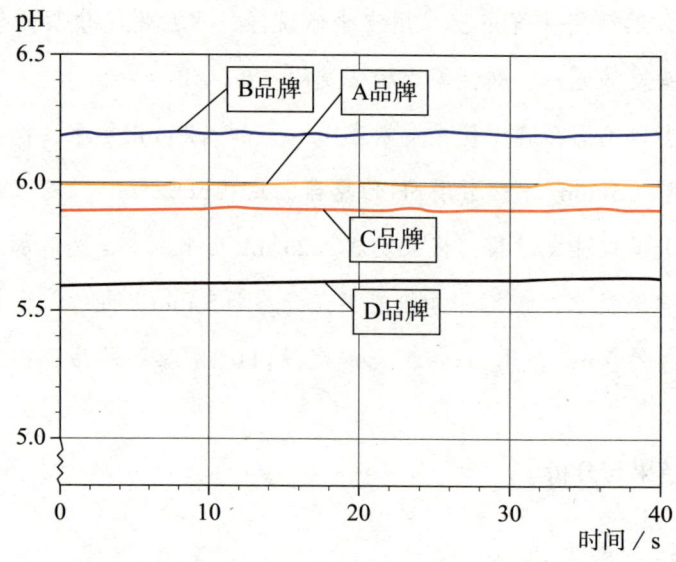

图 5-210　模拟洗发后使用不同品牌护发素的头发的 pH

从表 5-31 可以看出,使用护发素后的头发比未使用护发素的头发要有光泽且不易断,可见护发素对头发起到了一定的保护和修复作用,而且只有在适宜的 pH 范围内,头发才能保持良好的状态,过酸或者过碱的环境都对头发不利。从图 5-209 可以看出,不同品牌的护发素的 pH 是不同的,经过模拟洗发过程(图 5-210)可以看出,使用了各品牌护发素后,头发均处于酸性状态,与头发本身的 pH 接近,其中以 B 品牌护发素的效果为最好,最接近人体毛发的 pH。

本实验测定不同品牌护发素的 pH 及研究护发素的护发效果,培养中学生用化学的眼光认识和解决日常生活中的现象和问题,有助于他们开阔视野,用科学的眼光发现并思考生活中的问题。

【参考文献】

席艳丽,张晓勤.利用手持技术对护发素的探究[J].广州化工,2009,37(4):122-123.

实验 8　利用传感器技术测定水样中亚硝酸盐含量的实验探究

【教学建议】

化学实验经常需要进行物质的定量分析。本实验探究活动将生活中最常见的水为分析对象,利用比色法,使用色度传感器测定水样中亚硝酸盐的含量,从而加深对物质定量分析方法的认识和理解。

教师可以这样引入:水是生命之源。我们的生活离不开水,但我们对水其实了解并不多。自然界的水体中含有哪些物质,对人体有益的物质的含量是多少,对人体有害的物质的含量又是多少,这些我们并不知道。尤其是亚硝酸盐,食入 0.3～0.5 g 的亚硝酸盐即可引起中毒,3 g 就会导致死亡,这类物质也出现在水体中,因此很有必要对水中的亚硝酸盐含量进行定量测定。我们可以使用色度传感器,利用比色法来进行物质含量的测定和计算。

【实验目的】

学会测定物质含量的方法——比色法,并利用色度传感器进行水体中亚硝酸盐含量的测定和计算。

【实验原理】

色度传感器是一种测量某种波长的光穿过溶液时的透光率的仪器,可通过对光的吸收比例来测量溶液的浓度。在一定的浓度范围内,吸光度 A 与溶液浓度 c 呈线性关系。根据朗伯比尔定律有:$A=\varepsilon bc$(ε 为摩尔吸光系数,b 为液层厚度)。又有:$A=\lg(\frac{1}{T})$(T 为溶液的透光率)。所以,通过测定系列标准溶液的透光率,经过换算,可以得出吸光度-浓度(A-c)的标准曲线。对于未知溶液的浓度只要测定溶液的吸光度,即可根据标准曲线求出该溶液的浓度。

NO_2^- 与对氨基苯磺酸发生重氮反应,生成物再与盐酸甲萘胺起偶氮反应,生成紫红色的偶氮颜料。实验可以通过朗伯比尔定律做出吸光度-浓度的标准曲线,从而求出未知水样中 NO_2^- 浓度。

【实验仪器和药品】

数据采集器、色度传感器、比色皿、计算机及相应配套软件、电子天平、研钵、1000 mL 容量瓶、试管。

对氨基苯磺酸、亚硝酸钠、酒石酸、甲萘胺、蒸馏水、待测样品。

【实验过程】

1. 配制系列标准溶液

(1) 配制检测亚硝酸盐的试剂。称取 0.1 g 甲萘胺、1.0 g 对氨基

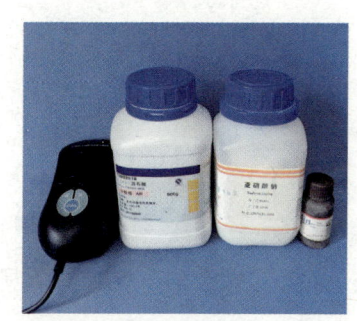

图 5-211 实验装置与用品图

苯磺酸、8.9 g 酒石酸，将它们置于研钵中研成粉末，混合均匀，然后保存于棕色瓶中备用。

（2）配制系列标准溶液。称取 105 ℃下烘干的 $NaNO_2$ 0.30 g 并溶于少量蒸馏水中，待溶解后转移至 1 000 mL 容量瓶中，经洗涤稀释、定容后得 0.200 mg/mL $NaNO_2$ 溶液。取 5 mL 的 0.200 mg/mL $NaNO_2$ 溶液于 1 000 mL 容量瓶中，经洗涤、稀释、定容后，即得 0.001 mg/mL NO_2^- 的标准溶液。取数支试管，按表 5-32 配制系列标准溶液。

表 5-32 配制系列标准溶液

编号	1	2	3	4	5	6
0.001 mg/mL NO_2^- 标准溶液加入量 /mL	0.00	2.00	4.00	6.00	8.00	10.00
蒸馏水量 /mL	10.00	8.00	6.00	4.00	2.00	0.00
所得溶液中 NO_2^- 浓度 /(mg·L^{-1})	0.00	0.20	0.40	0.60	0.80	1.00

2. 配制比色溶液

在试管（标号 7）中加入 10 mL 已放置 1 天的自来水。在水样和系列标准溶液中分别加入 0.2 g 检测亚硝酸盐试剂，振荡摇匀，10 min 后进行比色。

（1）如图 5-211 所示，将色度传感器、数据采集器连接到计算机上。

（2）校正。使用 470 nm 波长的光，将蒸馏水加入比色皿中，放入色度传感器，校准透光率为 100%。

（3）将标准溶液按浓度从低到高分别加入比色皿，测定溶液的透光率变化曲线，并对曲线进行线性拟合，得到线性直线函数关系式。

（4）测定待测水样的透光率，再对应标准曲线得出水中亚硝酸盐浓度。

【结果与分析】

图 5-214 为亚硝酸钠吸光度-浓度标准工作曲线，运用线性拟合功能得到吸光度与浓度的线性关系为：$A = 0.050\,00x + 0.037\,00$。

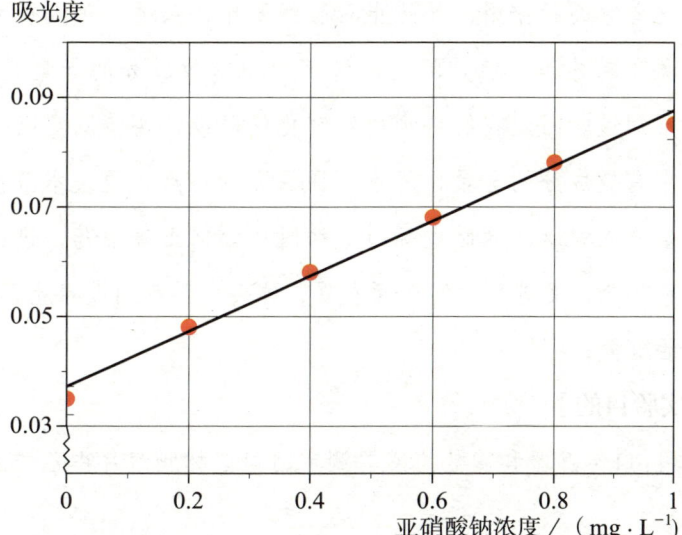

图5-212 亚硝酸钠吸光度-浓度标准工作曲线

本实验测得的放置一天的自来水水样的吸光度为0.038，代入吸光度-浓度线性关系式得到该水样中亚硝酸盐的浓度为0.02 mg/L。

科学研究表明，刚被提取的经常处于运动、撞击状态的深井水，每升仅含亚硝酸盐0.017 mg，但在室温下储存3天，就会增加到0.914 mg。原来不含亚硝酸盐的水，在室温下存放1天后，每升水也会产生0.000 4 mg亚硝酸盐，3天后可上升到0.11 mg，20天后则高达0.73 mg。亚硝酸盐可进一步转变为致癌物亚硝胺。

【参考文献】

李淑妍，丁伟，陈文婷. 利用传感器技术测定水样中亚硝酸盐含量的实验探究［J］. 教学仪器与实验，2006（06）：20-23.

实验9　数字化实验测定阿司匹林肠溶片中有效成分的含量

【教学建议】

人民教育出版社出版的选修1《化学与生活》教材里，第二章第二节"正确使用药物"中介绍了解热镇痛药——阿司匹林，它是人们熟知的治感冒药，其化学名为乙酰水杨酸，是一种有机酸。阿司匹林作为第一个重要的人工合成药物，其应用开辟了医药化工的全新领域。投入市场一百多年来，迄今仍然是销量最大的药物，人们还不断发现它的新作用,如防止心脏病发作、减缓老年人视力衰退和提高免疫功能等。但是阿司匹林药片中有效成分的含量是多少,学生并不知道。因此我们将利用数字化仪器设计实验测定阿司匹林肠溶片中有效成分的含量作为本节课探究的重点。通过本节内容学习,学生关注健康的同时也知道生病时该如何正确用药,进一步树立健康新观念,促进身心的全面发展,体会化学如何改善生活品质、提高生活质量。

【实验目的】

利用 pH 传感器和滴数传感器测定阿司匹林肠溶片中乙酰水杨酸的含量。

【实验原理】

阿司匹林,化学名为乙酰水杨酸,其结构简式如下,其中,含有的—COOH 显酸性,可以与氢氧化钠发生酸碱中和反应;含有的—OCOCH$_3$ 可在碱性条件下加热水解。

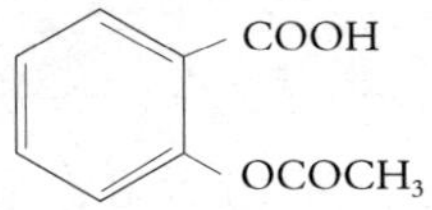

（乙酰水杨酸）

总羧酸的测定:阿司匹林肠溶片中的羧酸主要包含阿司匹林的羧基、少量残留水杨酸的羧基、稳定剂酒石酸或柠檬酸的羧基等。在低温环境下,这些羧酸都能与 NaOH 直接反应,统称为总羧酸,反应后都生成羧酸钠,反应中的化学计量数之比为 1∶1。

反应的化学方程式如下:

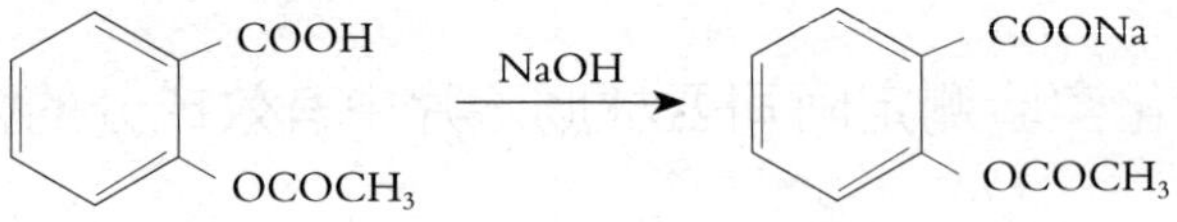

（阿司匹林）

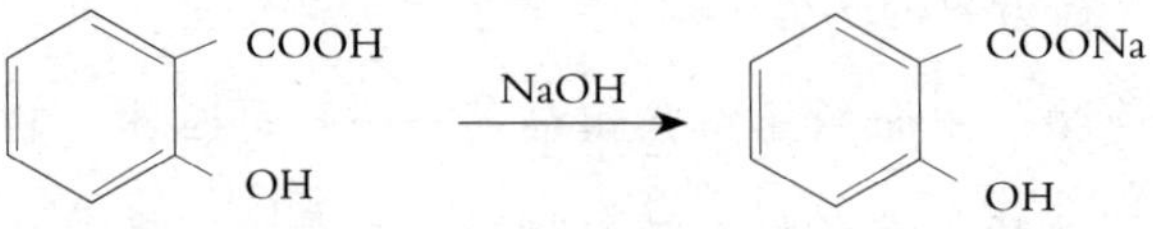

（水杨酸）

$$\begin{matrix} \text{H} \\ \text{HO—C—COOH} \\ \text{HO—C—COOH} \\ \text{H} \end{matrix} \xrightarrow{\text{NaOH}} \begin{matrix} \text{H} \\ \text{HO—C—COONa} \\ \text{HO—C—COONa} \\ \text{H} \end{matrix}$$

（酒石酸）

$$\begin{matrix} \text{CH}_2\text{COOH} \\ \text{HO—C—COOH} \\ \text{CH}_2\text{COOH} \end{matrix} \xrightarrow{\text{NaOH}} \begin{matrix} \text{CH}_2\text{COONa} \\ \text{HO—C—COONa} \\ \text{CH}_2\text{COONa} \end{matrix}$$

（柠檬酸）

阿司匹林的测定：根据阿司匹林钠盐在过量NaOH溶液存在的条件下，酯基水解消耗NaOH的量测定阿司匹林的含量，剩余的NaOH溶液用盐酸返滴定。

反应的化学方程式如下：

（苯环）—COONa，OCOCH₃ + NaOH(过量) ⟶ （苯环）—COONa，OH + CH₃COONa

HCl + NaOH == NaCl + H₂O
（剩余）

【实验仪器和药品】

pH传感器、滴数传感器、数据采集器、计算机及相应配套软件、磁力搅拌器、烧杯、量筒、移液管、胶头滴管、玻璃棒、注射器、漏斗。

阿司匹林肠溶片（规格：25 mg/片）、0.2 mol/L NaOH溶液、0.1 mol/L HCl溶液、无水乙醇。

【实验过程】

（1）如图5-213所示，将pH传感器、滴数传感器、数据采集器、计算机相连接，组装好实验装置，将pH传感器插入烧杯中。

（2）总羧酸的测定：取数片阿司匹林（25 mg/片规格，取约0.3 g，10片）肠溶片研磨后放于烧杯中，量取25 mL 60%的乙醇溶

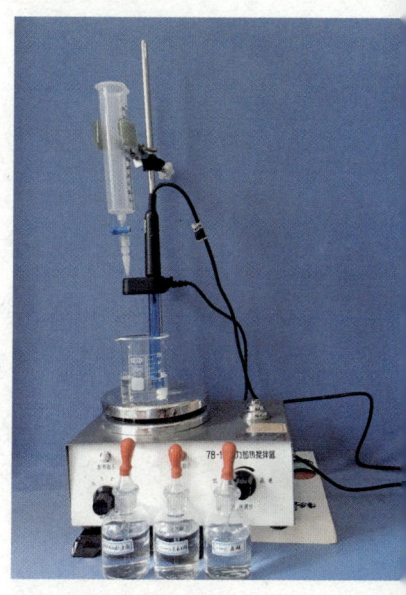

图5-213 实验装置图

液溶解阿司匹林。将注射器内的0.2 mol/L NaOH溶液滴入，自动记录pH–V(NaOH)曲线，根据曲线突变点记录消耗NaOH溶液为V_1 mL，该点记录为终点1；终点1后继续加入NaOH溶液直到V_0 mL（V_0取用量在$V_1 \sim 2V_1$）。用V_1计算阿司匹林肠溶片中总羧酸的含量。

（3）阿司匹林的测定：将上述溶液放于磁力搅拌器上，微热条件下搅拌10 min，再迅速冷却至室温，将注射器内的0.1 mol/L HCl溶液滴入，记录pH–V(HCl)曲线，根据曲线突变点记下消耗HCl溶液为V_2 mL，该点记录为终点2。根据V_1、V_0、V_2计算阿司匹林肠溶片中阿司匹林的含量。

【结果与分析】

（1）氢氧化钠滴定

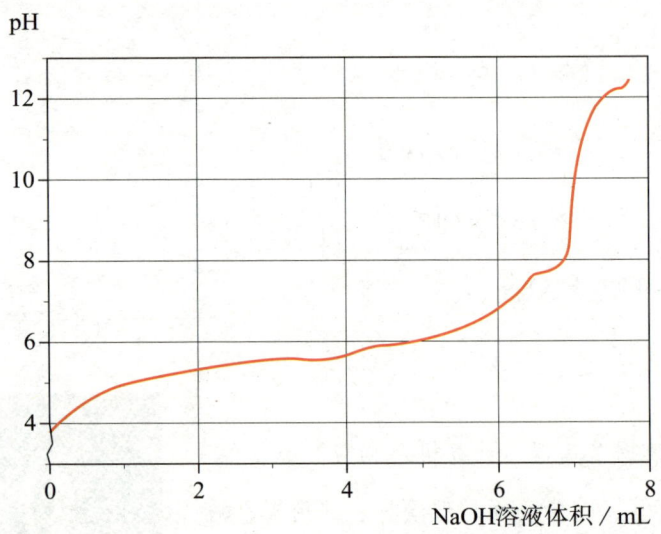

图5-214　氢氧化钠溶液滴定总羧酸含量的曲线图

分析曲线，找到突变点（即反应中和点，斜率最大点处，k=12.721）：V=7.00 mL，pH=9.29，即V_1=7.00 mL。取$V_0=V_1 \sim 2V_1$，加入过量的NaOH溶液至V_0，水解后迅速冷却至室温，用盐酸继续返滴定。

（2）盐酸滴定

分析曲线，同理，找到突变点：V=12.54 mL，pH=9.38，即V_2=12.54 mL。

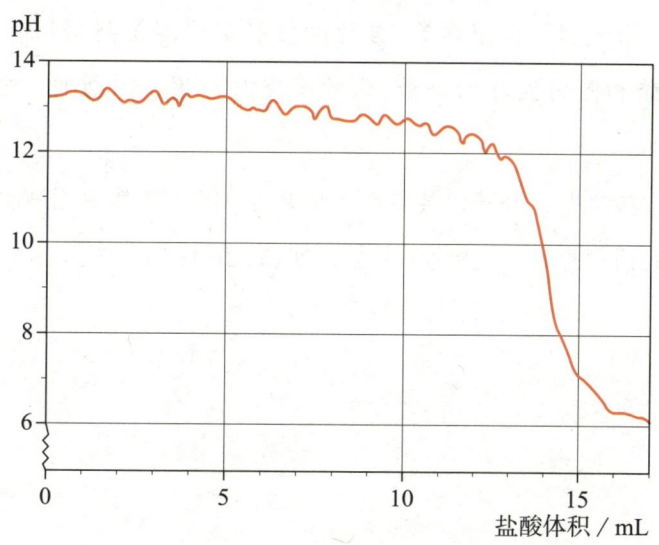

图 5-215　盐酸返滴定过量氢氧化钠溶液的曲线图

（3）含量

$$阿司匹林\ w = \frac{[c(\mathrm{NaOH}) \times (V_0 - V_1) - c(\mathrm{HCl}) \times V_2] \times 180.2}{N \times m} \times 100\%$$

式中：w 为阿司匹林的质量百分含量；$c(\mathrm{NaOH})$ 为 NaOH 溶液的浓度；V_1 为终点 1 消耗 NaOH 溶液的体积；V_0 为加入 NaOH 溶液的总体积；V_2 为终点 2 消耗 HCl 溶液的体积；180.2 g/mol 为阿司匹林的摩尔质量；m 为阿司匹林肠溶片中阿司匹林的标示量；N 为所取阿司匹林肠溶片的片数。

根据计算公式，得阿司匹林含量 $w = 91.6\%$。

说明：在上述滴定实验中，突变点（即滴定终点）的 pH 分别为 9.29 和 9.38，而水杨酸钠中的酚羟基在 pH<12 时是稳定的，pH>12 时会形成酚钠，且酯水解常温下反应很慢，需要在一定的加热条件下完成，故上述实验中的 V_1 只是羧基消耗的氢氧化钠溶液体积；第二步加氢氧化钠溶液并加热 10 min 时消耗的氢氧化钠溶液是用于酯基水解的。

【参考文献】

［1］宋心琦.普通高中课程标准实验教科书：化学与生活［M］.北京：人民教育出版社，2012：19.

［2］魏锐，包明等.利用 pH 传感器研究中和反应过程中 pH 的突变.化学教育［J］.2007，28（4）：59-61.

［3］杨孝容，向清祥等.自动电位滴定法测定阿司匹林肠溶片中总羧酸和阿司匹林的含量.化学研究与应用［J］.2015，27(12)：1891-1895.

［4］熊晓丹，孙丹，吴雪亭，伍晓春.阿司匹林中乙酰水杨酸含量测定的问题探讨［J］.化学教学，2015(10)：91-93.